왜 지금 다시 마르크스 인가

사회와 철학 연구총서 **5**

마르크스 사상의 비판적 재해석 및
재구성에 관한 실천철학적 성찰

사회와 철학 연구회 지음
선우현 기획·편집

씨아이알

왜 지금 다시
마르크스인가

머리말

익히 알려진 것처럼, 2018년은 사상사(史)에서 가장 위대한 실천 철학자이자 혁명적·저항적 지식인의 한 사람으로 평가받는 칼 마르크스(K. Marx)가 이 세상에 태어난 지 200주년이 되는 해였다. 마르크스는 자신이 발 딛고 살아가던 19세기 당시의 서구 자본주의 체제의 구조적 모순과 비인간적인 억압적 실태에 관해 비판적·과학적 규명 작업을 벌여나갔던 비판적 지식인이자, 자본주의 사회 내에서 가장 소외되고 착취당했던 노동자 계급의 처지와 입장을 대변하고 이를 극복하는 데 자신의 삶 전부를 바쳤던 진정한 휴머니스트였다. 나아가 사회적 지위나 신분에 상관없이 누구나 자유롭고 인간다운 삶을 마음껏 향유할 수 있는, 그 어떤 착취나 수탈, 억압도 존재치 않는 진정한 '인간 해방' 사회를 구현하기 위한 '현실화 가능 프로그램'을 제시하고 이를 구현하는 데 전력을 기울였던, '이론과 실천의 통일'을 추구하고 체화한 진정한 의미에서의 실천 철학자였다.

이렇듯 초기 자본주의 체제에 관한 비판적 규명, 아울러 그로부터 드러난 모순과 난점들을 극복할 현실적 방안을 모색코자 시도했던 마르크스의 철학 사상은, 하지만 유감스럽게도 1980년대 말엽 동구 사회주의 국가들과 구(舊)소련의 몰락으로 대변되는 '현실 사회주의의 붕괴'와 함께, 그것이 이룬 이론적·실천적 성과마저 극단적인 불신과 회의의 대상으로 전락하면서 용도 폐기되어버리는 비관적 사태에 처하고 말았다. 무엇보다 현실 사회주의의 몰락이 자본주의 대

사회주의 간 체제 이념 경쟁에서 자본주의가 마치 영구적으로 승리한 것인 양 되어버리면서, 마르크스의 사상은 그 이론적 분석력뿐 아니라 현실적 난점의 타개를 위한 실천적 역량마저 소진되어버린 것으로 받아들여졌다. 그에 따라 급기야 이른바 '죽은 개'로 취급 받는 황망하기 이를 데 없는 지경에 이르고 말았던 것이다.

그렇다면 실제로 마르크스의 사상은 자본주의의 구조적 모순과 맹점을 비판적으로 해명하고 이를 해결해나갈 구체적인 현실적 방안을 제시하는 '사회 변혁적 실천철학'으로서의 역할과 기능을 더 이상 제대로 수행할 수 없는, 그야말로 고루하고 낡은 한갓 시대착오적인 사상체계로 전락해버리고 만 것인가?

이 점을 더도 말고 우리 사회의 실태와 관련하여 살펴보도록 하자. 사실 한국 사회는 오랜 기간, 경제적 불평등에 기인한 계급(층) 간 대립과 갈등이 사회 문제의 중심적 지위를 차지해왔다. 그에 따라 마르크스 철학은 우리 사회의 주된 구조적 모순과 난제들을 비판적으로 분석하고 이에 대한 극복책을 제시해줄 대안적 이론 틀로 각광 받았다. 하지만 현실 사회주의의 붕괴와 더불어 소위 '정통 마르크스주의'에 대한 근원적 비판이 강하게 제기되면서, 마르크스 철학이 우리 현실에 끼쳤던 이념적·사상적 영향력은 급속히 쇠퇴해버리고 말았다. 그 결과 마르크스가 대면했던 초기의 '비인간적' 자본주의와는 질적으로 달라진, 아울러 압축적 산업화와 함께 형식적 차원에서 정치적 민주화를 지속적으로 이루어오면서 구축된 '한국식 자본주의 체제'에 대해, 마르크스의 사회철학은 더 이상 설득력 있는 분석과 해명, 문제 해결 방안을 제시하기에는 역부족이라는 공감대가 광범위하게 자리하기에 이르렀다.

하지만 과연 한국 사회에서 마르크스 사상의 이론적·실천적 타당성과 효용성은 완전 소진되었다고 말할 수 있는가? 알다시피 한국 사회는 '인간'이 아닌, '돈(자본)'이 주인인 자본주의를 '체제 구성적 근간'으로 삼아 형성된 사회구성체이다. 이 점이야말로 한국 사회가 터한 체제 이념으로서의 자본주의가 내장하고 있는 본질적 한계와 문제점에 관해 여전히 세밀하게 짚어볼 필요성이 있음을 말해준다. 비록 오랜 기간, 자본주의가 '자기 쇄신'과 '자기 수정'의 경로를 거쳐 초기 자본주의에 비해 보다 진전된 '인간화된' 면모를 상당 정도 갖추고 있기는 하지만, 자본주의 자체가 '본래적으로' 안고 있는 체제 내적 모순과 그로부터 파생된 구조적 억압이나 착취적 속성은 우리 사회에서도 완전히 제거되지 못한 채 여전히 잔존하고 있다고 보이기 때문이다. 게다가 자본주의 체제에 대한 '외재적 비판의 준거 틀'로서 그 역할을 수행해온 '현실 사회주의'가 붕괴한 이후, 자본주의는 체제 경쟁의 '최종 승리자'인 양 행세하면서 자기비판 및 자기 성찰을 소홀히 하고 있다. 이 같은 시대진단의 진위(眞僞) 여부는, 최근 새로운 자본주의의 형태로 포장한 '신자유주의'가 야기하고 있는 비인간적인 야만적 횡포가 전(全)지구적 차원에서 빠르게 확대·심화되어가고 있는 작금의 사태에서 고스란히 확인해볼 수 있다. 우리사회 역시 그 격차를 좁혀 가던 빈부 차가 신자유주의 논리의 유입과 함께 현격하게 벌어지면서 경제적·사회적 불평등이 한층 더 심화되고 있다. 이에 따라 계급(층) 간 '양극화'와 사회구성원들 사이의 '상대적 박탈감'은 사회통합을 저해할 만큼 위협적인 사회갈등 요인으로 작용하고 있으며, 부와 가난은 대물림되는 '신분'으로 자리 잡기에 이르렀다. 토지나 주택 역시 현세(現世)에서 잠시 빌려 사용하는 공공재적 특성을 고스란히 탈각한 상태에서, 가진 자들의 부의 증식수단으로 전환된 지 이미 오래이다. 아무리 성실히 땀 흘려 일하더라도 평생 자기 집 하나 마련하기가 어려운 '왜곡된 사회구조적 현실' 속에서 사회를 안정적으로 지탱시켜주는 대다수의 성실한, 하지만 갖지 못한 노동자나 직장인들은 미래에 대한 희망과 기대를 저버린채 좌절과 절망의 늪에 빠져 하루하루를 힘겹게 살아가고 있는 실정이다. 이 같은 부정적 실태는 심각한 사회적 대립 및 분열로 귀착되어 계급(층) 간, 나아가 개인들 간의 '공멸의 게임'으로 전환되기 십상이다.

이러한 작금의 우리 사회 현실을 감안할 때, 자본주의 체제에 관한 한 보다 철저하고 세밀한 비판적 성찰은 여전히 필수적이다. 비록 현 단계에서 자본주의가 수행해야 할 역사적 소임과 역할―가령 사회존립을 위한 '물질적 재생산'의 원활한 수행―이 여전히 남아 있다는 점을 인정한다고 해도, 그러한 체제가 지닌 본질적인 내재적 한계와 난점들은 최대한 극복되고 최소화되어야만 한다. 이런 연유로 마르크스의 실천철학이 갖는 시대적 역할과 의미는 여전히 살아 있다고 말할 수 있다.

물론 이러한 주장이 현실적으로 타당성과 정당성을 지니려면, '변화된' 시대 상황에 맞게끔 마르크스 철학을 새롭게 조망하고 재해석해야만 하며, 나아가 비판적으로 재구성 ― 재구축하려는 철학적 시도 또한 필수적으로 요청된다. 이러한 태도와 자세만이 마르크스

철학을 '죽은 화석'이 아닌, 여전히 생명력을 견지하고 있는 '살아 있는 철학'으로 유지시켜줄 것이기 때문이다.

이번에 우리 '사회와철학연구회'에서 펴내는 연구총서 5권 『왜 지금 다시 마르크스인가』에는, 이러한 전제 및 조건에 부합하여 마르크스의 철학사상을 오늘의 시대 상황에 맞게끔 새롭게 비판적으로 읽어 내거나 재해석해보려는, 아울러 최소한 각론적 차원에서 다양한 이론적 부문들을 비판적으로 재편·재구성하려는, 다양한 실천 철학적 시도를 통해 거둔 '잠정적' 탐구 성과들이 망라되어 있다.

가령 이번 연구총서 5권이 총괄적으로 전달하고자 하는 핵심 메시지를 함축하고 있는 논문 「왜 마르크스인가」에서 임경석은, 경제적 세계화라는 미명하에 총체적 착취와 수탈이 용인되는 작금의 현실이야말로, 마르크스의 텍스트를 곡해된 '현실사회주의 국가이데올로기'의 도구로부터 벗어나 재해석해야 되는, 요컨대 고전이 된 그의 저작물을 재해석하기 위한 마르크스-르네상스의 전조로 보고자 한다. 그리고 이러한 목표의 첫걸음으로, 정치철학적 관점에서 마르크스 사상의 형성 과정을 '비판'과 '해방'이라는 핵심어를 통해 고찰하고 그 현대적 의미를 제시하고자 시도하고 있다.

또한 「'실재적 관계들 안의 현실적 인간' 또는 '인간' 개념의 변증법적 의미 전형을 통한 사적 유물론의 철학적 근거 정립」이라는 꽤 긴 제목의 글에서 홍윤기는, 마르크스의 인간 개념은 마르크스주의 내에서는 주로 야당 개념으로 부각되었던 반면에 자본주의 사회에 대한 비판의 흐름 안에서는 '휴머니즘'에 대한 보완 개념으로 제안되었음을 지적하면서, 마르크스의 인간 개념은 사적 유물론으로 구체적으로 정식화할 발상들을 내장하고 있다는 점을 새롭게 재해석하여 규명하고자 한다.

　다른 한편, 그간 마르크스 철학에 대한 논구 과정에서 제대로 다루어지지 못했던 마르크스와 링컨 사이의 내적 연관성을 새롭게 조망하고 있는 글 「마르크스와 링컨 그리고 노예제」에서 이국배는, 마르크스가 미국 노예제와 남북전쟁 그리고 미국 자본주의에 대해 어떠한 입장을 견지했는지에 관해 그 특징들을 중심으로 살펴보고, 이러한 미국의 역사적 계기들이 마르크스의 사상 체계 안에서 어떠한 이론적 함의를 가졌던 것인가를 새롭게 해석하여 보여주고자 한다.

　이처럼 이 책에 수록된 글들 몇 편에 관한 아주 짧은 소개에서 짐작할 수 있듯이, 이번 연구총서 5권은 시종일관 마르크스 사상에 대해 이루어진 기존의 '전통적인' 혹은 '정통적인' 해명 방식에서 벗어나, 오늘의 시대 상황과 맥락, 달라진 사회적 여건 등을 감안하여 마르크스 사상을 새롭게 조명하고 이론적으로 재구성해보려는 등 실천철학적 관점에서 이루어진 다양한 탐구 작업의 잠정적인 철학적 성과물들을 담아내고 있다. 그런 만큼 본 연구총서 5권은 마르크스 탄생 200주년을 축하하고 경축하는 '기념서(記念書)'로서의 성격도 일정 부분 지니고 있지만, 단순히 그러한 차원에만 머무르는 데서 벗어나 현저히 달라진 오늘의 자본주의적 시대 상황에 맞추어, 다양한 문제의식과 정치철학적 관점에 의거하여 마르크스 사상 체계를 비판적으로 재고찰하고 그것이 지닌 새로운 함의와 의의를 끄집어내어 규명해보려는 데 주안점을 두고 있다.

　이상에서 대략 살펴본 바와 같이, 본 연구총서에서 이루어진 '오늘의 시점에서 왜 마르크스 철학이 다시 요청되는가?'라는 물음을 중심으로 새롭게 살펴본 마르크스 사상에 관한 비판적 논구 작업은, 빠르게 변모해나가는 우리 사회의 현실을 제대로 규명하고 드러난 난제들을 해결해나가는 데 기여할 새로운 철학적 접근 방식과 조망점, 분석틀과 실질적 극복 방안 등에 관한 유의미한 논변들을 우리 실천철학계에 제공해줄 수 있을 것이다. 나아가 한국 사회에 내재되어 있는 여러 난맥상들을 제대로 짚어주고 그로부터 벗어날 현실적 타개책 및 한국 사회의 변혁 방안 등을 모색·제시해줄 '자생적 사회철학 모델'의 정립과 관련해서도 적지 않은 지침과 시사점, 교훈 등을 개진해줄 수 있을 것이라 감히 기대해본다.

철학은 '시대의 산물'이다. 그런 만큼 시대적 한계와 해당 구성체의 사회 구조적 제약을 받지 않는 철학사상이란 사실상 존재치 않는다. 마르크스의 사상 역시 이로부터 자유로울 수 없다. 초기 서구 자본주의 체제를 주된 분석 대상으로 삼아 개진된 마르크스의 시대 진단과 문제 해결을 위한 처방책 등은 당시로서는 이론적·실천적 정당성과 타당성을 겸비한 것으로서, 가장 '선구적인' 실천철학적 성과물로서 평가받을 만한 것이었다.

그러나 현실 사회주의의 실패는 적어도 '개별적 각론'의 차원에서 마르크스 철학이 지닌 한계와 오류, 제한성을 고스란히 보여주는 결정적 징표였다는 사실을 부인하기는 결코 쉽지 않다. 하지만 그렇다고 해서 마르크스 철학사상이 거둔 탁월한 실천철학적 성과들을 온통 낡고 무용한 오류투성이의 것들인 양 치부하는 작금의 사상적 분위기 또한 결코 용인될 수 없다. 왜냐하면 역사적·시대적 제약과 한계에도 불구하고, 마르크스의 철학사상이 거둔 성과와 업적, 지침 등은 새롭게 그 의미와 의의를 발굴하고 비판적으로 재해석·재구성할 경우, 얼마든지 타당하고 유용한 이론적 분석틀 및 실천적 변혁의 도구로 그 역할을 여전히 수행할 수 있다고 판단되기 때문이다. 현실적으로도 마르크스의 사상을 낡고 시대착오적인 것으로 간주하여 전면적으로 배격하고 폐기처분하려는, 오늘의 이른바 '주류' 철학(사)적 시각은 여전히 개선되고 변혁되어야 할 현실 자본주의의 근본적 난점들을 은폐·왜곡하여 소수의 가진 자들의 입장을 옹호하고 정당화함으로써, 자본주의 체제의 구조적 모순과 폐해를 심화시켜 비인간적인 야만적 폭압 상태라는 치명적 결과로 이어지게 만들고 있다.

알다시피 현실 사회주의의 붕괴로 인해 '신자유주의적 자본주의' 체제에 대한 '외재적 비판'의 준거점이 상실된 현 시점이야말로, 이전과 질적으로 달라진 새로운 자본주의 체제의 근본적 한계와 모순 등을 보다 철저히 직시하고 규명해야 할 적기라 할 수 있다. 사정이 이렇다면, 마르크스의 사상은 조소와 냉소의 대상으로서 '죽은 개' 취급은 아직 받지 않아도 될 것 같다. 왜냐하면 이제껏 살펴본 것처럼 기존의 마르크스 사상으로부터 오늘의 시대 상황에 부합하게끔 새로이 그 이론적·실천적 함의와 의의를 끄집어내어 규명해볼 경우, 마르크스의 실천철학은 현존 자본주의 체제의 구조적 모순과 한계에 대해 신랄하게 '짖어댈(비판할)' 수 있는 '살아 있는 개'로서의 역할을 여전히 충실하게 수행할 수 있다고 판단되기 때문이다. 그런 한에서 이번 연구총서 5권은 이 점을 보다 더 설득력 있는 다양한 논변의 제시를 통해 확인시켜줄 것으로 기대된다.

한데 이 점과 관련하여 두고두고 진한 아쉬움으로 남는 한 가지는, '왜 지금 다시 마르크스인가'라는 주제와 관련해 이번 총서에 실린 글들 외에, 학문적으로 매우 탁월하고 훌륭한 몇몇 연구자들의 글이, 피치 못할 개인적 사정 등으로 인해 출간 작업에 함께하지 못함으로써 아쉽게도 이 책에 수록되지 못했다는 점이다. 그랬더라면 지금보다도 훨씬 더 완성도가 뛰어나고 수준 높은 연구총서가 세상에 선 보였을 것이다. 그럼에도 이번 총서에 수록된 10편의 글들 각각은 그러한 아쉬움을 상당 정도 채워주고도 남을 만큼, 마르크스 사상에 관한 새로운 비판적 재해석 및 재구성 과제에 관심이 많은 전문 연구자나 철학자, 일반 독자들의 기대에 충분히 부응할 것이라 믿어 의심치 않는다. 더불어 이번 총서에 대한 신랄한 비판과 지적, 조언 등을 부탁드린다.

늘 그래왔듯이, 이번 사회와 철학 연구총서 5권을 기획·출간함에 있어서, 이를 흔쾌히 수용해준 '도서출판 씨아이알'의 김성배 대표님께 깊은 감사의 말씀을 드린다. 또한 보다 우수한 연구서로 만들기 위해 육아휴직에서 돌아온 지 얼마 안 된 날부터 책이 출간되는 날까지 불철주야 애써주신 출판부의 박영지 편집장님과 출판부 선생님들의 노고에 진심으로 감사드린다.

2021년 9월
기획·편집 책임자 선우현

목 차

1.

왜 마르크스인가

해방적 비판의 재해석을
위하여

임경석

1.

왜 마르크스인가

해방적 비판의 재해석을 위하여

임경석

들어가는 말

2020년 이후 지속 중인 코로나 19 사태는 글로벌 자본주의체제가 위기상황에 직면했고, 이로 인해 야기된 불평등의 피해도 고스란히 사회적 약자들에게만 전가되고 있다는 점에서 자본주의 시장경제의 대처능력이란 신화가 역시 허구임이 판명되었고 마르크스의 사상에 새롭게 주목하도록 만들고 있다. 주지하다시피 1989년 베를린 장벽과 1991년 소비에트 체제와 연이은 현실사회주의 국가들의 붕괴이후 좌·우·중도파를 망라한 다수의 지식인들이 마르크스를 '죽은 개(der tote Hund)'[1]로 취급하고자 시도해왔다. 하지만 우리 사회를 강타한 1997~1998년의 IMF 사태, 2008년 미국발 금융위기 그리고 2011년 99% vs. 1%로 상징되는 점령시위 및 현재의 코로나 사태

---

1) B. Sichtermann, Der tote Hund beisst, pp.7~43.

가 보여주고 있는 전 지구적 대응위기의 두려움은 미친 듯이 착취와 수탈을 자행하는 슈퍼리치들의 자본축적의 포악함과 광분이 초래할 다중의 체제혁신의 목전에서 마르크스-르네상스의 전조를 예고하고 있는 중이다. 물론 이러한 견해를 뒷받침할 만한 논거를 본고에서 상세히 다룰 순 없지만, 필자는 지금이야말로 마르크스의 목소리에 귀 기울여야 할 시기라고 강조하고 싶다. 왜냐하면 적어도 필자의 동시대인은 교조적이고 독단적인 마르크스-수용의 마르크스주의 (Marxismus)가 초래했던 전체주의적 지배의 비극을 직간접적으로 목도했기 때문에 다시금 마르크스의 본래적인 사상을 체제수호의 이데올로기로 수용하지 않으면서 새롭게 재해석할 수 있는 토대가 마련되었다고 보기 때문이다.[2] 필자는 이에 교조주의로부터 벗어난 마르크스 해석의 출발점으로서 '칼 하인리히 마르크스(1818~1883)의 삶'[3]과 사상의 형성 과정을 '비판'[4]과 '해방'[5]이란 두 가지 핵심

---

[2] 본고는 선입견 없이 마르크스의 사상에만 주목하기 위해 세 가지 이유로 마르크스주의 (Marxismus)란 용어의 사용을 회피한다. 첫 번째로 마르크스주의란 개념은 흔히 인물에서 파생된 여타의 이즘들(isms)과 마찬가지로 본래적인 마르크스의 고유한 사상에 대한 적절한 묘사가 될 수 없다. 이러한 관점에서 부언되어야 할 사실은 최초로 마르크스주의란 표현은 '제차 인터내셔널 노동자연맹(1864~1876)에서 바쿠닌(Bakunin)을 둘러싼 무정부주의자들과 마르크스를 옹호하는 인물들 간의 갈등에서 등장했다는 점이다. 두 번째로 마르크스주의란 표현은 학문적 관점에서 볼 때 너무도 다양한 스펙트럼의 저자들의 관점에서 사용되고 있기 때문에 세부적인 구분이 필요하다. 세 번째로 필자는 가능하다면 마르크스의 학설과 최초의 마르크스주의자인 엥겔스의 학설을 구분하고 세분해서 논의할 필요성을 주목하고자 한다.

[3] 최초 마르크스주의자의 한 사람인 엥겔스(F. Engels)의 평가 이래로, 마르크스의 삶을 대표하는 전기는 다음과 같다. F. Mehring, Karl Marx, Zürich, 1946.; B. Nicolaevsky/O. Maenchen-Helfen, Karl Marx, Berlin/Bonn-Bad Godesberg, 1975.; Iring Fetscher, Karl Marx, Freiburg/Basel/Wien, 1999.; Walter Euchner, Karl Marx, München, 1983.; F. Wheen, Karl Marx, München, 2001.

[4] 비판(Kritik)은 어원적으로 희랍어 ἡκρίτική에서 파생한 κρίνειν, κρίσις, κριτήριον, κρίτής처럼 같은 어간의 파생어와 함께 사용되면서 대립진영들 사이에서 '분리하다(scheiden)', '선택하다(auswählen)', '판단하다(beurteilen)', '결단하다(entscheiden)' 등 다중적인 의미로 사용되었다. 그런데 이처럼 동일한 어간으로부터 '비판(Kritik)', '기준(Kriterium)', '위기

어의 결합을 통해 살펴보려는 것이 본고의 주요 목적이다.

비록 마르크스 자신은 이러한 개념들 각각에 대한 명료한 정의를 제시하려고 의도하지 않았지만, 그가 평생에 걸쳐 이룩한 과업은 한마디로 인간적 해방의 실현을 위한 이론과 실천의 상보성을 함축한 해방적 비판의 과정으로 해석될 수 있다. 왜냐하면 마르크스는 이러한 과제의 긴 여정을 수행하기 위해 다음 세 가지 질문에 대해 일관되게 묻고 답하는 과정을 지속하는바, "첫째로 비판이 발생하는 근거는 무엇인가? 이 질문에 대한 그의 답변은 한마디로 **모순** 때문이다. 둘째로 왜 비판은 지속되어야만 하는가? 왜냐하면 현존하는 모순의 원천을 보다 근본적으로 명료하게 파악해야만 하기 때문이다. 끝으로 우리는 어떻게 모순을 해소할 수 있을까? 그것은 지속적으로 모순을 불가능하게 만듦으로써만 가능하다."[6] 요약하자면, 마르크스가 추구했던 해방적 비판의 작업은 다름 아닌 모순의 파악과 그 발생적 원인에 대한 근본적 이해와 동시에 모순의 해체를 목표로

(Krise)'와 같은 중요한 개념이 기원했다란 점에 특별히 주목할 수 있다. 아울러 비판이란 용어가 역사적으로 처음 주목된 영역은 법과 의학의 분야였다. 법정이나 의료행위는 옳고 그름을 판단하고 평가할 수 있는 비판의 표준을 필요로 했기 때문이다. 서양철학은 이러한 용어의 용법을 학문적 비판의 전문용어로 점차 부각시키게 된다. 참고. C. v. Bormann, Artikel 〈Kritik〉, in: Historisches Wörterbuch der Philosophie, Bd. 4, pp.1250~1262.

5) 해방(Emanzipation)은 로마법에서는 우선 노예의 석방(e-mancipium)을 의미했고, 이후 가부장적 지배로부터 성장한 자녀의 출가와 관련된 업무에 사용했다. 이후 중세시대에 해방 개념은 개인의 종교활동에만 전반적으로 주목한다. 이 개념은 근대 이후에야 비로소 정신적이고 종교적인 의미와 더불어 법적이며 정치적인 관점에서도 주목되었으며 후견, 불이익 혹은 부당함으로부터 집단적인 단체, 신분, 계급의 부자유나 억압으로부터의 벗어남을 의미하게 된다. 오늘날 농어민, 시민, 프롤레타리아트, 인종, 여성, 소수자 등의 다층적 해방운동은 미성숙함으로부터 벗어나려는 능동적인 계몽운동의 과정을 통해 준비되었고 혁명적 자유, 평등, 형제애 및 정의를 기반으로 공적 업무에 대한 공동결정권의 보장과 인간의 보편적 인권의 관철이란 두 가지 요소로 흔히 대변되고 있다. 참고. M. Greiffenhagen, Artikel 〈Emanzipation〉, in: Historisches Wörterbuch der Philosophie, Bd. 2, pp.448~449.

6) MEW: 1, p.349(본고에서 진하게 표시한 부분은 마르크스 자신의 강조임을 밝힌다).

한 이론과 실천의 상보성에 다름 아니다.

필자는 '해방적 비판'이란 개념을 통해 우선 마르크스의 사상을 전기와 후기로 단절하려는 파편적 마르크스 해석의 편협성에 대항한 경고의 입장을 밝히고자 한다. 이와 관련해 필자는 마르크스가 수행했던 이론적 비판 과정의 주제 변화[7]를 살펴봄으로써, 마르크스가 의도한 해방적 비판의 작업이 얼마나 복합적이며 자기발전적으로 수미일관된 작업이었으며 미성숙한 초기 사상의 자기반성적 지양의 결과물인지도 살펴볼 것이다. 필자의 이러한 입장은 마르크스사상의 독창성과 고유성을 이론적 비판과 실천적 해방의 상보성이란 차원에서 융합하는 '변증법적 지양(Dialektische Aufhebung)'[8]의 과정으로 파악해보려는 해석 방식으로부터 기인한다. 필자는 이러한 입장의 정합성을 제시하기 위해 마르크스가 자신의 전 생애에 걸쳐 전개한 이론작업의 큰 틀을 주제별로 재구성해보고 그 내재적인 연관성을 해방적 비판의 역동적 연관관계를 통해 규명해보겠다.

더불어 필자는 마르크스가 자신의 해방적 비판이란 작업을 통해 당대의 정신적이고 물질적인 삶에 뒤엉킨 제반 모순들, 즉 무한경쟁, 절망, 이기적 계급의식의 소유투쟁, 조야함과 어리석음, 인권침해와 불신, 착취와 수탈, 이데올로그들의 거짓과 기만, 자본의 무한축적 등을 해결할 수 있는 실현 가능한 대안들을 모색하는 과정을 일괄해

---

7) 마르크스의 사유 변화의 발전 과정과 연관된 주제는 철학, 종교, 국가와 법의 비판에서 마침내 정치경제학 비판으로의 이행 과정을 의미한다.

8) 헤겔의 용어인 변증법적 지양(Aufhebung)은 모순의 극복 과정에서 긍정적이고 가치 있는 요소들은 보존되는 반면 부정적인 요소들은 누락되어 한 단계 상승하는 방식으로 보존(bewahren)과 제거(beseitigen) 그리고 상승(erhöhen)의 세 측면이 상존하는 생성(Werden)의 과정을 의미한다.

보고자 한다. 이러한 목표에 도달하기 위한 마르크스의 문제의식은 크게 세 가지로 요약할 수 있다. ① 마르크스의 해방적 비판은 예지적인 이론과 교정적인 실천 영역의 상보성을 강조한다. 달리 표현하면, 마르크스는 이론과 실천의 변증법적 지양에 일생 동안 주목한다. ② 그에게 실천이란 실천하는 주체의 의식뿐만 아니라 실천적 대상의 동시다발적인 변화를 이끈다는 면에서 이중적 의미를 갖는다. 즉, 실천이란 총체적 변화를 이끄는 혁명활동 속에서 '주변 상황들의 변화와 더불어 자기변화'를 늘 함께 수반한다. ③ 해방적 비판이 달성하고자 하는 최종 목표는 비결정론적인 대상화일 수밖에 없음에도 주목할 필요가 있다. 마르크스는 해방적 비판의 작업에서 해방이란 용어가 지니는 이중적 의미에 주목하는데, 그 하나는 외부적 억압으로부터의 '소극적 해방'과 또 다른 하나로 주체를 지배하는 허위의식의 자기소외로부터의 '적극적 해방'의 실현을 연계하고 있다. 이 점은 청년기 마르크스가 철학의 실현을 해방적 비판의 수행과제로 선언했을 때 이미 그는 해방의 두뇌인 이론(이념)을 통한 자기의식의 해명과 해방의 심장인 노동하는 주체의 실천(현실)적 결합을 통해 무정한 현실세계의 모순극복과 대안사회의 도래를 선취하기 위한 혁명적 실천을 능동적으로 수행할 필요성을 역설한다.

필자는 이러한 관점에서 마르크스의 해방적 비판을 ① 이론적 자기해명, ② 타자들의 공감과 해명 그리고 ③ 변혁의 연대적 실천이라는 세 가지 의미의 복합체로 요약하고 그 전개 과정을 살펴보고자 한다. 이를 위해 필자는 마르크스의 전 생애에 걸친 해방적 비판의 작업이 함축하는 언급된 세 가지 국면을 연대기 순으로 제시하면서 소위 그의 사상에 대한 파편적 이해나 일방적 옹호의 시도를 거부하고, 그의 지적 유산이 우리 시대에 고전 사상으로 전승되어야 할 독창성과 고유성의 면면을 총체적으로 살펴보도록 하겠다.

해방적 비판에 내재된 두 가지 규범적 개념

마르크스는 해방적 비판의 이론적 정합성을 위해 자기비판의 논증적 기준으로서 '인간의 본질(das Wesen des Menschen)'과 '참된 코뮌주의(der wahre Kommunismus)'라는 두 개념을 규범적으로 사용하고 있다. 그에 따르면, 인간은 자신의 참된 본질을 실현하기 위해 물질적 욕구의 만족뿐만 아니라 외적 자연과 내적 본성의 주관적이고 객관적인 '신진대사(Stoffwechsel)'를 수행하는 인격체로서 육체적이고 정신적인 능력과 재능의 전 방위적인 자기전개의 실현을 강조한다. 마르크스는 이 점을 『경철수고』의 잘 알려진 '소외된 노동의 네 가지 국면'[9]에서 인간의 본질과 관련해 상론하고 있다. 이러한 자기소외의 상태에 대한 비판이 청년 헤겔주의자였던 브루노 바우어가 수행한 '비판적 비판(die kritische Kritik)의 공허성'[10]을 넘어서려면, 마르크스로 하여금 자신이 수행하고 있는 비판의 타당성을 견인할 수 있는 노동의 비소외적 자기전개의 입장을 규범적으로 전제할 수 있을 때에만 비로소 가능한 것이다. 그런 다음에 마르크스는 헤겔 역사철학의 사변적인 영역과 포이어바흐의 인간학적 감

---

9) 마르크스는 소외된 노동의 네 가지 국면으로, ① 생산물로부터 노동자의 소외, ② 생산활동으로부터의 소외, ③ 유적 본질로부터의 소외, ④ 동료인간으로부터의 인간의 소외를 상론한다. 비교, K. Marx, Pariser Manuskripte, in: MEW (EB, Teil 1), pp.511~517.

10) MEW: 2, p.21.

성철학 그리고 국민경제학의 초창기 연구로부터 생산수단의 사적 소유로 인한 착취와 억압으로부터 인간 해방의 실질적 조건을 함축하는 코뮌주의의 모습을 '완성된 자연주의(vollendeter Naturalismus)=인간주의(Humanismus), 완성된 인간주의(vollendeter Humanismus)=자연주의(Naturalismus)'[11]로 제안한다. 무엇보다도 마르크스가 포이어바흐로부터 차용한 개념인 인간의 본질에 관한 '유적 본질(Gattungswesen)'로서의 구상은 생산 패러다임에 대한 기술적(deskriptiv)인 강조로 인해 수많은 마르크스-연구자들로부터 규범적(normativ)인 측면을 주목받지 못했다. 그럼에도 불구하고, 마르크스의 인간적 해방은 우선 자기소외된 상태의 자각과 (자기)비판으로부터 출발해야 하며, 이처럼 주객전도의 상실된 자기소외의 상태로부터 전인적인 인간의 총체적 본질의 회복에 대한 자각과 재획득의 목표와 관련되어야 한다.[12] 즉, "반면 누구나 배타적인 활동 범위에서가 아니라 각자가 애호하는 분야에서 도야 할 수 있으며, 사회가 보편적인 생산을 통제하고 이를 통해 나로 하여금 오늘은 이 일을, 내일은 저 일을 행할 수 있고, 아침에는 사냥을, 점심에는 낚시를, 저녁에는 가축을 돌보고, 식사 후에는 비판을 할 수 있는 저 공산주의사회에서, 단순히 사냥꾼, 어부, 목축인, 비평가가 되지 않는다." 그런데 이러한 전인적 인간 삶의 성공적 수행은 부르주아적인 이기적 모나드(Monade)의 원자론적인 삶에 대항해 연대하는 유적 삶을 규범적 관점에서 대비시킬 수 있을 때 비로소 그 해방적 비판의 적실

---

11) MEW (EB. Teil 1), p.536.
12) MEW: 3, p.33.

성을 이해할 수 있게 된다.

　마르크스는 이러한 초기사상을 자신의 중·후기의 대표저서들인 『독일이데올로기』, 『공산당 선언』, 『자본』, 『고타강령비판』 등에서 인간의 참된 본질을 실현할 수 있는 공간인 '참된 코뮌주의'를 통한 규범적 관점에서 그 전망을 지속적으로 애호하고 있다. 그러면서 그는 자본주의적 생산양식을 실현 가능한 최상의 사회가 아닐 뿐만 아니라 더 나아가 풍요 속의 빈곤을 양산하는 전도된 사회 형태임을 보여준다. 인간은 자본이 자기증식을 주도하는 상태에서 그 생산 과정을 통제하지 못하며, 오히려 자본주의적 생산양식은 궁극적으로 '자기 가치증식인 잉여가치의 생산과 고정자본인 생산수단을 통해 엄청난 양의 잉여노동을 흡수하게 된다. 그러면서 자본은 마치 흡혈귀처럼 살아 있는 노동의 피를 빨며 살아가는 죽은 노동'13)에 다름 아니다. 따라서 이러한 상태의 지양이야말로 후기 정치경제학 비판의 핵심 작업으로 떠오른다. 특히 죽은 자본의 계기로서 살아 있는 노동의 '물상화(Verdinglichung)'는 매우 치명적인데, 왜냐하면 물상화는 노동하는 인간의 정신적이고 육체적인 능력의 자기실현을 방해할 뿐만 아니라, 자본에 대한 복합적 예속관계를 심화시키고 있기 때문이다. 마르크스는 물상화된 상품인 노동력의 규정과 더불어 자본주의적 생산력과 생산관계의 사이에 드러나는 생산양식의 모순에도 보다 상세한 분석을 전개하게 된다.

　후기 마르크스의 정치경제학 비판은 대부분 상품들 간의 자기산

---

13) MEW: 23, p.247.

출 원리인 생산 과정을 중심으로 교환이 이루어지는 유통 과정과 그 전체적인 통합 과정을 부분적으로 다룬다. 그럼에도 불구하고 이 시기의 성숙한 마르크스는 소외된 인간본질의 회복에 대한 초창기의 철학적 관점을 결코 버린 것이 아니다. 그는 오히려 인간학적 구상을 '상품의 물신적 특성과 그 비밀'을 다룬 『자본』 I권의 4장과 그 밖에 여러 다른 구절에서 기회가 있을 때마다 확장된 소외이론으로 전개하고 있다. 이러한 마르크스의 태도는 대규모 산업으로 규모의 축적을 추진하는 자본주의의 기계도입을 통한 물상화된 소외의 논증 형태에서 지속적인 비판을 통해 진행된다.[14]

마르크스가 수행한 해방적 비판의 작업은 크게 네 부분으로 요약할 수 있다. ① 해방적 비판은 특별히 불평등과 부당한 특권의 역사적 기원을 이론적으로 추적하면서 현존하는 모순관계를 분석한다. ② 이러한 토대에서 해방적 비판은 물질적 토대에서 부르주아사회와 권력관계를 은폐하려는 이데올로기적 변명들에 대한 정당화의 거부와 결합한다. ③ 이 비판은 새롭게 상호인정과 보편성의 재검사에 합격할 수 있는 정당성의 필연성과 가능성을 제시한다. ④ 끝으로 해방적 비판은 기존의 모순을 종식시키기 위한 대안공동체의 실현을 위한 혁명적 실천을 요구한다.

자기소외와 이데올로기 비판

누군가 마르크스를 자신의 대화 상대자로 삼으려고 한다면, 먼

---

14) MEW: 23, p.455, 596, 635; MEW: 25, pp.95~98.

저 엄청난 양의 그의 지적 유산들[15]과 대면해야 한다. 철학에서 종교, 문학, 법학, 정치학, 역사학 그리고 국민경제학의 영역에 이르는 해박한 마르크스사상은 해석자들에게 그의 이론작업들 간의 내적 연관성을 밝히기 위해 지루한 해석적 작업을 수행할 것을 요구한다. 나는 이러한 연구 주제들과 관련해 철학적 비판에서 출발해 정치경제학 비판으로 귀착되는 과정에서 제기될 수 있는 주제 변동의 주요 동기와 특징만을 본고에서 살펴볼 것이다. 이처럼 마르크스의 해방적 비판이 주목하는 관심의 변화 과정은 한마디로 추상에서 구체적 현실로 이행하는 자기비판의 과정이라 할 수 있다. 다만 마르크스의 이러한 변화가 결코 이전에 주목했던 연구성과와 단절이 아니라 흡사 생명체의 기억체계와 유사하다는 점을 간과해서는 안 된다. 마르크스는 이미 『경철수고』에서부터 자의적인 체계(System)에 함몰되지 않고 자신이 수행하게 될 이론들 간의 내적 연관성의 지양(Aufhebung)을 잘 예견하고 있었는바, "그러므로 나는 다양하고 자립적인 소책자들에서 법, 도덕, 정치 등에 대한 비판을 차례로 진행하게 될 것이며, 끝으로 특별한 작업에서 다시 개별적인 부분들의 관계인 전체의 연관성을, 마침내 저 자료들에 대한 사변적 가공의 비판을 제시할 것을 시도하게 될 것이다."[16]

---

15) '마르크스-엥겔스의 역사적-비판적 전집(MEGA²)'은 현재 총 4부(1부는 저작, 2부는 『자본』과 관련 저서, 3부는 서신, 4부는 발췌 노트와 메모)로 구성되어 114권(123책)의 분량으로 국제 마르크스-엥겔스 재단을 중심으로 지속적으로 발행을 진행 중이다. 이에 대한 자세한 논의는 마르첼로 무스토(M. Musto)의 저서 Another Marx, 1~4쪽과 정문길의 『니벨룽의 보물』의 564~586쪽의 상세한 보고를 참조할 것. 또한 출간된 MEGA²의 한국어 번역작업이 동아대학교의 강신준 교수를 중심으로 한 연구팀이 미번역서를 중심으로 집단번역으로 출판 작업을 수행 중이다.

16) K. Marx, Pariser Manuskripte, in: MEW (EB. Teil. 1), p.467.

이제 이러한 입장은 마르크스가 『정치경제학 비판 요강』의 서설에서 '인간의 해부가 원숭이의 해부를 위한 열쇠'[17]임을 강조하는 것처럼 원숭이라는 덜 진화된 동물의 이해보다는 고차원적이며 다양한 것의 통일이자 사유의 결과로서 수많은 규정들의 종합으로 이해되는 구체적인 인간에 대한 이해로 연결되는 변증법적 유물론의 상승방법인 추상에서 구체에로의 총체성을 염두에 둔다.

마르크스가 평생에 걸쳐 수행한 해방적 비판의 전개 과정[18]은 개략적으로 다음과 같이 요약할 수 있다. 마르크스는 1841년에 「데모크리토스와 에피쿠로스 자연철학의 차이점」이란 주제로 예나대학에서 철학박사학위를 취득한다. 그런데 절친한 동료였던 사강사(Privatdozent) 브루노 바우어가 빌헬름 4세 치하의 검열에 희생되어 본(Bonn)대학에서 사상과 교육의 자유를 박탈당하는 것을 보고 이내 교수의 길을 포기하게 된다. 그는 대신 쾰른에 소재한 중소기업인들의 대변지인 「라인신문」에서 처음에는 공동 집필자였지만 이내 편집장으로 언론활동을 시작한다. 그는 1842~1843년의 언론인으로서의 활동 시기에 「최근 프로이센의 검열훈령에 관한 소견」, 「출판자유와 주의회 의사공표에 관한 논쟁」, 「산림도벌법」, 「모젤농부들의 상황을 위하여」 등과 같은 첨예한 기고문을 통해 검열에 대항하

---

17) MEW: 42, 35쪽.

18) 마르크스의 해방적 비판의 사상적 발전 과정은 크게, ① 베를린대학 시절 '박사클럽(Doktorklub)'의 구성원으로서 청년 헤겔학파를 중심으로 한 진영에서 헤겔철학의 비판작업을 중심으로 활동했던 시기, ② 포이어바흐(Feuerbach)의 종교비판을 통해 감각적 현실에 대한 감성주의적 인간학의 입장을 극복하려던 독일 이데올로기의 극복 시기, ③ 실천철학과 제1 인터내셔널 사회주의운동의 대표적 운동가로 활동하는 가운데 유물론적 역사 이해와 정치경제학 비판의 완성에 전력하던 영국 망명의 활동 시기, ④ 노년기의 마지막 지적 여정에 이르는 단계 등의 활동으로 주목해볼 수 있다.

는 출판과 표현의 자유 및 '정치적으로 가난하고 사회적으로 소유하지 못한 무리들'[19]의 입장을 적극 옹호하는 저널리즘적 비판을 수행한다. 이러한 작업으로 인해 마르크스는 진보적 언론기관에 대한 프로이센 당국의 검열과 폐간조치로 인해 1843년 3월 17일 편집장을 사임한 후 그의 평생에 걸친 '망명의 삶(Exilleben)'을 시작한다. 마르크스는 곧바로 파리에서 간행될 좌파잡지인 「독·불연보」를 준비하게 되는데, 바로 이 잡지의 표제에서도 우리는 마르크스가 추구하려는 이론(독일철학)과 실천(프랑스혁명으로 상징되는 실천력)의 상보성을 통한 해방적 비판의 의지를 엿볼 수 있다. 실제로 마르크스는 아놀드 루게(A. Ruge)와 교환했던 「1843년 서신들」의 한 서한에서 자신이 추구하려는 해방적 비판이 '어디로부터(Woher?) 발생하는가'라는 이론적인 분석의 측면과 동시에 실천적이고 미래지향적인 운동의 지향점인 '어디에로(Wohin?) 혹은 향후 무엇이 실현되어야만 하는가(was werden soll?)'란 질문[20]을 통해 제기하고 있다. 특히 마르크스는 이 첫 번째 질문과 연관해 형이상학적 비판가를 벗어난 유물론자의 입장에 서서 향후 현실세계(Diesseits)의 뿌리(radical) 파악으로부터 자신의 이론적 작업을 전개할 것임을 선언한다. 당시 마르크스의 쟁점은 철학적 사변(Spekulation)만으론 당대의 암울한 현실을 파악하기에 충분한지에 대한 회의와 사변의 오만(Hybris) 내지 현 사태의 이데올로기적 예찬의 가능 여부를 규명하는 것이 주된 문제의식이었다. 특히 마르크스가 당시 전개한 철학과 종교의 비판

---

19) MEW: 1, p.115.
20) MEW: 1, 343f. 비교. F. Engels/K. Marx, MEW: 2, p.132.

은 헤겔『법철학』의 국가법(§§261-313)과 포이어바흐, 브루노 바우어, 막스 스티르너 등으로 대변되는 청년 헤겔주의자들의 주장에 내재하는 이데올로기적 한계점을 해명하면서 결여된 실천철학의 보완을 통해 억압적인 사회 현실로부터 해방적 비판을 모색하는 과정이었다. 마르크스는 바로 이러한 이론작업을 수행함으로써 피안으로 우리의 시선을 옮기는 종교와 검열과 같은 정치적 부자유로 대변되는 현실의 폭압으로부터 벗어나자는 구호만이 지니게 되는 '독단적 잠칭(dogmatische Anmaßung)'을 넘어설 수 있는 인간적 해방의 '정치적 실천'[21]에로 한발 다가설 수 있었다.

그런데 여기서 언급되어야 할 점은 소위 '이론과 실천 사이의 우선성이란 문제'가 마르크스에겐 실제로 그렇게 큰 역할을 수행하지 않는다는 점이다. 잘 알려진 「포이어바흐에 관한 11번째 테제」[22]인 "지금까지 철학자들은 세계를 다양한 방식으로 해석만 해왔는데, (그런데) 이제 (더불어) 그 세계를 변혁하는 것이 문제다"라는 문장의 무비판적인 해석에 따르면, 마르크스가 마치 이론적 반성을 도외시하고 맹목적 행동주의만을 옹호한 것처럼 강조하고는 했다. 그런데 마르크스가 이 테제를 언급한 의도는 이론 없는 실천의 '독단적 교조주의(den doktrinären Dogmatismus)를 경계하는 동시에 청년 헤겔

---

21) 마르크스는 1847년부터 1852년 동안 '공산주의자 연맹(Bund der Kommunisten)'에서 활동을 한다. 이후 그의 정치활동의 정점은 런던에 소재한 '국제노동자연맹(Internationale Arbeiter-Assoziation)'과 연계된 무국적의 야당 정치인으로서의 활동이었다.

22) MEW:3, 7쪽. 그런데 이 11번째 테제의 (그런데)와 (더불어)에 대한 마르크스의 원본과 엥겔스가 첨삭한 판본 사이의 흥미로운 해석의 차이점에 대해서는 Gerhardt Volker, Eine angeschlagene These, in: Internationale Zeitschrift für Philosophie, 1995. Heft2, pp.175~191을 참조할 것.

학파의 지식인들이 현존 모순들에 대한 무차별적 비판(rücksichtslose Kritik)'23)을 회피하려는 순응주의(Konformismus)를 강조하면서 무엇보다도 브루노 바우어의 비판적 비판이 지닌 위험에 일침을 가하려는 것이었다. 바로 이러한 맥락에서 마르크스는 당대의 지적인 상황에 대해 "이제까지 철학자들은 그들 연단에서 모든 수수께끼들의 해결만을 제시해왔다. 아울러 (그들은) 이 어리석은 신비의 세계는 절대 학이라는 잘 읽은 구이가 그들 입에 날아오도록 하기 위해서 단지 그들의 입을 쩍 벌리고 있었을 뿐이다"24)라고 수사학적 조소를 즐길 수 있었다. 결국 마르크스가 지향하는 해방적 비판의 근본 의도는 초기부터 다름 아닌 이론과 실천의 상보성을 보존하는 것이었다. 바로 이러한 측면에서 이성적인 형태로만 늘 존재해왔던 이성을 냉소적으로 대면하게 된 마르크스는 이후 『독일 이데올로기』에서 보여준 청년 헤겔주의자들과의 최종 결별을 예고한 후, 진정한 비판가는 '이론적이고 실천적인 의식의 모든 형태를 결합하면서 현존하는 현실태의 고유한 형태들로부터 참된 현 실태를 그 당위와 궁극적 목적으로 전개할 것'25)을 강조한다.

마르크스에게 '모든 비판의 전제'26)인 종교비판은 여타 청년 헤겔주의자들과 비교해볼 때, 마르크스의 기여가 고유한 위치로 자리매김하기에는 차지하는 의미가 사실 매우 부족한 것으로 평가할 수 있다. 이러한 의미에서 마르크스 자신도 독일의 종교비판은 이미 포

---

23) MEW: 1, p.345.
24) MEW: 1, p.344.
25) MEW: 1, p.345.
26) MEW: 1, p.378.

이어바흐를 통해 마감되었고, 이제 종교비판에서 정치비판으로 그리고 신학에서 인간학으로 그 비판의 초점을 옮길 것을 요구한다. 이후 마르크스가 국가비판에로 자기비판의 대상을 옮기면서 진행한 우선 작업은 『헤겔 국가법 비판(§261-313)』에서 제시하듯이 낙후된 프로이센의 구체제를 폭로하고 그 결함을 조목조목 열거한 후에 유물변증법의 정초작업을 수행하게 된다. 그는 이제 우선적으로 '역사의 수준에 미달(unter dem Niveau der Geschichte)'한 헤겔의 사변적 법철학과 프로이센의 낙후된 국민경제적인 상황을 폭로한 후, 경제적 소외에 대한 실천철학적 해결방안을 도입할 것을 제안한다. 이러한 판단은 당시 독일이 철학혁명을 제외하면 유럽의 선진국들(영국의 산업혁명과 프랑스의 정치혁명)과 비교할 때 후진 농업국가란 현실과 직면하는 가운데 수행된 자기반성의 결과였다. 실제로 마르크스는 헤겔철학과 달리 당대 프로이센의 현실에 대한 순화된 애국주의의 차원에서 '회개의 필요성'[27]을 강조한다. 그러면서 마르크스는 실천철학의 과제로 낙후된 프로이센에 대항한 강력한 정치적 열정의 심정을 다음과 같이 고백한다. 즉, "독일의 현 상태와 투쟁하는데 비판은 결코 두뇌의 열정이 아닌, 열정의 두뇌인 것이다. 비판은 해부용 칼이 아닌 하나의 무기이다. 비판의 대상은 비판의 적이며, 비판은 자신의 적을 부인하는 것이 아니라 분쇄하려는 것이다. (…) 이 비판은 그 대상과 관련해 자기이해를 필요로 하지 않는다. 왜냐하

---

27) Vgl. K. Marx, MEW: 1, p.346. 마르크스는 "이제 다름 아닌 회개가 문제이다. 자신들의 죄악을 사하기 위해 인류는 오직 그들이 무엇으로 존재하고 있는가라는 점을 설명하기만 하면 된다'라고 적고 있다.

면 이 비판은 그 대상과 관련해 순수한 것으로 존재하기 때문이다."28)

그런데 이 인용문이 내포하는 의미를 일방적 정치구호만을 대변하는 선동으로서만 해석되어서는 곤란하다. 왜냐하면 마르크스는 대중들에게 당대의 경악할 만한 현실상황을 직시하고 대항할 용기를 북돋우기 위해 '비판으로서의 무기(Waffe als Kritik)'가 '무기로서의 비판(Kritik als Waffe)'을 대체할 수 없음을 강조하는데, 이 점은 다름 아닌 혁명적 실천과 물질적 선행조건을 반영한 이론의 상보성을 강조하고 있기 때문이다. 다시 말하자면, "이론은 그 이론이 인간에게 입증되자마자 곧 대중을 장악할 능력이 있게 되며, 이 이론이 근본적(radikal)이자마자 인간에게 입증된다. 이 경우 근본적이라는 것은 그 뿌리의 본질을 파악한다는 것을 의미한다. 그런데 인간에게 뿌리는 인간 그 자체이다."29)

마르크스는 '이론적 욕구가 곧바로 실천적 욕구로 될 수 있는가?'를 스스로에게 질문한 다음, '사유가 현실태로 쇄도하는 것으로 충분할 수 없음을 인정하면서, 이제 현실태가 스스로 사유로 향해야만 함'30)을 강조한다. 그러면서 그가 '철학의 실현'31)을 자신의 과제로 설정했을 때, 이후에도 해방적 비판을 언제나 해방의 두뇌인 철학(이론, 이념)과 해방의 심장인 프롤레타리아트(실천, 현실)의 통일인 이론과 실천의 상보성으로 평생에 걸쳐 강조한다.

---

28) MEW: 1, p.380.

29) MEW: 1, p.385.

30) MEW: 1, p.386.

31) "철학은 프롤레타리아의 지양 없이는 실현될 수 없고, 프롤레타리아는 철학의 실현 없이는 지양될 수 없다."(K. Marx, MEW: 1, p.391.)

정치경제학 비판

　마르크스는『정치경제학 비판 요강』의 서설에서 과학적으로 올바른 방법론의 물질적 토대로서 '구체적인 것(Konkrete)'에 대해 언급하고 있다. 바로 이러한 입장에서 그가『자본』을 구체적인 '상품'의 분석으로부터 시작하는 것이다. 그런데 정작 고전 국민경제학자들은 인구나 국가와 같은 추상적인 분석틀을 가지고 자신들의 논의를 시작하는데, 바로 이런 점들로부터 단순한 경제 범주들의 연관성을 구성하는 작업을 진행한다. 마르크스는 이러한 점이 왜 문제인지를 다음과 같이 잘 요약적으로 설명한다. 즉, "요컨대 내가 인구에서부터 시작한다면, 이것은 전체에 관한 혼란스러운 개념일 것이며, 나는 더 자세한 규정을 통해 이전보다 분석적으로 더 단순한 개념에 이를 것이다. 가장 단순한 규정들에 도달할 때까지, 상상된 구체성으로부터 갈수록 미세한 추상들로, 여기에서부터 여행은 내가 마침내 인구에 다시 도달하되, 이번에는 전체에 관한 혼란스러운 개념으로서의 인구가 아니라, 수많은 규정과 관계의 풍부한 총체성으로서의 인구에 도달할 때까지 다시 뒤로 돌아가야 한다. 첫 번째 경로가 경제학이 그것의 생성기에 역사적으로 택한 경로이다. 예컨대 17세기의 경제학자들은 언제나 살아 있는 전체, 즉 인구, 민족, 국가, 여러 국가들에서 시작한다. 그러나 그들은 항상 분석을 통해 분업, 화폐, 가치 등 몇 가지 규정적인 추상적·일반적 관계들을 발견해내는 것으로 끝을 맺는다. 이 개별적인 계기들이 다소 확정되고 추상화되자마자, 거기에서 노동, 분업, 욕구, 교환 가치와 같은 단순한 것으로부터 국가, 민족들의 교환, 세계 시장까지 상승하는 경제학 체계들이 시작되었다. 후자가 분명히 **과학적으로 올바른 방법**(wissenschaftlich richtige Methode)이다. 구체적인 것은 그것이 수많은 규정들의 총괄, 다양한 것들의 통일이기 때문에 구체적이다."[32]

이제 여기에서 주목할 점은 마르크스에게 구체적인 것은 경험적 특성만이 아니라 서술의 특성도 함께 갖고 있다는 점이다. 즉, 마르크스의 정치경제학적 방법론은 다름 아닌 개념적 응축의 형태에서 이론적 과정을 완수하려는 논리적으로 추상화된 작업 과정이기도 한 것이다. 바로 이러한 점에서 볼 때, 마르크스의『자본』은 헤겔의『논리학』의 개념을 구성한다는 점에서 잘 부합한다는 점은 이미 충분히 잘 알려져 있다.[33] 아울러 주목할 점은 개념을 상실한 경험에 대한 비판의 문제이다. 마르크스는 '추상적인 것(Abstrakte)'으로부터 '구체적인 것(Konkrete)'에로 하강하는 '서술 방식(Darstellungsweise)'과 구체적인 소재를 상세히 탐구하여 그것의 상이한 발전 형식을 분석하고 그러한 형식의 내적 연관을 추적하여 상승하게 되는 '연구 방식(Forschungsweise)' 간에 양자의 변증법적 통합 방식을 자신의 궁극적인 방법론으로 구상한다. 그는 이러한 종합을 완성시킨 이후에 비로소 자본주의 사회의 실질적 운동법칙인 '자본의 순환(화폐-상품-화폐, G-W-G)'을 제시하게 되는 것이다.

마르크스는 이러한 작업을 통해 마침내『경철수고』에서 제시한

---

32) MEW: 42, p.35.

33) 이러한 해석을 가장 탁월하게 설명한 학자인 R. Bubner, Logik und Kapital, pp.44~88을 참조할 것.

헤겔 변증법의 신비한 측면을 간파하고 비판했지만, 『자본』 1권의 2판 후기에서 헤겔의 사변적 변증법의 신비한 껍데기 안에서 합리적인 핵심을 끌어내기 위해 물구나무서기를 시도하면서 변증법이 지니는 비판적이고 혁명적인 정수를 흡수하게 된다. 그러면서 상품의 요소들인 사용가치와 가치의 분석에서 출발해 화폐로부터 자본의 생산 과정을 밝힘으로써 다시금 속류관념론자인 헤겔과 속류유물론자인 애덤 스미드와 리카르도의 국민경제학 이론에 대한 해방적 비판을 속행한다. 결국 마르크스의 정치경제학 비판은 고전국민경제학의 다양한 이론들을 양산했던 이론의 장에 대한 비판이다.

그럼에도 불구하고 마르크스가 정치경제학 비판을 통해 자신이 추구했던 청년기의 철학적 양심으로부터 벗어나 성숙기 비판의 독창성과 정점에 이를 수 있었다는 알튀세르와 그 동조자들의 견해[34]는 절반만 설득력이 있는 주장으로 보인다. 왜냐하면 정치경제학 비판의 핵심을 이론과 실천의 상보성이란 주제로 옮길 때, 한 가지 중요한 사실이 망각되어서는 안 되기 때문이다. 이 비판의 주제와 관련된 마르크스의 방법론은 이미 1844년 『경철수고』의 집필 이래로 지속적 자기반성의 결과이며, 자본주의가 지배하는 현실에서 수행되는 내적 모순들의 이론적 해부와 그 대안사회 모델로서 무계급사회의 혁명적 실천의 상보성과 관련해 결코 새로운 출현으로 보기 어렵기 때문이다.

---

34) Vgl. L. Althusser, Für Marx, pp.206~209. "만일 칼 마르크스가 우리 시대의 위대한 사상가들 가운데 한 사람으로 진지하게 다뤄진다면, 그것은 그의 정치경제학 때문이지 소외 이론이나 종적존재 때문이 아니다." 또한 E. Braun, Aufhebung der Philosophie, pp.42~44. 그리고 Michael Heinrich, Die Wissenschaft vom Wert, Westfälisches Dampfboot, pp.25~26도 참조할 것.

마르크스는 인간을 통해 동료 인간에게 자행되는 비인간화된 세계에서 자기소외와 착취문제에 직면해 당시 가장 진보한 영국에서 국민경제학의 이론적 대변자들과 그들의 연구프로그램의 모순을 비판하면서 자본주의사회의 구조적인 내적 모순들을 다음과 같이 폭로한다. 즉, 사회구성원과 국가 간의 관계를 포함한 계급 간의 착취, 소수에로의 부의 집중을 통한 무산자 세대를 포함한 절대·상대적 빈곤문제, 자기소외의 전면적 심화, 상품물신성의 지배, 이윤율의 증대를 목적으로 생존을 위협하는 기계화·산업화·자동화·합리화를 통한 실업사회 그리고 이윤율의 경향적 하락법칙과 공황, 잠재적 전쟁의 위협 등이 그것이다.

그러면서 마르크스의 정치경제학 비판은 자본주의의 '착취'와 '위기' 혹은 '공황'이란 개념에 주목한다. 이러한 착취와 위기의 문제는 생산력과 생산관계의 모순이 합리적인 소유관계와 무분별한 낭비와 소비를 조장하지 않고 잘 짜인 계획된 경제프로그램을 통해 지배될 때에만 극복될 수 있다. 마르크스는 자본주의적 생산양식이 내포하는 주된 결함을 다음 세 가지 경향, 즉 ① 낭비적인 과소비의 경향, ② 무한한 자본축적의 경향, ③ 통제 불가능한 사적 이익의 추구에 대한 경향을 중심으로 주목한다. 다만 그는 이러한 작업과 동시에 유물론적 역사비판을 통해 참된 코뮌주의로 이행하기 위한 자본주의의 역사적 과업과 위상을 간과하지 않았다. 그의 역사유물론의 분석에 따르면, "인간은 그들 자신의 역사를 만들지만 그들 자신에 의해 선택된 환경 아래에서 역사를 만드는 것이 아니다. 직접적으로 부딪치며 과거로부터 주어지고 전해온 환경 아래에서 그것을 만든다."[35)]

결국 마르크스의 자본주의 경제구조에 대한 이론적 통찰은 공상적 사회주의자들(생시몽, 푸리에, 오웬)처럼 유토피아 체제를 내세우려는 것이 아니라, 우리의 눈앞에서 전개되고 있는 억압적인 사회구조의 결함을 직시하는 가운데 보다 나은 대안사회로 이행하려는 혁명적 역사 만들기의 과정에 자의식을 갖고 참여하도록 추진된다는 점에서 구분되어야 한다. 마르크스가 언급한 '생산력과 생산관계의 모순'에 기반을 둔 새로운 경제원칙의 탄생은, ① 새로운 사유 방식을 지향하는 주체로서의 계급탄생을 요구하며, ② '경제적 봉건왕조'[36]의 종식은 모든 기존의 계급사회를 종식시키기 위한 영구 혁명의 산고를 통해서만 잉태될 수 있기 때문이다.

해방적 비판의 지향점

마르크스의 해방적 비판이 향하고 있는 지향점은 어디인가? 자유주의적 기본권과 정치적 해방의 이데올로기적 특성을 발견한 후, 마르크스는 넓은 의미에서 현존하는 부르주아사회의 정치적 '억압'[37]과 구조적 '착취와 수탈'[38]을 제거할 것을 요구한다. 당시 북아

---

35) MEW: 8, p.115.

36) 자라 바겐크네히트, 『풍요의 조건』 102~104쪽.

37) I. M. Young, Fünf Formen der Unterdrückung, in: Politische Theorie, Differenz und Lebensqualität, pp.99~139. 영은 자신의 분석작업을 통해 현대적 억압 형태를 착취(Ausbeutung), 주변화(Marginalisierung), 무기력화(Machtlosigkeit), 문화제국주의(Kulturimperialismus) 그리고 폭력(Gewalt)의 다섯 범주로 세분하는 가운데 마르크스의 착취 개념만으론 다양한 억압 형태를 파악하기에 편협함을 암시적으로 비판하고 있다. 필자는 마르크스가 이러한 복잡한 억압 형태들을 이미 충분히 인식하고 있었고 여러 글에서 다루었다는 점을 본고에서 자세히 제시하고 싶지만 이 점에 대한 논의는 추후에 다른 기회에 상론하도록 하겠다.

38) 마르크스는 착취(Ausbeutung)와 수탈(Explopriation)의 개념을 세분하여 사용했다. 그에 따르면, 자본주의적 착취는 임금노동자가 생산 과정에서 자신의 노동력 재생산에 필요한 것보다 오래 노동하면서 자본가로 하여금 잉여노동의 성과를 전유하도록 만듦으로써 발

메리카와 프랑스혁명을 통한 부르주아 국가의 형성은 정치적 해방의 차원에서 비록 큰 일보를 내딛었지만, 마르크스에 따르면 "기존의 세계질서에서 인간적 해방의 마지막 형태일 뿐, 인간적 해방 일반의 마지막 형태는 아니다."[39]

마르크스는 『유대인 문제에 대하여』의 첫 번째 부분을 마감하면서 부르노 바우어의 단순한 정치적 해방과 자신의 보편적인 인간적 해방을 다음과 같이 구분한다. 즉, "비로소 실질적인 개별적 인간이 추상적인 국가시민을 자신의 내부에서 추방하고, 자신이 체험하는 삶에서, 자신의 개별적 노동에서 그리고 자신의 개인적 관계들에서 개별적 인간으로서 **유적존재**가 됨으로써, 비로소 인간이 자신의 '**고유한 힘들**(forces propres)'을 사회적 힘들로 인식하고 조직하며, 그리하여 그 사회적 힘들이 더 이상 정치적 힘의 형태로 구분되지 않을 때 마침내 인간적 해방은 완성될 것이다."[40]

마르크스는 정치경제학 비판의 분석으로 집결되는 이론작업을 토대로 파악된 제반 모순을 실천적 혁명과 결합하는 대안적 해결책을 추구한다. 바로 이러한 입장에서 그는 다음 질문을 계속해서 묻고

생하게 된다. 따라서 착취는 자본에 종속된 노동 과정에서 발생한다. 그런데 임금노동자에 대한 자본주의적 착취가 일반화되기 위해서는 자본가와 대토지 소유자가 직접적인 노동 이전에 생산수단을 빼앗았어야만 한다. 이처럼 직접적인 노동 밖에서 이루어지는 일체의 빼앗음을 총괄하는 개념이 바로 수탈이다. 오늘날 자본주의적 수탈은 주식회사제도와 신용을 토대로 소수의 금융자본이 자본주의적 생산양식보다는 애덤 스미스가 사용한 '시초축적(previous accumulation)'이란 용어를 마르크스가 차용하면서 생산수단 및 생활수단의 독점을 통해 '작은 물고기들이 상어에게 잡아먹히며, 양들이 증권늑대들에게 잡아먹히는'(MEW 25: 456) 상황이다. 이러한 수탈의 자본집중은 착취와 더불어 자본주의에서 명명백백하게 발생한다고 지적한 마르크스의 분석은 현대 금융자본주의가 전면에 등장하는 현실에서 빼앗김의 구조를 세분화하는 데 많은 시사점을 제공한다.

39) MEW: 1, p.356.
40) MEW: 1, p.370.

스스로 답한다. 이제 해방적 비판은 궁극적으로 어디로 향해야 하는 가? 그에 대한 간결한 답은 모순이 극복된 상태에로의 이행이다. 바로 이 어디에로라는 목적지는 기존의 "필연의 왕국"을 대체하는 '자유의 왕국'41) 또는 '참된 코뮌주의'42)의 실현을 요구한다. 그는 이러한 해방적 비판의 과제와 관련해, 『고타강령비판』에서는 '각자 능력에 따라 일하고, 각자 필요에 따라 분배되는'43) 연대공동체로서 코뮌주의의 실현을 핵심 문제로 부각시킨다.

물론 개인적이고 사회적인 차원을 아우르는 해방적 비판의 이론은 부당한 제약들과 그 뿌리에 대한 광범위한 현상분석을 기반으로 출발한다. 그렇기 때문에 마르크스의 해방적 비판론 역시 정치적·경제적·문화적·군사적 권력의 복합관계들의 포괄적인 근본구조, 즉 지배 형태와 경제적 재생산 과정 그리고 재화와 용역의 사회적 분배 구조에 대해 주목한다. 만일 극단적인 불평등, 착취와 수탈 그리고 빈곤이 복합적인 구조적 억압 형태들의 결과물로 밝혀지는 한, 결단코 분배정의만으론 해방적 비판의 목표로 천명되기에는 불충분하며 더구나 현존하는 부당한 체계를 승인할 수 있는 위험에도 빠질 수도 있다. 그러므로 정의로운 분배의 구상은 권력정치와 관련해 개인의

---

41) MEW: 25, p.828.

42) 마르크스의 참된 코뮌주의는 여러 저서들에 산개해 있다. 그것을 요약하면 대략 다음과 같다. ① 참된 코뮌주의는 개별적인 자아실현의 장애인 소외나 착취가 없는 인간적인 공동체이다. ② 마르크스는 자신의 코뮌주의를 동시대의 기독교 혹은 공상적 코뮌주의와 구분한다. ③ 마르크스의 참된 코뮌주의는 대의민주주의나 소극적 자유를 넘어 아래로부터의 직접적으로 공동체의 업무에 참여하는 적극적 자유의 정치공동체이다. ④ 참된 코뮌주의는 인간적인 욕구와 개별적인 능력의 전면적인 자기실현에 이바지하는 공동체이다. ⑤ 참된 코뮌주의는 낭비와 통제 불가능성에 대항해 합리적인 계획경제적 생산 시스템이다.

43) MEW: 19, p.21.

정치적 자유뿐 아니라 생존권과 생활권에 기초한 인간적 해방을 등한시해서는 안 된다. 왜냐하면 마르크스의 해방적 비판의 핵심 문제 가운데 하나는 형식적 권리를 넘어선 실질적인 권리의 실현이기 때문이다.

그러므로 마르크스의 혁명적 실천은 현실의 불만족과 부자유에 대한 능동적이고 연대적인 인간적 해방의 저항을 요구한다. 그런데 그의 혁명론은 많은 점에서 보다 세부적인 해석과 논의가 요구된다. 무엇보다도 마르크스가 역사결정론자라면, 어떤 의미에서 혁명이 요구되어야 하는 것일까? 더불어 누가 이러한 해방의 주체인가? 만약 이러한 해방의 주체가 특정한 계급이라면, 현대적 의미에서 누가 프롤레타리아인가? 마르크스는 노동하는 계급을 옹호했고 그들의 계급의식을 고취시키려고 노력했다. 그런데 이제 누가 누구를 해방시켜야만 하는가? 이러한 물음에 대한 답은 분명히 기존의 마르크스에 대한 비판이 과연 정당한 것인지 아니면 그야말로 오해에 기초한 것인지를 판별하기 위해 마르크스의 텍스트에 대한 새로운 해석의 논의가 요구되는 문제이다. 이에 대해서는 다른 기회에 상론하도록 하겠다.

분명히 마르크스에게 역사란 지배적인 인간에 의해 보급된 추상적 범주를 사회현실의 물질적·정신적인 투쟁으로 극복하려는 인류의 역사에 다름 아니다. 마르크스는 1853년 「향후 영국의 인도 지배의 결과」란 글에서 실천적 사회혁명의 의미를 다음과 같이 적고 있다.

부르주아 상공업은 지리적 혁명이 지구의 표면을 창조한 것과 같이 신세계의 이런 물적 조건을 창조한다. 위대한 사회혁명이 부르주아 시기의 결과를 지배하고 세계시장과 근대 생산력을 지배하여 그것들을 가장 진보한 대중의 공통적인 통제에 종속시킬 때, 그때서야 인간의 진보는 신의 술을 살해자의 뇌수로 마시는 소름끼치는 이교도의 우상과 같이 되기를 그친다.[44]

여기서 마르크스는 역사의 진보라는 자연법칙의 예언을 옹호하는 대신 정신의 힘인 의식적 이론작업이 혁명적 실천과 상보적으로 신사회의 도래를 위해 손잡을 것을 강조한다. 이러한 유물역사관은 이미 『신성가족』에서도 언급했듯이 인간의 결단을 촉구한다.

역사는 아무것도 하지 않는다. 그것은 **어떠한 부도 소유하지 않는다. 그것은 어떠한 전쟁도 수행하지 않는다!** 소유하고 싸우는, 모든 것을 수행하는 존재는 인간, 진실로 살아 있는 인간이다. (…) 역사는 단지 스스로의 목적을 추구하는 인간의 활동에 다름 아니다.[45]

이제 역사적 산고를 줄이려는 마르크스의 유혈혁명에 대한 옹호는 물론 해방적 비판의 파괴적 폭력성과 관련해 피할 수 없는 뜨거운 감자이기도 하다. 그러나 마르크스는 1871년 9월 국제노동자연맹의 집회에서 회원들에게 두 가지 형태의 혁명이 가능할 수 있음을 언급

---

44) MEW: 9, p.226.
45) MEW: 2, p.98.

했음에 주목하자.

> 우리는 정부에 다음을 선언해야만 한다. 즉, 우리는 정부가 프롤레타리아에 대항하는 무장세력임을 알고 있다. 즉, 우리는 가능하다면 평화적 방식으로, 필요하다면 무력으로 정부에 대항할 것이다"46)

더불어 마르크스의 혁명론에서 중요한 또 다른 구호는 일회적이고 완결된 전체주의적 체제의 옹호가 아니라, '영구혁명(Die Revolution in Permanenz)'47)임도 주목해야 한다.

나가는 말

우리가 19세기 라인 태생의 무국적자인 마르크스의 해방적 비판의 사상에 주목해야 할 이유는 무엇인가? 우리는 마르크스의 해방적 비판을 어떤 태도로 해석하고 수용해야 하는가? 적어도 19세기 마르크스의 문제의식과 해결책을 만병통치약으로 삼으려는 태도는 분명히 시대착오적이며 교조적이다. 더욱이 우리가 논의를 자본주의의 생존이나 자기개선 혹은 자기변화의 능력에만 초점을 맞추려 한다면, 자본주의체제의 위기가 '이윤율의 경향적 하락의 법칙'과 더불어 생산적 자기모순으로 인한 붕괴와 몰락을 예고한 마르크스는 자신이 수행한 분석의 적실성과 관련해 어려운 처지에 놓일 듯 보인다. 역사

---

46) MEW: 17, p.652.
47) MEW: 7, p.254.

는 지금까지 그의 예견을 빗나갔다. 하지만 우리가 질문의 방향을 약간 바꾸어서 초기 자유방임자본주의와는 변화된 작금의 조건인 신자유주의가 마르크스가 지적한 모순들을 극복할 수 있는지를 묻는다면, 우리는 전혀 다른 마르크스-르네상스의 상황에 놓일 수 있다. 1929, 1979, 1997/1998, 2010, 2020년 코로나 사태 이후 세계경제 성장의 불평등과 파국적 위기의 강도는 글로컬한 차원에서 점점 더 강화되고 있는 실정이기 때문이다. 이러한 관점에서 루카치의 표현 방식이 비록 명료화를 요구할지라도, 마르크스 텍스트의 재강독에 매우 귀중한 지침으로 보인다.

> 그러므로 정통 마르크스주의는 마르크스가 연구한 결과들의 무비판적인 인정이나, 이런 저런 테제에 대한 **'신앙**(Glaube)'이나, **'신성한'** 책의 주해를 의미할 수 없다.[48]

마르크스가 수행한 해방적 비판은 신자유주의의 팽창과 탐욕의 고통스런 현실이해와 그에 대항하려는 변혁의 필요성이란 두 가지 차원에서 우리 사회에 최근 만연해 있는 실업, '프레카리아트(precariat)'[49]의 증대, 높은 자살률, 치솟는 부동산 가격과 사교육비용, 가정 해체, 투기자본의 횡포 등의 문제점들과 예방책의 상론을 위한 이론의 틀로서 중요한 원칙을 제공할 수 있는 출발점이다. 아울러 마르크스는 우리가 어떤 세계에서 살고 있는지를 알고자 하는 모두에게 자기성

---

48) G. Lukács, 『Geschichte und Klassenbewuβtsein』, p.59.
49) 프레카리아트는 흔히 비정규직이나 불안정 노동자 일체를 의미하며 글로컬한 차원에서 증가하고 있는 신흥 위험계급을 의미한다. Guy Standing, 『The Precariat』, pp.1~26.

찰의 기회를 제공하는 대화상대자이다. 그렇기 때문에 마르크스의
해방적 비판은 결코 칼 포퍼의 표현처럼 '열린사회의 적'[50]이나 '죽
은 개'로 취급되어선 안 된다. 오히려 마르크스는 열린사회의 적들이
누구인지를 발견하고 저항하도록 만드는 생동감 넘치는 감시견의 역
할을 충실히 수행할 수 있다.

　더불어 마르크스의 사상에서 연구자들이 거의 주목하지 못했던
몇 가지 새로운 연구의 관점들은 향후 예견되는 해석 작업의 확장과
관련해 언급해보면, 무엇보다도 마르크스는 정치경제학 비판의 작
업을 통해 인간친화적인 세계화의 교훈을 제시한다는 점이 주목되어
야 한다. 주의 깊은 독자라면 마르크스가 식민지주의나 제국주의적
관점 혹은 그로부터 파생되는 다양한 억압의 형태들로부터 빗나간
세계화의 경향들을 얼마나 주목하면서 경고했는지를 어렵지 않게 파
악할 수 있을 것이다. 또한 그는 생태계의 위기란 주제와 관련해서도
부당하리만치 거의 주목받지 못했다.[51] 하지만 우리가 조금만 주의

---

50) K. Popper, 『The Open Society and Its Enemies』, vol.2, pp.193~198.

51) 판 빠레이스의 지적처럼, "반자본주의적 비판의 두 가지 전통으로서 '사회주의(socialism)'
와 '생태주의(ecology)' 사이에 중요한 연관성에 대한 새로운 숙고의 필요성이 대두된
다. 하지만 양자의 입장분석 간의 간극은 한눈에도 심각해 보인다. ① 마르크스는 그의
선임자인 리카르도가 '이윤율의 경향적 하락의 법칙을 통해 증대하는 생산은 엄청나게 부
당한 천연자원을 사용하게 되리라는 사실을 표현했던 점과 비교하면, 천연자원의 감소문
제의 중요도에 대해 훨씬 뒤처진 느낌을 준다. ② 물리적이고 반인간적인 환경 파괴는 마
르크스에게 궁극적으로 프롤레타리아가 겪는 무수한 고초들 가운데 하나일 뿐이며 자본
주의가 수행하는 여타 과제의 부산물일 뿐이다. ③ 마르크스의 역사유물론에 따르면, 생
산력의 발전에 부합하지 못하는 생산양식들은 다른 사회 모델로 변형된다. 사회주의가 자
본주의를 대체할 수 있다면, 그 이유는 생산력의 발전이란 차원에서 보다 신장된 성과에
적합하기 때문이다. 바로 이러한 역사이론에 따라서 마르크스와 그의 추종자들은 계급투
쟁, 혁명, 법률구조 그리고 이데올로기들을 해석할 수 있었다. 이들이 언급한 것은 결국
생산력의 해방이다. 이처럼 생산주의의 우선성을 강조하는 마르크스의 입장은 생태적 사
고를 진전시킬 수 없는 것"으로 보일 수 있다. Philippe Van Parijs, 『Marxism recycled』,
pp.233~236.

깊게 그의 저작에 주목한다면, 대규모 산업이나 농업확장을 통한 '자연의 착취(Naturausbeutung)' 문제나 쓰레기의 절감 혹은 과학의 발명과 발견을 통한 재활용 시스템과 자원 절감과 같은 다양한 '생태학적 주제'52)와 환경을 빌려 쓰는 용익권자로서 우리 세대가 향후 '미래 세대에 대한 세대 간의 정의로운 환경정책'53)을 위해 지녀야 할 책임의식과 같은 흥미로운 주제도 만날 수 있다. 바로 이런 점에서 마르크스의 저작들이 남긴 해방적 비판의 테제가 새로운 주제를 더하면서 재해석될 필요가 요구되는 것이다. 마르크스의 해방적 비판은 실제로 무수한 '당신에 관한 이야기(De te fabula narratur!)'54)로 가득 차 있다.55)

---

52) Vgl. MEW: 23, 529f., MEW: 24, S. 246f., MEW: 25, p.112.

53) MEW: 25, p.784.

54) MEW: 23, p.12.

55) 이 글은 한국외국어대학교 글로벌정치연구소의 「글로벌정치연구」 제6권 2호(2013. 12.)에 게재되었던 「마르크스의 해방적 비판 - 이론과 실천의 상보성을 중심으로 -」의 원고를 부분 수정한 글이다.

참고문헌

필자는 본고에서 마르크스-엥겔스-저작집(Marx-Engels-Werke, Hrsg. vom Institut für Marxismus-Leninismus beim ZK der SED, Berlin(Ost): Dietz Verlag, 1958-1968. 총 42권과 2권)의 보충판을 인용하고 있으며, 간략히 MEW: 권수, 쪽수의 순서로 표기함도 밝힌다.

자라 바겐크네히트 지음/장수한 옮김, 『풍요의 조건, 자본주의로부터 우리를 구하는 법』, 제르미날, 2018.

정문길, 『니벨룽의 보물』, 서울: 문학과 지성사, 2008.

Althusser, Louis., 『Für Marx』, Frankfurt a. M.: Suhrkamp, 1968.

Aristoteles, 『Politik』, Hrsg. von Nelly Tsouyoupoulos und Ernesto Grassi nach der übers. v. Susemihl. München: Rowohlt, 1968.

Augustinus, lat./dt., 『Confessiones(Bekenntnisse)』, übers, und erläutert v. Joseph Bernhart, München: Kösel, 1955.

B. Nicolaevsky/O. Maenchen-Helfen., 『Karl Marx』, Berlin/Bonn-Bad Godesberg: Verlag J.H.W. Dietz Nachf, GmbH, 1975.

Braun, Eberhard., 『Aufhebung der Philosophie』. Stuttgart/Weimar: Verlag J.B. Metzler, 1922.

Bubner, Rudiger., 『Dialektik und Wissenschaft』, Frankfurt a. M.: Suhrkamp, 1973.

Euchner, Walter., 『Karl Marx』, München: Verlag C. H. Beck, 1983.

Fetscher, Iring., 『Karl Marx』, Freiburg/Basel/Wien: Herder, 1999.

Heinrich, Michael., 『Die Wissenschaft vom Wert』, Münster: Verlag Westfälisches Dampfboot, 2006.

Kant, I., 『Kritik der reinen Vernunft』, hrsg. von Raymund Schmidt, Hamburg: Felix Meiner Verlag, 1971.

Koselleck, Reinhart., 『Kritik und Krise』. Frankfurt am Main: Suhrkamp, 1997.

Lukács, Georg., 『Geschichte und Klassenbewuβtsein』. Darmstadt: Luchterhand Literaturverlag, 1988.

Marx, K., Bemerkungen über die neueste preuβische Zensurinstruktion, in: MEW 1, S. 3-27.

_____, Brief aus den "Deutsch-Französischen Jahrbüchern", in: MEW 1, S. 337-346.

_____, Das Elend der Philosophie, in: MEW 4, S.63-182.

_____, Das Kapital I. II. III., in: MEW 23, 24, 25.

_____, Debatten über die Holzdiebstahlsgesetz, in: MEW 1, S. 109-147.

_____, Debatten über Pressfreiheit und Publikation der Landständischen Verhandlungen, in: MEW 1, S. 28-77.

_____, Differenz der demokritischen und epikureischen Naturphilosophie nebst einem Anhange, in: MEW(Ergänzungsband Teil. I), S. 257-373.

_____, Kritik des Gothaer Programms, in: MEW 19, S. 19-32.

_____, Ökonomisch-philosophische Manuskripte aus dem Jahre 1844, in: MEW(Ergänzungsband Teil. I), S. 465-588.

_____, Thesen über Feuerbach, in: MEW 3, S. 5-7.

_____, Zur Judenfrage, in: MEW 1, S. 347-377.

_____, Zur Kritik der Hegelschen Rechtsphilosophie. Einleitung, in: MEW 1, S. 378-391.

_____, Zur Kritik der Politischen Ökonomie, in: MEW 13, S. 3-160.

Marx, K./Engels, F. Die heilige Familie, in: MEW 2, S. 3-223.

_____, Die deutsche Ideologie, in: MEW 3, S. 9-530.

_____, Manifest der kommunistischen Partei, in: MEW 4, S. 459-493.

Mehring, Franz., 『Karl Marx』, Zürich: Büchergliede Gutherberg Zürich, 1946.

Musto, Marcello., 『Another Marx』, London: Bloomsbury Academic, 2018.

Philippe Van Parijs, 『Marxism recycled』, Cambridge: Cambridge University Press, 1993.

Platon, 『Der Staatsmann』, Bd. VI., übers. v. Fr. D. E. Schleiermacher, hrsg. von Günther Eigler. Darmstadt: Wissenschaftliche Buchgesellschaft, 1971.

Popper, Karl., 『The Open Society and Its Enemies』, vol. 2.. London: Routledge, 1945.

Ritter, Joachim/Gr?nder, Karlfried(Hrsg.)., 『Historisches Wörterbuch der Philosophie』, 12 Bde. Basel-Stuttgart: Schwabe & Co. AG·Verlag· Basel, 1971~2004.

Sichtermann, Barbara., 『Der tote Hund beisst』, Berlin: Verlag Klaus Wagenbach, 1991.

Standing, Guy., 『The Precariat: The New Dangerous Class』, London: Bloomsbury Academic, 2011.

Volker, Gerhardt., 「Eine angeschlagene These」, in: Internationale Zeitschrift für Philosophie, Heft2, 1995, 175-191.

Wheen, Francis., 『Karl Marx』, München: Bertelsmann, 2001.

Young, Iris Marion., 「Fünf Formen der Unterdrückung」, in: Politische Theorie, Differenz und Lebensqualität. hrsg. von Herta Nagl-Docekal/Herlinde Pauer-Studer. Frankfurt a. M.: Suhrkamp, 1996.

2.

'실재적 관계들 안의
현실적 인간' 또는
'인간' 개념의
변증법적 의미
전형(轉形)을 통한
사적 유물론의
철학적 근거 정립

홍윤기

2.

'실재적 관계들 안의 현실적 인간' 또는 '인간' 개념의 변증법적 의미 전형(轉形)을 통한 사적 유물론의 철학적 근거 정립[1)]

홍윤기

유물론적 역사관에 요즘 위험한 친구들이 많아졌는데요, 이들에게 '유물론적'이라는 말은 역사 연구를 하지 않는 것에 대한 변명 구실을 하지요. 이것은 마르크스가 1870년대 프랑스의 자칭 '마르크스주의자들'을 두고 논평했던 것과 같은 사정인데, 그때 그는 이렇게 말하곤 했습니다. 즉, "내가 아는 것이라고는 내가 마르크스주의자가 아니라는 것입니다." (…) 독일의 많은 젊은 작가들에게 '유물론적'이라는 단어는, 대체로 그게 어떤 것이든, 더 연구할 것도 없이 모든 것에 붙이는 딱지로 봉사하는데, 이분들은 어떤 문제든 이 유물론이라는 딱지만 붙이면 다 처리됐다고 생각해버리죠. 그러나 우리의 이러한 역사파악은 무엇보다 연구

---

1) 본 연구는 '대한민국헌법 규범력에 상응하는 헌법현실의 창출을 담보하는 헌법교육/민주시민교육의 철학적 근거정립'에 대한 한국연구재단(NRF)의 2018년도 중견연구자지원사업의 지원(과제번호 2018S1A5A2A01039624)을 받아 작성된 것으로서, 한국연구재단에 깊은 감사를 드립니다.

의 지침이지 모든 건축에 통하는 헤겔 방식의 지렛대가 아닙니다. 모든 역사는 새로이 연구되어야 하며, 각기 다른 사회구성체들의 실존 조건들은 그것에 상응하는 정치적·민법적·미학적·철학적·종교적 등등의 견해들로부터 도출되기 전에 개별적으로 낱낱이 검토되어야 합니다.

    — 엥겔스, 「1890년 8월 5일 콘라드 슈미트에게 보낸 편지」에서

현존 사회주의국가들의 붕괴 후 지구화 차원에서 도래한 자본주의 일반 위기

마르크스-엥겔스와 레닌에게서 영감을 받은 스탈린 그리고 그의 통치 아래서 각 지게 기구화시킨 소련 아카데미가 아주 명료하게 정리하여 소련 시절 내내 일관되게 주입했던 바에 따르면, 생산력 발전에 따라 그에 상응하여 생산관계가 발전해왔다는 '사회발전의 법칙들'에 따라 '원시공산제 → 노예제 → 봉건제 → 자본주의 → 사회주의'로 이행해온 인류 역사에서 그 마지막 단계인 사회주의체제를 확립한 소련이 자본주의로 퇴행한다든가 후진한다는 것은 법칙적으로 불가능한 일이었다. 스탈린의 분석에 따르면, 자본주의는 '산업적' 생산력의 '사회적 성격'으로 인해 생산력이 엄청난 규모로 증대되지만 그 생산관계, 즉 '소유관계'의 '사적 성격'으로 인해, 그 엄청난 생산력으로 획득된 생산물들이 균등하게 분배되지 않아 항상적인 '과잉생산' 상태가 조성된다. 이 때문에 '착취자와 피착취자 사이의 가장 첨예한 투쟁'이 '자본주의체제의 주요 특징'이 되었다. 따라서 자본주의 체제는, 과잉생산으로 인한 만성적 '위기', 즉 '주기적 공황'

그리고 착취자인 자본가와 피착취자인 프롤레타리아 사이의 화해 불가능한 '계급 간' 투쟁이 발전한 프롤레타리아 계급혁명으로 전복되어 '사회주의' 체계로 이행하지 않을 수 없다. 1938년 9월, 스탈린 통치가 공고화된 시기에 집필된 그의 「변증법적 유물론과 사적 유물론」에 따르면, 당시 전 세계에서 1929년 대공황의 파괴적 영향에서 벗어난 유일한 국가처럼 보였던 '소비에트 사회주의 연방공화국', 즉 소련(蘇聯)은 '생산수단의 사회적 소유'를 토대로 하는 전 세계 유일의 '사회주의 체제'를 수립한 결과, '노동자들의 동지적 협력과 사회주의적 상호 지원'을 특징으로 하는 '사회주의적 생산관계' 안에서 '착취자와 피착취자가 더 이상 존재하지 않을 뿐만 아니라', 생산력이 아무리 급증해도 '사회적 소유제(social ownership)'로 충분히 대응할 수 있기 때문에 자본주의에서와 같은 생산과잉의 위기, 즉 공황 같은 것이 발생할 여지란 전혀 없었다.[2]

그러나 그로부터 53년이 지난 1991년 12월 26일 붉은광장을 바라보는 모스크바 크레믈린궁(宮).

붉은색 바탕 왼쪽 위에 선명한 노란 테두리를 각 지게 그린 오각별 아래 역시 그 테두리를 밝은 노란빛 직선으로 도드라지게 한 낫에 망치를 직각으로 교착시킨 소련 국기가 하강된 뒤 곧바로, 그 순간을 기점으로 새로 태어난 '러시아 연방'의 백(白)·청(靑)·적(赤) 삼색기가 게양되었다. 이로써 마르크스와 엥겔스가 공동 집필하여 1848년 2월 런던에서 배포된 『공산당 선언』 팸플릿 전면에 찍힌 그 유명한

---

2) 이상 Stalin(1938) 참조.

구호, 즉 '만국의 프롤레타리아여 단결하라(Proletarier aller Länder, vereinigt euch)'를 그대로 국시(國是)로 삼았던 초강대국 소련은 해체되어—이와 같은 경우 흔히 쓰이는 상투어 그대로 말하자면—역사의 뒤안길로 사라졌다. 이와 함께 현대 사회주의·공산주의 운동사에서 대립, 경쟁, 협력을 반복하던 정치사상들 중 가장 강력한 국가권력을 획득했던 마르크스—레닌주의는 물론, 그에 뒤이어(마르크스를 상기시키는 여진이 없었던 것은 아니지만),[3]『공산당 선언』배포 이래 144년을 이어왔던 마르크스와 엥겔스의 모든 사상적·실천적 기획과 비전은 과거지사로 치부되면서 마르크스와 엥겔스에게서 읽어낼 것은 더 이상 없다는 단정이 유행하기도 하였다.[4]

『공산당 선언』 팸플릿이 출간되었던 1848년 2월은 서기 1600년에 창립된 영국 동인도회사가 200년 넘게 작업해왔음에도 불구하고 무굴제국의 인도가 대영제국의 식민지로 완전히 편입되려면 한 세대 정도는 더 남아 있었던 시점이었다. 당시 중국, 아니 청(淸)나라는 완강하게 개항을 거부하고 있었으며, 러시아에서 시베리아는 여전히 미개척지였고, 일본 역시 메이지 유신까지는 한 세대가 더 남아 있었다. 영국의 중남부 도시들과 새로 독립한 북아메리카 대륙의 미합중국에서만 자본주의적 현대화가 가장 순수한 형태로 막 궤도에 진입하는 참이었다.

이렇게 자본주의 현대화와는 한참 거리가 먼 광대한 지역들을 두고도 마르크스와 엥겔스는, 나름 상당 기간 성장해오고 있었던 영

---

3) Derrida(1993), 그 한글 번역 데리다(1996) 또는 데리다(2014) 참조.
4) Fukuyama(1992), 또는 그 한글 번역 후쿠야마(1992) 참조.

국, 프랑스 등 몇몇 유럽 국가들 그리고 막 태동한 미국 정도에서 경제·사회·정치 분야에서 이제 막 주도권을 행사하기 시작하던 참이었던 부르주아지들의 활약상에 경탄을 금치 못하고 있었다. 당시로서는 마치 이 세상 마지막 변혁인 것처럼 보였지만 그 뒤 그 질적 성격을 달리하면서 세 차례나 더 그 국면을 바꾸면서 진행된 네 차례의 산업혁명들5) 가운데 겨우 그 제1차 국면을 목격하면서6) 마르크스와 엥겔스는 다음과 같이 서사시적 문제로 그 '혁명적' 변화상을 장려하게 묘출하였다.

---

5) '산업혁명'이라고 하면 1760년대에서 1820~1840년대에 걸쳐 영국과 미국에서 이루어진 기계화된 공장 시스템의 대량 확산 운동을 가리키는데, 그 급격한 변화의 양상을 프랑스 대혁명에 비유하여 생겨난 용어였다. 'Industrial Revolution'이라는 용어 자체가 처음 등장한 것은 1799년 7월 6일 프랑스 정부 사절이었던 루이-기욤 오또(Louis-Guillaume Otto)가 프랑스도 산업화의 경주에 진입했다고 쓴 보고서에서였다. 영문학자 Raymond Williams는 1976년 그의 저서 *Keywords: A Vocabulary of Culture and Society*에서 18세기 말~19세기 초의 기간 동안, 주요한 산업적 변화에 기초한 새로운 사회질서가 들어서고 있다는 생각이 Southey나 Owen 그리고 Blake나 Wordsworth 같은 문필가들 사이에서는 이미 공유되어 었었다고 썼다. 1830년대 말이 되면 '산업혁명'이라는 용어가 식자층에 널리 퍼져 있었고 1844년 집필된 프리드리히 엥겔스의 『영국 노동계급의 상황』은 급격하게 진행되는 기술적 발전을 '산업혁명'이라는 용어로 개념화하면서 그 제목 아래 "산업혁명이 시민사회 전체를 변화시켰다"라고 당시 상황을 상세하게 묘출하기에 이르렀다.(엥겔스 (1844/2019), 「서론」, 40~58쪽) 하지만 엥겔스의 이 책은 19세기 말까지 영어로 번역되지 않아 학문적 개념 수준까지 도달했던 엥겔스의 이런 표현은 일상화되지 못했다. 이 용어가 대중화된 계기는 1881년 역사학자 Arnold Toynbee(1852~1883)가 행한 한 강의에서 그 용어의 의미와 역사적 의의를 상세하게 해명하면서 사용한 뒤라는 것이 통설이다. ("Industrial Revoltion", in: *WIKIPEDIA* (영어판) https://en.wikipedia.org/wiki/Industrial_Revolution last edited on 16 April 2021, at 14:51(UTC)/"Indutrielle Revolution", in: *WIKIPEDIA* (독일어판) https://de.wikipedia.org/wiki/ Industrielle_Revolution zuletzt am 26. März 2021 um 23:27 Uhr bearbeitet)

6) 산업혁명은 석탄을 원료로 하는 증기기관과 수력을 동력으로 대공장제가 가동하여 농업사회에서 산업사회로의 변혁이 진행된 제1차 기계화 산업혁명(18세기 중엽~19세기), 석유를 기반으로 하는 내연기관과 전기에너지로 추동되면서 대량생산이 가능하게 된 제2차 자동화 산업혁명(20세기 중반기까지), 컴퓨터 기반의 인터넷을 토대로 하는 제3차 정보화 산업혁명(20세기 말~21세기 초) 그리고 인공지능기술을 중추로 하여 정보통신기술(ICT) 융합으로 빅데이터 분석, 인공지능, 로봇공학, 사물인터넷, 무인운송수단(무인항공기, 무인자동차), 3차원 인쇄, 나노 기술 등의 7대 분야에서 새로운 차원의 기술 혁신이 이루어지고 있는 제4차 지능화 산업혁명으로 진화하는 것으로 파악된다.(Schwab, 2016)

부르주아지는 역사적으로 가장 혁명적인 역할을 수행해왔다. (…) 지배권을 얻은 부르주아지는 봉건적·가부장제적 그리고 목가적 관계들을 모두 파괴하면서 인간과 인간 사이에, 적나라한 이해관계와 무정한 '현금 지불' 외에는 다른 어떤 끈도 남겨두지 않았다. 간단히 말해 그들은 종교적·정치적 환상들로 은폐된 착취를 공공연하고 파렴치하며 직접적이고 무미건조한 착취로 바꿔놓았다.

부르주아지는 존경받는 경외의 대상이었던 모든 직업, 즉 의사, 법률가, 성직자, 시인, 학자 등을 돈 받는 임금노동자로 바꿔놓았다. 부르주아지는 가족관계를 순전한 금전관계로 전환시켰다. (…) 부르주아지는 인간의 활동성이 무엇을 실현해낼 수 있는가를 보여준 첫 번째 인간이었다. 부르주아지는 이집트의 피라미드, 로마의 수도관, 고딕시대의 성당을 훨씬 뛰어넘는 기적들을 성취하였다. 부르주아지는 예전 여러 민족들이나 십자군이 감행한 출애굽기들을 몽땅 자기 그림자로 가려버릴 정도의 모험들을 감행하였다.

부르주아지는 사회관계들 전체를 지속적으로 변혁하지 않고는 실존할 수 없다. 모든 관계와 오래되고 신성한 관념들과 견해들은 해체되었고, 새롭게 형성된 것은 굳기도 전에 낡은 것이 되어버린다. 그래서 사람들은 마침내 자신들의 사회적 지위, 상호관계를 좀 더 냉철한 눈으로 바라보지 않을 수 없게 되었다.

생산품의 판로를 끊임없이 확장하려는 욕구가 부르주아지를 전 세계로 내몬다. 부르주아지는 세계 시장을 착취함으로써 모든 국가의 생산과 소비에 세계시민적 성격을 부여하였다. 그들은 산업의 국가적 토대를 허물어뜨렸다. 국산품으로 충족되었던 과거의 욕구들 대신 새로운 욕구가 들어선다. 과거의 지역적이고 국가적인 자족과 고립을 국가들 상호 간의 전면적 교류, 전면적 의존이 대체한다. 물질적 생산에서도 그렇고 정신적 생산에서도 그렇다. 어느 한 국가의 정신적 창작물은 인류 공동의 재산이 된다.

부르주아지는 가장 미개한 국가들까지 문명 속으로 편입시키면서 망하지 않으려면 부르주아지의 생산 방식을 받아들이라고 강요한다. 부르주아지가 농촌을 도시에 의존하게 만들었듯이, 야만적이고 반(半)야만적인 나라들을 문명국가들에, 농업민족들을 부르주아 민족들에, 동양을 서양에 의존하게 만들었다.

부르주아지는 인구와 생산수단을 한곳으로 밀집시키고, 소유를 소수의 손에 집중시켰다. 그 결과가 정치적 중앙집중화이다. 부르주아지는 백 년도 채 안 되는 기간 동안 과거의 모든 세대가 이룩한 것들보다 더 엄청나고 거대한 생산력을 산출했다. 자연력의 정복, 기계장치, 화학의 응용, 기선 항해, 철도, 전신, 전체 대륙의 개간, 하천의 운하화, 인구의 폭발적 증가가 일어났다.[7]

그 이후 150년 이상 지난 현재 지구상에서 산업혁명을 비껴간 곳은 단 한군데도 남지 않았으며, 현존 사회주의국가들이 붕괴한 20세기 마지막 십 년기부터 본격적으로 진행된 신자유주의 세계화는, 엥겔스와 마르크스가 영국 한 나라, 기껏 유럽과 미국 정도의 일국적

---

[7] Marx/Engels(1948/2008), 35~36쪽 및 마르크스/엥겔스(1848/2018), "부르주아지와 프롤레타리아". 앞으로 인용되는 마르크스와 엥겔스의 저작들은 현재 확보되어 있는 한글 번역본을 참조하면서 독일어 원전 및 영어, 프랑스어 번역과 비교하여 더 적절한 쪽으로 개선하여 인용하겠다.

(一國的) 차원에서 목격하면서 범세계적 지평으로 추정했던 종말론적 풍경들을 250년 전보다 더 생생하게, 그리고 이번에는 실제로 전 지구적(全地球的)으로, 세계 모든 인간들의 눈앞에서 일상적 현실로 생생하게 전개시켰다. 『공산당 선언』이 나온 이래 173년이 지난 현재 전개되는 사태들은, 슬라보예 지젝의 역설적 평가처럼, '마르크스가가 예상했던 이상으로 정말 옳았다'는 것을 보여준다.[8]

마르크스에게서 영감을 받은 운동들의 역사적 동선 위에서 건립되었던 국가들이 소련처럼 아예 국가 간판을 내리던가 아니면 대륙 중국처럼 간판만 남기고 사실상 자본주의로 역진했다고 하더라도, 오늘날 글로벌하게 전개되는 사태는 "마르크스의 자본주의 붕괴론을 무력화해온 것이 아니라 오히려 더 현실인 것으로 체감하게 만들어 왔다. 경제적 '현실'이 마르크스의 정치경제학 비판에서 제기한 그 '개념'의 수준에 이른 것은 오늘날 글로벌 자본주의시대에 와서야 비로소 '뒤늦게 그 현실성(die verspätete Atualtät)'을 획득하였다."[9] 이로써 마르크스의 『공산당 선언』을 직접 이어받았다고 선언하고 나섰던 '현존 사회주의체제'의 붕괴로 인해 그 사상적 가치가 거의 바닥났다고 간주되던 마르크스와 엥겔스의 자본주의 정치경제학 비판은, 경쟁자 없이 오직 자본주의적으로만 진행되었던 신자유주의 세계화의 전 지구적 실현에 이르러서야 비로소, 그들이 추정했던 위기 개념에 상응하는 수준의 '자본주의 일반 위기'로 뒤늦게 현현하였다.

---

8) 지젝(2018/2020), 62쪽.

9) 위의 책, 81쪽. 지젝이 '뒤늦게 그 현실성'을 획득하였다고 했을 때 그 뒤늦은 현실성은 지젝의 책 제목이기도 하다.

자본주의라는 지옥을 갈아엎었다는 현존사회주의라는 천국들이 다 망하고 나서 경쟁할 사회주의라고는 하나도 없는 세상에서 바로 그 자본주의의 붕괴를 확실하게 예감하게 만드는 위기가 전 지구적으로 보편화되었다는 것, 다시 말해 이제야 비로소 마르크스와 엥겔스가 예감한 '자본주의 일반위기'가 왔다고 한다면 자본주의 사회구성체 다음에 온다고 했던 사회주의도 없이 이 지구는 자본주의 단계에서 자본주의의 위기와 함께 망해버릴 것인가?

마르크스가 1859년에 작성한 「정치경제학 비판 서문(*Vorwort. Kritik der Politischen Ökonomie*)」은 자본주의의 붕괴로써 인류 역사가 끝나지 않았을 뿐만 아니라 오히려 자본주의의 사적 소유관계의 질곡 아래서 사회적으로 축적되었던 생산력을 해방하여 인류 역사 내내 인간들을 억압하였던 착취자와 피착취자로의 분열과 투쟁의 상황을 최종적으로 종식시키고 이제 비로소 모든 인간을 다 같은 자유로운 인간으로 공생하게 만드는 '인간적 사회(die menschliche Gesellschaft)'가 가능하게 된다고 전망하였다. 이에 따르면 현대에 들어와 전 세계 인간에게 발전과 억압을 동시에 경험시켰던 자본주의 사회구성체는 인류 역사에서 이 인간적 사회의 전개를 위해 필요한 생산력 발전의 기반을 놓는다는 역사적 사명을 다하고 사라져갈 진정한 인간 역사의 전사(前史, Vorgeschichte)이다. 마르크스에 따르면, "부르주아적 생산관계들은 사회적 생산 과정에서 그 최후의 적대적 형태이다. 여기에서 적대적이라고 함은 개인적 적대상태가 아니라 개인들의 사회적 생활조건들에서 싹이 튼 그런 적대상태를 뜻한다. 하지만 부르주아사회의 모태에서 스스로를 발전시킨 생산력들은 이러한 적대상태의 해결을 위한 물질적 조건들도 동시에 창출한다. 따라서 이 사회구성체와 더불어 인간적 사회의 전사(前史)가 완결된다."10)

그런데 자본주의를 대체하고 나왔다는 그 현존사회주의가 붕괴했는데도 이제 진짜 자본주의에 닥친 위기를 구하는 대안체제가 아직도 남아 있을까? 신은 이미 죽었는데 구원자인 신이 필요한 묵시록적 종말이 이제야 닥쳤다고 하면 구원받아야 할 우리는 그냥 단지 종말을 맞아야 할까? 이에 마르크스의 '인간' 개념은 그의 명제를 국시(國是)로 내세운 현존사회주의 진영, 그리고 체제상 그와 대립한다고 하는 전 지구적 자본주의 차원, 두 방향 모두에서 각자의 사회모순을 극복하는 비판적 지향점으로 부각되었다.

'인간'_마르크스-엥겔스 사적 유물론 기획의 전통에서 매번 호출되는 대안 개념과 그 개념구조적 문제점: '인간의 얼굴을 한 사회주의', '인간의 얼굴을 한 자본주의' 그리고 전 지구적 차원의 '단 하나의 인류'의 전면적 생존위기의 맥락에서

여기에서 우리는 과거 죽었다고 생각한 신을 다시 한번 들여다볼 필요가 있다. 그래서 일단은 이렇게 묻는다. 즉, 그때 죽었다는 신은 정말 죽었나?

하지만 이 정도의 의문으로는 사태의 진상에 다가갈 수 없다. 우리는 우리의 시선을 더 깊이 깔고 다음과 같이 더 깊이 물어봐야 한다. 즉, 그때 죽었다는 신은 정말 신이기나 했던 건가?

---

10) Marx/Engels(1859/1971), p.9 참조.

이러면서 주목되는 것은, 프롤레타리아 계급혁명으로 분식되었던 혁명후사회(post-revolutionary society)의 현존사회주의 체제에서나, 이 경쟁체제가 소멸한 1991년 이후 지구상 유일한 사회경제체제가 된 글로벌 규모의 자본주에서 한 세대 이상 지속되어온 자본주의 일반위기(general crisis of capitalism)에서도, 마르크스와 엥겔스가 던지는 영감 안에서 호출된 대안 개념은 공통적으로 모두 '인간'이었다는 사실이다.

혁명후사회에서의 사회주의체제는 노동자 연대와 사회주의적 상호부조로 지탱되는 사회주의-사회구성체라기보다는 사회주의의 이념적 지향은 이데올로기적 구호로만 남기고 국가를 일원적으로 지배하는 당의 전체주의적 통제로 가동되는 일종의 '국가독점사회주의(staatsmonopolisierter Sozialismus)'였는데,[11] '전체주의적 당'과 그 통제 대상이 되는 '인민' 사이에는 그 체제 성립 초기부터 권력운영을 둘러싼 긴장상태가 항시 조성되어왔다. 이와 같은 당-인민-대립이 전 인민적 봉기로 폭발한 1968년의 '프라하의 봄'에서 국가를 독점적으로 전단하는 유일정당의 위기에 대한 대안은 '인간의 얼굴을 한 사회주의'였다.

이 발상은 제2차 세계대전 이후 소련 점령군의 엄호 아래 성립되었던 동유럽의 현존사회주의 국가들의 사회주의체제가 약 20년간 강압 통치를 펼친 결과, 점차 국민적 지지를 상실해가자 '사회주의의 이상에 새로운 생기를 불어넣고자' 1968년 체코슬로바키아 공산당에

---

11) Hong(1995) 참조.

의해 기획된 '행동계획(action plan)'의 선도 개념이었다. 1968년, 체코슬로바키아 공산당이 1948년 쿠데타로 집권한 것을 기념한 '2월 승리' 20주년 기념연설에서 당시 체코 공산당 서기장 알렉산더 두브체크는 '체코에서 사회주의 승리에 후속하는 변화의 필요성'을 설명하고 '당의 지도적 역할을 더욱 효과적으로 강화'하기 위해 사소한 쟁점들에 대한 과민한 강경책들을 시정하고 '다른 나라 공산당들의 경험을 참조하면서, 건전한 경제적 기초 위에 선진 사회주의사회(an advanced socialist society), 즉 체코슬로바키아의 역사적인 민주적 전통에 부응하는 사회주의를 건립'하는 것이 당의 사명임을 역설하였다. 이에 따라 그해 3월 4일 체코 역사에서 최초로 언론검열 완화책이 실시되면서 '프라하의 봄'이 열렸는데, 그해 8월 바르샤바 조약의 20만 대군이 침공할 때까지 짧은 기간 동안 언론검열은 완전히 철폐되었다. 그리고 4월 들어 언론, 출판, 사회운동의 자유와 더불어 경제적으로는 소비재 생산이 강조되고 다당제 정부의 구성을 염두에 둔 '행동강령'이 공포되었다. 기존의 스탈린주의적 국가독점사회주의와 달리 이 체코슬로바키아 공산당의 개혁강령은, "사회주의란 계급관계들의 착취적 지배로부터 노동하는 인민들을 해방시키는 것뿐만 아니라 개인의 인격성(character)에 대해 그 어떤 부르주아 민주주의보다 풍요로운 삶을 더 많이 제공해주는 것을 의미한다"라고 하여 민주화와 정치적 자유화를 기조로 하는 '민주주의적 사회주의(democratic socialism)'를 전면에 부각시켰다.[12] 그러나 혁명후

---

12) '인간의 얼굴을 한 사회주의'에 대한 이상의 서술은 "Socialism with a human face (Czech: socialismus s lidskou tváří, Slovak: socializmus s ľudskou tvárou)", *WIKEPEDIA*(영어

사회에서 나타나는 '체제화된 사회주의'의 경직화를 극복하고 사회주의의 자체정화능력 또는 자기개혁능력을 보여줄 것으로 기대되던 '인간의 **얼굴**을 한 사회주의'는 혁명후사회의 사회주의적 '몸통'을 포장하는 기능도 제대로 하지 못한 채 사회주의 몸통이 쓰러지면서 그 몸통과 더불어 사상사에서 송두리째 삭제 당하였다.

그런데 이렇게 현존사회주의체제의 몸통은 물론 얼굴마저도 붕괴하여 이제 체제경쟁에서 더 이상 적대적이거나 도전적인 경쟁자를 갖지 않게 된 자본주의는, 프랜시스 후쿠야마의 단언대로 세계사적 경쟁에서 생존했을 뿐만 아니라 영구히 지속할 것으로 평가되는 유일한 체제로 간주되던 20세기 말 1990년대의 짧은 기간을 경과한 뒤, 곧바로 그 체제의 의미공백을 노출하였다. 경영학의 신(神) 피터 드러커로부터 '천재적 통찰력으로 학문적 개념을 현실에 적용하고 구현해낸 사람'이라는 찬사를 받으면서 '세계 최고의 경영사상가 50인(Thinkers 50)' 중 한 사람으로 필립 코틀러, 톰 피터스, 헨리 민츠버그와 함께 '경영사상가 명예의 전당'에 이름을 올린 찰스 핸디는[13] 1994년에 출간한 그의 책 『텅빈 레인코트』 앞부분에서 과거 동독이었던 드레스덴에 사는 친구를 찾아갔다가 들었던 이야기를 전해준다.

판)(https://en.wikipedia.org/wiki/Socialism_with_a_human_face last edited on 17 April 2021, at 08:59(UTC)에 의거한다. '인간의 얼굴을 한 사회주의'의 발상을 현존사회주의체제의 정치개혁을 위해 강령화시킨 것은 두브체크였지만 이 용어 자체를 처음 고안한 이는 체코슬로바키아 아카데미 회원으로서 기술사를 전공하고 기술의 발전이 사회 변화에 미친 영향의 연구에 정초를 놓은 기념비적 저작인 『리키타 리포트(*Richita–Report*)』(1966)를 쓴 Radovan Richita(1934~1983)였다. "Radovan Richita", in: *WIKIPEDIA*(독일어판)(https://de.wikipedia.org/wiki/ Radovan_Richta am 23. März 2021 um 18:06 Uhr bearbeitet.)

13) "딩 빈 레인코트 – 왜 우리는 성공할수록 허전해지는가", 찰스 핸디.

예전14)에 직장은 습관적으로 그냥 가는 곳이었지 반드시 뭔가를 하는 장소는 아니었어요. 필요한 부품이나 도구가 없어서 효율적으로 일을 못할 때도 많았죠. 여하튼 고객들은 기다리는 데 익숙했고, 우리는 일을 하건 안 하건 같은 급료를 받았습니다." 놀라움을 감추지 못하는 내 표정을 눈치 챈 친구가 머쓱해하며 말을 이었다.

"물론 그런 상황이 옳다거나, 그런 시스템이 지속 가능하다고 말하는 것은 아닙니다. 하지만 분명 그때는 가족(family), 친구(friends), 축제(festivals), 즐거움(fun)을 위해 쏟을 많은 시간과 에너지가 있었습니다. 그런데 지금은 …." 그는 잠깐 안타까운 미소를 지어보이고는 다시 말을 이었다. "이윤(profit), 실적(performance), 보수(pay), 생산성(productivity)이 전부인 것 같아요. 가끔은 네 개의 'p'보다 네 개의 'f'가 절실하게 그리워지는 건 어쩔 수가 없습니다! 이 모든 것이 도대체 무엇을 위한 걸까요?"

일본과 독일 양쪽 모두 어느 정도의 딜레마는 안고 있다. 생존을 위해 일할 때는 힘은 들지만 그래도 그럴 수 있다고 생각했다. 그런 결과인지 다행히 지금은 많은 이들이 생존 문제를 극복했다. 하지만 '생존의 문제'를 해결하자 '이젠 뭐지?' 또는 '다음은?' 하는 질문이 쏟아져 나왔다. 정치 지도자, 기업, 학교, 병원, 감옥 등은 물론 우리 개인들에게도 답을 찾아야 하는 압박은 점점 거세진다.15)

---

14) 독일 통일 전 동독 시절: 필자.
15) 찰스 핸디(1994/2009), 23~24쪽.

글로벌 차원의 자본주의 발전판으로 간주되던 신자유주의와 제3의 길 모두 21세기 들어서면서 곧바로 국가마다 순회하듯이 벌어지는 각종 경제위기와 더불어 사회적 갈등에 봉착하였다. "냉전 후 유럽을 중심으로 사회주의 세력들은 새로운 대안으로 신자유주의와 제3의 길을 주창하고 있다. 그러나 제3의 길을 내세운 영국과 독일도 분배 문제 등을 둘러싸고 사회적 갈등을 겪고 있다. 자본주의의 대안은 있는가?"라는 질문에 대해 찰스 핸디는 다음과 같이 답하였다.

자본주의는 공산주의나 다양한 형태의 사회주의보다 우월한 이론임이 증명됐지만 아직까지 진보에 대한 우리의 욕구를 완전히 채워주지는 못했다. 자본주의는 보다 나은 복리를 위해 변화해야만 한다. 자본주의는 핵심 원리인 창조적 파괴의 개념 때문에 계속 성장할 가능성이 크다. 대립하고 있던 공산주의의 붕괴로 신자유주의는 힘을 얻고 있지만 생산성과 효율성에 대한 지나친 집착과 이윤극대화의 추구로 오히려 **초기 자본주의의 이기적 형태**를 보이고 있다. 또 **기업에 대한 일체의 사회적 통제를 거부해 극단적 무정부주의**에 빠질 위험성도 있다. '제3의 길'은 학문 이론이라기보다 국가를 경영하는 실제적이고 현실적인 정책이라는 성격이 강하다. 사회적 정의를 구현하는 데는 비용과 노력이 많이 든다. 효율성을 강조하다 보면 인간이 실종되는 경우가 종종 있다. 다시 한번 강조해야 할 점은 자본주의나 민주주의 모두, 거기에서 인간이 배제되면 위험하다는 것이다. 말하자면 '인간의 얼굴을 한 자본주의(capitalism with a human face)'가 대안이 되어야만 한다.[16]

지구화된 자본주의가 '이윤(profit), 실적(performance), 보수(pay), 생산성(productivity)이 전부'인 상황으로 특정된다면 사실 이런 자본주의는 절대 낯선 것이 아니라 찰스 핸디가 드레스덴의 친구를 찾아가기 146년 전에 마르크스와 엥겔스가 『공산당 선언』에서 묘출했던 자본주의의 그 모습, 즉 "지배권을 얻은 부르주아지가 봉건적, 가부장제적 그리고 목가적 관계들을 모두 파괴하면서 인간과 인간 사이에 적나라한 이해관계, 무정한 '현금 지불' 외에는 다른 어떤 끈도 남겨두지 않고", "종교적·정치적 환상들로 은폐된 착취를 공공연하고 파렴치하며 직접적이고 무미건조한 착취로 바꿔놓았다"라고 했던 그 모습과 그야말로 토씨 하나 틀리지 않고 똑같다.17) 그리고 1994년 찰스 핸디가 만난 드레스덴 친구는 이미 망한 예전 동독 시절의 생활을 떠올리는데, 당시 그가 누렸다는—"가족(family), 친구(friends), 축제(festivals), 즐거움(fun)을 위해 쏟을 많은 시간과 에너지가 있었던"—4f의 생활은 150년 전 마르크스-엥겔스가 1845~1846년에 걸쳐 집필했던 『독일 이데올로기』 중 「제1편 포이에르바하. 유물론적 관점과 관념론적 관점의 대립」에서 묘출했던 '공산주의 사회(kommunistische Gesellschaft)'에서의 삶에 표면적으로 근접하는 측면이 있다. 그들에 따르면,

노동이 분배되기 시작하자 **각 개인(Jeder)**은 각자에게 강제로 부

---

16) 이창민 특파원(런던), 「인간의 얼굴을 지닌 자본주의가 되어야. 대담: 찰스 핸디」(굵은 글씨 강조: 필자); 〈한국일보〉
   (입력 2000.01.03. 00:00. https://www.hankookilbo.com/News/Read/200001030087457117)
17) 앞의 각주 6) 참조.

과되어 벗어날 수 없는 단 하나의 특정한 배타적 활동영역을 갖게 된다. 그는 사냥꾼이거나 양치기이거나 어부이거나 아니면 문예비평가인데, 그가 생계수단을 잃지 않으려면 계속 거기 머물러야 한다. 이에 반해 그 누구도 단지 단 하나의 특정한 배타적 활동영역만 갖는 것이 아니라 각자 좋은 대로 원하는 분야라면, 어디에서나 스스로 교육받을 수 있는 공산주의 사회에서라면, 사회가 일반적 생산을 조절함으로써, 내가 오늘은 이 일, 내일은 저 일 그리고 내가 굳이 사냥꾼이나 어부 아니면 양치기나 비평가가 되지 않아도, 내 뜻대로 오전에 사냥하고, 오후에 낚시하며, 저녁에는 가축을 몰고, 식사 뒤에는 문예비평을 하는 것이 가능하도록 만든다.[18]

예전 동독의 국가독점적 사회주의 체제에서의 '4f 생활'은─마르크스─엥겔스가 제시했던바─**각 개인이 전인적으로 자기를 실현할 수 있으리라고 기대했던 공산주의 사회에서의 일상**과 상당한 차이가 나긴 했지만 **오직 생계를 위해 내 뜻에 맞지 않더라도 무엇이라도 한 가지 일에 억지로 얽매인 직업활동에서 강행되어야 하는 반**

---

18) "Sowie nämlich die Arbeit verteilt zu werden anfängt, hat **Jeder** einen bestimmten ausschlieβlichen Kreis der Tätigkeit, der ihm aufgedrängt wird, aus dem er nicht heraus kann; er ist Jäger, Fischer oder Hirt oder kritischer Kritiker und muβ es bleiben, wenn er nicht die Mittel zum Leben verlieren will─während in der kommunistischen Gesellschaft, wo Jeder nicht einen ausschlieβlichen Kreis der Tätigkeit hat, sondern sich in jedem beliebigen Zweige ausbilden kann, die Gesellschaft die allgemeine Produktion regelt und mir eben dadurch möglich macht, heute dies, morgen jenes zu tun, morgens zu jagen, nachmittags zu fischen, abends Viehzucht zu treiben, nach dem Essen zu kritisieren, wie ich gerade Lust habe, ohne je Jäger, Fischer, Hirt oder Kritiker zu werden." Marx/Engels(1845~1846), p.33(강조: 원저자). 앞으로 마르크스와 엥겔스의 저작들에 대한 번역은 국내 번역을 저본으로 하여 필자의 입장에서 때로로 개역하는 것을 올리기로 한다.

(呼)강제노동은 아니라는 점에서, 현존 사회주의 이후의 글로벌 자본주의는 과거 양 진영으로 갈라져 살았던 찰스 핸디와 그의 드레스덴 친구를 둘 다 당혹스럽게 만든다. 분명한 것은 그의 사상에서 영감을 받은 현존사회주의 내지 자칭(自稱) 공산주의 정치 전략과 국가 통치는 아주 역설적으로 노동자가 주동한 동유럽 인민혁명을 통해 더 완성된 사회주의로 진척된 것이 아니라, 도리어 전복되어 자본주의로 복귀하였지만 마르크스와 엥겔스가 적시한 제1차 산업혁명 당시에 이미 적나라하게 드러났던 자본주의의 근본문제, 즉 착취와 계급대립과 전 지구적 양극화는 그 뒤 세 차례나 더 닥친 산업혁명들을 겪으면서도 이 지구상에서 근본적으로 해결되지 않은 채 양상을 달리하여 계속 그 규모를 키워오다가 급기야 2020년을 기해 '코로나19 팬데믹' 사태와 조우하면서 이제는 '전 인류적 위기(a whole-humankind crisis)'로 발전하고 있다.

21세기 세 번째 십 년기 첫 해인 2021년 현재 가장 근본적이고 긴급한 문제는, 사실 그 어떤 계급적 대립이나 대안사회체제의 구상이 아니라, '나'를 포함하여ー왜냐하면 '나'는 지금 살고 있는데, 병에 걸려 낫지 못한다고 당장 그냥 죽어버려도 좋다는 생각은 전혀 없기 때문이다ー인간 개개인이 각자 이 국면에서 어떻게 살아남느냐는 것(survival)이다. 당장 살아남고자 하는 인간에게 이럴 경우 가장 절실한 것은, 그리고 죽음의 위기가 임박하는 것을 느끼면서도 당장 죽지는 않는 것이라면, 우선은 살아남아서까지 살아야 하는 의미 있는 삶이 무엇인가에 대해 스스로 확신하는 바가 있어야 하는 것이다. 그리고 그런 확신에 정당한 근거와 적절한 생활상이 정립된다면 이

위기와 그것을 극복한 삶을 위한 실천의 능력과 수단이 우리에게 확보되어 있느냐를 확인해야 한다.

우리를 구원할 것은 아직 인간 문명사의 경험적 축적물과 거기에서 지혜를 찾아내는 우리의 학습능력과 창조능력뿐이다. 왜냐하면 우리를 구하러 올 '외계인'은 아직 없는 상태이며, 인간의 역사에서 이제 21세기에 들어와서야 비로소, 모든 대륙, 모든 인종의 인간들이 진정 이 지구 행성의 단일종으로, 생물학적으로 그리고 역사적으로 진정한 의미에서 이 지구상에서 서로 실시간으로 교통할 수 있는 공동공간 안에서 상호교류가 가능한 생활을 영위하는 **'단 하나의 인류(人類, just one humankind)'**가 되었기 때문이다. 마르크스의 「정치경제학 비판 서문」의[19] 용어법을 가차(假借)하자면, 세계사 최후의 적대적 사회구성체로서 아직 '인간적 사회의 전사(前史, Vorgeschichte der menschlichen Gesellschaft)'에 지나지 않는 자본주의 사회구성체가 붕괴하지도 않은 상태에서, 바로 그 자본주의가 글로벌 공통으로 확산되면서 조성된 '지구적 공통공간에서(global co-space)', '모든 인간'이 '공시적으로(共時的, synchronically)', '각자(jeder, each) 한 인간'으로서 '동시실존(syn-existence)'하는 국면이 전개되고 있는데, 이것이 진정 '인간적 사회(menschliche Gesellschaft)'로의 이행국면을 위한 초기 맹아인지 아니면—예전의 (자칭) 사회주의처럼 완전한 사회주의에는 도달하지도 못한 채—자본주의 정도까지만 발전했다가 전면 멸종하는 반만년 인간세(半萬年人間世, five-

---

19) Marx/Engels(1859), p.10.

millennia Anthropocene)의 종말인지는 아직 알 수 없는 일이다.

이런 정황에서, 19세기 전반에 제출되어 이제 170여 년이 넘어 가는 마르크스-엥겔스의 통찰들, 그 가운데서도 '역사에 대한 유물론적 파악(materialistische Geschichtsauffassung)'을 다시 호출하는 것은, 우리가 지금 해결 내지 극복해야 하는 상황이 '위기'이고 그 위기가 '인간의 실존 위기'임과 동시에 그 위기에 처한 '인간 실존'이 그 어떤 '특정한 실존 조건들'과 연관하여 **인간과 그 조건들의 합주(合奏, ensemble)'**에서 기인함을 보여줌에 있어서 역사적 유물론의 발상이 다방면에 걸친 인간의 역사적 실존체험들을 비판적으로 분석하고 종합하는 데 여전히 적절하고 유효하다고 여겨지기 때문이다. 마르크스의 이 발상은 그것이 발생하자마자 **가장 경제주의적으로 해석**되기 시작했던 그 순간에도, 그리고 이런 **경제주의적 사회해석**이 **계급주의적 운동전략**으로 나아가고 모든 인간적 실천을 **혁명만능주의**로 협소화시키면서 급기야 의식의 능동적 활동성을 **반영론**으로 묶는 인식론적 자살로 귀착되는 사상적 편향화를 겪는 과정에서도, 자체의 고전적 발상들 안에서 그런 사상적 편향의 비판적 해독제를 꾸준히 새로이 공급해왔다. 다시 말해서 현존사회주의체제가 망할 때까지도 그 편집과 출판이 다 끝나지 않았던 마르크스와 엥겔스의 집필물들은 인간이 인간 자신의 비극적 운명들을 모두 해소시킬 만한 발전의 잠재력을 보유하고 또 획득하여 현대까지 발전해왔으면서도 여전히 빈곤, 불평등, 갈등, 분열 그리고 폭력적 대결에 시달리고 급기야 발전 자체가 곧 파멸이 되는지 그 연유를 알아내고자 하는 이들에게 우리 인간 역사의 미스터리를 반성적으로 고찰하는 고전적 단서를 제공한다.

　이에 필자의 이 논고는 우선, 마르크스-엥겔스의 발상들을 계승했다고 자처하다가 자체 붕괴하였던 20세기 현존사회주의체제 내부에서 그 문제를 극복하려고 부단히 노력하였던 '개혁사회주의'에서나, 그 이후 역사에서 최후의 승리를 거두었다고 자처하다가 21세기 들어와서까지 양상을 달리하여 파상적으로 엄습하는 삶의 위기를 아직도 해결하지 못하고 있는 '글로벌 자본주의' 등 양쪽 모두에서 자체의 문제를 극복해가는 비판적-대안적-준거 개념으로 **'인간의 얼굴(a human face)'**을 내세운다는 데 착안하여, 마르크스-엥겔스에게서 정립되었던 **'인간(der Mensch, (hu)man)'**의 개념에 어떤 특이점이 있는지를 파악하려고 할 것이다. 그런 점에서 이 논고는 청년 마르크스가 일생 처음으로 본격적으로 작성한 거의 최초의 정치논평이라고 할 수 있는 1844년에 출간된 「유대인 문제에 관하여」를 표식으로 삼는데, 그 이유는 이 문건이 차후 경제주의적·계급주의적·혁명만능주의 및 역사철학적 발전론으로 해석되는 수많은 발상들이 나오기 직전 순전히 '인간' 개념만 갖고 '인간 해방'의 문제를 정립함으로써 그 직후 「헤겔 법철학 비판 서론」과 생애 당시에는 미출간 원고였던 『독일 이데올로기』를 거쳐 1859년의 「정치경제학 비판. 서문」에서 거의 완성된 형태의 연구구도로 제시된 '유물론적 역사 파악'이 나올 수 있었던 철학적 근거 정립의 단초가 확립되었기 때문이다. 필자가 **'실재적 관계들 안의 현실적 인간(der wirkliche Mensch in den realen Verhältnissen)'**이라고 압축한 청년 마르크스의 인간관은 그동안 성숙기 마르크스가 집중했던 '노동' 개념을 중심으로 그의 인간 개념을 재정식화하려고 노력했던 동구권의 개혁사회주의 계열의 철학자들이나 '소외'를 '극복한 참된 사회적 본성의 회복' 부각시킨 민주주의적인 자본주의 사회 내에서의 비판적 사회사상가들 모두가 마르크스가 '인간'에 대하여 그 어떤 특정한 속성을 새로이 발견했다는 식의 유사형이상학적 발상의 잔재를 완전히 떨쳐내지는 못했다. 마르크스가 그 이전이나 이후의 철학자나 사회과학자들이 살피지 못했던 인간성의 측면을 부각시킨 것은 분명하지만, 그것은 그가 「포이에르바하에 관한 명제」 중 그 '제6 명제'에서 비판했던 그런 접근법, 즉 '인간의 본질'을 '개별적인 개인에 내재하는 추상물'로 보는 것이 아니라, '그 현실에서 사회적 관계들의 합주(合奏, ensemble der gesellschaftlichen Verhältnisse)'로 보아야 한다는 그런 성찰의 결과로서 '실재적 관계들 안의 현실적 인간'이라는, '인간' 성찰에서 인간의 직접적 실존을 가장 근본적으로 개념화하는 작동 개념에 도달한다. 마르크스에게서 이 정도까지 추상적 차원까지 명시화되지는 않았지만 그의 평생 연구를 인도했던 이런 근본적 성찰에 도달하게 만든 가장 직접적인 계기는 프랑스 제1 공화국의-당시로서는 '가장 급진적인'-헌법을 통해 계수된 「1789년의 인간과 시민의 권리 선언」이라고 보아 그 헌법을 비판적으로 분석하였던 「유대인 문제에 관하여」를[20] 표식으로 하여 '인간' 개념과 '시민' 개념에 대한 두 문건 사이의 비판적 연관을 추적·분석함으로써 마르크스 인간 개

---

20) 이 논문에서 다루는 마르크스의 「유대인 문제에 관하여(Zur Judenfrage)」는 1843년 8~12월에 집필되어 『독불연보』 합병호(1844년 2월 출간), 182~214쪽에 수록되었다. ("Deutsch-Französische Jahrbücher", in: WIKISOURCE (독일어판) https://de.wikisource.org/wiki/Deutsch-Franz%C3%B6sische_Jahrb%C3%BCcher)

넘의 철학적 작동구조를 정식화하고자 한다.

브루노 바우어가 제시한, 유대인의 종교적·정치적 해방 요건들에 대해 청년 마르크스가 인간적 혁명의 요구를 제시하는 문제 맥락: '인간을 해방한다' 또는 '인간으로서 인간의 해방'이라는 발상의 격발 문건으로거 「1789년 인간과 시민의 권리 선언」으로 형성된 프랑스 시민의 정치적 해방의 현실과 그것을 아직 성취하지 못한 독일인의 현실

그렇다면 여기에서 마르크스와 엥겔스, 특히 둘 가운데 역사의 유물론적 파악이라는 이론 프레임을 꾸준하게 정교화시켰던 마르크스사상의 발전사에서 '인간'의 개념이 쟁점 개념으로 부각되면서 이론적 비중을 더하게 된 발상의 계기와 그 문제 맥락이 중요하게 된다. 즉, 마르크스와 엥겔스는 도대체 어디에서 '인간'의 문제를 문제로서 받아들이게 되었으며, 이러면서 그들이 수용하게 된 인간의 '개념'은 어떤 내용을 담고 있었을까?

마르크스와 엥겔스의 사상 전반을 지배하는 쟁점 사안이 현대사 초반 서유럽에서 제기된 **'인간'에 대한 보다 적절한 현실적 개념을 정립**하는 것이었다는 것은 그들의 사상적 발전사를 문헌학적으로 추적하면 분명하게 드러난다. 청년 마르크스가 〈라인신문〉의 기자를 그만두고 이십대 중반을 넘기면서 생애 거의 처음 본격적인 철학 논평으로 집필하여 1844년 2월 첫 출간한 후 바로 폐간된 『독불연보(Deutsch-Französische Jahrbücher)』 합병호에 게재했던 두 글, 즉 1843년 12월 집필된 「유대인 문제에 관하여(Zur Judenfrage)」 그리고 뒤이어 1843년 12월에서 다음 해 1월까지 집필한 「헤겔 법철학 비판.

서론(*Zur Kritik der Hegelschen Rechtsphilosophie. Einleitung*)」
모두 그 쟁점 소재는 프랑스 시민혁명의 성과를 집약하여 이미 프랑
스의 현실로 실현되었다고 간주되었던 프랑스혁명 선언, 즉 「1789년
인간과 시민의 권리 선언」과 그 후속으로 성립된 프랑스 제1 공화국
헌법에 비해 아직 프랑스 수준의 국민국가체제도 갖추지 못한 독일
의 저발전 현실이었다.

당시 독일의 급진적 개혁 사상을 선도했던 청년 헤겔파의 브루
노 바우어(Bruno Bauer)는 합병호 발간 직전 발간된 1843년의 『독
불 연보』에 발표한 「유대인 문제(*Judenfrage*)」에서 '**독일의 유대인**
은 해방을 갈망한다'는 사실을 문제현안으로 부각시키면서 '만약 **독**
일의 유대인이 해방, 그것도 **독일 국가시민**으로서의 해방, **정치적**
해방을 갈망'한다면 '유대인으로서가 아니라', "**독일인**으로서 **독일의**
정치적 해방에, **인간으로서 인간의 정치적 해방**에 진력해야 한다"라
고 반론하였다. 21) 이때 바우어는 '독일계 유대인'의 국가시민적·정

---

21) 마르크스(1843a/2021), 19쪽. 그 원문은 "Die deutschen Juden begehren die Emanzipation.
Welche Emanzipation begehren sie? Die *staatsbürgerliche*, die politische Emanzipation.
Bruno Bauer antwortet ihnen: Niemand in Deutschland ist politisch emanzipiert. Wir
selbst sind unfrei. Wie sollen wir euch befreien? Ihr Juden seid Egoisten, wenn ihr
eine besondere Emanzipation für euch als Juden verlangt. Ihr müβtet **als Deutsche**
an der politischen Emanzipation Deutschlands, als Menschen an der menschlichen
Emanzipation arbeiten…" Marx(1844/1976), 347쪽(강조: 필자) 여기에서 필자는 Staatsbürger
를 마르크스(1843a/2021)의 역자인 김현 선생과는 달리 '공민(公民)'이 아니라 독일어 합
성어의 구성단어들 그대로 옮겨 '국가시민'이라고 번역하였다. 독일어에서 Bürger는 본래
성(城, Burg)의 거주자로서 봉건영주로부터 자유권을 사들인 자유민들을 의미하다가 중
세 말기 현대 이행기에 도시를 중심으로 상공업을 발달시킨 상공시민, 즉 부르주아지를
가리키는 쪽으로 의미론적 이행이 일어났다. 그런데 프랑스 시민혁명의 '선언'에서 정치적
결사체인 국가의 구성원, 즉 국민으로서 헌법적 차원에서 정립된 권리와 의무의 주체이자
일반의지의 형성에 참여할 권리를 가진 국가의 주권자를 의미하는 '시민(citoyen)'이라는
정치적 인격의 개념이 정립되자 단순히 '성(城)'이나 '도시' 차원이 아니라 '국가(staat)'의
공동주권자라는 뜻을 가진 바로 이 프랑스어 '시민'의 독일어 번역에서는 그 의미를 그대
로 받아 '국가·시민'이라는 합성어를 조합했다.

치적 해방의 문제를 독일계 유대인도 포함하는 독일인 전반, 나아가 독일인도 포함하는 '인간' 전반의 문제로 그 해결지평을 확대하면서 독일의 유대인들로 하여금 우선 유대인으로서의 특수성을 포기하기를 요구하였다. 왜냐하면 '독일에서 정치적으로 해방된 인간은 아무도 없기' 때문이다. 이에 따르면 독일에서는 유대인이 인간으로서 해방되어 있지 않을 뿐만 아니라 기독교도 기독교 국가의 신민으로서 역시 인간으로서 해방되어 있지 않다. 따라서 바우어가 지향하는 인간으로서의 인간의 정치적 해방의 일차 조건은 기독교도는 기독교로부터, 유대인은 유대교로부터, 즉 독일인과 유대인을 막론하고 인간이라면 일체의 종교로부터 해방되는 것이다.

　일체의 종교로부터의 근본적 해방, 국가와 종교의 관계 단절이라는 바우어의 요구는 유럽 모든 왕조국가가 국교를 고수하던 19세기 당시, 특히 루터교회를 국교로 신봉하는 프로이센 왕국의 현실에 비추어볼 때는, 그리고 '그 어떤 정치적 국가도 존재하지 않는, 그 어떤 국가도 국가로서 존재하지 않는 독일'의[22] 현실로 볼 때 지극히 급진적인 개혁안이었다. 이것은 또한 「1789년 인간과 시민의 권리 선언」 제10조―즉, "어느 누구도, 그 의견 표명이 법에 의해 확립된 공공질서를 교란시키지 않는 한, 종교적 의견을 포함하여 그 어떤 의견 때문에 불안을 당해서는 안 된다"―에[23] 의거하여 프랑스에서

---

22) 마르크스(1843a/2021), 위의 책, 27쪽. 그 원문은 "Die Judenfrage erhält eine veränderte Fassung, je nach dem Staate, in welchem der Jude sich befindet. In *Deutschland, wo kein politischer Staat, kein Staat als Staat existiert*, ist die Judenfrage eine rein theologische Frage." Marx(1844/1976), 위의 책, 351쪽(강조: 필자)

23) "Nul ne doit être inquiété pour ses opinions, mêmes religieuses, pourvu que leur manifestation ne trouble pas l'ordre public établi par la loi." (Ministère de la Justice

는, 적어도 헌법적 담론에서는, 이미 인간 그리고 (국가)시민의 권리로 실현되어 있다고 간주되었기 때문에 당시 바우어가 염두에 두었던, '인간으로서 국가시민으로 정치적으로 해방된 인간'의 상은 이론의 여지없이 「1789년 인간과 시민의 권리 선언」에서 형상화되었던 바로 그 인간, 즉 국가가 그 어떤 종교로부터도 일체 해방되어 그 시민들이 그 어떤 종교이든 특정 종교의 속박을 받지 않고 인간으로서 자유롭고도 평등하게 자기의 행복을 추구할 수 있게 된 그런 인간이었음이 분명했다. 그런데 청년 마르크스는 인간으로서의 인간의 정치적 해방을 일단 '종교적' 표적에 고착시키면서, 더 나아가 프랑스 현실에서 실현된 그 '정치적' 지평 안에 맞추는 것까지 과연 '인간적' 해방인가를 묻는다. 즉, 청년 마르크스는 바우어가 프랑스 의회에서 오가는 토론들을 근거로 하여, '인간'으로서의 '해방'을 일단 '종교'로부터의 해방을 기반으로 '정치 및 국가'에서의 해방까지 나아가 국가가 모든 시민들에게 자유로운 인간이자 자유로운 시민으로서 '자유로운 삶'을 정치적으로 보장하고 매개하는 전망까지 내다보았지만, 바우어가 기대하는 인간과 시민의 '자유로운 삶'이 단지 유대인이 자신의 종교적 신조를 벗어나지 못해서가 아니라 '해방의 본질'과 내적으로 연관시키지 않았기 때문에, 아니 오히려 그런 문제를 제기할 문제시각 자체가 결여되었기 때문에 결코 인간적 해방에 도달하지 못할 것으로 비판하였다. 유대인으로 하여금 먼저 유대교라는 자기들

TEXTES & RÉFORMES[프랑스 법무성 홈페이지](2001), "Déclaration des droits de l'Homme et du citoyen de 1789"의 프랑스어 원문, Human and Constitutional Rights Documents(2008)의 영문 번역; Morange(1999), 129쪽; 국가인권위원회(2011) 및 헌법재판연구원(2014), 84쪽의 한글 번역 참조.

만의 종교에서 벗어나는 것부터 요구한 바우어에 대해 마르크스는 다음과 같이 더 나아간 문제를 제기하였다. 즉,

'누가 해방시켜야 하는가?' '누가 해방되어야 하는가?'를 연구하는 것만으로는 결코 충분하지 않다. 비판은 제3의 문제에 관계했어야 했다. 비판은 다음과 같이 물었어야 했다. **어떤 종류의 해방**이 다뤄지고 있는가? 요구된 해방의 본질 속에 어떤 조건이 놓여 있는가? **정치적 해방** 자체에 대한 비판만이 비로소 유대인 문재에 대한 최종적인 비판이자, '시대의 보편적인 문제'로 유대인 문제를 참답게 해소하는 방법이었다. 바우어가 문제를 이 수준까지 끌어올리지 않았기 때문에 그는 모순에 빠져버렸다. 그는 **정치적** 해방 자체의 본질에 놓이지 않은 조건을 제시한다. (…) 우리는 그가 오직 '기독교 국가'만을, 즉 '국가 자체'가 아니라 기독교 국가만을 비판에 내맡기고 있다는 점에서, 그리고 그가 **정치적 해방이 인간적 해방에 대해 갖는 관계**를 탐구하지 않은 채 정치적 해방과 보편적인 인간 해방을 무비판적으로 혼동할 때에만 설명 가능한 조건을 제시한다는 점에서 바우어의 오류가 있다고 생각한다.24)

---

24) 마르크스(1843a/2021), 앞의 책, 26~27쪽(굵은 글자 강조: 원저자), 그 원문은 "Es genügte keineswegs zu untersuchen: Wer soll emanzipieren? Wer soll emanzipiert werden? Die Kritik hatte ein Drittes zu tun. Sie mußte fragen: *Von welcher Art der Emanzipation* handelt es sich? Welche Bedingungen sind im Wesen der verlangten Emanzipation begründet? Die Kritik der p*olitischen Emanzipation* selbst war erst die schlie*ß*liche Kritik der Judenfrage und ihre wahre Auflösung in die »*allgemeine Frage der Zeit*«. Weil Bauer die Frage nicht auf diese Höhe erhebt, verfällt er in Widersprüche. Er stellt Bedingungen, die nicht im Wesen der *politischen* Emanzipation selbst begründet sind. Er wirft Fragen auf, welche seine Aufgabe nicht enthält, und er löst Aufgaben, welche seine Frage unerledigt lassen. (…) so finden wir Bauers Fehler darin, da*ß* er nur den »christlichen Staat«, nicht den »Staat schlechthin« der Kritik unterwirft,

그렇다면 청년 마르크스가 바우어에게 제기했던 그런 인간적 해방은 무엇이었던가? 그가 본 인간적 해방에서 어떤 점이 바우어가 유대인에게 권유하는 아니 강권하는 종교적 해방 나아가 독일에서는 아직 비현실적 이상이지만 프랑스에서는 성문헌법으로 어느 정도 현실화되었다는 정치적 해방에서 결여되어 있는가?

그런데 이 문제에 응답하기 위해서는 우선, 그가 인간적 해방의 현실로서 여전히 불충분하다고 생각했던 프랑스혁명에서의 인간해방이 어떤 수준이었고 어떤 내용이었던가를 일단 파악할 필요가 있다. 그렇다면 마르크스와 엥겔스가 헤겔과 청년 헤겔파의 철학을 비판할 때 그 양편의 대립준거가 되었던 「1789년 인간과 시민의 권리 선언」에 대한 담론 분석은 마르크스가 바우어를 비판하면서 눈앞에 두었던 프랑스 시민혁명의 현실상을 재현해줄 것이다.

「1789년 인간과 시민의 권리 선언」에 대한 담론 분석에서 파악되는 '인간'의 발전 수준: '시민적' 수준에 도달한 '인간'의 '사회적' 실상에 대한 의문구도

세계현대사를 선도한 서유럽 국가들, 특히 영국과 프랑스의 현대사에서 흔히 프랑스혁명 선언이라고 불리는 「1789년 인간과 시민의 권리 선언」은[25] 잉글랜드 왕국에서 국왕과 귀족 사이에 체결된 「자유의 대헌장(또는 마그나 카르타(Magna Carta Liberatum))」

---

daβ er das *Verh ltnis der* |351|*politischen Emanzipation zur menschlichen Emanzipation* nicht untersucht und daher Bedingungen stellt, welche nur aus einer unkritischen Verwechslung der politischen Emanzipation mit der allgemein menschlichen erklärlich sind." Marx(1844/1976), 앞의 책, 350~351쪽. (이탤릭체 강조: 원저자)

25) 이 3.2절에서 '선언'은 프랑스혁명 선언, 즉 '1789년 인간과 시민의 권리 선언'을 가리킨다.

(1215), 명예혁명에 이은 왕정복고 뒤 영국의 왕실과 귀족 및 신흥 신사계층의 광범한 타협의 산물로서 현대 영국의 정치사의 근본틀을 만들어낸 「잉글랜드 권리장전」(1689) 그리고 대영국(對英國) 무장투쟁을 통해 드디어 자력으로 국가를 쟁취한 시민계층이 하나의 국민(nation)을 이루면서 창출해낸 「미합중국 독립선언」(1776)을 이으면서 현대 민주주의(modern democracy)의 형성에 결정적이고도 불가역적인 역사적·사상적 특이점을 찍었다. 다시 말해서 '선언'에 집약된 권리 내용들과 권력 형태는 현대 이행기 서양정치사에서 길게는 5백 년 이상, 짧게 잡아도 백 년 정도의 기간 동안, 신권과 왕권의 통제 아래 놓인 봉건신분체제 안에서 교회―왕실―봉건영주 및 신생 부르주아 평민세력들 사이의 갈등과 타협을 통해 헌장, 청원, 장전 등의 성문화된 형태로 축적되어왔다. 그런데 이 '선언'이 봉건시대 후반에 축적된 권리 내용들과 권력 형태들을 거의 계수하고 있음에도 불구하고 유독 이 '선언'이 현대적 버전의 민주주의 형성의 진행에서 역사적·사상적 특이점을 찍었다고 평가될 수밖에 없는 이유는, 한편으로는 19세기 이후 21세기 현재까지 전 세계적 차원으로 확산되기에 이른 민주주의의 개념 안에 당시에는 '공화국(republic)'이라고 통칭되었던 형태의 국가에 대하여 '인간(man)―인민(people)―국민(nation)―시민(citizen)'으로, 개념적으로 진화하는 건국과 통치의 정치적 주체를 명확하게 하면서 다른 한편으로 인간의 문명사 대부분을 차지하던 현대 이전의 공동체 구성체의 왕조국가(monarch)와 신분체제(estate)가 종식되고 입헌주의(constitutionalism)에 입각한 국민국가(nation-state)의 형태를 법적으로 명시했다는 데 있

었다. 물론 18~19세기 당시 유럽에서 민주주의라는 용어와 개념은 20세기에 와서야 정착될 그 보편적 내용과 정당성 그리고 이념적 신뢰를 아직 얻고 있지 못했지만 이 '선언'은 거기에 결정적 영향을 미친 루소의 사상과 아울러 현대 세계정치사에서 중세 역사의 저류에서 형성된 민권사상을 시민혁명에 의해 실현함으로써 현대적 버전의 민주주의 정립에서 이론의 여지없는 법적·정치적 특이점으로 특정된다.[26]

'선언'의 담론 분석은 이런 특이점을 외면할 수 없이 부각시킨다. '선언'을 독해할 때 가장 두드러지게 나타나는 일차적 특징은 현대 정치사에서 민주주의 형성에 역사적으로 기여한 '선언' 이전의 세 문건들과 비교할 때 '선언'에는 국가를 이루는 인적 구성원에 대해 조항마다 아주 다양한 호칭들이 적용되고 있다는 점이다. '마그나 카르타'로 통칭되는 「자유의 대헌장」의 경우 그 문건에 직접 서명한 국왕과 성직자, 귀족 영주들의 작위와 성명들이 낱낱이 나열된 가운데 문건에서 특정하는 자유와 권리들은 국왕을 정점으로 하는 봉건적 왕조체제에서 이 신분들에만 허용되는 특수한 자유의 권리들이었다. 여기에서는 오직 '국왕 폐하(Majesty)'와 '신민들(Subjects)'이라는 호칭만이 당사자들을 거명하는 데 사용되었다.[27] 「잉글랜드 권리장

---

26) 백소라/홍윤기(2020), 29쪽, 나아가 루소의 『사회계약론』을 아리스토텔레스 『정치학』의 각 장별 쟁점에 관해 현대적 사상의 구도에 따른 혁신적 대응으로 파악한 "4. 고전적 국가 통치 패러다임에 대한 루소의 혁신: 탈(脫)아리스토텔레스적 입헌국가 건국 프로젝트"(34~46쪽) 참조.

27) 보통 '마그나 카르타'라고 불리는 「자유의 대헌장」에서 사용된 인칭 호칭들 검출에는 예일 대학교 법학전문대학원 릴리안 골드만 도서관의 Avalon Project에서 생성한 "Magna Carta Libertatum", in:
https://www.orbilat.com/Languages/Latin/Texts/06_Medieval_period/Legal_Docume nts/ Magna_Carta.html 참조.

전」에서도 여전히 '폐하'와 '신민들'이 서명 당사자들로 거명되면서
도 장전의 성립은 '신민들'이 청구한 것을 국왕직을 승계한 '폐하'
가28) 가납하는 형식을 취하면서 그 내용은 신민들이 청구한 권리들
모두를 수용하는 상태에서 '인민(people)'이라는 단어가 등장하는데,
그것은 잉글랜드 왕국(kingdom)의 영역(realm) 안에서 각 신분을
대변하는 '성직(聖職) 상원의원, 비성직 상원의원 및 평민의원(Lords
Spiritual and Temporal and Commons)' 등이 각자가 대표하는 각
신분의 구성원들을 왕국의 경계 안에서 총합하는 집합호칭으로 등장
한다. 이 문건들 안에서 '인간(man)'이라는 보통 인칭은 등장하지 않
고 다만 각 인적 개체를 가리키는 지시칭으로 '각인(各人)' 정도로 번
역될 수 있는 person이라는 용어가 적용된다. 이렇게 국가 정치의
수준에서 여전히 군주에 고정되어 있던 국가 최고문건에서의 최고위
격의 호칭은 「미합중국 독립선언」에 와서 비로소 '자연의 법칙들과
자연의 신의 법칙들(the Laws of Nature and of Nature's God)'을
최고 근거로 한 '하나의 인민(one people)'으로 설정되고,29) 이 '한

---

28) 「잉글랜드 권리장전」에서는 국왕을 호칭하는 두 가지 명칭이 등장하는데, 장전에서 선언
하는 신민들의 정당한 권리들을 수용하는 정당한 현직 국왕 윌리엄에 대해서는 '폐하
(majesty)'라는 호칭을 쓰지만 이 장전 성립의 계기가 되는 명예혁명으로 폐위당한 전직
국왕인 제임스 2세에 대해서는 '언급되는 예전 왕(王, the said late king)'이라는 비칭을
쓰고 있다. 「잉글랜드 권리장전」에서 사용된 인칭 호칭들의 검출에도 위의 avalon project
에서 생성한 "English Bill of Rights", 1689), in:
https://avalon.law.yale.edu/17th_century/england.asp 참조.

29) 「미합중국 독립선언」, "**인간사**의 과정에서 한 **인민**이 자기들을 타자에게 얽매이게 하는
정치적 속박을 해체하고 지상의 열강들 사이에서 자연의 법칙들과 자연의 신의 법칙들이
그들에게 부여한 권한에 따라 속박에서 분리된 평등한 주재처를 차지하는 것이 필요하게
될 때는 **인류의** 의견들을 온당하게 존중한다는 견지에서 자신들이 왜 그런 분리에 이르지
않을 수 없었던지 그 이유를 선언해야 한다(When in the course of **human events**, it
becomes necessary for **one people** to dissolve the political bands which have
connected them with another, and to assume among the Powers of the earth, the
separate and equal station to which the Laws of Nature and of Nature's God entitle

인민'은 바로 이 천부적인 법칙들을 따르는 데 뜻을 같이하는 '인간'의 결집, 즉 당시로거는 '식민지의 선한 인민(the good People of Colonies)'으로 자칭하면서 '미합중국의 대표자들(the Representatives of the United States of America)'을 선출하여 '대륙의회(General Congress)'를 조직하는 주권자의 면모를 드러내는데, 단 이 이 문건에서는 아직 주권, 주권자, 시민 등의 용어와 그 개념은 명시적으로 적히지 않았다. 그런데 '선언'에 오면 발표될 때마다 최고법의 위상을 누렸던 기존의 헌장, 청원, 장전, 선언에서의 최고 수행 주체에 대한 호칭 상황은 거의 극적으로 다양화되고 분화된다.

전문(前文, PRAMBULE)과 17개 조항으로 구성된 '선언' 전반에서 호명되는 관련된 인칭(人稱) 주체들 가운데 그 위격이 가장 높은 것은 '최고 존재자(l'Être Suprême)'이다. 그/녀는 자신이 발휘하는 가호(加護, les auspices)의 위력을 통해 '선언' 전반에 정신적 효력(spiritual efficacy)과 수행적 타당성(performative validity)을 부여하는 위상을 누린다.[30]

---

them, a decent respect to the opinions of mankind requires that they should declare the causes which impel them to the separation)." 주한미국대사관 홈페이지에 탑재된 "Declaration of Independence, July 4, 1776"(Source: F. N. Thorpe, ed., *Federal and State Constitutions*, vol. 1 (1909), 3.
https://kr.usembassy.gov/education-culture/infopedia-usa/living-documents-american-history-democracy/declaration-independence-1776/을 저본으로 하여 같은 홈페이지에 실린 한글 번역본
https://kr.usembassy.gov/ko/education-culture-ko/infopedia-usa-ko/living-documents-american-history-democracy-ko/declaration-independence-1776-ko/)의 번역을 대폭 수정하였다(굵은 글씨 강조: 필자).

30) 부르봉 왕가의 궁정화가인 르바르비에가 그린 유명한 유화(油畫) '1789년 인간과 시민의 권리 선언'에서 오른쪽 위에 그려진 '최고 존재자'의 모습은 몽매함에 빠트리는 오류들을 산산이 부숴버리는 '이성의 가장 존귀한 눈(l'oeil suprême de la raison)'을 '광명의 삼각형(un delta lumineux)' 한가운데로 날아가는 여신의 형상을 하고 있다.
("Déclaration des droits de l'homme et du citoyen de 1789", *WIKIPEDIA*(프랑스어판)

그다음 '선언'에서 선언의 쟁점 당사자(topically concerned)로 전면에 부상하는 것은 '인간(人間, l'homme)'이다. 즉, '선언'에서 제시되는 모든 특정한 정치적·법적·사회적 쟁점들은 일차적으로 모두 '각자', '인간'이라고 불리는 개개 인격체들이 제기하는 요구로 성립한다. '인간'은 본래부터 갖고 태어난 자유와 평등으로 계속 살아가기[31] 위하여 각종 요구를 제기하는데, 이런 요구들이 모두에게 차별없이 충족될 때 '인간'은 자유롭게 살아가는 것으로 상정되며, 이런 자유롭고 평등하게 지속되는 삶이 모두에게 충족된 상태가 '모두의 행복(bonheur de tous)'으로 기대된다.

이렇게 (여)신으로 추정되는 '최고 존재자'의 가호 아래, 탄생 때부터 가진 자유와 평등을 구현하기 위해 제기하는 삶의 여러 가지 요구들을 관철하는 데 관심이 있는, 다시 말해서 스스로를 '인간'으로 인정받고 그 요구에 합당한 인간적 삶을 살고 싶어 하는, 바로 그런 복수(複數)의 '인간들(les hommes)'이 일정하게 결집한 것이 '인민(peuple)'인데, 여기 '선언'에 관여된 '인간들', 즉 '선언하는 데 동참하는 인간들'은 '프랑스 인민(le peuple français)'이라는 명칭으로 자신들을 특칭한다.

그런데 이 '프랑스 인민'으로 자신들을 특칭하는 '인간들'은 그 '인민' 안에서 '대표자들(les représentants)'을 선출하여 이들을 집합시키면서 이들 인민으로부터 선출된 대표자들의 집합체(l'assemblée)

---

https://fr.wikipedia.org/wiki/D%C3%A9claration_des_droits_de_l%27homme_et_du_citoyen_de_1789. La dernière modification de cette page a été faite le 2 mai 2021 à 12:11.)

31) '선언, **제1조** 인간들은 권리에 있어서 자유롭고 평등하게 태어니 그 상태를 그대로 견지한다(Les hommes naissent et demeurent libres et égaux en droits)."

에 '국민적(national)'이라는 특성을 특정한다. 이렇게 되면 '국민(國民, la nation)'은 자신의 대표자들을 선출하여 국가의 입법권력을 이 대표자들에게 신탁하는 권한을 행사하는 인민의 본질적 존립상태가 된다. 즉, '국민'이란 자신들이 보유하는 '주권(主權)'을 실제로 행사하는 '인민'이다. "모든 주권의 원칙은 본질적으로 국민에게 항존한다. 어떤 단체나 어떤 개인도 국민으로부터 직접 명시적으로 유래하지 않은 권위를 행사할 수 없다"라고 적은 '선언'의 제3조는[32] 주권 행사의 직접적 당사자가 '국민'이라는 것을 명시적으로 특정하는 조항이다.

이렇게 인민으로 모인 인간들이 대표자를 선출하여 국민으로 진화하면서 '국민의회(l'assemblée nationale)'가 '구성되며(constitués)', 이런 '국민의회'가 가장 우선적으로 하는 일은 바로 이 '선언'의 내용이 되는 조항들을 안출하여 '실제로 선언하는' 담화행위를 수행하는 것이다. 그리고 이 '국민의회'의 '선언함(declarer)'이 수행되면서 '인간들'의 태생적 자유와 평등을 구현하는 각종 요구들은 의미론적으로 '권리들(droits)'로 전형하여 그 의미들을 실제로 실천하는 데 필요한 '공적 강제력(force publique)'을[33] 갖추고 입법과 행정의 '권력들(pouvoirs)'의 정당성 근거로 전형되는 것으로 설정된다.

---

32) '선언', "제3조 모든 주권의 원칙은 본질적으로 국민에게 항존한다. 어떤 단체나 어떤 개인도 국민으로부터 직접 명시적으로 유래하지 않은 권위를 행사할 수 없다(Article 3−Le principe de toute souveraineté réside essentiellement dans la Nation. Nul corps, nul individu ne peut exercer d'autorité qui n'en émane expressément)."

33) '선언', "제12조 인간과 시민의 권리들을 보장하는 데는 공적 강제력을 필요로 한다. 그러므로 이 물리력들은 모든 이들의 편익을 위해 제도적으로 확립되어야 하며 그것을 위탁받은 이들의 특수이익을 위해서는 안 된다."

그리고 이 국민의회를 통해 인간의 자연적 자유들이 권리로 전형되면서 그 권리와 그것을 뒷받침하는 권력의 창출에 기여하는 국민의 맥락 안에서 권리와 의무의 주체로서 '일반의지'의 형성에 직접 또는 간접으로 참여하는 정치적 주체로서 '시민(citoyen)'이 부각된다. 자신들의 대표자들을 선출하는 주권을 행사하는 인민이 '국민'이라고 한다면, 이 국민을 대표하는 국민의회가 '사회(société)'에 존재하는 인간들의 자유와 평등을 구현하는[34] '권리들'을 조문화하고 이 권리들을 수호하고 집행하는 '공적 강제력'을 창출하는 데 자기 몫의 '기여분'을 행할 '의무'를 설정함에 따라 이 '공적 강제력'의 지원을 받아가면서 실제로 사회에서 살아가는 국민의 실존으로 체화되는 것이 '시민'이다. 즉, '사회'에서 살아가는 각각의 '인간'은 그 인간들이 그 형성과 유지에 일정 기여하는 '공적 강제력'으로 그 효력을 구사하는 '헌법(Constitution)'의 지붕 아래에서 태생적 '자유'는 법적 '권리'로, '인간'은 '시민'으로 전형된다.

이런 의미론적 전형의 알고리즘을 기저에 깐 '선언'은 바로 이 '시민'의 실존체 안에 인간으로서 누리게 되어 있는 자유와 평등의 삶을 구현할 권리들과 의무를 다음과 같이 '법(la loi)'의 체계의 형태를 가진 '주권적 국민국가'가 되는데, 나면서 자유롭고 평등한 '인간'은 인간으로서 그러한 삶을 살고자 하는 데 뜻을 같이하는 다른 인간과 더불어 '인민'으로 모여 자신들의 대표자를 선출하는 '주권'을 행사하여 '국가'를 건립하고 그 대표자들을 통해 권리를 보장하고 의무

---

34) '선언', **"제1조** 인간들은 권리에 있어서 자유롭고 평등하게 태어나 그 상태 그대로 존재한다. 사회적 차별은 공동의 유익성에만 그 근거가 두어져야 한다."

를 할당받는 '헌법'을 통해 그 권리와 의무를 구현하는 '시민'으로 전형한다. 이와 같이 인간→인민→국민→시민으로 '선언'의 담화수행 주체들이 의미론적으로 전형하는 가운데 일단은 '대표자들'이 '국가'의 운영원칙, 즉 '헌법'을 제정한다. 그러면서 흥미로운 것은 이와 같은 국가의 '시민들'은 바로 이 국가의 헌법 안에서 보장된 권리들과 분립된 권력들의 지원 아래 실제로 자유롭고 평등하게 '행복'의 삶을 사는 현장으로 '사회(la société)'가 설정되어 있다는 점이다.

'선언'은 '사회'에 관해 적극적으로 개념화하지 않은 채 그것이 '헌법'을 가져야 한다는 것, 즉 '입헌국가'를 가지는 것이 그런 것을 갖지 않는 것보다 더 좋다는 것을 강하게 함축하는 조항만 설정해두었다.[35] 이로써 우리는 '선언'이 국가 영역으로부터 상대적으로 자립적인 '사회' 영역을 설정하는, 현대 사회의 특징인 '국가-사회-이분법'을 그대로 체현하고 있음을 확실하게 파악할 수 있다.

그러면서 이 '사회'에 대하여 '헌법'을 정립하는 국가가 어떤 기능을 하는지 명확하게 알 수 있는 것은 그 '헌법'에서 보장하는 '시민'의 '권리들'을 분석해보면 분명하게 드러난다. '선언'에서 '정치적 결사(association politique)'라고 표현되어 있는 국가는 '시민'이 구사하는 '시효가 없고 자연적인 인간의 권리들'에 '자유, 재산, 안전, 억압에의 저항' 등 네 가지를 적시한다.[36] 즉, 국가는 시민들이 타고난

---

35) '선언', "**제16조** 권리들의 보장이 확보되지 않고 권력들의 분립이 규정되지 않은 모든 사회는 전혀 헌법을 가진 것이 아니다."('선언'에서는 명시적으로 '국가(國家)'에 해당되는 프랑스어 단어들인 État, nation, pays 가운데 쓰인 것은 하나도 없다. 다만 선출된 입법권력체로서 '국민의회(Assemblée nationale)'를 표기할 때 nation의 형용사형이 적용되는데('선언', 전문), 이 경우에는 국가라는 의미보다 그것을 구성하기 위해 선출의 '주권을 행사하는 인민'이라는 의미에서 '국민'이라는 인적 이해가 더 타당하다.

대로 자유롭고 평등하게 계속 살아가면서 사회에서 각자가 '행복'을 성취하도록 운영되어야 하는데, 우선 이 국가의 시민에 대하여 이 국가의 주권 밖에서 시민들에게 외부적으로 가해지는 그 어떤 '억압에 대해 저항(la résistance à l'oppression)'하는 것을 시민들의 '권리'로 설정하는 것은 평상의 일상에서 시민들이 향유하는 적극적 권리라기보다는, 이 권리들을 보장하는 자기 국가에 대하여 다른 국가가 국가 상호 간 차원에서 '외적으로 가해지는 위협'을 퇴치하고, 자기 국가 안에서는 헌법적 가치를 부정하는 반동적 세력들의 억압을 제압하는 일종의 방어적 권리이다. 따라서 '선언' 제4조에서 규정하는 '억압에의 저항'이란 '실정법 체계 내에서 실현될 수 있는 것이 아니라 오히려 실정법 밖에서나 실정법에 대항하여 실현되는 것'으로서,[37) 실정법 체계를 구성할 경우 그 어떤 조항으로 '규정'되기보다는 그 체계 전체의 존립기반으로 '확인'하는 것이다.

나아가 국가는 그 헌법체계 내부에서 '사회'에 대하여 '재산(propriété)'의 권리를 신성불가침한 권리로 확고하게 보장하면서 국가에 의한 임의의 박탈을 금지하여,[38) 각 '시민'에게 개인 차원에서의 삶을 자체적으로 향유하도록 '공적 필요성'의 경우를 제외하고는 국가의 간섭을 최소화시켰다. 그러면서 '시민'은 '사회'로 들어오면 '사회구성원(membres sociales)'으로서 탈(脫)시민화한다.

---

36) '선언', **제2조** 모든 정치적 결사의 목표는 시효가 없고 자연적인 인간의 권리들을 보존하는 것이다. 그러한 권리들에는 자유, 재산, 안전 그리고 억압에의 저항이 있다."

37) Morange(1988/1999), 56쪽.

38) '선언', **제17조** 재산은 불가침하며 신성한 권리이기 때문에, 합법적으로 확정한 공적 필요성이 명백하게 요구하고, 또 그 경우에도 소유자가 사전에 그리고 공평하게 보상받는다는 조건 아래에서가 아니면 박탈당할 수 없다."

동시에 국가는 그 존립 근거가 시민을 위한다는 데 있음에도 불구하고 그 존립 자체가 도리어 '시민'의 실존을 위협하는 경우에 대비하여 시민의 '안전(la sûreté)'을 도모하기 위하여 '법(la loi)'에 의해 국가의 행위 자체를 제약하는 법의 요건을 권리의 요소요소에 설정한다. 이렇게 하여 그 저변의 알고리즘이 추적된 '선언'의 국가적 작동 구조는 다음과 같이 도표화시킬 수 있는데,

[표 1] '1789년 인간과 시민의 권리 선언'의 작동 알고리즘에 대한 '홍윤기-분석'

작동 주체로서 '인간'의 전형	기능	제도
최고 존재자 l'Être Suprême	가호(加護, les auspices)	
인간 hommes	[탄생-생존] 자유＋평등 : 양도불가능하고 신성한 자연의 권리들	[자연]
인민 peuple	'정치적 결사'≡국가(공화국)	주권자
국민 nation	'대표자들'	국민의회
시민 citoyen	'공적 강제력'	헌법
	입법권력＋행정권력＋사법권력	권력들의 분립
	권리1. 억압에의 저항(la résistance à l'oppression)	시민의 권리들
	권리2. 안전(la sûreté) ① 사회구성원들 사이의 자유의 제약39) ② 사회에 유해한 행위들이나40) 자유의 남용 금지41) ③ 일반의지의 표현으로서 그 앞에서는 모든 시민들이 평등하다.42) ④ 소추, 체포, 구금, 처벌 등 사법적 조치들의 집행43)	

---

39) '선언', 제4조.

40) '선언', 제5조.

41) '선언', 제11조.

42) '선언', 제6조.

43) '선언', 제7~8조.

[표 1] '1789년 인간과 시민의 권리 선언'의 작동 알고리즘에 대한 '홍윤기-분석'(계속)

시민 citoyen	⑤ 고문 금지[44] ⑥ 공공질서의 유지[45]	시민의 권리들
	권리3. 자유(la liberté)의 권리 ① '타인에게 해를 끼치지 않는 모든 것을 행할 수 있는 것[46] ② 정치참여의 권리 : 입법참여권,[47] 공무담임권,[48] 공무원 　책무성의 요구[49] ③ 사법적 권리 : 신체의 자유, 죄형법정주의(罪刑法定主義), 　형벌불소급의 원칙, 무죄추정의 원칙, 고문 금지의 원칙[50] ④ 행위의 자유 : 사상과 의견의 자유로운 표현, 발언, 출판 　등을 통한 소통의 자유,[51] 신앙의 자유[52]	
	권리4. 재산(la propriété) : 신성불가침의 권리로서 재산권 별 　도 규정 의무1. 다른 사회구성원의 자유를 침해하지 않을 것 의무2. 다른 사회구성원에게 자기와 동등한 권리를 보장할 것 의무3. 법에 의해 확립된 공공질서를 교란하지 않을 것 의무4. 법에 의한 소환 또는 체포에 지체 없이 복종할 것 의무5. 사상과 의견의 자유로운 소통의 남용 금지 의무6. 공적 강제력의 유지와 행정의 비용에 대한 공동의 기 　여, 즉 납세[53] 의무7. 합법적으로 확정한 공적 필요성에 따른 재산권 제한 　에의 복종	시민의 의무들
	일반의지	법의 제정
사회구성원 membres de la société	시민의 권리3. 자유(la liberté) 시민의 권리4. 재산(la propriété) : 신성불가침의 권리로서 　재산권	사회
	행복 (사회체의 모든 구성원들, tous membres du corps social)	

44) '선언', 제9조.

45) '선언', 제10조.

46) '선언', "**제4조** 자유는 타인에게 해를 끼치지 않는 모든 것을 행할 수 있다는 데 있다."

47) '선언', "**제6조** 법은 일반의지의 표현이다. 모든 시민들은 자기 스스로 또는 자기들의 대표
　　자를 통하여 일반의지의 형성에 공조할 수 있다."

48) '선언', "**제6조** … 모든 시민은 법 앞에 평등하므로, 자기들의 능력에 따라 그리고 덕과 재
　　능의 차별을 제외하고는, 그 어떤 차별도 없이 평등하게, 모든 고위직과 공적 지위 및 공
　　적 직무에 취임할 자격을 가진다."

49) '선언', "**제15조** 사회는 모든 공직자에게 그들의 행정에 관한 보고를 요구할 권리를 가진다."

50) '선언', "**제7조** 어떤 인간도, 법에 의해 규정된 경우에, 그리고 그 형식에 의하지 않고는,

'선언'의 알고리즘을 이와 같이 분석한 결과 앞의 도표에서 굵은 실선으로 경계 지은 '국가' 부분은 '자연'과 '사회'를 양쪽의 상반된 대척점으로 하면서, 자연 상태에서의 '인간'은 스스로를 '최고 존재자'의 '가호'를 받는 '인민'으로 결집하여 '주권'을 창출하면서 국민으로 진화하여 자신들의 대표자들을 선출함으로써 '정치적 결사체', 즉 당시로써는 '공화국'을 건립하여 이 '공화국'의 '헌법'을 제정하여 권리와 의무에서 자유롭고 평등한 '시민'을 창출하여 이들의 '일반의지'대로 법을 제정하여 집행해나가면 '사회'에서 각자 '행복'을 구현할 수 있으리라는 정치적·철학적 믿음체계가 고스란히 그 윤곽을 드러낸다. 결국 이 알고리즘은 입헌주의적 국민국가 체계 안에서 그 국가의 매개로 인간이 시민으로 전형함으로써 누리게 되는 시민으로서의 권리와 의무와 그리고 일반의지 창출의 법제화를 통하여 각자 사회의 영역에서 모두 각자의 행복을 챙길 수 있도록 설정된―'신이 보장

소추되거나 체포되거나 구금될 수 없다. 자의적 명령들을 청탁하거나 발포하거나 집행하거나 아니면 집행하도록 시키는 자는 처벌받을 것이다. 그러나 법에 의거하여 소환되거나 체포되는 시민은 그 누구든 거기에 지체 없이 복종해야 하며, 거기에 저항하면 범죄로 간주될 것이다." **제8조** 법은 엄격하게 그리고 명백하게 필요한 형벌만 제정해야 하며, 범죄가 행해지기 이전에 제정·공포된 법에 의하여 합법적으로 적용되는 경우 이외의 처벌을 당하면 안 된다." **제9조** 모든 인간은 유죄 선고를 받기 전까지는 무죄로 추정되는 만큼, 설사 체포가 불가피하다고 간주되더라도 그 신병 확보에 필수적이지 않은 모든 가혹함은 법에 의해 단호하게 억제되어야 할 것이다."

51) '선언', "**제11조** 사상과 의견의 자유로운 소통은 인간의 가장 귀중한 권리들 중에 하나이다. 그러므로 모든 시민은 자유롭게 발언하고 집필하고 출판할 수 있다."

52) '선언', "**제10조** 어느 누구도, 그 의견 표명이 법에 의해 확립된 공공질서를 교란시키지 않는 한. 종교적 의견을 포함하여 그 어떤 의견으로 인해 불안을 당해서는 안 된다."

53) '선언', "**제13조** 공적 강제력의 유지와 행정의 비용을 위해서는 공동의 기여가 필요불가결하다. 이런 기여분은 그 능력에 따라 시민들 사이에 균등하게 배분되어야 한다." **제14조** 모든 시민들은 개인적으로 그리고 자기들의 대표들을 통하여 공적 기여분의 필요성에 대하여 결정하고, 그것을 검토하여 자유롭게 동의하며, 그것이 소요되는 용도에 대하여 알고, 세금의 비율, 세원, 징수양식과 그 존속 기한을 확정하는 권리를 가진다."

하는 자연권→국가적 헌법→사회적 행복'의－과정을 따라 국가 안에서 인간의 자연적 자유와 평등을 시민의 헌법적 권리로 보장하면 사회적 행복이 각자에게 생성되는 결과에 도달하는 것으로 설정된다. 결론적으로 '선언'에서 자연상태의 '인간'은, '헌법'의 제정을 통하여, 신이 '가호'하는 자연권의 정당성을 보편화시킴과 아울러 국가라는 '공적 강제력'까지 장착한 '시민적' 수준까지 도달한다. '자유'의 권리와 '재산'의 권리를 행사하여, 그 결과 '사회'에서 '사회구성원'으로서 '모두가 행복한' 상태를 각자 향유한다. 결과적으로 [표 1]과 같이 나온 '선언'의 담론 분석에서 가장 심층에 깔린 역(力)관계에 따르면, '인간'에서 '인민'이 결집하여 '정치결사체'를 형성하여 '주권'을 생성시키고 그 주권을 행사하는 '국민'으로서 '대표자들'을 선출하여 '자연'의 '인간적 자유와 평등'을 '시민'의 '헌법적 권리와 의무'로 전형시키는데, 이 국가 영역에서 정치적으로 행위하는 국가시민이 '사회'에서 살아가는 사회구성원으로서 행복을 성취하는 데 결정적인 것으로 설정되어 있다. 즉, **국가의 권능이 시민의 사회적 성취에 결정적**이다.

그런데 인간에서 시민으로 전형하여 시민이 인간의 모든 것을 실현하는 것으로 프로그램된 '선언'의 인간화 알고리즘을 앞의 도표에서와 같이 집약하여 총괄적으로 조망했을 때 바로 그 구도 안에서 다음과 같은 두 가지 의문이 부각되는 것을 피할 수 없다. 즉, 우선,

'인간'은 '시민적' 수준에 도달하는 것으로써 '인간적이기'에 충분한가? 그리고 다음,

시민적 '주권' 행사를 통하여 정작 그 '시민'이 생활하는 '사회'에

서 '사회구성원'으로서 진정한 '행복'을 성취할 수 있는가? 아니면 '시민'은 '사회'에서 '사회구성원'으로서 실제에 있어서(in der Praxis) – '선언'이 예기하는 것과 같은 그런 – '행복'을 성취하고 있는가?

인간 해방의 국가적·시민적 수준과 '유적 본질체'로서 인간의 '고유한 힘들'의 '사회세력들'로의 인식과 조직화: '인간은 무엇인가?'에서 '인간은 무엇으로 사는가?'로 쟁점 전형

19세기 전반기 '독일'에 거주하는 – 당시 독일은 아직 국민국가로서 통일되지 않았기 때문에 '독일'이라는 명칭은 국명이 아니라 라인강 동쪽에서 발트해 연안의 동프로이센에 이르는 중부 유럽의 독일어 사용 지역을 총칭하는 지명이었다. – '유대인'에 대하여 당시 독일 사회 전반이 어떤 관계를 맺느냐는 문제에 대한 브루노 바우어의 견해를 정밀하게 반박한 약관 25세의 청년 마르크스가 작성한 「유대인 문제에 관하여」는 18세기 후반기 북아메리카와 서유럽을 격동시켰던 시민혁명들의 결과물인 미합중국과 프랑스 제1 공화국의 헌법들을[54] 각 조항 단위로 정밀하게 인용하고 있어 마르크스가 '선언', 즉 「1789년 인간과 시민의 권리 선언」의 권리 내용과 그것이 적용되는 인간의 활동영역을 충분히 숙지하고 있음을 보여준다.

이 문건에서 청년 마르크스는 그 어떤 '특정' 인간의 문제, 여기서는 '유대인'이라고 특정한 인간의 문제를 파악할 때 그런 부류의

---

54) 청년 마르크스는 미합중국의 '펜실베이니아 헌법', '뉴햄프셔 헌법'과 프랑스 제1 공화국의 1791년 및 1793년 헌법을 조항 단위로 인용하고 있는데(마르크스, 1843a/2021, 49~56쪽), 1793년의 헌법은 1789년 '선언'의 조항들, 그 가운데서 마르크스가 인용하고 있는 제2조와 제4조는 글자 그대로 계수하고 있다(이 글 각주 33) 및 43) 참조).

인간에게 본래 비정되어 있는 그 부류'만'의 '자체' 특성뿐만 아니라 그런 특성이 부각되는데 직간접적으로 작용하는 '관련' 요인들 전체를 포착하여 그 현실적 실존상을 현시(顯示, darstellen)하려고 한다. 특정 부류의 인간의 현실적 실존상이라고 했을 때 그것이 마르크스에게서 뜻하는 바는 '바로 그 인간이 인간으로서 일상적으로 살아가는(人間的 日常生活, alltäglich leben als Mensch) 그 상태 그대로 기술된 것'이다. 따라서 브루노 바우어와 마르크스가 살던 당시의 '유대인' 문제는, 마르크스에게는 유대교를 고수하는 '안식일의 유대인'이 아니라 '현실적인 세속의 유대인', 즉 매일매일 독일 사람들과 같이 살아가는 '일상의 유대인'의 문제이다.[55]

그렇다면 유대인을 그 자체의 종교적인 특성, 즉 유대교라는 종교를 신봉하는 특정 교파의 신앙인이 아니라 '현실적인 세속의 유대인'으로 봐야 할 이유는 무엇인가?

유대인 '문제'에 대해 이 3장 서두에서 소개한 브루노 바우어가 파악한 문제의 핵심은 '독일의 유대인'이 '해방'을, 그것도 '국가시민적 해방, 정치적 해방'을 '갈망'하는 데 유대인의 종교, 즉 '유대교'가 유대인으로 하여금 '국가시민(Staatsbürger)', 다시 말해서―앞의 3.2절에서 '선언'을 분석하여 적출했던 그런―프랑스적 의미에서의 시민(citoyen)이게 하는 것을 근본적으로 제약한다는 것이다. 왜냐하면 '유대인들은 유대인이 다른 인류와 구별되는 특별한 민족이라

---

55) "우리는 현실적 세속의 유대인, 즉 브루노가 그러는 것처럼 **안식일의 유대인**이 아니라, **일상의 유대인**을 고찰한다."(마르크스, 1843a/2021, 68쪽) 원문은 "Betrachten wir den wirklichen weltlichen Juden, nicht den Sabbatsjuden, wie Bauer es tut, sondern den Alltagsjuden(이탤릭체 강조는 원저자)."(Marx, 1843a/1976, p.372)

는 생각을 정당한 것으로 착각하고, 역사적인 운동에 일절 참여하지 않음으로써, 인류의 보편적인 미래와 아무런 공통점이 없는 미래를 고대하며, 자신을 유대 민족의 구성원으로, 유대민족을 선택된 민족으로 간주하기' 때문이다.[56] 유대인이 자신들을 타민족과 구별된다고 생각하는 이런 선민사상을 그대로 고수할 경우, 브루노 바우에 따르면, "유대인은 그가 국가시민으로서 보편적 인간관계 안에서 살더라도 여전히 유대인이며 유대인으로 남을 것이다. 그의 편협한 유대인적 본질은 인간적이고 정치적인 그의 의무에 대해 항상 그리고 최종적으로 승리를 거둘 수밖에 없다."[57] 그러면서 바우어는 유대인이 유대교적 특수성을 고수하면서 다른 '기독교도들'과 평등한 국가시민으로서의 정치적 권리를 요구한다면 국가시민의 자격에 진입하기에 앞서 유대교도는 기독교도와 대립, '종교적 대립'에 매몰된다. 따라서 바우어처럼 유대인 문제의 핵심을 유대교라는 종교에서 기인하는 '종교적' 문제로 파악하면 기독교라는 종교와의 대립은 불가피하게 되는바, 결국 유대인 '문제'가 기독교 '문제'를 동반하는 그런 난제를 근본적으로 해결하자면 '종교적 대립'을 피해야 하고, '종교적' 대립을 피하려면 '종교를 폐기'하는 것이 최선이며,[58] 유대교도든 기독교도든 각기 자기의 종교를 폐기한 이상 종교적인 것으로부터 그 어떤 대립도 발생할 여지는 원천적으로 제거된다는 것이 바우어

---

56) 마르크스, 1843a/2021, 21쪽.

57) 위의 책, 23쪽의 바우어 글 인용. 해당 구절의 원문이 나오는 Marx(1843a/1976), 349쪽에서 마르크스는 Bruno Bauer, "Die Fähigkeit der heutigen Juden und Christen, frei zu werden.", Einundzwanzig Bogen, S.57라고 그 인용처를 명기하고 있다.

58) 이상의 인용 모두 마르크스, 1843a/2021, 위의 책, 22쪽.

발상의 핵심이라고 마르크스는 파악한다.

　이러면서 청년 마르크스는 바우어에게 "**정치적 해방**의 관점에서 유대인에게 유대교를 폐기하고, 인간에게 종교를 폐기하라고 요구할 권리가 있는가?"라고 반문함으로써 문제의 지평을 '종교-국가-이항(二項, binominal) 연관'에서 '종교-국가-정치적 해방-삼항(三項, trinominal) 연관'으로 확산시키면서 문제축을 '종교-정치적으로 해방된 국가'로 재설정한 뒤 '정치적으로 해방된 국가'에서라면 과연 종교가 폐지되(었)는가를 물었다. 그리고 청년 마르크스는 당시 '정치적 해방이 완성'되었다고 인정되는 '북아메리카 자유국가', 즉 미합중국에서 '종교가 실존하고 있을 뿐만 아니라 종교가 생생하고도 생명력 있게 실존하고 있는 것도 발견'한다. 그러므로 마르크스에 따르면, "종교가 현존한다는 것이 국가의 정치적 완성과 모순되지 않는다는 사실이 증명되었다."[59] 그리고 마르크스는 여기에서 한 걸음 더 나아가 "유대인과 기독교인의 **정치적** 해방, 일반적으로 **종교적** 인간의 **정치적** 해방은, 유대교로부터의, 기독교로부터의, 즉 종교로부터의 국가의 해방이다. 국가는 **국교**로부터 해방됨으로써, 다시 말해 국가로서의 **국가**가 그 어떤 종교도 공인하지 않음으로써, 국가가 오히려 스스로를 국가로 공인함으로써, 국가는 국가의 형식 안에서, 즉 국가의 본질에 적합한 방식으로, 국가로서 종교로부터 해방된다."[60] 따라서 인간해방의 관점을 종교에서 국가 그리고 국가

---

59) 위의 책, 28~29쪽. 여기에서 청년 마르크스가 당시 미국의 정치적 상황과 종교적 분위기를 파악하는 근거 자료는 1830년대 미국을 방문하여 기록을 남긴 프랑스의 Beaumont과 Tocqueville 그리고 영국의 Hamilton이었는데, 이들의 기록물들을 읽었던 마르크스는 이들이 "북아메리카는 각별하게 종교적인 나라라고 이구동성으로 확인해준다"라고 파악하였다.

에서 정치적 해방으로, 확대·심화시키면, 인간이 종교부터 해방될 것이 아니라 국가가 종교로부터 해방되어 종교적 자유를 누리고자 하는 모든 종교의 신도들이 공존할 수 있도록 국가 자체가 국교를 정하지 않음과 동시에 일체의 종교에 간섭하지 않음으로써 시민들이 각자 종교의 '자유'를 누리도록 하여, 국가의 지배권을 둘러싸고 종교가 종교의 '종교적' 차원을 넘어 '정치적' 대립을 벌일 여지가 국가 차원에서는 없어지게 되는 것이다. 이렇게 특정 종교의 국가 독점이 지양되면, "몇몇 사람, 혹은 더 많은 사람, 혹은 압도적 다수가 각자 여전히 종교적 의무를 이행해야 한다고 믿는다고 하더라도 이런 의무 이행은 **순전히 사적인** 일로서 그들 각자에게 맡겨진 개인적 업무가 되는 것이다."[61]

그런데 이 지점에서 청년 마르크스는 **각 개인들이 사적으로 종교적 자유를 향유**할 수 있을 정도로 국가가 종교에 대하여 **정치적 해방을 완성**한다고 하면, 이 각 개인들은 '**정치적으로 해방**'되어 획득한 '**시민적**' 형태의 실존을 통해 '**인간적 해방(menschliche Emanzipation)**' 역시 완전하게 획득하였다고 볼 수 있는가를 묻는다.[62] 이 물음은 바로 우선 정치적 해방을 통해 종교적 자유, 안식일을 지킬 자유를 획득한 유대인이, 즉 '안식일의 유대인'이 매일매일 다른 인간들과 부대끼며 함께 살아가는 '일상의 유대인'으로서도 해방되어 인간으로서 '인간적 해방'에 도달했는지를 묻는 것이다. 즉, 정치적 해방은

---

60) 위의 책, 30쪽(강조: 원저자).

61) 위의 책, 31쪽(강조: 원저자).

62) 위의 책, 30쪽(강조: 원저자).

인간적 해방의 요건으로서 그 자체가 충분한가?

　여기에서 청년 마르크스는 유대인이라는 부류의 인간의 현실적 실존을 브루노 바우어와 청년 헤겔파 철학자들이 대단히 좁게 파악하고 있음을 반복적으로 지적한다. 마르크스에 따르면, 앞에서 이미 인용한 대로 유대인은 '안식일의 유대인'일 뿐만 아니라 '일상의 유대인'이기도 한데, 중요한 것은 이른바 유대인 '문제'라는 것이 '안식일의 유대인', 즉 그 종교에서 발생하는 것이 아니라 '현실의 유대인(der wirkliche Jude)'에서 기인한다는 것이다. 그리고 나아가 유대인의 해방을 설사 종교적인 것은 아니고−바우어처럼−정치적 해방의 관점에서만 접근할 경우에도 그런 접근책이 문제를 안고 있는 유대인의 문제현실 전체 또는 핵심을 찌르지는 못한다. 왜냐하면,

　　바우어가 하는 것처럼 **안식일의 유대인**이 아니라 현실적인 세속적 유대인 측을 고찰할 것이지

　　우리는 유대인의 비빌을 그들의 종교에서 찾지 않는다. 오히려 우리는 종교의 비밀을 현실의 유대인에서 찾는다.

　　무엇이 유대교의 세속적 근거인가? **실질적** 욕구, **사익(私益)**이다. 무엇이 유대인의 세속적 숭배물인가? **악덕상술**이다. 무엇이 그의 세속적 신인가? 돈이다.

　　이제 분명하다! **악덕상술**로부터의 해방, **돈**으로부터의 해방, 따라서 실질적인, 실재적인 유대교(der praktische, reale Judentum)로부터의 해방이야말로 우리 시대의 자기해방(Selbstemazipation unserer Zeit)일 것이다.

악덕상술의 전제들, 따라서 악덕상술의 가능성을 지양할 그런 사회를 조직하는 것이야말로 유대인을 불가능하게 만들어버리리라. 유대인의 종교적 의식(意識)은 그런 사회의 현실적인 삶의 공기 안에서 마치 이제는 희미해진 악취처럼 스스로 사라질 것이다. 그리고 다른 한편에서는 이런 일이 벌어질 것이다. 즉, 만약 유대인이 이런 자신의 실질적 본질을 무가치한 것으로 인식하고 그 본질의 지양에 매진한다면, 그는 지금까지 자기가 발전해온 단계에서 벗어나 순전히 **인간적 해방**(die menschliche Emanzipation schlechhin)에 진력할 것이며 인간적 자기소외(die menschliche Selbstentfremdung)의 **최고 표현**에 맞서는 쪽으로 전향하게 될 것이다.63)

유대인 문제에 대한 마르크스의 이런 분석은 문제되는 유대인의 면모를 종교, 정치, 경제 등의 다양한 생활맥락들에 산입하여 **어떤**

---

63) 위의 책, 68쪽. 원문은 "Betrachten wir den wirklichen weltlichen Juden, nicht den *Sabbatsjuden*, wie Bauer es tut, sondern den *Alltagsjuden*. Suchen wir das Geheimnis des Juden nicht in seiner Religion, sondern suchen wir das Geheimnis der Religion im wirklichen Juden, Welches ist der weltliche Grund des Judentums? Das *praktische* Bedürfnis, der *Eigennutz*. Welches ist der weltliche Kultus des Juden? Der *Schacher*. Welches ist sein weltlicher Gott? Das *Geld*. Nun wohl! Die Emanzipation vom *Schacher* und vom *Geld*, also vom praktischen, realen Judentum wäre die Selbstemanzipation unsrer Zeit. Eine Organisation der Gesellschaft, welche die Voraussetzungen des Schachers, also die Möglichkeit des Schachers aufhöbe, hätte den Juden unmöglich gemacht. Sein religiöses Bewußtsein wurde wie ein fader Dunst in der wirklichen Lebensluft der Gesellschaft sich auflösen. Andrerseits: wenn der Jude dies sein *praktisches* Wesen als nichtig erkennt und an seiner Aufhebung arbeitet, arbeitet er aus seiner bisherigen Entwicklung heraus, an *der menschlichen Emanzipation* schlechthin und kehrt sich gegen den *höchsten praktischen* Ausdruck der menschlichen Selbstentfremdung." Marx(1843a/1976), 372쪽(강조: 원저자). 원문에서 독일어 praktisch 는 실천적(實踐的)이라는 수행적 의미와 실제적(實際的)이라는 기술적 의미를 모두 갖고 있는데, 그 뉘앙스는 인간의 행위에 의해 세계를 변화시키는 과정과 그 결과적 상태를 뜻한다. 이 글에서는 맥락에 따라 두 번역 단어를 곳마다 달리 적용하였다.

요인이 문제 조성에 보다 결정적으로 작용하는지를 비판적으로 검토하는 과정이다. 그런데 유대인을 억압하는 각각의 문제요인들에 대하여 그것들의 문제성을 인지하고 그 정도를 측정하는 준거 개념은 「유대인 문제에 관하여」 서두에서 브루노 바우어가 자신의 평론에서 제기한 쟁점 그대로 '인간으로서 인간적 해방(menschliche Emanzipation als Menschen)'인데,[64] 마르크스에 따르면, '종교로부터의 정치적 해방은 완전한 해방이 아닐' 뿐만 아니라, 이 '국가시민적 해방, 정치적 해방' 역시 "인간적 해방을 성취하는 완전한 방식이 아니다."[65]

청년 마르크스가 이와 같이 판단하는 근거는 정확하게 「1789년 인간과 시민의 권리 선언」의 재산권 조항(제17조)을 '자유권의 실제적 적용으로서 사적 소유권'으로 문자 그대로 계수한 '1793년 헌법 제16조'-즉, "사적 소유권은 자신의 재산, 수입, 노동의 성과, 자신의 근면을 자의적으로 향유하고 처분할 수 있는 모든 시민의 권리이다."-가 함축하고 있는 '반사회적(anti-sozial)' 성격이다. 왜냐하면 "사적 소유의 인권은 다른 인간과 관계없이 사회와 독립적으로 자기의 재산을 마음대로(à son gré) 향유하고 그것을 처분할 권리, 즉 사익(私益)의 권리(das Recht des Eigennutzes)"이기 때문이다. 따라서 "이러한 자유들을 이익적용(Nutzanwendung)하는 것과 같은 저 개인적 자유가 시민사회의 토대이다." 그러므로 "시민사회는 모든 인간이 다른 인간들에게서 자유의 실현이 아니라 자유의 제한을 발견하도록 만든다."[66] 바로 이 때문에-앞의 [표 1]에서 분석해보

---

64) 마르크스(1843a/2021), 19쪽; Marx(1843a/1976), 347쪽. 각주 18) 참조.
65) 마르크스, 위의 책, 30쪽; Marx, 위의 책, 361쪽.

았듯이-'정치적 결사', 즉 국가의 영역에서 이루어지는 정치적 '시민'의 법적 권리행사로 '사회'에서 모두에게 배정되는 '행복'의 핵심이 각자의 '재산권'의 행사에서 나온다고 한다면 그 '자유의 인권은 인간과 인간의 결합(Verbindung)이 아니라 도리어 인간과 인간의 단절(Absonderung)에 기초를 두고 있는바, 그것은 제한된 개인, 즉 자기자신에게로 제한된 개인의 권리(das Recht des *beschränkten*, auf sich beschränkten Individuums)'이다.[67] 권리의 또 다른 항목인 '평등' 역시 바로 이러한 '사적 소유의 자유'의 평등에 지나지 않는 것으로써, '각 인간이 자신에 근거한 단자(單子)로서 다 똑같이 (획일적으로) 취급된다'는 것을 뜻한다.[68] 시민을 위한 '안전' 역시, 마르크스가 조문 그대로 인용하는 1793년 헌법 제8조에 따르면, "사회가 구성원의 인격, 권리, 재산의 보존을 위해 그 구성원 모두에게 제공하는 보호를 의미하는"바, 이런 안전을 위해 존재하는 국가는, 헤겔 시민사회론의 견해를 그대로 계수하여, '비상국가(Notstaat) 또는 오성국가(Verstandesstaat)'로 규정되면서 '경찰국가(Polizeistatt)'로 단정된다. 따라서 "안전의 개념을 통해 시민사회는 그것의 이기주의 위로 올라서는 것이 아니라 오히려 그 이기주의를 **보장**해준다."[69]

국가와 시민사회에 대한 '선언'의 정치적 담론에 대한 청년 마르

---

66) 마르크스, 위의 책, 53쪽; Marx, 위의 책, 365쪽.

67) 마르크스, 위의 책, 52쪽; Marx, 위의 책, 364쪽.

68) 마르크스, 위의 책, 53쪽; Marx, 위의 책, 365쪽. "jeder Mensch wird gleichmäβig als solche auf sich ruhende Monade."

69) 마르크스, 위의 책, 54쪽; Marx, 위의 책, 365~366쪽. "Durch den Begriff der Sicherheit erhebt sich die bürgerliche Gesellschaft nicht über ihren Egoismus. Die Sicherheit ist vielmehr die *Versicherung* ihres Egoismus."(강조: 원저자)

크스의 이상의 파악에서 분명히 드러나는 그의 비판적 논거는 이렇게 요약할 수 있을 것이다. 즉, 첫째, 지금까지 이루어진 담론 분석에서 암시된 바와 같이, '선언'에서 제시하는 인간의 '자유'와 시민의 '권리'에 대한 '정치적' 보장 또는 정치적 해방은 아직 그 구체적 개념 내용은 명확하게 규정되지는 않았지만, '인간으로서의 인간의 자유'를 '제한하는(beschränken)' 것만은 분명하다. 그리고 더 결정적인 것은, 이와 같은 자유의 '제한'의 핵심적 원인은 여러 가지 자유들 가운데 '재산(propriété)'의 자유와 권리를 '선언'과 '헌법'의 중심으로 설정하여 국가의 엄호 아래에 있는 시민사회의 토대로 삼았다는 데 있다.

그런데 정치적 해방의 결과물로서 국가가 확인하고 보장하는 시민의 자유와 권리가 이렇게 재산을 중심으로 돌아가고, 그 재산의 자유와 권리가 헌법 안에서 주권자로서의 공동성을 바탕으로 형성된 시민의 정치적 결합이 아니라, '사회' 차원에서 '사회구성원'으로서 각자 서로 단절된 '개인'의 '이익 적용(Nutzanwendung)'을 기초로 관철된다고 했을 때 (앞의 [표 1]에서 보듯이 재산권의 신성불가침성을 강조하는 '선언'의 제17조를 근거로) 시민적 결합이 개인의 사익으로 인해 사회 영역과 쪼개지는 바로 이 지점에서 청년 마르크스에게는 '유대인 문제'와 관련하여 '시민혁명적 의미에서의 시민', 즉 **citoyen의 개념에 양면의 의미론적 반정립(semantische Anti-these: sA)**이 스며든다. 그것은 앞에서 마르크스가 유대인의 종교라고 되어 있는 유대교의 숭배물로 파악한 것이 정확하게 시민사회의 토대와 일치한다는 데서 기인한다. 마르크스의 지금까지의 분석은 입헌국가의 정치적 해방에 대해 그 사회적 결과가 서로 모순된 요인들을 동시에 함축한다는 결론으로 귀착하고 있다. 즉,

[**sA-0. 시민사회의 토대의 정치적 기대와 경제적 귀결 사이의 모순적 구조**] 입헌국가의 정치적 해방은 그 주체인 시민에게 사회적으로 '행복'의 삶을 안겨줄 것으로 기대되지만, 시민의 가장 핵심적 권리로서 시민 개인 각자의 재산권을 최우선시함으로써 개개인이 서로 단절된 채 추구되는 '이익적용'으로 귀착한다. 즉, 시민의 '정치적' 해방은 '인간적' 해방을 달성할 수 없는 태생적 한계를 가진 채 사회구성원 각자의 '개인적' 욕구 충족, 이익 달성을 최우선시함으로써 실제로는 국가에 대한 사회의 우위, 시민적 자유와 평등을 위한 '공익(Gemeinnutz)'에 대한 사적 개인의 '사익(Eigennutz)'의 지배로 귀결한다.

[**sA-1. 유대교의 세속적 근거와 시민사회의 토대의 일치**] 그런데 유대교의 세속적 근거가 '**실질적 욕구, 사익(私益)**'이고, 유대인의 세속적 숭배물이 '**악덕상술**'이며, 그의 세속적 신이 '**돈**'이라고 한다면,[70] 이것은 '시민사회의 토대'인 '이익적용'의 자유가 지향하는 바와 전적으로 일치한다.[71]

[**sA-2. 유대인적 특성의 실질적 실존체로서의 시민사회의 부르주아**] 바로 이런 점에서 사회구성원으로서 각자 개인적 사익을

---

70) 각주 60)의 인용문 참조.
71) 각주 63) 참조.

추구하는 것이 우선시되는 '시민사회의 토대'는 유대인이 숭배하는 '유대교의 세속적 근거'와 정확하게 일치한다. 즉, 현대의 시민사회는 그 자체가 유대교의 숭배물이며, 사회에서 각자의 사익을 추구하는 개인 단위의 시민들, 즉 '부르주아'는 그 자신이 유대인이다.

이런 의미론적 반정립을 통해 나중 「포이에르바하에 관한 명제」의 제1번 명제에서 특정된 '그 더러운 유대인의 형태로만 나타나는 실천(die Praxis nur in ihrer schmutzig-jüdischen Erscheinungsform)'은 실제로는 유대인이 아니라 시민사회에서 사익을 추구하는 부르주아의 실천 방식과 다름이 없다. 시민의 정치적 해방을 이런 관점에서 보면 '유대인은 이미 유대인적 방식으로 해방되었으며', '최종적 의미에서 **유대인의 해방**은 **유대교**로부터의 인류의 해방(die Emanzipation der Menschheit)이다.'[72] 이로써 유대인 문제(Judenfrage)는 문제의식 차원에서 유대인의 문제이기를 멈추고 부르주아의 문제로 전형된다. 이 점에서 마르크스는 어떤 경우에도 반(反)유대주의자(Anti-semitist)가 될 수 없었으며, 조금 극단적으로 말하자면, 마르크스에게 '유대인' 문제는 시민사회에서 '시민'이 '국가시민(Staatsbürger)'과 '부르주아(bougeois)'로 자기분열(Selbstspaltung)하면서 후자의 형태로 자기소외(自己疏外, Selbstentfremdung)되는 것을 은유하는

---

72) 필자의 인용은 마르크스(1843a/2021), 앞의 책, 69쪽; Marx(1843a/1976), 앞의 책, 373쪽의 원문 순서를 거꾸로 한 것이다. "Die *Judenemanzipation* in ihrer letzten Bedeutung ist die Emanzipation der Menschheit vom *Judentum*. Der Jude hat sich bereits auf jüdische Weise emanzipiert."(강조: 원저자)

일종의 의미론적 전형의 소재이다. 이 점은 다음과 같은 진술에서 분명해진다. 즉, 마르크스에 따르면,

인간이, 어떤 특수한 종교의 신봉자로서는 자신의 국가시민성과, 그리고 공동체의 구성원으로서는 다른 인간과, 그렇게 대면하게 되는 갈등은 **정치적** 국가와 **시민적 사회**의 **세속적** 분열로 환원된다. (여기서는 시민적 사회의 구성원에 해당하는) **부르주아**로서의 인간에게 "국가 안에서의 삶이란 가상이거나 아니면 본질과 규칙에 어긋나는 순간적 예외이다." 그렇기는 해도 **시민(citoyen)**, 즉 국가시민(Staatsbürger)이 계속 유대인 또는 **부르주아**로 남는다는 것이 궤변이듯이, **부르주아**가 유대인처럼 계속 국가생활 안에 머문다는 것은 궤변이지만, 그러나 이 궤변술은 개인적인 것이 아니다. 그것은 **정치적 국가의 궤변술**이다. 종교적 인간과 국가시민 사이의 차이는 상인과 국가시민, 일당임금직들과 국가시민, 토지소유자와 국가시민 등 살아 있는 생활하는 개인(das lebendige Individuum)과 국가시민 사이의 차이에 해당된다. 종교적 인간이 정치적 인간과의 사이에서 빠져드는 모순은 부르주아가 시민과의 사이에, 나아가 시민적 사회의 구성원이 그의 정치적 사자가죽과의 사이에 빠져드는 그 모순과 똑같은 것이다.[73]

---

73) 마르크스(1843a/2021), 앞의 책, 35쪽; Marx(1843a/1976), 앞의 책, 355쪽. "Der Konflikt, in welchem sich der Mensch als Bekenner einer *besondern* Religion mit seinem Staatsbürgertum, mit den andern Menschen als Gliedern des Gemeinwesens befindet, reduziert sich auf die *weltliche* Spaltung zwischen dem *politischen* Staat und der *bürgerlichen Gesellschaft*. Für den Menschen als *bourgeois* |Hier: Mitglied der bürgerlichen Gesellschaft| ist das »Leben im Staate nur Schein oder eine momentane Ausnahme gegen das Wesen und die Regel«. Allerdings bleibt der *bourgeois*, wie der Jude, nur sophistisch im Staatsleben, wie der *citoyen* |Staatsbürger| nur sophistisch Jude oder *bourgeois* bleibt; aber diese Sophistik ist nicht persönlich. Sie ist *Sophistik*

따라서 여기에서의 '인간'을 마르크스의 「유대인 문제에 관하여」처럼 일단 '독일에서 사는 유대인'으로 상정하면 '유대인' 문제는 그 유대인이 일일이 살아가는 '삶'의 영역에 따라 각기 다른 문제로 나타나면서 이 문제들이 모두 '한 유대인'에게 영역별로 실상과 허상으로 부단히 교체되면서 '유대인 문제'라는 문제로 모두 스며들어 '유대인 문제'라는 하나의 합주곡(合奏曲, ensemble)을 이룬다. 그런데 유대인 문제의 문제적 핵심들을 한 꺼풀씩 벗어나가면서 그 문제겹들이 하나로 어울린 이 문제들의 합주곡에서 나오는 음향이 이어지면서 그 문제들 모두를 벗어던진, 즉 그 문제들 모두에서 해방된 유대인 문제의 구원상은 도대체 무엇인가?

본래 브루노 바우어가 설정한 문제에 대한 바우어의 대안은, 유대인의 정치적 해방을 위한 조건으로서 유대인의 유대교 포기, 기독교도의 기독교 포기, 총괄적으로 종교 일반의 전면적 폐기를 통해 유대교와 기독교의 '종교적' 대립을 종식시키면서 평등하게 자유로운 '정치적' 국가시민으로 보편적으로 해방되는 것이었다. 그러나 청년 마르크스는 북아메리카를 예시로 들어 정치적으로 자유로운 국가에서 종교의 차이는 더 이상 대립의 요인이 아니라는 것을 입증했다고 믿었다. 왜냐하면 종교는 이미 탈신화화한 세속에서 각 개인별로 주

---

des politischen Staates selbst. Die Differenz zwischen dem religiösen Menschen und dem Staatsbürger ist die Differenz zwischen dem Kaufmann und dem Staatsbürger, zwischen dem Taglöhner und dem Staatsbürger, zwischen dem Grundbesitzer und dem Staatsbürger, zwischen dem *lebendigen Individuum* und dem *Staatsbürger*. Der Widerspruch, in dem sich der religiöse Mensch mit dem politischen Menschen befindet, ist derselbe Widerspruch, in welchem sich der *bourgeois* mit dem *citoyen*, in welchem sich Mitglied der bürgerlichen Gesellschaft mit seiner *politischen Löwenhaut* befindet."(강조: 원저자)

관화된 신앙으로 관용되기 때문이었다. 프랑스 시민혁명과 그 후속 공화국에서도 국교 정립의 부담은 털어버렸기 때문에 헌법 차원에서 종교는 정치적으로는 더 이상 종교로써 문제될 여지는 없었다. 이로써 유대교도로서 유대인 문제는 국가내의 개인 신앙 문제로 국지화 되었다.

그런데 유대인을 국가시민으로 용인하는 정치적 해방 차원에서 '선언'과 그것을 계수하는 후속 헌법들에서는 주권자로서 정치적 결사의 주체인 시민의 차원과 사회구성원으로서의 시민의 차원에서 '시민'은 '국가시민'과 '부르주아'로 자기분열하면서 '시민'이 사회에서 실제로 살아야 하는 삶의 자유는 각자 개인별로 자기 자체로 제한 되었다. 왜냐하면 '선언'이 보장하기를 요구하는 시민의 자유의 권리는 재산의 권리를 신성불가침한 것으로 고착시킴으로써 사회구성원으로서의 시민, 사회적 시민, 즉 '부르주아'는 공익에서부터 사익을 분리시켜 그 사익을 자신의 실질적 욕구로 삼아 사실상 사적 인간 (Privatmensch)으로 스스로를 제한시키고, 사회에서 마주하는 타인은 원천적으로 나의 자유의 상대가 아니라 그것을 제약하는 대상이 되었다. 문제는 이런 정치적 시민의 자기분열은 유대인뿐만 아니라 국가를 가진 프랑스 국민(Nation)이나 당시 아직 국가를 갖지 못했던 독일 인민(Volk) 모두에게 나타나는 시민적 해방의 한계 그 자체였기 때문이었다. 따라서 정치적 해방의 차원에서 유대인 문제는 유대인만의 문제가 아니라 사회적 차원에서 정치적 시민의 자기분열로 일반화되었다.

마지막으로 당시 사회적으로 만연하였던 유대인 문제의 핵심을 이루었던 유대인의 샤일록적 특성, 즉 악덕상술과 고리대금업에서 얻은 돈의 숭배자라는 부정적 이미지는 사실은 헌법 차원에서 보장된 재산권의 자의적 행사의 법적 보장으로 인해 사회생활을 하는 시민, 즉 부르주아 그 자체의 특성으로 법제적으로 승인된 것이었다. 이런 점에서 유대교 신앙인으로서 유대인은 이미 실질적 욕구와 사익 그리고 이기주의 쪽으로 해방되어 있는 셈이었다.

유대교는 스스로를, 역사에도 불구하고 보존해온 것이 아니라, 역사를 통해 보존해왔다. 시민사회는 자신의 창자로부터 끊임없이 유대인을 제작해낸다. 무엇이 즉자적이고도 대자적으로(an und für sich) 유대적 종교의 토대였는가? 실질적 욕구, 즉 이기주의였다. 따라서 유대교의 일신교(一神敎)는 현실에서는 수많은 욕구들의 다신교(多神敎), 심지어는 뒷간 일도 신적 율법의 대상으로 만드는 다신교이다. **실질적 욕구**, 즉 **이기주의**는 (부르주아: 필자)**시민사회**의 원리이며, (부르주아)**시민사회**가 그 자체로부터 완벽하게 정치적 국가를 바깥으로 출산해놓자마자 순수하게 그 실질적 욕구로서 등장한다. **실질적 욕구**와 **사익**(私益)의 신이 바로 그 돈이다.[74]

---

74) 마르크스, 위의 책, 72쪽; Marx, 위의 책, 374쪽. "Das Judentum hat sich nicht trotz der Geschichte, sondern durch die Geschichte erhalten. Aus ihren eignen Eingeweiden erzeugt die bürgerliche Gesellschaft fortwährend den Juden. Welches war an und für sich die Grundlage der jüdischen Religion? Das praktische Bedürfnis, der Egoismus. Der Monotheismus des Juden ist daher in der Wirklichkeit der Polytheismus der vielen Bedürfnisse, ein Polytheismus, der auch den Abtritt zu einem Gegenstand des göttlichen Gesetzes macht. Das *praktische Bedürfnis, der Egoismus* ist das Prinzip der *bürgerlichen Gesellschaft* und tritt rein als solches hervor, sobald die bürgerliche Gesellschaft den politischen Staat vollständig aus sich herausgeboren. Der Gott des *praktischen Bedürfnisses und Eigennutzes* ist das Geld."(강조: 원저자)

그 최종적 의미에서 **유대인 해방**은 유대교로부터 인류의 해방이
다. 유대인은 스스로를 이미 유대인적 방식으로 해방시켰다"75)

청년 마르크스에게 시민혁명 이후의 세계에서 유대교, 더 정확
히 말해서 '유대교적 종교'의 사태가 이렇게 전개되면서 문제의 축은
완전히 반전된다. 마르크스가 "유대인은 스스로를 이미 유대인적 방
식으로 해방시켰었다"라고 했을 때 지목한 그 '유대인적 방식'은 다
름 아닌 '부르주아적 방식'인데, 그러면서 정말 문제는 바로 이 부르
주아 시민사회 자체가 해방되지 않았다는 것이다. 따라서 이 세상에
따로 유대인 문제라고 할 것은 없으며, "유대인의 실질적 본질이 시
민사회에서 보편적으로 현실화되고 세속화되었기 때문에", "우리는
모세 오경(五經)이나 탈무드 안에서만 유대인의 본질을 발견하지 않
는다. 우리는 오늘날의 사회에서도 유대인의 본질을 발견한다. 우리는
오늘날 유대인의 본질을 추상적 본질이 아니라 최고의 경험적 본질로
발견하고, 사회의 유대교적 제한성(die jüdische Beschränktheit der
Gesellschaft)도 발견한다." 이미 앞에서 지적한 것처럼76) 여기에서
지목하는 '유대인의 실질적 본질' 또는 '유대교의 경험적 본질'이 '악
덕 상술'과 그 전제인 '돈'을 의미한다고 한다면, 이 의미는 바로 사
회구성원으로서의 시민, 즉 '부르주아'의 특성이다. 따라서 그것은
그 어떤 경우에도 **'인간의 유적 실존(die Gattungsexistenz des**

75) 위의 책, 69쪽; Marx, 위의 쪽, 373쪽. "Die *Judenemanzipation* in ihrer letzten Bedeutung
ist die Emanzipation der Menschheit vom *Judentum.* Der Jude hat sich bereits auf
jüdische Weise emanzipiert."(강조: 원저자)
76) 각주 60) 참조.

Menschen)'에 해당되지 않는다.77) 다시 말해서, 시민사회의 사회적 주도자인 부르주아는 자기가 추구하는 사익(私益)과 이기주의로 인해 '인간의 유적 본질'로부터 자기소외되어 있다.

그렇다면 유대인 문제가 부르주아 문제로 의미론적으로 급반전하면서 결국 시민사회 자체가 전반적으로 쟁점권 안에 들어가 '인류 또는 인간성(Menschheit)' 그 자체가 부각되는 문제화 과정의 수렴점에 위치하는 '인간으로서 인간의 해방'에서 '해방된 인간'의 모습은 어떻게 파악될 수 있는가? 인간의 특성 안에는 해방된 인간의 모습이 선천적으로 내장되어 있다고 해야 할까? 도대체 '인간'이란 무엇일까? 그것은 이미 정해져 있을까?

'인간'을 생각하는 데 이론적 개념으로 아직 '자연'과 '역사'와의 개념적 연관이 의식되어 있지 않은 이 생애 첫 본격적인 학술적 논평에서 청년 마르크스는 '인간'을 그 어떤 형이상학적 본성을 가진 실체로 상정하지 않고 있다. 「유대인 문제에 관하여」에서 그는 바우어가 제기한 '인간으로서 인간적 해방'과 그 우선적 과제로 '정치적 해방'이라는 쟁점을 다루는데, '인간' 또는 '인간성'에 실질적 내용을 가진 고정된 특성을 특정하지 않았다. 그에게 '인간'은 그 어떤 특성에 계박되어 있는 그런 존재자가 아니라, 다른 사람들과의 여러 관계들을 맺으면서 여러 생활영역에서 다양한 활동을 벌이며 살아가는 활동체이다. 따라서 마르크스에게 '인간'이란 그/녀에 대해서 '인간이란 무엇인가?'라고 물어야 할 객관적 대상(對象, object)이나 객체(客

---

77) 마르크스, 1843a/2021, 앞의 책, 77쪽; Marx(1843a/1976), 앞의 책, 377쪽.

體)가 아니라 '**인간은 무엇으로 살아가는가?**'를 일일이 확인하고 검토해야 할 상대(相對, partner)이다. 이 때문에 마르크스는 '유대인'에 대하여 '유대인은 유대교도이다'라는 단 하나의 — 종교적 — 특성만 비정한 것이 아니라 종교, 정치, 사회 그리고 유적 존재로서의 인류 전체와의 연관 안에서 유대인이 영위하는 그 삶(das Leben)의 형태를 물으면서 유대인에게 특정되었던 삶의 형태, 즉 악덕상술과 돈의 숭배가 실제로는 정치적 국가 (부르주아)시민사회에 헌법적으로 보장한 권리의 사회적 표현임을 밝혀냈다.

유대인 문제에 대한 마르크스의 이와 같은 의미론적 추적을 철학적으로 반성해보면 두 차원에 걸친 문제론적 반전이 드러난다. 우선 그 하나는 이제 마르크스에게 '유대인' 문제는 더 이상 '유대인의' 문제가 아니라, 그 자체 보편적인 인간의 권리들을 지향하는 '국가시민(Staatsbürger)'의 연대에 기초하고 있으면서도 일상적으로 생활하는 '사회적 시민'에 대해서는 각기 개인별로 단절된 삶을 기본적인 생활 형태로 헌법적으로 고착화시킨 정치적 국가의 자기모순으로 재정식화된다. 그에 따르면, "유대인의 실질적인 정치적 권력(die praktische politische Macht)과 유대인의 정치적 권리들(die politischen Rechte) 사이의 모순은 정치와 화폐권력 사이에 일반적으로 나타나는 모순이다. 이상적으로는 정치가 화폐권력 위에 서야 하지만, 사실적으로는 정치가 화폐권력의 예속민이 되어버렸다."[78] 따라서 그 어떤 문제의

---

78) 마르크스, 위의 책, 71쪽; Marx, 위의 책, 373쪽. "Der Widerspruch, in welchem die praktische politische Macht des Juden zu seinen politischen Rechten steht, ist der Widerspruch der Politik und Geldmacht überhaupt. Während die erste ideal über der zweiten steht, ist sie in der Tat zu ihrem Leibeignen geworden." 여기에서 '유대인의 실질적 정치적 권력'이란 유대인이 그 경제력으로 행사하는 권력을 가리키며, '유대인의 정치적 권리들'

실제적 원인은 그 어떤 이상이나 정치 그리고 헌법과 같은—나중 마르크스가 그의 「정치경제학 비판. 서문(1859)」에서 '법적·정치적 상부구조(ein juristischer und politischer Überbau)'라고 부른—제도영역이 아니라 '사적 소유와 화폐가 지배하는 시민사회', 즉 경제적 토대에서 찾아야 한다. 이로써 마르크스에게—정치, 경제, 사회, 문화의 현재 작동하는 모든 생활영역도 넘어 인간 일반이 생존하는 생물학적 기반인 '자연'과 그 과거의 생활과 활동을 포괄하는 '역사'까지 포괄하는—일체의 인간적 현상과 인간실존에 대해 '유물론적으로 접근'하는 사적 유물론적 발상의 단초가 확립되었다.

그러면서 마르크스에게는 철학적으로는 더 심층적인 문제가 제기된다. 즉, 유대인은 일단 정치적으로 해방되지 않았다는 데서 문제가 되었다고 하면, 정치적으로는 '국가시민'으로서 해방되었지만 그 사회적 생활영역에서는 욕구와 사익에 자기 권리를 제한당한 사회구성원으로서의 부르주아적 시민이 '인류(Menschheit)' 또는 '유적 존재(또는 유적 본질체: 필자, Gattungswesen)'의 일원으로서 '인간으로서 인간적 해방'이 되지 않았다면, 도대체 해방된 인간, 진정한 의미서의 인간의 해방, 요약하여 '해방된 인간'의 모습은 무엇인가? 예를 들어, 이성적 존재라든가 정치적 동물 같이 불변적인 것으로 생각되는 특정 속성으로 지목되는 '인간 본질(human essence)' 또는 '인간 본성(human nature)'을 답으로 묻는 것 같은 유사형이상

이란 유대인에게 국법상으로는 인정되지 않은 헌법적인 시민의 권리들이다. 따라서 일상 생활에서 실제로 통용되는 권력과 헌법으로 보장되는 법적 권리들 사이에는 언제나 모순이 있게 마련이라는 것이 마르크스의 지적이라고 이해된다.

학적 성향의 이런 물음에 대해 마르크스는 쟁점의 초점인 '인간' 개념의 외연적 맥락을 재조정하는 것으로 시작한다. 즉, 청년 마르크스에게 '인간(der Mensch)'은 언제나 '그 어떤 한 인간(ein gewisser Mensch)'이며, '이 어떤 한 인간'은, 언제나 있는 그대로 불변적으로 있는 그 무엇으로 존재하는 그런 존재자(der/die Seiende, der/die so ist, wie er/sie immer unveränderlich so bleibt wie er/sie so ist)가 아니라. 그 어떤 순간의 찰나적 감각에서부터 매일매일 변치 않고 그대로 굴러가든가 아니면 급격하게 새로워지는 일상을 거쳐, 그 어떤 환상에서부터 찰진 각성까지 포함한, 그 모든 관념이 집결되어 계속 살아왔고 지금 살고 있으며 또 살아갈 것으로 기대되는 그런 실존체(der/die Existierende, der/die gelebt hat, nun lebt und ist ewartet, leben zu werden), 즉 그/녀가 사는 것 모두(alles, was er/sie lebt)이다. 다음의 [표 2]는 청년 마르크스가 「유대인 문제에 관하여」에서 실존하는 한 유대인을 상정하여 그/녀와 관련된 유대인 문제가 유대교도로서 종교적 문제로 정립(These)되는 것으로 출발하여, 여러 생활영역과 활동 과정을 거치면서 부르주아의 문제라는 반정립(Antithese)을 거쳐, 인간의 인간화 문제로 총체적으로 전형되는 의미론적 종합(semantische Synthese)의 과정을 조감해본 것이다.

[표 2] 유대인 문제에서 부르주아 문제를 거쳐 인간의 문제로 의미론적으로 전형하는 과정의 조감

	종교적 유대인	정치적 유대인	사회적 유대인	활동상	실재적 생활영역
유대인 ein Jude	안식일의 유대교도로서 유대인			신앙인 Bekenner	종교
		국가시민에서 배제된 유대인		시민/국가시민 citoyen	정치
			악덕상인, 돈의 숭배자로서 유대인과 부르주아의 일치	부르주아/사회시민 bourgeois	사회
문제의 지양과 전형	* 탈신화화·탈국교화를 통한 종교의 국지화&신앙의 개인화·주관화	* 시민적 자기분열의 제도화와 보편화	* 부르주아의 자기소외	탈유대화 탈부르주아화	인간 der Mensch

유물론적 인간파악의 시작점에 선 '인간' 개념
: '실재적 관계들 안의 현실적 인간'

이에 따라 유대인의 인간으로서의 해방, 그 인간적 해방은 유사 형이상학적으로 규정되는 본질이나 본성으로 확정되는 인간들의 그 어떤 단일한 '속성'이나 획일적 '상태'의 외화(外化, Entäußerung), 즉 개인적·외향적 실현이 아니라, 현실적으로 살아가는 개별 인간들 각자에게-「프랑스 시민혁명에서 '인간과 시민의 권리'로 '선언'되었 던 **자유, 평등, 행복**과 같이-인류의 일원으로서 응당 누려야 할 것 으로 상정되는 '유적 본질(Gattungswesen)'을 공통적으로 실현할 수 있도록 하는 '관계들'이 성립하는 그런 '인간 세계'에서 완료된다. 청년 마르크스가 당시 모든 나라의 인민과 국민에게 아직 충분히 실

현되었다고 보지 않았던 이런 '유적 본질'이 이런 가치들과 그것을 구현하는 정치공동체에 있다는 점은 그가 이 발상을 루소에 기대고 있다는 데서 충분히 확증된다. 마르크스가 인용한 루소에 따르면,

> 한 인민(un peuple)에게 법질서를 부여할 용기를 가진 이는, 소위 **인간본성을 변화**시킬 용기, 즉 그 자신이 그 자신을 위하여 혼자서 하나의 완전한 전체를 이루는 각각의 개인을 더 큰 전체의 부분 실존으로 전형(轉形)시켜, 전체의 부분 실존인 이 개인이 각자 그 전체로부터 모종의 특정한 방식으로 자신의 삶과 존재를 수용할 수 있도록 하여, 육체적이고 독립적인 실존 대신 **이 전체의 도덕적 부분 실존**을 정립할 수 있다고 느끼도록 하는, 그런 용기를 가져야 한다. 이런 이는 타인의 도움을 통해서만 사용할 수 있는 낯선 힘을 인간에게 주기 위해 인간으로부터 **그 고유한 힘들**을 취해 와야 한다.[79]

청년 마르크스는, '현실적인 개인적 인간'이 그/녀가 다른 인간들과 공동으로 살아가는 그/녀 자신의 실제적 생활 경험 안에서 루소의 이런 기대가 실현될 수 있도록, 그들 자신이 가지고 있는 "**사회**

---

79) 마르크스, 위의 책, 61쪽; Marx, 위의 책, 370쪽. 마르크스의 원문은 1782년 런던에서 발간한 『사회계약론(Contrat social)』, 제II책, 67쪽에서 프랑스어 그대로 인용하고 있다. "Celui qui ose entreprendre d'instituer un peuple doit se sentir en état de *changer* pour ainsi dire *la nature humaine*, de *transformer* chaque individu, qui per lui-même est un tout parfait et solitaire, en partie d'un plus grand tout dont cet individu reçoive en quelque sorte sa vie et son être, de substituer *une existence partielle morale* à l'existence physique et indépendante. Il faut qu'il ôte à *l'homme ses forces propres* pour lui en donner qui lui soient étrangères et dont il ne puisse faire usage sans le secours d'autrui."(강조: 원저자)

적 힘들을 인지하고 조직한다"라고 하는 자신의 '실천적' 발상을 보태어 아직 사적 유물론의 완성된 형태에 미치지 못했지만 앞으로의 그의 발전을 충분히 예감할 수 있는 '인간해방'의 비전을 제시한다. 이 시기 마르크스에 따르면,

모든 해방은 인간적 세계, 즉 그 관계들을 인간 자신으로 **되돌리는 것**이다. 정치적 해방이란 인간을, 한편으로는 부르주아적 시민사회의 구성원, 즉 이기주의적인 독립적 개인으로, 다른 한편으로는 **국가시민**, 즉 도덕적 개인으로 위축시키는 것이다. 하지만 현실적인 개인적 인간이 추상적 국가시민을 자진 철회하고, 자신의 경험적 삶에서, 자신의 개인적 노동에서, 자신의 개인적 관계들에서 개인적 인간으로서 유적 본질체가 되는 경우에 비로소, 또 인간이 '자신의 고유한 힘들'을 **사회적** 힘들로 인식하고 조직하여 그로 인해 더 이상 **정치적** 힘이라는 자태 안에서 사회적 힘들을 분리시키지 않을 경우에 한해서, 오직 그 경우에만, 인간해방이 완성된다.[80]

---

80) 마르크스, 위의 책, 같은 쪽. Marx, 위의 책, 같은 쪽. "*Alle* Emanzipation ist *Zurückführung* der menschlichen Welt, der Verhältnisse, auf den *Menschen selbst*. Die politische Emanzipation ist die Reduktion des Menschen, einerseits auf das Mitglied der bürgerlichen Gesellschaft, auf das egoistische unabhängige Individuum, andrerseits auf den *Staatsbürger*, auf die moralische Person. Erst wenn der wirkliche individuelle Mensch den abstrakten Staatsbürger in sich zurücknimmt und als individueller Mensch in seinem empirischen Leben, in seiner individuellen Arbeit, in seinen individuellen Verhältnissen, *Gattungswesen* geworden ist, erst wenn der Mensch seine »forces propres« |»eigene Kräfte«| als *gesellschaftliche* Kräfte erkannt und organisiert hat und daher die gesellschaftliche Kraft nicht mehr in der Gestalt der *politischen* Kraft von sich trennt, erst dann ist die menschliche Emanzipation vollbracht."(강조: 원저자)

결국 '인간의' 해방이란, 해방의 그 과정에 참여하는 인간'들'이, 한편으로 '자기'에 대하여, 다른 한편으로 '다른 인간'에 대하여, 서로 실재적 생활영역들에서 이루어지는 실재적 관계들 안에서 자유와 평등이 보장되는 풍요로운 '행복'의 삶이 다 같이 각자의 삶에 돌아올 수 있도록 하는 '**모든 인간들의 모든 사회적·실재적 관계들의 질(質, Qualität aller sozialen, realen Verhätnisse aller Menschen)**'과 관련된다. 따라서 개개인의 경험 안에서 프랑스혁명 이래 인류 보편의 가치로 인정되는 이 행복의 삶이 국가 안에서 각자에게 실제로 실현되려면 단지 정치적 권리의 인정과 공권력의 엄호 수준을 넘어 '**인간 자신의 고유한 힘들을 사회적 힘들로 인식하고 인정하고 조직화하는 실천적 세력의 창출**'이 청년 마르크스의 대안 모색에 결정적이다.

청년 마르크스의 일생 첫 정치논평인 이 「유대인 문제에 관하여」에서 '정치적 혁명'은 아직 대안으로 떠오르지 않았을 뿐만 아니라 오히려 그것이 '정치적인 것'에 국한된, '사회적인 것', 실재적인 것의 배제를 의미한다는 이유로 철저하게 유보되었다. 또한 '혁명'은 그것이 여전히 '정치적인' 현상에 집중적으로 적용되었던 19세가 초반기의 서유럽 사회의 분위기를 여전히 그대로 반영하여 아직 마르크스적 실천적 대안의 실재적 핵심 개념으로 전혀 부각되지 않고 있었다.[81] 그리고 이 첫 논평문에는 후일 그의 유물론적 역사파악의 화두가 되었던 '계급'이라든가 '프롤레타리아'라는 단어도 일체 떠오

---

81) '혁명'이라는 용어가 마르크스적 실천의 핵심으로 부각되는 데는 이 논평이 1844년 2월 〈독불연보〉 합병호에 첫 출간된 이후에도 1년이 지난 1845년 초기 「포이에르바하에 관한 명제」가 집필되기까지 기다려야 했다. '명제'에서 '혁명'이라는 단어는 반드시 '실천(적) (Praxis, praktisch)'이라는 단어와 결합하여 그 짧은 글 안에서 3차례나 등장한다(제1번, 제3번, 제4번 명제).

르지 않았다. 물론 이런 집필 상황은 몇 달 뒤에 쓰였지만 같은 잡지
에서 발간되었던 「헤겔 법철학 비판. 서론」에서는[82) 급격히 바뀌지
만, 「유대인 문제에 관하여」는 향후 마르크스사상의 집중 화두였던
'해방'의 문제가 계급주의적·경제주의적·혁명만능적으로 편향되게
해석될 실천적 발상들이 활발하게 개진되기 직전에 그와 같은 선입
견이 일체 작용하지 않은 '인간' 해방 개념의 첫 발상에서 내포되었
던, 청년 마르크스의, 바로 그 '인간 개념'과 '해방 개념'의 문제의식
과 작동 형태를 파악할 수 있게 만든다. 일단 앞의 [표 2]에서 분석
된 쟁점층위를 따라 함축된 인간해방의 지평을 명제화하면 다음과
같다.

[인간해방지평 1. 자기와 타인의 '삶의 전체'로서의 현실적 인간]
인간은 언제나 '그 어떤 상황 안에 놓인 특정한 인간', '실재적 인
간'으로서 '그/녀가 누구인가?'라는 문제는 '그/녀가 있는바 그대
로의 존재'가 아니라 '그/녀가 인간관계들의 합주 안에서 그때그
때 살아온 것 모두'로써 답해져야 한다. 즉, 그/녀의 특정한 존재
가 아니라 그/녀의 삶의 역사와 인간적·사회적 관계 안에서의 활
동들이 인간 개개인의 정체성을 현시한다.

[인간해방지평 2. '관계' 해방으로서의 인간 해방] 인간 해방의

---

82) 이 글은 「유대인 문제에 관하여」가 집필되었던 1843년 8~12월 직후인 1843년 12월~
1844년 1월에 집필되었지만 1844년 2월에 발간되고 바로 폐간된 《독불연보》 합병호에 목
차상으로는 앞부분 두 번째로(71~85쪽) 실렸다. 「유대인 문제에 관하여」는 182~214쪽에
수록되었다. "Deutsch-Französische Jahrbücher", in: WIKISOURCE(독일어판)
https://de.wikisource.org/wiki/Deutsch-Franz%C3%B6sische_Jahrb%C3%BCcher

문제는 사회적으로 삶아가는 현실적 개개인의 삶의 충족상태와 아울러 다른 인간들과 맺어가는 관계들의 질(質)의 문제이다. 즉, 인간의 해방은 각자가 다른 인간의 해방의 긍정적 조건으로 작용할 수 있는 인간적 관계를 공동으로 운영하는 가운데 그 실재적 관계들 안에서 각자에게서 충족되는 자유와 평등 그리고 행복, 즉 인간의 유적 본질이 성취되는 수준인 그 양과 질에서 결정된다.

[인간해방지평 3. 영역관통적·전인적 자기실현 '과정'으로서의 해방] 인간 삶과 활동의 영역은 인간의 필요에 따라 종교, 정치, 경제 등으로, 다원적으로 그러나 체계적으로 분화되어 실재한다. 이렇게 분화된 생활영역에서의 활동들의 상호연관과 연대의 작동능력에 따라 한 인간의 욕구와 필요가 충족되거나 억압된다. 그러나 한 개별 인간의 현실적 삶의 관점에서 가장 바람직한 삶의 모습은 이런 분화된 영역들을 가로지르면서 살아가는 '영역관통적·전인적 자기실현'이다. 이렇게 보면 해방은 그 어떤 시점에 완벽하게 고착되는 자기충족적 상태라기보다 인간의 삶이 생물학적으로 종식되기까지 매 순간, 매 시대, 새로이 전개되는 그때그때 실재하는 인간 사회와 개인 실존의 과제이다.

결국 이렇게 정식화되는 인간 해방의 개념적 지평을 기저로 하여 『공산당 선언』에서 『자본론』에 이르는 청년기 이후 마르크스의 사상적 발전이 추동되었다고 생각된다. 요약하자면, 마르크스는 인간의 유적 본질을 '다층적 관계 복합체 안에서 (생태적 자연 조건 아래서 생명, 생존, 생활, 생멸하며 사회적으로 분화되는 생활영역에 걸쳐) 실재적으로 살아가는 현실적 개개인들이라는 실존구조', 요약하면 **'실재적 관계들 안의 현실적 인간들'**로 조건화하면서, 자기시대에 경험한 인간들을 바로 당시대 조건 아래 놓인 '생성 초기의 자본주의적 계급관계들' 안에서 특정화시켜 이해하고 소통하려고 노력하였다고 보인다. 바로 이런 인간들의 생활양태를 개개 인간에게 닥친 조건을 총괄하여 파악하기 위해 그 조건을 구성하는 사회적 체계들을 종합하는 작업 지침이 나중 다름 아닌 '사적 유물론'으로 정식화되기에 이른다.

「유대인문제에 관하여」에서 획득한 이런 심층적·철학적 성찰이 청년 마르크스 그 뒤의 사상적 발전에서 어떤 개념 보강과 증거 자료들을 거쳐 후일 '사적 유물론'이라고 불리는, 인간과 사회의 연구를 위한, 실천적 연구 가이드로 보강되고 정식화되는지는 이후의 작업에서 진행하겠다.

참고문헌

국가인권위원회, 〈인간과 시민의 권리 선언 전문 보기〉, 「프랑스혁명과 인권선언 2」, 《휴먼레터》 94호, 2011년 8월 1일.
https://www.humanrights.go.kr/hrletter/110801/pop01.html)

데리다, 자크 지음/양운덕 옮김, 『마르크스의 유령들(Spectres de Marx)』, 한뜻, 1996.

데리다, 자크 지음/진태원 옮김, 『마르크스의 유령들(Spectres de Marx)』, 그린비, 2014.

마르쿠스, 죄르지 지음/정창조 옮김, 『마르크스는 인간을 어떻게 보았는가? 마르크스 철학에서 '인간본질' 개념(Marxism and Anthropology)』, 두번째테제, 2020.

마르크스, 칼·엥겔스, 「포이어어바흐 테제. 1. 포이어바흐에 붙여」 2019, pp.25~29.

_____, 「헤겔 법철학의 비판을 위하여. 서설」, 2016, pp.1~15.

마르크스, 칼·엥겔스, 프리드리히, 『칼 마르크스–프리드리히 엥겔스 저작선집 1』, 박종철출판사, 1991.

마르크스, 칼 지음/김현 옮김, 『유대인 문제에 관하여(Zur Judenfrage)』, 책세상, 2021.

마르크스, 칼 지음/김호균 옮김, 『정치경제학 비판을 위하여(Zur Kritik der politischen Ökonomie)』, 중원문화, 2017.

마르크스, 칼·엥겔스 지음/김호균 옮김, 『정치경제학 비판요강 Ⅰ (Grundrisse der Kritik der politischen Ökonomie)』, 그린비, 2000.

_____, 『정치경제학 비판요강 Ⅱ (Grundrisse der Kritik der politischen Ökonomie)』, 그린비, 2000.

_____, 『정치경제학 비판요강 Ⅲ (Grundrisse der Kritik der politischen Ökonomie)』, 그린비, 2000.

마르크스, 칼·엥겔스, 프리드리히 지음/이병철 옮김, 『독일 이데올로기 1권. 최근 독일 철학의 대표자 포이어바흐, 바우어, 슈티르너에 대한 비판. Marx Engels 전집 3』, 먼빛으로, 2019.

마르크스, 칼·엥겔스, 프리드리히 지음/이진우 옮김, 『공산당 선언』, 책세상, 2018.

백소라·홍윤기, 「루소에 있어 일반의지 기반의 입헌민주국가로서 공화국 건국과 통치 프로젝트—국가 건립과 통치 패러다임의 현대적 특이점으로서, '폴리스적 동물(zoon politikon)'로부터, '평등하고 자유로운 인간(l'homme egal et libre)'으로 발전한 '주권자 시민'으로의 인적 전형을 중심으로—」, 한국철학회, 『哲學』, 제142집, 2020.2., pp.25~68.

엥겔스, 프리드리히 지음/이재만 옮김, 『영국 노동계급의 상황』, 라티오출판사, 2014.

정문길, 『독일이데올기의 문헌학적 연구—초고의 해석과 연구』, 문학과지성사, 2011.

지젝, 슬라보예 지음/이현우·김유경 옮김, 『공산당 선언 리부트. 지젝과 다시 읽는 마르크스 Die verspätete Aktualtät des Kommunistischen Manifests』, 미디어창비, 2020.

지젝, 슬라보예/루다, 프랑크/함자, 아곤 지음/최진석 옮김, 『다시 마르크스를 읽는다』, 문학세계사, 2019.

프롬, E./포핏츠, H. 지음/김창호 옮김, 『마르크스의 人間觀』, 동녘, 1983.

핸디, 찰스 지음/강혜정 옮김, 『텅 빈 레인코트—왜 우리는 성공할수록 허전해지는가(The Empty Raincoat)』, 21세기북스, 2009.

헌법재판연구원, 「1789년 인간과 시민의 권리 선언의 헌법적 의미. 비교헌법재판연구 2014-B-2」, 헌법재판소, 2014.

후쿠야마, 프란시스 지음/이상훈 옮김, 『역사의 종말』, 한마음사, 1992.

Derrida, J., *Spectres de Marx* (Paris: Galilée, 1993).

Hong, Yun-Gi, *Dialektik-Kritik und Dialektik-Entwurf: Versuch einer wahrheitstheoretischen Auffassung der Dialektik durch die sozio-pragmatische Neubegründung* (Thesis (doctoral): Freie Universität

Berlin, Philosophie und Sozialwissenschaft 1995)

Fromm, Erich(2004/1961), *Marx's concept of man* (New York/London: CONTINUUM, 2004/ 1st. 1961)

_____, *On Being Human* (New York: The Continuum, 1999)

Fukuyama, Francis, *The End of History and the Last Man* (Free Press, 1992)

Human and Constitutional Rights Documents, "Declaration of the Rights of Man and of the Citizen", 2008.
(http://www.hrcr.org/docs/frenchdec.html updated March 26, 2008)

Marx, Karl(1843a/1976), "Zur Judenfrage" (Geschrieben August bis Dezember 1843). 인용쪽수 표시는 Karl Marx/Friedrich Engels, *Werke(MEW)*. BD.1 (Berlin/DDR, (Karl) Dietz Verlag, 1976, pp.347~377.
(교정: 1999. 8. 30. 이에 따른 인터넷판
http://www.mlwerke.de/me/me01/me01_347.htm)

_____(1843b/1976), "Zur Kritik der Hegelschen Rechtsphilosophie. Einleitung." in: Karl Marx/Friedrich Engels, *Werke(MEW)*. Bd.1. (Berlin/DDR: Dietz Verlag, 1976), pp.378~391.

Marx, Karl(1844), *Ökonomisch-philosophische Manuskripte aus dem Jahre 1844.* Geschrieben von April bis August 1844. Nach der Handschrift. in: K.Marx/F. Engels, *Werke(MEW)*, Ergänzungsband, 1.Teil, 1844, pp.465~588.

_____(1857/2005), *Grundrisse. Foundations of the Critique of Political Economy(Rough Draft)*, tr. by Martin Nicolaus (Marxists Internet Archive. Written: 1857~1861; Published: in German 1939~1941. Source: Penguin Books in association with New Left Review, 1973/ Ebook Conversion: Dave Allinson, 2015.
https://www.marxists.org/archive/marx/works/download/pdf/grundrisse.pdf)

_____(1859/1971), "Vorwort. Zur Kritik der politischen Ökonomie", in: Marx/Engels(1961/1971), pp.7~11.

Marx, Karl/Engels, Friedrich(1845/1978), "Thesen über Feuerbach", in: Marx/Engels(1958/1978), pp.5~7.

_____(1845~1846), "I. Feuerbach. Gegensatz von materialistischer und idealistischer Anschauung", in: *Die deutsche Ideologie.* in: Marx/Engels(1958/1978), pp.17~77.

_____(1848/2008), M*anifest der kommunistischen Partei.* Ed. by Salvio M. Soares, MetaLibri, 31. Okt. 2008, v1.0s.

_____(1958/1978), *Karl Marx/Friedrich Engels Werke.* Bd.3. (Berlin/DDR: Dietz Verlag, 1978; 1.Aufl., 1958)

_____(1961/1971), *Karl Marx/Friedrich Engels Werke.* Bd.13. (Berlin/DDR: Dietz Verlag, 7.Aufl., 1971; unveränderter Nachdruck der 1.Aufl., 1961), pp.7~11쪽.

Ministère de la Justice TEXTES & RÉFORMES[프랑스 법무성 홈페이지] (2001), "Déclaration des droits de l'Homme et du citoyen de 1789" (Accueil 〉 Textes fondamentaux 〉 Droits de l'homme et libertés fondamentales 〉 Déclaration des droits de l'Homme et du citoyen de 1789. 17 décembre 2001)
http://www.textes.justice.gouv.fr/textes-fondamentaux-10086/droits-de-lhomme-et-libertes-fondamentales-10087/declaration-des-droits-de-lhomme-et-du-citoyen-de-1789-10116.html

Morange, Jean 지음/변해철 옮김, 『1789년 인간과 시민의 권리 선언 (*La Déclaration des droits de l'homme et du citoyen de 1789)*』, 탐구당, 1999.

Schaff, Adam, *Marxism and the Human Individual*, Based on a translation by Olegierd Wojtasiewicz (New York et.al.: MxGrawhill Book Com, 1970/Warszawa), 1965.

Schwab, Klaus., "The Fourth Industrial Revolution: what it means, how to respond", *World Economic Forum,* 2016.

Stalin, J. V., "Dialectical and Historical Materialism", in : *Marxists Internet Archive* on https://www.marxists.org/reference/archive/stalin/works/1938/09.htm (First published in Russian Sep. 1938)

3.

공산당 선언 탄생사

최치원

3.

공산당 선언 탄생사

최치원

철학자들이 즐거이 세계에 대해 논의하는 이념들의 천국에서,
칼 마르크스가 하나님에게 말한다.
"그래 네가 세계를 창조했다고 치자,
주님 하지만 이제는 세계를 변화시켜야 할 시간이고,
그래서 내가 더 잘 알고 있지!" —Henryk Keisch(1983)

들어가는 말

대략 9,600단어의 공산당 선언은 이전의 모든 기도문들, 계명들
그리고 법들보다도, 56단어의 주기도문보다도, 297단어의 십계
명보다도 그리고 300단어의 미국독립선언서보다도 더 강력한 결
과를 가질 것이다. 텍스트는 위협으로 시작해서 약속으로 끝난
다: 유령이 유럽을 배회한다, 공산주의 유령…. 프롤레타리아는

자신의 사슬이외에는 잃을 게 아무것도 없다. 프롤레타리아가 얻을 것은 세계이다.(Raddaz, 1975: 6/9)

공산당 선언은 공산주의의 '위협'과 '약속'이 영원할 것이라고 확언한 적은 없다. 왜냐하면 그것은 칸트의 '순수이성비판'이나 헤겔의 '정신현상학' 혹은 니체의 '짜라투스트라는 이렇게 말했다'와 같이 영원성을 주장하는 철학적 이론서는 아니며 이론(철학)과 실천(행위)의 결합물이었기 때문이다. 행위로 만들어진 이론은 행위가 변하면 변한다. 선언은 당대의 중요한 사회 비판서이자 시대에 상응한 적절한 사회문제의 진단서였다. 그것은 최초의 독일의 노동운동조직이자 국제적 노동운동조직인 혁명정당, 즉 '공산주의자 동맹(Bund der Kommunisten)'을 위해 작성된다.

'독일에서 현상유지'(1847)에 나타난 엥겔스의 상황인식은, 공산당 선언이 왜 이론과 행위의 결합물인지를 알게 해주는 단서를 제공한다. '아직 명확하지 못하고, 혼란을 겪고 있을 뿐만 아니라 이데올로기적인 궤변을 통해 분열되어 있는 독일의 정당들'의 상황으로부터 이들의 '이해관계'와 '전술'을 '해명하고, [이들과] 차별화를 두고 실천적이 되어야 할 필연성'이 나온다. 공산당은 이러한 상황에서 '가장 최근에 나온' 정당이며, 그래서 공산당도 '자신의 입장과 자신의 투쟁계획(Feldzugsplan) 그리고 자신의 수단'이 무엇인지에 관해 분명해질 필요가 있다.(MEW Bd.4: 43)

공산당 선언은 총 4개의 장으로 구성되어 있다. 1장('부르주아지와 프롤레타리아')은 노예제 사회에서 당대까지의 유럽 역사의 특징을 서술하고, 역사의 동인으로서 계급투쟁과 그 필요성을 제시한다. 2장(프롤레타리아와 공산주의자)은 계급투쟁의 정치이론을 전개한다. 3장(사회주의 및 공산주의 문건)은 자칭 사회주의자와 공산주의자를 비판한다. 4장(여러 반정부당들에 대한 공산주의자들의 입장)은 공산주의자들이 기존의 사회적 정치적 질서에 반대하는 모든 혁명운동을 어디서든 지지할 것임을 밝힌다. 1장과 2장은 마르크스와 엥겔스의 이전의 작품들, 특히 '신성가족', '독일 이데올로기', '철학의 빈곤', '임노동과 자본' 강연노트, '영국에서 노동자계급의 상태', '독일에서 현상유지'의 사상이 근간을 형성하고 있을 뿐만 아니라, '공산주의 민음고백 초안'과 '공산주의의 근본원칙들'의 핵심 주제를 반영하고 있다. 3장과 4장은 무엇보다 회람문들(1846년 11월과 1847년 2월의 인사말들)과 1847년의 '공산주의 신문' 시험판 그리고 강령의 작성 과정에서 논의된 여러 문건들의 내용을 반영하고 있다. 그래서 공산당 선언이 '인식과 이론이 세상과 등을 돌린 공부방에서 고안'된 것이라고 생각하는 것만큼 '그릇된 것'은 없는 것이다.(Hundt, 1973, 8) 그것은 최소한 3번의 공개적 논쟁과 그리고 대규모 공론장에서 2번의 토론 과정을 거쳐 탄생된 것이다. 요컨대 공산당 선언은, '계몽의 사회사'(Hahn, 1976: 75ff.)의 정점에 있는 작품이자, 무엇보다도 이론이 '실천으로의 '즉각적인 통로''를 가지고 있다는 것과 이론이 '실천의 영역을 넘나들을 수 있다'(Habermas, 1978[1961/63]: 78; 최치원, 2013: 7, 20)는 것을 보여준 전형이다. 이 과정은 마르크스가 '헤겔 법철학 비판 서문'에서 세계에 대해 자신의 입장을 표명하였을 때 이미 시작된다.

철학이 프롤레타리아에서 그 물질적인 무기를 발견하듯이 프롤레타리아는 철학에서 자신의 *정신적인* 무기를 발견한다.(MEW Bd.1: 391)

'물질적인 무기'이자 '정신적인 무기'인 공산당 선언은 어떻게 생겨난 것일까? 본 글은 이것을 탐구하여 밝힌다.

행위와 이론의 관계 그리고 실천적 대안의 문제

엥겔스는 공산당 선언 영국판 서문(1888)에서, '사회주의는 최소한 대륙에서는 '사랑방적인(salonfähig)' 것이었지만 공산주의는 바로 그 반대'였으며, 무엇보다 "노동자계급의 해방은 노동자계급 자신의 작품이어야 한다'고 생각'했기에 사회주의당선언이 아니라 공산당 선언이 될 수밖에 없었다는 것을 상세히 밝히고 있다.(MEW Bd.4: 580f.) 노동자계급의 해방이 노동자 스스로의 '작품'인 한, 공산당 선언은 이 작품을 위한 보조물 내지는 보완물일 수밖에 없을 것이다. 이처럼 마르크스와 엥겔스 자신들이 각각 30살과 28살의 청년 시절에 작성한 공산당 선언에 대해 낡은 '역사적 문건'이라는 것을 50대 중반의 나이에 솔직하게 인정하는 것은 우연이 아닐 것이다. 행위와 이론의 맥락에서 볼 때, 행위가 변하게 되면 (행위로 만들어진) 이론은 낡은 것이 되는 것이 필연적이기 때문이다. 과거를 회고하면서 작성한 이들의 1872년의 독일어판 공동 서문(London, 24. Juni 1872)에는 다음과 같은 내용이 나온다.

지난 25년 동안 상황이 많이 바뀌었더라도 이 '선언'에서 전개된 일반원칙들은 전반적으로 오늘날에도 그 온전한 타당성을 유지하고 있습니다. (⋯) '선언' 자체는 이 원칙들의 실천적 적용이 언제 어디서든 주어진 역사적 상황들에 좌우될 것이라고 밝히고 있으며, 그렇기에 2장의 끝부분에서 제안된 혁명적 조치들에 대해서는 어떤 특별한 무게를 두지 않습니다. (⋯) 지난 25년 동안 대산업의 거대한 발전 및 이와 동시에 노동자계급의 진보적인 당조직에 직면하여, 처음에는 2월 혁명 그리고는 노동자가 최초로 2개월 동안 정치적 권력을 잡고 있었던 파리꼬뮌이라는 실천적 경험들에 직면하여 오늘날 이 강령은 이곳저곳이 낡아버렸습니다. 특히 파리꼬뮌은 '노동자계급이 완성된 국가기구를 단순히 장악해서 자기자신의 목적을 위해 작동시킬 수는 없다'는 것을 입증해주었습니다. (⋯) 더구나 [공산당 선언의 3장의] 사회주의 문헌에 대한 비판은 단지 1847년까지만 해당되기 때문에 결함이 있다는 점은 더 이상 말할 필요가 없습니다. 다양한 반정부당들에 대한 공산주의자들의 입장에 대한 논평(4장)도 마찬가지입니다. 비록 오늘날 기본적인 특징들은 아직 타당하지만, 그것의 실행은 오늘날 정치적 상황과 역사적 발전이 전체적으로 변해버렸고 거기[4장]에서 거론된 정당들이 세상에서 사라져버렸기 때문에 낡아 버렸다는 것입니다. 그러나 '선언'은 우리가 변경할 권한을 갖고 있지 못하는 역사적 문건입니다. 다음 판이 나오면 아마 1847년부터 지금에 이르기까지의 간격을 연결시키는 서론이 덧붙여질 것입니다.(MEW Bd.4: 573-574)

마르크스와 엥겔스는 공산당 선언이 낡은 '역사적 문건'임을 강조한다. 이는 행위가 변하게 되면 (행위로 만들어진) 이론은 낡은 것이 된다는 것을 의미한다. 즉, '노동자계급의 해방'을 위한 새로운 실천적 대안이 요청되는 것이다.

이것은 무엇을 의미하는가? 이 문제를 풀기 위해서는 마르크스가 제1 인터내셔널 헤이그 대회(1872.9.2.~9.7.)의 폐막식에서 행한 '헤이그 대회에 대한 연설(Rede über den Haager Kongreß)'로 돌아갈 필요가 있다. 그는 여기서 자신의 '과거의 모든 노력'이 그랬듯이 자신의 삶의 '모든 나머지'가 '사회적 이념들의 승리에 받쳐질 것'(MEW Bd.18: 161)이라고 밝힌다. '18세기에 왕과 유력인사들이 군주들이 자신들의 왕조의 이해관계를 논의하기 위해 회합'(MEW Bd.18: 159)하곤 했다는 헤이그에서 국제노동자 대회가 열린다는 것 자체는 마르크스로 하여금 공산당 선언의 메시지를 상기시키기에 충분한 역사적 의의를 갖는 사건임에는 틀림없다.

그래서 그런가? 그는 연설 곳곳에서 공산당 선언의 중심 주제를 상기시키는 듯한 말을 한다. "노동자는 새로운 노동조직을 수립하기 위해 언젠가는 정치권력을 거머쥐어야 하고 (…) 낡은 제도들을 지탱해주고 있는 낡은 정치를 전복해야 합니다(…)." 폭력은 "노동의 지배 확립을 위해 언젠가 호소해야"만 하는 "우리의 혁명의 지렛대입니다."(MEW Bd.18: 160) 그는 자신이 헌신해왔고 헌신할 '사회적 이념들'이 "언젠가는-확신하십시오-프롤레타리아의 세계지배를 이끌어낼 것입니다"(MEW Bd.18: 161)라는 말로 연설을 끝맺는다. 이 끝말은 공산당 선언을 끝내는 말, 즉 '프롤레타리아는 자신의 사슬이외에는 잃을게 아무것도 없다. 프롤레타리아가 얻을 것은 세계이다'를 명확하게 재구성한 것이다. 그런데 보다 중요한 것은, 마르크스가 연설 중에 '노동의 지배'의 수립이라는 공산주의의 목적과 관련하여 흥미로운 언급을 하고 있다는 점이다. 즉, '이러한 목적에 도달하기 위한 경로가 어디서나 동일한' 것은 아니며, 그래서 "서로 다른 나라들의 제도들, 관습들 그리고 전통들을 고려해 넣어야 한다"라는 것이다.

> (…) 미국, 영국 그리고 (…) 아마도 네덜란드에서는 노동자가 평화로운 경로(auf friedlichem wege)로 자신들의 목적에 도달할 수 있다는 것을 우리는 부인하지는 않습니다.(MEW Bd.18: 160)

마르크스의 '평화로운 경로'란 구체적으로 무엇을 의미하는가? 무엇보다 1년 전 제1 인터내셔널 런던대회(1871.9.17.~23.)에서 채택된 '국제노동자협회 대의원회의 결의안(Beschlüsse der Delegiertenkonferenz der Internationalen Arbeiterassoziation)'으로 돌아갈 필요가 있다. 왜냐하면 마르크스와 엥겔스에 의해 대부분 작성된 이 문건에는 좌절된 파리꼬뮌(1871.3.18.~5.28.)의 경험으로부터 나오는 '평화적 경로'에 대한 마르크스 자신의 문제의식이 담겨 있기 때문이다. 여기서 마르크스는 '평화적 경로'는, 노동자계급이 '소유계급의 모든 낡은 정당형성들(Parteibildungen)과 대립해서 자기자신을 특별한 정당으로 형성(konstituiert)'하는 것임을 암시해준다. 이러한 형성은 '사회혁명과 그 궁극목적인 *계급철폐*를 위해서는 필수적(unerläßlich)'

이다.(MEW Bd.17: 422)

　'평화로운 경로'의 구체적 의미는 1875년 4월에서 5월 초에 작성된 마르크스의 '고타강령비판(Kritik des Gothaer Programms)'에서도 추론이 가능하다. 그의 비판의 초점은, 고타강령이 상정하고 있는 국가가 자본주의로부터 공산주의로의 '혁명적 변혁'에 상응하는 '정치적 이행기'의 *프롤레타리아의 혁명적인 독재*와도 관련이 없고 '공산주의 사회의 미래 국가제도'와도 관련이 없다(MEW Bd.19, 28)는 것에 맞추어진다. 그런데 여기서 문제의 핵심은 다음에 있다. 즉, 비록 그가 고타강령의 정치적 요구들을 부르주아지 정당들의 '공허한 울림' 혹은 '전 세계가 알고 있는 민주주의 장광설(Litanei)'이라고 비판을 하고, 이에 대한 사례로 '보통선거권, 직접입법, 인민의 권리, 인민의 저항 등'(MEW Bd.19: 29)을 거론하고 있지만, 바로 이러한 것들이 그가 의미하는 '평화적 경로'의 구체적 표현물이라는 점이다.

　1878년 9월경에 작성된 것으로 추정되는 마르크스의 '독일 제국의회의 반사회주의자법 논쟁을 위한 논문 구상(Konzept eines Artikels zur Debatte über das Antisozialistengesetz im Deutschen reichstag)'에서는 '고타강령비판'과는 다른 맥락에서 '평화적 경로'의 의미를 추론할 수 있는 단서가 나온다. 여기서 그는 '노동자계급의 해방'이라는 목표에 도달하는 방법으로써 '평화적 전개'와 '폭력적 전개'라는 두 문제를 고려한 뒤 다음과 같은 결론을 내린다. 역사적 전개가 '평화적'으로 오래 남아 있을 수 있는 것은, 오직 (…) 사회의 권력자 측에서의 폭력적 방해물이 [이 전개를] 가로막지 않는 한에 있어서이다. 예컨대 영국이나 미국에서 노동자계급이 의회에서 다수를 차지한다면 그들[노동자계급]은 사회적 발전이 성숙하다면 합법적 경로로 자신들의 발전에 장애가 되는 법들과 제도들을 제거할 수도 있다.(MEGA Bd.25/1. Abteilung: 166-167)

마지막으로 언급될 것은 1880년 5월 초에 작성된 마르크스의 '프랑스 노동당 강령 서론(Einleitung zum Programm der französischen Arbeiterpartei)'이다. 이 문건은 '평화적 경로'가 '이제까지 그래왔던 기만의 수단에서 해방의 수단으로 바뀔' 수도 있을 가능성을 보여주는 '보통선거권'(MEW Bd.19: 238)이라는 것을 암시해준다.

공산당 선언의 탄생 과정

1) 첫째 효모: 정의로운자 동맹과 독일 노동자교육협회

독일은 대략 1830년대에 산업혁명이 시작된다. 헤겔이 1820년에 출간한 '법철학'에서 영국을 모델로 개념화한 근대 시민사회의 문제가 이제는 독일에서도 현실화가 시작된다. 엥겔스가 '1845년과 1885년의 영국(England, 1845 und 1885)'이라는 글에서 평가하듯이 '거대한 산업의 중심점'으로서 영국은 '세계의 공장(Werkstatt der Welt)이 되어야 했고, 모든 다른 나라들은 영국을 위한 [세계의 공장이] 되어야 했다.'(MEW Bd.21: 192)

이 맥락에서 1840년대를 전후로 한 당대의 노동운동의 세 가지 모습이 그려질 수 있다. 첫째, '가장 풍부한 [투쟁의] 전통을 간직하고 있지만, 가장 분절화된' 형태를 보여주는 프랑스의 경우이다. 둘째, 차티스트운동으로 대변되는 '가장 커다랗지만, 조직적으로는 가장 느슨한' 형태를 보여주는 영국의 경우이다. 마지막으로 '가장 작지만, 가장 국제적이고 이론적으로 가장 탄탄한' 형태를 보여주는 독일의 경우이다.(Hundt, 1973: 10) 독일을 대표했던 조직이 바로 '정의로운자들의 동맹(Bund der Gerechten)'이었다.

'정의로운자들의 동맹'(혹은 의인동맹)의 전신은 주로 망명자들과 독일인 수공업자들을 중심으로 1834년 파리에서 결성된 비밀결사 조직 '추방자들의 동맹(Bund der Geächteten)'이었다. 법학자이자 의사였던 슈스터(Theodor Schuster)와 언론인 베네다이(Jacob Venedey) 등이 이끌었던 이 조직은 프랑스혁명(1789)과 바뵈프(François-Noël Babeuf)의 평등주의의 이념의 영향하에서 평등, 자유 및 인민의 통일을 목적으로 한 공화국을 실현시키려 했다. 이 조직은 1838년까지 존속한다. 여기서 조직의 급진노선을 대변하고 있던 바이틀링(Wilhelm Weitling)과 그리고 슈아퍼(Karl Schapper), 바우어(Heinrich Bauer), 몰(Joseph Moll) 등이 주도하여 역시 파리에서 1836년 '정의로운 자들의 동맹'을 출범시킨다. 1839년 5월 12일 파리에서 블랑키주의자들의 봉기가 있었으나 몇 시간 만에 진압된다. 블랑키주의자들과 '정의로운 자들의 동맹'은 서로 밀접한 관계를 유지하고 있었는데, 동맹의 급진주의자들도 이 봉기에 참여한 것이다. 봉기의 실패는 동맹을 이끌던 슈아퍼 등의 추방과 조직의 와해를 가져온다. 이후 동맹은 1840년에 런던에서 재건되고, 파리, 스위스, 독일 그리고 미국 등에서 자치회들(Gemeinde)이 세워진다.

파리에서 런던에 도착한 동맹의 사람들은 우선 슈아퍼의 주도하에 런던에 있던 독일 노동자들과 장인들과 함께 1840년 2월 7일에 [후에 '공산주의 노동자 교육연맹(Communistischen Arbeiter-Bildungs-Verein)'으로 이름이 바뀌는] '독일 노동자교육협회(Der Deutsche Arbeiterbildungsverein)'를 창립한다. 런던의 동맹의 회원들은 바로 이 교육협회의 핵심을 구성하면서 교육협회 내에서 그리고 교육협회를 통해서 활동한다.

동맹은 당시 영국 노동운동의 두 축을 구성하고 있던 조직, 즉 로벳(William Lovett)이 이끌던 온건조직인 '런던 노동자 결사(London Working Men's Association)'와 하니(George Julian Harney)가 이끌던 급진조직인 '런던 민주주의 결사(The East London Democratic Association)'와 긴밀한 협조관계를 유지하면서 활동한다. 하니는 후에 마르크스와 엥겔스의 주선으로 1845년 9월 런던에서 보다 급진적인 (제1 인터내셔널의 전신인) '형제의 민주주의자들(The Fraternal Democrats)'을 창립하는데, 여기에 동맹의 사람들도 참여한다. 동맹의 슬로건 '모든 인간은 형제다(Alle Menschen sind Brüder)'는 '런던 노동자 결사'의 슬로건인 'All Men are Brethren'에서 따온 것이다.

2) 둘째 효모: 동맹의 이론 논쟁과 전개

공산당 선언이 등장하기 이전에 많은 노동자조직들이 1789년 프랑스혁명의 '인간과 시민의 권리 선언'의 이상에 집착하고 있었다. 영국의 '런던 노동자 결사'나 '동맹'의 슬로건이 '모든 인간은 형제다'를 채택한 것은 우연이 아니다. 그러나 훈트(Hundt, 1973: 15)가 적절히 포착하듯이 자유(liberté)는 이윤추구의 자유를 정당화하는 논리로, 평등(égalité)은 그저 법 앞에 평등이라는 형식으로, 우애(fraternité)는 인간을 통한 인간의 착취를 비꼬는 말로 이해되는 것이 현실이었다.

이러한 시대 상황은 노동자를 위한 새로운 철학 내지는 이론 혹은 노동자를 위한 특별한 강령이 필요하다는 것을 의미한다. 시대가 더 이상 시민의 '공화국'이 아니라 노동자 '공동체' 혹은 '재산공동체', 다시 말해 공산주의의 설립을 요구한 것이다. 앞서 살펴보았지만 1836년에서 1838년의 기간은 동맹의 태동기이다. 동맹은 바로 이러한 문제를 논의하며, 그 핵심에 투쟁의 문제(혁명이냐 개혁이냐?)와 사적 소유의 문제(폐지냐 존속이냐?)가 있었다.

공산당 선언 이전에 어떤 문건들이 동맹을 이끌어가던 이론이었는가? 여기에는 세 가지 형태가 있다.

첫째, 노동자강령을 만들기 위한 최초의 논의는 1838년에 파리에서 있었는데, 앞서 언급한 '재산공동체'가 논의의 주제였다. 논의가 끝난 후에 바이틀링에게 소책자를 작성해달라는 의뢰가 간다. 그 결과물이 '인류는 어떤 상황에 있고 어떠해야 하는가(Menschheit, wie sie ist und wie sie sein sollte)'이다. 1838년에 60쪽 정도의 분량으로 출간된 이 문건은 바뵈프나 프루동(Pierre-Joseph Proudhon) 같은 프랑스 사회주의자들의 영향을 받고 있다. 이 책자는 인민대중의 투쟁과 혁명을 통한 사적 소유의 폐지와 공산주의의 실현을 주장한다. 공산주의의 궁극적인 이상은 '재산공동체'이다. 바이틀링에 따르면 재산공동체는 '인류의 구원'(Weitling, 2003[1838/39]: Kap.11)이다. 바이틀링의 소책자는 이후 수년간 '동맹'의 노동자들에게 공산주의(재산공동체)의 실현을 위한 강령의 역할을 한다. 그러나 분명한 한계가 있다. 무엇보다도 책자 전반에 깔린 기독교적 색채이다.

그리하여 예수가 인민을 보았을 때, 인민은 그를 비탄에 빠뜨렸다, 그래서 그는 제자들에게 말했다: 수확이 많으나 일꾼들은 적으니, 수확의 주인에게 청해서 일꾼들을 보내 수확하도록 하라.(Weitling, 2003[1838/39]: Kap.1)

'이웃사랑'은 바이틀링에게 혁명의 계명이다. '이웃사랑은 우리의 낫이자 진실로 신성한 벗'(Weitling, 2003[1838/39]: Kap.1)이다. 예수는 이웃사랑을 실천한 최초의 공산주의자가 된다.

둘째, 동맹의 강령의 역할을 했던 두 번째 책자는 1842년 말에 출간된 바이틀링의 '조화와 자유의 보장(Garantien der Harmonie und Freiheit)'이다. 18개의 장과 대략 300쪽 분량의 이 작품은 앞서의 소책자와 마찬가지로 공산주의(즉, 재산공동체)의 실현 문제를 다루고 있다. 그에게 공산주의의 실현의 담당자는 '가장 수가 많고 가난한 계급'이다.(Weitling, 1842: 239) 다소간 모호하지만 공산주의의 실현을 위한 인민대중의 혁명적 투쟁이 주장된다.

(…) 소유에 대항하는 혁명, 아니 정신적인 혁명을 우리는 만들어야 한다.(Weitling, 1842: 239)

바이틀링에게 '정신적인 혁명'은 도덕의 문제이다.

(…) 모든 이기주의 정부를 불가능하게 만드는 도덕이 설교되어야 한다. [그 도덕은] 거리의 유혈의 전투장을 (…) 지속적인 게릴라전으로 변화시키는 도덕이며, 이 게릴라전은 빈자들의 땀에 관한 부자들의 모든 망상을 파괴시킨다.(Weitling, 1842: 240)

'조화와 자유의 보장'에서 살펴보았듯이 공산주의는 당위적인 선언적 구호에 머물고 있다. 그것은 부자와 빈자의 대립에 대한 막연한 생각 속에서 자본주의의 문제의 해결을 '가장 수가 많고 가난한 계급'에서 찾고 있다. 그럼에도 마르크스는 바이틀링의 이 책에 대해 긍정적인 의미를 부여한다. "부르주아지가—자신의 철학자와 문필가를 포함해서—자신의 해방과 관련하여 바이틀링의 '조화와 자유의 보장'과 같은 작품을 어디서 제시해줄 수가 있단 말인가?" 바이틀링의 '조화와 자유의 보장'은 독일의 정치적 저작의 무미건조함과 소심함과 대비되는 '독일 노동자의 *과격하고도* 뛰어난 문학적 데뷔'이다.(MEW Bd.1: 405)

셋째, 바이틀링의 두 개의 책자는 부분적으로는 1848년에 '공산당 선언'이 나오기까지 동맹의 정강의 역할을 한다. 그런데 바이틀링의 책자들과 경쟁하던 또 다른 책자가 있었다. 슈아퍼의 1838년의 '재산공동체(Gütergemeinschaft)'이다. 이 책자는 교리문답의 형식으로 이루어져 있다. 당대에는 교리문답형의 간결한 책자가 특히 프랑스 사회주의자들 사이에서 여러 형태로 작성되어 유포되어 있었는데, 슈아퍼가 조직의 안내서로 활용하기 위해 그러한 형태의 책자를 만든 것이다. 현재는 단편으로만 전해져오는 이 책자의 핵심 내용은 오직 재산공동체에서 인간의 자유와 평등이 완벽하게 실현된다는 데 있다. 재산공동체는 원래 인류 역사의 초창기에 존재했지만 "귀족의 탄생과 함께 파괴되었다."(BdK Bd.1: 102) 귀족에 대한 비난이 다시 왕으로 향해지는 것은 당연하다.

> (…) 많은 사람들을 억압했던 자들이 왕이라고 칭해졌다. 이들[왕]이 있게 되어 권리, 자유, 평등이 지상에서 사라졌다.(BdK Bd.1: 101)

슈아퍼는 재산공동체의 의의를 다음과 같이 요약한다.

> 정리하자면 나의 확고한 내적인 확신은, 오직 모두가 지구상의 재물에 대해 완전히 평등한 권리를 가지고 재물을 향유하며, (…) 모두가 동일한 정도로 모두의 공동체적 복지를 위해 일하는 하나의 국가결사체에서 살아갈 때에만, 즉 오직 재산공동체가 있게 될 때에만, 인간이 현실적으로 자유롭고 행복하게 된다는 것이다.(BdK Bd.1: 100)

3) 셋째 효모: 마르크스와 엥겔스의 만남 그리고 동맹

마르크스가 엥겔스를 최초로 만난 것은 마르크스가 쾰른에서 '라인 신문(Rheinische Zeitung)'의 편집장으로 일하고 있던 1842년이다. 첫 만남의 분위기는 냉랭했다. 마르크스는 1843년 독일에서 파리로 이주하게 되고, 여기서 이듬해 8월 28일에서 9월 6일 사이에 다시 엥겔스를 만나 서로간의 기본입장을 공유하게 되고 평생의 절친관계를 갖는다. 이후 마르크스는 1845년 1월 말에 파리에서 추방되어 다시 브뤼셀로 이주하게 되는데, 바로 이곳에서 엥겔스와의 공저 '독일 이데올로기'가 탄생한다. '독일 이데올로기'는 당대가 아닌 20세기에 출간된다.

엥겔스는 1843년 런던에 체류하고 있었는데, 이곳에서 슈아퍼, 바우어, 몰 등과 같은 동맹의 지도부를 알고 지낸다. 마르크스와 엥겔스의 만남을 전후로 대략 추정해보면 이들은 1843년과 1844년에 동맹의 존재를 인식하고 있었다고 할 수 있다. 당시의 런던의 동맹은 오웬(Robert Owen)의 활동의 성과를 집중적으로 공부하고 있었으며, 그 밖에 프랑스의 까베(Etienne Cabet)와 스위스에 있던 바이틀링 등과 교류를 하였다. 런던 조직은 뒤에서 곧 살펴보겠지만 1842년부터는 포이에르바하의 저작들을 공부하기 시작한다.

오이저만(Oiserman, 2013[1980]: 346)은 마르크스와 엥겔스의 기억을 토대로, 이들이 동맹을 혁명적인 프롤레타리아 정당으로 바꾸어 놓으려는 시점을 대략 '독불연보(Deutsch-Französische Jahrbücher)'의 발간 시점인 1844년 2월로 추정한다. 그도 그럴 것이 파리에서 출간된 '독불연보'에는 프롤레타리아의 역사적 임무에 관한 마르크스와 엥겔스의 이념이 형성되어 나타나 있기 때문이다. 참고로 마르크스와 루게(Arnold Ruge)가 공동으로 발간한 이 책에는 마르크스의 '유대인 문제에 관하여(Zur Judenfrage)'와 '헤겔 법철학 비판 서문' 그리고 엥겔스의 '국민경제학 비판 개요(Umrisse zu einer Kritik der Nationalökonomie)'와 '영국의 상황(Die Lage Englands)' 등이 실려 있다. '연보'는 경찰에 의해 압수당한다. 오버만(Oberman, 1950:

42)은 동맹의 런던 지도부가 이미 1846년 말에 마르크스와 엥겔스의 영향하에서 이들과 함께 (바이틀링이 주된 원인인) 조직의 교조주의와 종파주의를 극복하려 했다는 점을 강조한다. 다른 한편 훈트 (Hundt, 1973: 26)는 '동맹'의 런던 조직이 바이틀링의 이론적 영향으로부터 벗어난 시점을 1845년으로 잡고 있다.

여기서 다시 마르크스와 엥겔스의 만남으로 돌아가보자. 1843년에 독일에서 파리로 이주한 마르크스가 이곳에서 엥겔스를 만난 해는 1844년 8월이다. 엥겔스는 1842년에서 1844년 마르크스를 만나기 전에 영국에 체류하고 있었다. 마르크스와 엥겔스는 곧 9월에서 11월 사이에 최초의 공동저작인 '신성가족(Die Heilige Familie)'을 집필한다. '신성가족'의 집필을 끝낸 후에 마르크스는 곧 '정치와 국민경제학 비판(Kritik der Politik und Nationalökonomie)'을 쓰는 작업에 착수했고, 엥겔스는 '영국에서 노동자계급의 상태(Die Lage der arbeitenden Klasse in England)'의 집필을 끝낸 후에 영국의 사회주의에 발전에 관한 글을 쓰기 시작한다.

마르크스와 엥겔스는 이러한 작업들에 필요한 문헌 연구를 위해 1845년 7월에 영국을 방문한다. 그리고 이들은 8월까지 런던에 체류하면서 차티스트 운동가들뿐만 아니라 동맹의 지도부와 만나게 된다. 마르크스를 파리에서 만나기 전에 1842년부터 영국에 체류하던 엥겔스는 슈아퍼, 바우어, 몰 그리고 휀더(Karl Pfänder)와 같은 동맹의 영국 지도부를 1843년 이후부터는 이미 알고 지내고 있었다. 엥겔스가 마르크스와 함께 런던에서 동맹의 지도부 사람들을 다시 만났을 때, 그는 이들에게 몇 주 전에 라이프찌히에서 출간된 자신의 책 '영국에서 노동계급의 상태'를 전달해준다. 마르크스와 엥겔스는 이들로부터 (공산주의 문제를 토론하기 위해 바이틀링이 작성한 질문들에 대한) 당시의 논의의 상황과 바이틀링의 시각에 대한 부정적 입장에 관해 알게 된다.

마르크스와 엥겔스는 브뤼셀에서 1846년 초에 '공산주의자 통신위원회(Kommunistisches Korrespondenz-Komitee)'를 창립한다. '통신위원회'의 창립의 취지는 각지에 흩어져 있는 노동자조직과 공산주의 및 사회주의 이론가들과 언론인들로 하여금 정기적인 교류를 통해 서로 간의 관심사와 정보를 교환하려는 데 있었다.

4) 1차 공산주의 논쟁

여기서 '동맹'의 가장 중요한 이론가이자 실천가였던 바이틀링의 행적을 살펴보는 것은 흥미롭다. 그는 1843년에 스위스 쮜리히에서 체포되어 1844년 중반에 추방을 당한다. 그가 독일경찰에 쫓겨 런던에 오게 된 시점은 1844년 8월 말이다. 런던에서 그는 '동맹'의 '순교자이자 동시에 가장 성공적인 이론가'(Hundt, 1973: 26)로서 존경을 받고 권위를 누리면서 공산주의 이론을 둘러싸고 마르크스와 엥겔스와 경쟁을 하게 된다. 그가 런던에서 한 첫 작업이 공산주의를 논의할 목적으로 작성된 20개의 문항이었다는 점은 이론가로서 그의 위상을 확인시켜주기에 충분한 사례이다.

1844년 말에 작성된 이 문항들을 몇 가지 소개하면 다음과 같다.

인간은 자신과 관련해서 무엇을 선이라 부르고 무엇을 악이라고 부르는가? 공산주의가 (…) 실현되지 않은 원인이 있다면 무엇일가? 어떤 방식으로 (…) 공산주의의 도입이 가장 가능할 수 있을까? 어떤 사람들이 공산주의의 도입에 가장 관심을 가질까(…)?" 어떤 것이 (…) 가장 완벽한 공산주의의 핵심인가? (…)(BdK Bd.1: 214ff.)

바이틀링이 작성한 질문들은 인간의 본성의 문제뿐만 아니라 공산주의의 실현과 그 모습 그리고 그것을 실현시킬 행위자들의 문제에 맞추어져 있다.

그런데 바이틀링이 이러한 물음을 작성하기 이전에 이와 유사한 방식으로 물음을 작성했던 사람이 있었다. 그가 바로 런던 조직을 이끌던 슈아퍼였다. 그가 1838년에 작성된 질문들은, 예컨대 '어떤 노동자 계급이 가장 없어서는 안 될 계급인가?' 혹은 '어떤 식으로 공동 노동을 분배하는 것이 가장 적당한가?'(BdK Bd.1: 107) 등과 같은 것이다. 슈아퍼의 질문들은 약간의 형태가 변하기는 하지만 1844년과 1845년에 그리고 1846년과 1847년에 간헐적으로 논의가 되고, 바이틀링의 질문들 역시 1845년 2월과 1846년 1월 사이에 논의가 된다.

다시 바이틀링으로 돌아와보자. 바이틀링이 제기한 질문들은 동맹의 런던 조직의 활동기반인 '노동자교육협회'에서 구체적으로 논의가 된다. 여기서 '공산주의가 실현되지 않은 원인'에 대해 바이틀링 자신은, 공산주의를 위해 대중을 언제라도 즉각적으로 동원하는 것이 가능하지만, '공산주의를 위해서는 성숙하지 못하다'고 떠벌리는 자들 때문에 공산주의가 실현되지 못한다는 입장을 견지한다. (BdK Bd.1: 218) 슈아퍼와 휀더(Carl Heinrich Pfänder)도 이와 유사한 입장을 취한다. 이들에 따르면, 공산주의가 존재하지 않는 이유는 봉건적인 억압과 후진성을 인식할 계몽과 공산주의의 이점을 인식할 이성이 부족하기 때문이다.(BdK Bd.1, 216~217: 223)

'누가 공산주의의 도입에 가장 적극적인가'라는 물음을 둘러싸고 전개된 입장도 흥미롭다. 예컨대 공산주의가 다양한 부류의 사람들의 연합에 의해서 도입될 수 있다고 주장하는 바이틀링에 반대해서 바우어(Heinrich Bauer)는 "(…) 노동자들이 그것을 하게 될 것이다"라고 주장한다. 즉, 노동자들이 "계몽이 되어 있다면, 이들의 [공산주의에 대한] 요구는 전광석화와 같이 실행된다(ausgeführt)"(BdK Bd.1: 231)는 것이다. 레에만(Albert Lehmann)도 바우어와 유사한 입장을 견지하여 공산주의의 실현을 위해서는 '학자층'이 아니라 '공장도시'를 주목해야 한다고 주장한다. 바우어는 레에만의 주장에 대해 '교육은 보다 좋은 미래를 불러내는(hervorzurufen) 으뜸 수단'임을 덧붙인다.(BdK Bd.1: 232)

특히 주목할 것은 '가장 완벽한 공산주의의 핵심'이 무엇인가란 물음을 둘러싸고 1845년 8월 말에서 11월 초까지 벌어진 논쟁이다. 여기서 바이틀링은 다음과 같이 주장한다.

공산주의는 이것이다: 내가 나에게 행하는 것은 다른 사람에게도 좋아야 하거나 혹은 가능해야만 하며, 어느 누구에게도 더 이상 방해가 있어서는 안 된다. 완벽하게 표현하자면, 자신에게 바라

는 것은 모든 사람들에게도 그래야만 한다.(BdK Bd.1: 233)

이에 반해 슈아퍼는 '노동과 향유' 그리고 '만족'의 맥락에서 공산주의의 핵심을 보고 있다. 즉, 공산주의에서 노동과 향유는 서로 '교차'되어 이루어질 필요가 있고, 만족은 '물질적인 재화'에만 한정되어서는 안 되는 '정신적인' 것으로 이해된다.(BdK 222) 마찬가지로 바우어는 "인간은 자유를 공동 소유로 해야 하는데, 그렇지 않으면 인간은 자신의 능력을 발전시킬 수가 없다"라고 주장한다.(BdK Bd.1: 235)

바이틀링이 작성한 문항들을 둘러싼 논의는 초보적이고 단순한 형태를 보여준다. 당대 자본주의의 역사적 상황과 그 특성과 미래에 대한 구체적인 이론적 인식이 없다. 논쟁의 당사자들에게 미래사회의 문제는 '계몽'이나 '이성'의 문제이다. 특히 공산주의가 아직 실현되지 않은 '원인'이 무엇인가라는 문제는 그것의 실현의 전제가 무엇인가라는 문제와 불가분의 관계에 있는데, 이는 자본주의에 대한 구체적 분석 없이는 불가능하다. 그럼에도 런던에서 전개된 공산주의 논쟁은 후에 공산당 선언으로 하여금 앞서 제기된 문제들에 대한 답변을 찾도록 하는 중요한 계기가 되었다는 점에서 그 의의를 갖는다.

5) 동맹의 이론적 부침, 선회 그리고 발전

마르크스와 엥겔스의 이론의 영향이 동맹에 미친 영향이 구체적으로 드러나는 시점은 1846년 말이다. 바꾸어 말하면 이것은 바이틀링의 영향력의 감퇴를 의미한다. 또한 이러한 상황은 동맹에 영향을 미치고 있던 여러 이론들, 예컨대 무모한 봉기를 주장하던 블랑키 (Louis Auguste Blanqui)의 급진이론과 공산주의 식민지 이주 모델을 주장한 까베의 이론 그리고 그 밖에 오웬과 푸리에(François Charles Fourier)의 이론의 경우에도 해당된다. 그런데 바이틀링과 기타 이론가들의 영향력의 감퇴는 유물론 철학에 대한 관심의 증가와 맥을 같이 한다. 앞서 언급한 1845년 7월에서 8월간에 있은 마르크스와 엥겔스의 영국 체류는 동맹의 사람들로 하여금 포이에르바하의 유물론 철학에 대한 공부를 강화시키는 계기가 된다. 얼마 후 동맹의 런던 조직은 바이틀링이 작성한 20개의 문항들에 대한 논의를 그만두기로 결의한다.

이 맥락에서 동맹의 런던 지도부가 당시 브뤼셀에 있던 마르크스에게 보낸 1846년 6월 6일의 편지(Brief des Kommunistischen Korrespondenzkomitees in London an Karl Marx in Brüssel)를 살펴볼 필요가 있다.

이제 우리는 너희들[마르크스, 엥겔스]에게 우리의 조직과 영향 범위에 관해 (…) 짤막하게 설명하고자 한다. 우리의 클럽에는 지금 대략 250명의 구성원이 있고 매주 세 번 모인다. 화요일에는 일상정치에 관한 강연과 논의가 있고, 화요일에 번갈아가면서 한 번은 포이에르바하의 미래의 종교(Religion der Zukunft)를 한 문장 한 문장씩 다루어 가며 [읽고 있고], 다른 한번은 조직원들에 의해 제기된 물음들을 [논의하고 있다] (…) 토요일 밤에는 노래, 음악, 낭독 그리고 좋은 신문기사의 강연이 있다. 일요일에는 고대사와 근대사, 역사, 천문학 등등에 대한 강의가 있다. 더 나아가 (…) 지금의 노동자의 상태와 노동자의 부르주아지와의 관계에 대해 논의도 한다.(BdK Bd.1: 348)

편지는 동맹이 노동자교육협회를 기반으로 어떻게 활동하고 있는지를 알 수 있는 내용을 전하고 있다. 이들이 집중적으로 읽고 있다는 '미래의 종교'는 루드비히 포이에르바하(Ludwig Feuerbach)의 동생인 프리드리히 포이에르바하(Friedrich Feuerbach)에 의해 작성된, 자신의 형의 종교비판을 대중화시킨 버전이다

물론 동맹의 런던 조직은 이 책을 읽고 있었지만 마르크스와 엥겔스 그리고 헤스(Moses Heß)의 책들도 염두에 두고 있었다. 파리 조직은 이보다 앞서 이미 1844년 여름에 포이에르바하의 책을 집중적으로 읽고 있었는데, 이는 당시에 파리에 있던 마르크스로부터 영향을 받기 때문이다. 마르크스는 자신이 작성한 여러 저서들, 즉 '경제학-철학 수고', '유대인 문제에 관하여', '헤겔 법철학 비판 서문' 등에 담겨 있는 자신의 공산주의 이론(특히 생산수단의 사적 소유 철폐, 인간과 사회의 해방이라는 프롤레타리아의 역사적 임무)에 관해서 동맹의 파리 조직원들과 상세하게 이야기를 나누었기 때문이다. 요컨대 마르크스의 엥겔스의 이론의 영향이 없었더라면 파리와 런던에서 1844년에서 1846년 사이에 나타난 동맹의 이론적 (즉, 바이틀링이나 까베의 이론으로부터 포이에르바하의 유물론으로의) 선회를 제대로 설명할 수가 없다.

마르크스와 엥겔스의 영국 체류가 동맹으로 하여금 포이에르바

하의 유물론 철학에 대한 탐구를 강화시키는 계기가 되었을 뿐만 아니라, 다른 한편에서는 그의 철학의 한계를 자각하고 마르크스와 엥겔스의 이론을 보다 적극적으로 받아들이는 계기가 되었다는 것은 분명하다. 브란덴부르크(Alexander Brandenburg)는 문제의 핵심을 다음과 같이 포착한다.

> 포이에르바하에 관한 논의는 종교의 역할과 기능에 관해 [런던 동맹의] 노동자교육협회원들을 계몽시켰고, 종교적 그리고 성직자적 가르침의 무력함뿐만 아니라 공산주의를 종교적으로 근거 짓는 것의 무력함을 입증해주어서 무신론적 전망을 설득력 있게 해주었다. 그러나 그렇게 됨으로써 공산주의 운동이라는 역사적−사회적 특수함(Spezifik)이 시야에서 벗어나 버렸다. 즉, 공산주의가 일반적−인간적인 관심사가 되어버린 것이다.(Brandenburg, 1979: 364)

그런데 동맹의 이론적 관심이 바이틀링과 까베에서 그리고 다시 포이에르바하로 이어지면서 부침을 겪는 상황에서 동맹에 영향을 미치고 있던 또 다른 이론이 1844년 이래 등장한 '참된 사회주의(der wahre Sozialismus)'였다. 당대의 참된 사회주의의 대변자가 '프랑스와 벨기에에서 사회 운동(Die sociale Bewegung in Frankreich und Belgien)'(1845)을 집필한 그륀(Karl Theodor Grün)이었다. 그는 프랑스에 살면서 프루동과 긴밀한 관계를 유지하면서 영국뿐만 아니라 특히 독일과 스위스의 동맹 조직에 커다란 적지 않은 영향을 미치고 있었다. 독일 베스트팔렌의 참된 사회주의의 지지자들로 인해 1846년 중반에 '독일 이데올로기'의 인쇄가 방해를 받기도 했다. '독일 이데올로기'는 출판검열을 피하지 못했는데, 결국 마르크스와 엥겔스의 생전에는 출간이 되지 못한다. 그것은 '원고의 여러 곳이 손상'된 채로 1932년에 출간되는 운명을 맞는다.(MEW Bd.3: 10)

참된 사회주의가 포이에르바하의 철학이론과 마찬가지로 동맹의 이론적 대안이 될 수 없다는 것은 엥겔스의 '루드비히 포이에르바하와 독일 고전 철학의 종말(Ludwig Feuerbach und der Ausgang der klassischen deutschen Philosophie)'에 나와 있다. 1886년에 세상에 나온, 그러나 40년 전에 구상되었다는 이 책에서 그는 '실제적 인간과 그 역사적 발전'을 도외시하고 '추상적 인간을 예찬(Kultus)'하는 포이에르바하뿐만 아니라 '프롤레타리아의 해방 대신에 (…) '사랑'에 의한 인류의 해방'(MEW Bd.21: 272, 290)을 내세우는 그륀과 참된 사회주의를 비판한다.

1846년 초에 이르러 '동맹'의 런던 조직에서는 기존의 모습과는 다른 특징적인 모습이 나타나게 된다. 우선 기존의 여러 사회주의 이론들이 '무용하다는 것'을 확신하게 된다는 것이다. 둘째, '국제주의'의 경향이 강화된다. 셋째, 역사가 '계급투쟁의 역사'라는 것을 어렴풋이 알게 된다. 넷째, 사적 소유의 철폐를 위한 '폭력혁명'의 필연성을 주장하게 된다. 다섯째, 독일에서 우선적으로 '부르주아 혁명'이 필요하다는 것을 인식한다.(Hundt, 1973: 36) 1846년 가을에 런던의 동맹이 파리에 있던 동맹의 지도부를 인수한다. 이것은 마르크스와 엥겔스의 공산주의 이론의 보급에 중요한 역할을 한다.

6) 2차 공산주의 논쟁

여기서 당시 파리에 거주하고 있던 엥겔스가 동맹 사람들과의 모임에서 공산주의의 개념 규정을 둘러싸고 이들과 벌인 논쟁의 결과를 살펴볼 필요가 있다. 왜냐하면 엥겔스는 몇 차례의 모임 속에서 이루어진 논쟁 과정 속에서 그륀과 프루동의 영향을 받고 있던 회원들의 반대를 물리치고 공산주의에 대한 자신의 생각을 동맹의 파리 조직의 공식적인 입장으로 관철시켰기 때문이다. 이에 관해서는 엥겔스가 마르크스에게 보낸 편지(1846.10.18.)와 공산주의 통신위원회에 보낸 편지(1846.10.23.)에 상세하게 나와 있다. 이 두 편지에서 엥겔스는 '인류의 안녕(das Wohl der Menschheit)을 위해서' 동맹 활동을 한다는 사람들에 맞서서 다음과 같이 공산주의의 사상을 확신시켰다고 적고 있다. 공산주의란 프롤레타리아의 이해관계를 부르주아의 그것에 대항해서 관철시키는 것, 그리고 이것은 '사적 소유의 철폐와 재산공유제의 도입을 통해 대체'를 의미한다는 것, 마지막으로 이를 위한 수단은 '폭력적이고, 민주적인 혁명'이다.(MEW Bd.27: 59, 61)

이러한 일련의 과정을 이해하는 데 반드시 짚고 넘어갈 필요가 있는 하나의 사건이 있다. 그것은 1846년 3월 30일에 브뤼셀 공산주의자 통신위원회 모임에서 마르크스가 그룹의 원로인 바이틀링의 면전에서 공개적으로 그에게 행한 비판이다. 마르크스의 비판의 요지는, 독일에서 공산주의 혁명의 문제는 바이틀링이 생각하듯이 즉각적으로 실행되어야 하는 당면의 문제가 아니라, 우선 부르주아지를 권력에 앉히는 문제와 직결되어 있으며, 객관적 상황에 대한 고려 없는 예언으로 노동자들을 선동해서 희생으로 몰아넣어서는 안 된다는 것이다. 당시의 상황을 기록된 문건에는 바이틀링을 비판하는 마르크스의 모습이 다음과 같이 묘사되어 있다.

> 마지막 말에 이르러 이제 완전히 화가 난 마르크스가 주먹으로 책상을 내리치자 램프가 소리를 내면서 흔들렸고, 그가 벌떡 일어서서 외쳤다: 무지가 어느 누구에게도 쓸모가 있었던 적은 없었다.(BdK Bd.1: 305)

마르크스는 기본적으로 바이틀링이 동맹의 발전에 기여한 점은 인정하는 입장이었지만 이 사건을 계기로 양자는 틀어지게 된다. 바이틀링이, 마르크스와 엥겔스 같은 유물론자도 포이에르바하 같은 무신론자가 아니라 영적 (종교적인) 영감을 중시한 공산주의 이론가였다는 점을 고려한다면 이러한 갈라섬은 불가피했다고 볼 수 있다.

이날 브뤼셀 모임에서는 그림과 같이 참된 사회주의 노선을 따르던 크리게(Herman Kriege)의 사상에 대해서도 비판이 가해진다. 크리게는 당시 동맹의 뉴욕 자치회를 이끌고 있었다. 그는 그곳에서 '인민 연단(Volks-Tribun)'을 발간하면서 '사랑'을 핵심 가치로 하는 공산주의 생활공동체를 실현시키려고 하였다. 브뤼셀 공산주의자 통신위원회는 1846년 5월 11일에 마르크스와 엥겔스가 작성한 '크리게에 반대하는 회람문(Zirkular gegen Kriege)'을 발부한다. 총 5개의 상으로 구성된 이 회람문의 첫 장의 제목은 '공산주의의 사랑의 몽롱

함으로의 전환(Verwandlung des Kommunismus in Liebesduselei)'
이다. 크리게는 이 회람문에서 '참된 사랑의 사제' 혹은 '참된 예언자
이자 사랑의 계시자'로서 상징되고 비판받는다.(MEW Bd.4: 3–17)

바이틀링과 크리게에 대한 마르크스의 비판에 대해 런던의 공산
주의 통신위원회가 브뤼셀 통신위원회의 마르크스에게 보낸 편지
(1846.6.6.)에는, "당신들[마르크스와 엥겔스 등]은 일종의 학자–
귀족정(eine Art Gelehrten–Aristocratie)을 건립하고, 당신들의
새로운 신들의 좌석(Göttersitz)에서 아래의 인민을 통치하려는 것
을 염두에 두고 있는 것은 아닌지"(MEGA Bd.2/3. Abteilung: 219)
라는 우려가 표명되어 있다. 런던의 공산주의 통신위원회가 브뤼셀
의 통신위원회에 보낸 또 다른 편지(1846.7.17.)에는 마르크스의 이
름은 빠져 있지만, 대체로 마르크스와 엥겔스의 생각에 (유보적이기
는 하지만) 동의하는 내용을 담고 있다.

> 공산주의의 철학적 그리고 감상적 방향에 대해 투쟁하는 당신들은
> 옳지만, 그네들이 일방적이 되어 (…) 자신들을 전적으로 관철시키
> 고자 한다 해도 (…) 당신들 또한 일방적이 되는 것을 피해야만 할
> 것입니다. (…) 모든 사람들은 당신들과 같은 *위대한 정치경제학자*
> 도 아니고, 그러므로 모든 사람이 당신들이 하는 대로 그렇게 공산
> 주의를 파악해야 된다고 요구하지도 않습니다. 우리는 이러한 모
> 든 방향들이 자기주장을 해야 한다고 믿습니다. 그리고 오직 이러
> 한 모든 방향들이 대변되는 공산주의 대회를 통해서만, 냉정하면
> 서도 형제애적인 토론을 통해서만, 우리의 프로파간다에 통일을

가져올 수 있다고 믿습니다.(MEGA Bd.2/3. Abteilung: 259)

　'동맹'의 런던 지도부는 마르크스와 엥겔스를 '위대한 정치경제학자'로 인정하고 있다. 마르크스와 엥겔스가 벌인 논쟁은 공산주의가 무엇인가라는 문제와 직결된다. 즉, 논쟁이 벌어진 1846년의 시점은, 공산주의의 실현을 목적으로 하는 동맹이 결성된 지 10년이 되는 해이지만 아직 공산주의가 무엇인지에 대한 명확한 규정도 가지지 못하고 제대로 된 강령도 없는 상태였다는 점에 주목할 필요가 있다. '독일 이데올로기'의 인쇄 방해 사건이 보여주듯이 마르크스와 엥겔스는 공산주의자 통신위원회의 편지나 회람문을 통해서는 자신들의 이론을 전달하는 데 한계가 있다고 생각하고 공산주의자 대회를 준비하겠다는 제안을 1846년 6월에 하게 된다.

　런던 공산주의자 통신위원회가 브뤼셀의 통신위원회에 보낸 편지(1846.7.17.)에는 이 제안에 대해 '우리가 가장 기뻐한 것이 당신들이 의도하는 공산주의자 대회의 소집'이며 '이것이 우리의 프로파간다에 힘과 통일을 가져다줄 유일한 수단'이라는 반응이 나온다.

　모든 공산주의 기관들에서 사람들이 파견되고, 모든 나라들에서 온 학자들과 노동자들이 이 대회에서 만나게 된다면, 우리를 지금 가로막고 있는 많은 장벽들이 확실히 무너져버릴 것입니다. 그렇다면 이 대회에서 모든 사람들은 다양한 방향과 종류의 공산주의를 조용히 (…) 논의하게 될 것이고 그리고 분명 진실이 퍼져나가 승리하게 될 것입니다. 이 대회에서는 모든 사람들이 표준을 삼아야 하는 정강(Plan) 초안이 마련될 수 있고 마련되어야 할 것입니다.(MEGA Bd.2/3. Abteilung: 253)

마르크스와 엥겔스의 제안은 다음 해인 1847년 6월과 11월에 런던에서 열린 공산주의자 1차, 2차 대회로 실현된다. 곧 뒤에서 다루 겠지만 1차 대회는 동맹을 음모론적인 비밀 조직에서 국제노동운동 을 추동하는 좀 더 공식적인 형태의 조직으로 탈바꿈시키는 첫 출발 점이 된다. 이 두 차례의 대회를 통해서 마르크스와 엥겔스는 무엇보 다 '독일 이데올로기의 핵심적인 테제들, 즉 사회혁명적 요인으로서 생산력, 생산력과 생산관계의 모순, 사회혁명의 선행조건으로써 공 산주의 의식 및 정치권력의 장악 등에 관해서 알릴 수 있었을 뿐만 아니라 '철학의 빈곤'의 내용도 소개할 수도 있었다.

7) 시대정치적 요청으로써 사적 유물론

마르크스와 엥겔스의 사상이 그 이전까지 동맹에 이론적 자양분 을 제공했던 바뵈프, 까베, 블랑키, 바이틀링, 참된 사회주의와 푸리 에주의 등의 여타 사상을 밀어내고 동맹의 주도적인 이론으로 위치 를 잡아가는 데 기여한 결정적 요인은 무엇인가? 이에 대한 대답은 사적 유물론이 아닌가 한다. 앞서도 상세히 다루었지만 사적 유물론 이야말로 마르크스와 엥겔스가 여타 사회주의와 공산주의 이론가들 과의 가장 커다란 차별성을 만들어주는 요인이기 때문이다. 사적 유 물론은 강조하자면, 인간을 역사 속의 물질의 운동과 대사관계로 환 원시키는 이론이 아니라 인간의 실천에 관한 이론이다. 그것은 '인간에게 뿌리는 인간자신'이며, 사적 유물론은 '근본적'이라는 의미에서 바로 이 뿌리에서 파악된 인간(MEW Bd.1: 385)에 관한 새로운 이론이었다.

본 연구는 곧 공산당 선언의 탄생의 순간에 일어났던 (마르크스와 엥겔스의 동맹 가입으로 시작되어 그리고 1차, 2차 공산주의자 대회로 이어지는) 여러 중요한 사건들과 맥락들을 다루게 될 것이다. 이 모든 것을 이해하기 위해 필요한 예비작업이 바로 사적 유물론의 심화 과정에 대한 논의이다. 심화는 대략 네 가지 방향에서 진행된다.

첫째, '신성가족'이다. '신성가족'은 1844년 9월에서 11월에 쓰인 마르크스와 엥겔스의 최초의 공동저작이다. 또한 이 작품은 '경제학-철학 수고'에서 '독일 이데올로기'로 가는 이행기의 작품이기도 하다. 이 작품에서 마르크스가 '수고'의 종장에서 헤겔에게 행했던 의식비판, 즉 '이데올로기 비판이 보다 첨예화된 형태'(Magnis, 1975, 211f.)로 부르노 바우어(Bruno Bauer)에 향해진다. 바우어에게 세계는 '단지 형이상학적인 *구별*(Distinktion)일 뿐'이다.(MEW Bd.2: 148) 마찬가지로 종교가 사회의 '환상적인 반영(reflex)'이라는 것을 파악하지 못하는(MEW Bd.2: 116) 바우어에게 "사회의 변화활동은 (…) *두뇌의* 활동으로 축소되어버린다."(MEW Bd.2: 91) 신성가족에서는 프롤레타리아, 사적 소유, 소유계급 그리고 소외의 문제가 다시 주제로 등장한다. '프롤레타리아와 부는 대립'해 있고, 양자 모두는 '사적 소유의 세계의 형태'들이다.(MEW Bd.2: 37)

소유계급과 프롤레타리아 계급은 동일한 인간의 자기소외를 나타낸다. 그러나 소유계급은 이러한 자기소외 속에서 편안하고 인정받고(wohl und bestätigt) 있다고 느끼고, 소외가 *자신의 고유한 권력*임을 알고 있지만 (…) 프롤레타리아 계급은 자기소외 속에서 절멸당했다고 느끼고 (…) 자신의 무기력함과 비인간적인 실존의 현실을 본다.(MEW Bd.2: 37)

마르크스와 엥겔스에게 프롤레타리아의 혁명 혹은 해방의 필연성은 프롤레타리아 자신의 자의적인 목표설정의 문제가 아니라, 사적 소유가 만들어내는 사회적 상황에 의한 불가피한 결과로 이해된다.

프롤레타리아는 자신의 고유한 삶의 조건들을 지양하지 않고서는 자신을 해방시킬 수 없다.(MEW Bd.2: 38)

프롤레타리아는 사적 소유에 토대를 둔 계급사회에서 인간이 되지 못하므로, 프롤레타리아를 통한 인간의 해방은 사회적 발전의 필연적 결과가 된다.

영국과 프랑스의 프롤레타리아의 상당 부분이 자신의 역사적 과제를 이미 *의식하고* 있고, 이 의식을 완전히 명료하게 형성시키는 작업에 끊임없이 착수하고 있다.(MEW Bd.2: 38)

이상에서 살펴본 바와 같이 신성가족의 의의는, 미래 공산주의의 가능한 토대로서 관념론과 형이상학을 고려하고 있지 않다는 데서, 즉 유물론이 공산주의와 부합할 수 있는 이론임을 보여주었다는 데서 찾을 수 있다. 그러나 비록 유물론이 '공산주의의 *논리적* 토대'이지만 그것이 인간을 배제한 물질의 운동에 관한 이론은 아니다. 왜냐하면 공산주의는 '*실제적 휴머니즘*의 이론(die Lehre des *realen Humanismus*)'이기 때문이다.(MEW Bd.2: 139) 이처럼 마르크스와 엥겔스는 "포이에르바하가 이론적 영역에서 그러했듯이, 프랑스와 영국의 사회주의와 공산주의는 실천적 영역에서 휴머니즘에 부합하는(zusammenfallenden) 유물론을 제시했다"(MEW Bd.2: 139)라는 점을 강조한다.

둘째, 1845년 5월의 '포이에르바하 테제(Thesen über Feuerbach)'이다. 포이에르바하의 입장을 넘어서는 유물론의 전개가 '신성가족'에서 첫발이 디뎌지고 '테제'로 이어진다. 특히 '테제'는 시대적으로 동맹이 필요로 했던 이론을 제공해준다. 그 이론이 바로 '추상적 인간의 예찬(Kultus des abstrakten Menschen)'(MEW Bd.21: 290; Gedö 1971: 3)을 핵심으로 하는 포이에르바하식의 유물론이 아닌 (테제 6과 7이 제시하듯이) '특정의 사회 형태' 혹은 '사회적 관계의 앙상블'(MEW Bd.3: 6,7) 속의 인간을 파악하는 새로운 형태의 유물론이다. 요컨대 제4 테제에서처럼 '종교적 세계를 세속적인 토대로 해소시킨'(MEW Bd.3: 6) 포이에르바하의 공로는 인정되지만 동맹에게 필요했던 것은 (테제 10과 11이 강조하듯이) 프롤레타리아의 운동과 결합되는 이론, 즉 '인간사회 혹은 사회적 인간'을 염두에 두고 세계를 '*변화시키는*'(MEW Bd.3: 7) 이론이었던 것이다. 포이에르바하는(테제 1) "'혁명적인', '실천적이고 비판적인' 활동의 의미를 파악

하지 않는다."(MEW Bd.3: 5)

셋째, '독일 이데올로기'이다. 11개의 '포이에르바하 테제'를 토대로 작성된 '독일 이데올로기'는 마르크스와 엥겔스가 당대의 사회주의자들과 공산주의자들과 벌인 논쟁의 중요한 성과뿐만 아니라 이를 통해 자신들의 철학을 계속해서 정립해나가겠다는 의도를 담고 있다. 그래서 책의 부제가 제시해주듯이 비판은 '최신 독일 철학의 대변자들'인 포이에르바하와 브루노 바우어 그리고 무정부주의자인 슈티르너 및 참된 사회주의로 향해진다. 또한 '독일 이데올로기'는 모든 비인간적인 관계의 철폐의 객관적 가능성을 입증하려는 '신성가족'의 의도를 '포이에르바하 테제'를 거치면서 이론적으로 완결시킨 작품이다. 여기서 자본주의의 전복과 공산주의의 건설이라는 프롤레타리아의 임무에 관한 생각은 몇 달 전의 '신성가족'보다도 훨씬 탄탄한 이론적 근거를 갖는다. '독일 이데올로기'의 논리는 생산력, 생산관계, 노동분업, 사회혁명과 정치혁명과 같은 개념을 중심으로 전개되기 때문이다. 이제 공산주의의 문제는 바뵈프, 까베, 블랑키, 바이틀링 등이 상정한 것과 같은 단발적인 행위가 아니라 전체로써 장기적인 역사 과정의 문제가 된다.

요컨대 사적 유물론은 '인간이 참된 현실성을 갖지 않고 있기 때문에 [나타날 수밖에 없는] 인간의 환상적인 실현(phatastische Verwirklichung)'(MEW Bd.1: 378)을 어떻게 설명하고 바꾸어야 하는지의 문제해결에 도움을 주는 이론적 수단이다. 그래서 공산당 선언은 자본주의의 문제를 감상적으로 비난하지 않고, 그 원인을 추적하여 파악한다. '공상에서 과학으로의 사회주의의 발전(Die Entwicklung des Sozialismus von der Utopie zur Wissenschaft)'에서 지적되듯이 자본주의의 설명 수단은 더 이상 '철학'이 아닌 '시대와 관련된 경제학(Ökonomie der betreffenden Epoche)'(MEW Bd.19: 208-209)에서 찾아진다. 즉, 이론은 '우선 현실적 토대 위에 세워져야 한다.'(MEW Bd.19: 201)

그럼에도 강조될 점은, 예컨대 사적 유물론의 기본 윤곽을 제시한 1845/1846년의 '독일 이데올로기(Die Deutsche Ideologie)'에서조차도 공산주의 혁명은 생산력의 발전단계라는 객관적 상황의 산물로 이해되지만 그 혁명은 혁명의 필연성에 대한 의식, 즉 '공산주의 의식'의 형성이 없다면 불가능하다는 점이다. 이는 인간이 원하는 사회가 객관적 상황 속에서 법칙적으로 저절로 만들어지는 것이 아니라 그 사회를 의식하는 인간이 전제되어 있다는 것을 의미한다. 요컨대 특정의 사회에서 '사회적 (…) 힘은 각각의 국가 형태 속에서 실천적-관념적인 표현'을 갖는다.(MEW Bd.3: 70-71)

8) 마르크스·엥겔스의 동맹가입과 활동 그리고 동맹의 이론 전개

1846년 말 파리 조직으로부터 전체 지도부를 인수한 런던의 지도부가 행한 11월 인사말에는 '안내서로서 모든 사람들이 손쉽게 이용할 수 있는 [일종의 정강과 같은] 공산당 믿음고백'이 없다는 것을 절감하면서 1847년 5월에 공산주의 대회 소집할 것을 제안한다. (BdK Bd.1: 431) 이 구상은 6월에서야 1차 공산주의대회로 실현된다. 11월 인사말은 세 가지 점에서 의미를 갖는다. 첫째, 최초로 푸리에주의자들에 대해 공개적으로 반대했다는 점이다. 둘째, 마르크스와 엥겔스를 동맹에 가입시키려는 작업이 추진되었다는 점이다. 셋째, 정강을 만들기 위한 목적으로 동맹의 모든 자치회에서 논의되어야 할 3개의 질문이 작성되었다는 점이다. 이 3개의 질문은, '상층 및 하층 부르주아지에 대한 프롤레타리아의 입장'(부르주아와 제휴를 해야 하는지와 그 방법의 문제), '상이한 종교단체들(religiöse Partei)에 대한 프롤레타리아의 입장'(종교단체들과 제휴해야 하는지와 그 방법의 문제), '사회주의 및 공산주의 제 당파의 맥락에서 우리의 입장'(제 당파의 통일이 가능한지와 그 방법의 문제) 문제이다.(BdK Bd.1: 435f.)

11월 인사말의 구상에 따라 런던 지도부는 브뤼셀에 있는 마르크스와 파리에 있는 엥겔스를 만서서 동맹의 가입을 추진하도록 1847년 1월 말에 몰을 파견한다. 엥겔스가 "런던의 사람들이 마르크스와 내가 우리의 새로운 이론에서 옳았다는 것을 점점 알게 되었다"(MEW Bd.21: 214)라고 말한 것은 우연이 아니다. 마르크스와 엥겔스를 만난 자리에서 몰은 지도부가 마르크스와 엥겔스의 이론이 타당하다는 것을 받아들였으며, 그래서 동맹의 이론에서 중심적인 역할을 해야 하므로 마르크스와 엥겔스에게 가입을 요청한다. 몰은 마르크스와 엥겔스에게 동맹의 회원으로서 이러한 작업에 도움을 줄 것을 지도부의 이름으로 요청한다. 마르크스는 몰의 제안을 승낙하면서 두 가지 조건을 제시한다. 우선 지도부가 종파적이고 음모론적인 동맹의 구조와 조직을 새롭게 개편하고 동맹의 입장을 담은 선언서를 출간하기 위해 노력한다는 것과 자신과 엥겔스의 이론이 우상시되어서는 안 된다는 것이 그것이다.(Hundt 1973: 78-79) 후자의 문제와 관련하여 마르크스는 블로스(Wilhelm Blos)에게 보내는 편지(1877.11.10.)에서 자신과 엥겔스의 가입이 "오로지 권위에 대한 맹신(Autoritätsaberglauben)을 조장하는 모든 것들을 [동맹의] 규약에서 없앤다는 조건하에서 이루어졌다"(MEW Bd.34: 308)라고 회상한다.

　동맹의 1847년 2월의 인사말은 '공산주의자들이 유감스럽게도 아직 확고한 정당을 형성하고 있지 못하고, 어떤 확고한 준거점들을 갖고 있지 못하다'는 것을 강조하고, (11월의 인사말에서처럼) '간명한 공산당 믿음고백'이 있어야 한다는 점을 재차 밝히고 있다.(BdK Bd.1: 453, 454) 1847년 2월 인사말에서도 (1846년 11월 인사말의 경우에서처럼) 논의에 붙여질 질문들이 3개가 실려 있다. 특이한 점은, 이제 이 질문들은 1846년 11월의 경우와는 다르게 '동맹'의 회원이 된 마르크스와 엥겔스와의 협의 후에 만들어졌다는 것이다. 그 질문들은 '공산주의는 무엇이며, 공산주의자들은 무엇을 원하는가?' '사회주의는 무엇이며, 사회주의자들은 무엇을 원하는가?' 그리고 '어떠한 방식으로 가장 빠르게 그리고 가장 손쉽게 [재산]공동체가 도입될 수 있는가?'이다. 특히 '공산주의는 무엇이며, 공산주의자들은 무엇을 원하는가?'라는 질문과 관련하여 슈아퍼, 바우어, 몰 그리고 팬더와 같은 런던의 지도부는, 공산주의란 '대지가 모든 인간의 공동재산이어야 하는, 각자가 자신의 능력에 따라 일하고 '생산해야' 하는, 그리고 각자가 자신의 힘에 따라 향유하고 '소비해야' 하는 시스템'이며, 공산주의자들은 "전체의 낡은 사회적 조직을 해체하고 이를 완

전히 새로운 조직으로 대체하고자 한다"라고 답한다.(BdK Bd.1: 456)

마르크스는 '동맹'에 가입을 한 뒤에 (1846년 말에 작성을 시작한) '철학의 빈곤'을 1847년 4월 초에 완성을 하게 된다. 엥겔스는 1847년 3월에 '독일에서 현상유지(Der Status quo in Deutschland)'를 작성하기 시작한다. 우선 엥겔스의 '현상유지'의 내용을 먼저 살펴보자. 이 책자에서 엥겔스는, 독일의 부르주아지가 '귀족을 전복시키고 국가의 지배계급으로 등극할 만큼 강력했던' 영국과 프랑스의 부르주아지와는 달리 '이러한 힘을 아직 갖고 있지 못하며' 노동자들도 독일에서 지배계급으로 등장하기에는 아직 요원하다는 점을 강조한 뒤, 독일의 현상유지의 문제의 본질이 어떤 하나의 계급도 '전체 네이션의 이해관계'를 대변하지 못하는 데 있다고 밝힌다.(MEW Bd.4: 43, 50) 궁극적으로 엥겔스는 '독일의 프롤레타리아를 (…) 대변하는 공산주의자들'이 참된 사회주의들과 결별하고 부르주아지에 대항 할 것과 대중과 함께 '가장 앞장서는 당파'를 형성해서 독일의 현상유지에 대항할 것(MEW Bd.4: 42, 43)을 주장한다.

마르크스의 '철학의 빈곤'은 독일에서의 부르주아 혁명의 문제와 참된 사회주의에 대한 비판을 다룬 엥겔스의 '현상유지'와는 달리 정치경제학적 이론의 문제를 다루고 있다. 특히 '철학의 빈곤'은 마르크스가 '동맹'에 가입하기 전에 프루동과 벌인 논쟁의 결과물일 뿐만 아니라 '독일 이데올로기'의 후속작품으로서의 의미를 갖는다. '철학의 빈곤'은 1847년 6월에 개최될 공산당 1차 대회 직전에 완성되어 대회의 폐막 후에 'Misère de la philosophie'라는 프랑스어로 출간된다.

마르크스가 본 프루동의 이론의 문제는 모든 수준에서 평등이 실현된 사회가 조직화되어야 한다는 데 있다. 즉, 문제는 이러한 평등의 이상에 계급투쟁이라는 행위의 문제가 도외시 되었다는 데 있다. 예컨대 '인간은 새로운 '생산력'을 만들어내고 이를 통해 '생산양식'과 '생계수단의 방식'을 그리고 더 나아가 인간의 '모든 사회적 관계들'을 변화시킨다'(MEW Bd.4: 130)와 같은 사상은 프루동에게는 없는 것이다. 마찬가지로 예컨대 기계의 도입으로 특징지어지는 생산력의 변화 내지는 발전단계에는 노동자들의 기계에 대한 입장과 경쟁의 문제 혹은 노동분업과 파업 그리고 연대의 문제와 같은 여러 현실적인 문제들이 반영되어 나타나는데, 프루동의 사상에는 이러한 측면이 간과되어 있다.

이상과 같은 논리에 입각해 마르크스는, '노동 시간을 통해 측정된 가치'가 '프롤레타리아의 해방'으로 연결될 것이라는 프루동의 생각이 당대의 자본주의의 발전 수준에 비추어 본다면 '필연적으로 (…) 노동자의 근대적 노예화의 공식'이 될 것이라고 비판한다.(MEW Bd.4: 84) 마르크스에 따르면, '모든 인간을 동일한 노동의 양을 서로 교환하는 노동자로 변환'시킴으로써, 다시 말해 모든 인간으로 하여금 동일한 가치의 생산물 내지는 동일한 노동의 양을 교환하게 함으로써 자본주의의 문제를 해결하려는 프루동의 '평등한'(MEW Bd.4: 98) 노동가치(의 교환)이론은 근본적인 해결책이 되지 못한다. 왜냐하면 그러한 논리 자체가 선험적일 뿐만 아니라 예컨대 노동공급이 수요를 초과하는 현실의 상황에서 노동자는 생존의 수준만 확보할 수 있는 최저 임금에 묶여 있기 때문이다. 자본주의 사회의 객관적 현실(비참함)은 노동자의 투쟁과 결속을 만들어내고 있으며, 이것은 임금 상승과 같은 경제적 성격을 넘어 정치적 성격을 갖는다. 노동자들이 사수하는 이해관계는 '계급의 이해관계'가 되고 '계급에 대한 계급의 투쟁은 정치적 투쟁이다.'(MEW Bd.4: 181) 따라서 마르크스에게 근본적인 해결책은 프루동의 생각과는 달리 투쟁을 통한 전체사회의 전복, 즉 '전면적 혁명(eine totale Revolution)'(MEW Bd.4: 182)이다.

물론 마르크스가 '독일 이데올로기'에서 구상된 사적 유물론과 계급투쟁 개념을 통해 프루동을 비판하고 있지만 그렇다고 휴머니즘의 이상을 저버리지는 않는다. '철학의 빈곤'의 마지막 부분에서 공산주의를 하나의 결사체로 묘사하는 것이 그것을 말해준다.

> 노동자 계급은 (…) 낡은 부르주아사회를 하나의 결사체로 대체할 것이다 (…) 그리고 어떤 본래적 정치권력도 더 이상 없을 것인데, 왜냐하면 바로 정치권력은 부르주아사회 내에서 계급대립의 공식적 표현이기 때문이다.(MEW Bd.4: 182)

9) 1차 공산주의자 대회

이제 런던에서 개최된 1차 공산주의자 대회(1847.6.2.~6.9.)를 살펴보자. 앞서 언급했듯이 1차 대회는 혁명적인 노동자 조직이었지만 아직 정당이 아니었던 동맹이 국제적인 최초의 프롤레타리아 정당으로 거듭나는 직접적인 출발점이 된다. 엥겔스는 파리를 대표해서 참석한다. 브뤼셀의 마르크스는 여비가 없어서 대신 볼프(Wilhelm Wolff)를 참석시킨다. 대회를 통해 여러 중요한 성과가 있었다.

우선 이전까지 동맹을 상징했던 '모든 인간은 형제이다'라는 모토가 '만국의 프롤레타리아여 단결하라'로 바뀐다. 이 새로운 모토는 엥겔스의 작품이었다. 이후 이 모토는 '동맹'의 모든 공식적인 출간물에 이용된다. 모토의 변경과 더불어 조직도의 이름도 '정의로운 자들의 동맹'에서 '공산주의자 동맹(Bund der Kommunisten)'으로 바뀐다. 이름의 변경은 마르크스의 제안에 따른 것이다. 그리고 조직의 공식적 기관지의 의미를 갖는 '공산주의 신문(Kommunistische Zeitschrift)'의 발간이 결의된다. 모든 일이 순조롭게 진행된 것은 아니었다. 예컨대 바이틀링의 강력한 영향하에 있었던 독일 함부르크 자치회에서 조직명을 변경하는 것에 반대하여 항의한다.

동맹이 인간 혹은 형제와 같은 보편적 개념이 아니라 프롤레타리아를 내세우고, 스스로 공산주의자 조직임을 천명했음에도 아직 혁명정당으로의 모습을 갖추지는 못한다. 왜냐하면 새로 채택된 '규약의 초안(Statutenentwurf)' 1조는 동맹의 목적이 '재산공동체 이론의 확산을 통해서 인류를 노예상태에서 해방시키는 것'(BdK BD.1: 466)이라는 이상적인 가치를 주장하고 있기 때문이다.

그럼에도 1차 대회의 결과로 나온 회람문에는 이것과는 사뭇 다른 맥락도 보인다. 이 회람문은 동맹의 이름 변경의 이유가, 기존의 이름이 '더 이상 시대에 맞지도 않고 우리가 원하는 *것*을 가장 적게 표현해'준다는 데 있다고 밝힌다. 문제는 누구나 다 '정의라고 일컫는 것'을 원할 수 있다는 데 있다. 공산주의자는 이와는 다른 방식으로 자신이 원하는 것을 주장해야 한다는 것이다. 즉, 공산주의자가 아닌 사람들과 차별을 두어 공산주의자인 '우리가 실제로 무엇인가'

를 드러내야 할 필요가 있는 것이다.(BdK Bd.1: 481) 이처럼 회람문에는 (조직의 목적을 모호하게 규정하고 있는 규약과는 반대로) 동맹의 실체가 무엇이고 무엇을 원하는지에 관한 구체적인 내용이 나와 있다.

우리를 특징지어주는 것은, 우리 모두가 자명하게 주장을 할 수 있는 것인 정의 일반을 원한다는 것을 통해서가 아니라 기존 사회질서와 사적 소유를 공격한다는 것, 재산공동체를 원한다는 것, 우리가 공산주의자이다라는 것을 통해서이다.(BdK Bd.1: 481f.)

이러한 공산주의의 원칙의 천명이 모든 조직에 의해 다 환영받은 것은 아니었다. 앞서 보았듯이 함부르크 자치회가 동맹의 이름의 변경에 반대를 표명했다면, 이번에는 '두 군데를 제외한 파리의 전체 자치회가 [1차 대회에서 표명된] 공산주의의 원칙에 반대를 선포해서 이에 동맹으로부터 (…) 임시적으로 축출되는'(BdK Bd.1: 581) 사건이 일어났기 때문이다. 이 사건은 2차 공산주의 대회가 개최되기 대략 6주전인 10월 18일경에 일어난다. 이 모든 것이 보여주는 것은, 동맹의 지도부를 포함한 대부분의 사람들이 마르크스와 엥겔스의 이론을 전반적으로 수용하고 있기는 하지만, 여전히 내부에는 그것에 대한 반대 의견이 있었다는 사실이다.

10) 공산주의 믿음고백 초안과 공산주의 신문 시험판

1차 공산주의 대회가 동맹의 로고와 이름의 변경만을 가져온 것은 아니었다. 가장 중요한 성과는 6월 9일에 '공산주의 믿음고백 초안(Entwurf eines Kommunistischen Glaubensbekenntnisses)'의 채택이었다. '초안'은 교리문답의 형식으로 만들어졌고, 현재 엥겔스의 필기 형태로 전해져 남아 있다. 그것은 1968년에서야 발견되었다. 또한 그것은 역사상 최초로 문서화된 형태로 마르크스와 엥겔스의 이론이 공산주의 운동과 어떻게 결합되어 있는지를 알 수 있는 자료가 된다. 왜냐하면 엥겔스가 주도적으로 작성한 이 문건에는 물론 그 자신과 마르크스의 생각(특히 4월에 완성된 마르크스의 '철학의 빈곤')이 핵심적으로 반영되어 있기 때문이다. 흥미로운 점은 '초안'이 마르크스가 6개월 뒤에 강연하게 될 '임금노동과 자본'에 나오는 구절들을 거의 그대로 따다 쓰고 있다는 것이다.

'초안'의 핵심 부분은 엥겔스가 사적 유물론의 토대를 두고 대답 내용을 작성한 7항에서 13항까지이다. 이것의 핵심적인 내용을 간략히 살펴보면 다음과 같다.

무엇보다 프롤레타리아가 누구인가라는 질문에 대해, '초안'은 프롤레타리아가 '전적으로 자신의 노동으로 살아가는 그러므로 그 어떤 자본의 이윤으로 살아가지 않는 사회계급'이자 자신의 '안녕과 슬픔, 삶과 죽음이 (…) *한* 단어로 경쟁의 고저(Schwankungen)에 종속되어 있는 계급'(BdK Bd.1: 471)이라는 답변을 제시한다.

계속해서 '초안'은 어떻게 프롤레타리아가 탄생하였는가에 대해 납득할 만한 대답을 제시한다. 프롤레타리아는 산업혁명과 기계의 도입을 통해서 탄생하였는바, 무산자는 프롤레타리아로 그리고 생산수단의 소유자는 부르주아지로 분화되었다는 것이다. 그럼으로써 '초안'은 프롤레타리아가 이전의 빈민들이나 이전의 노동계급들인 노예, 농노, 수공업자들과는 분명하게 구분된다는 것을 제시한다.

혁명의 문제와 관련하여 '초안'은, '모든 음모들'의 '무용성'과 '유해성'의 이유를 들어 혁명이 음모론적인 것이 되어서는 안 된다는 점을 강조한다.(BdK Bd.1: 473)

'초안'의 가장 중요한 부분은 '민주적 헌정(demokratische Verfassung)을 통한 프롤레타리아의 정치적 해방'을 거론하는 부분이다. 결론적으로 '민주적 헌정'이 관철된 후에 이루어지는 '첫 조치'가 무엇이냐는 질문에 대해 '초안'은 '프롤레타리아의 생존의 확보'라고 답한 뒤 계속해서 구체적인 조치들을 언급하는바, 그것들은 누진세와 상속권 제한 등을 통한 점진적인 소유권의 제한, 국가기업에의 고용을 통한 노동권의 보장, 국비에 의한 아동교육 등이다.(BdK Bd.1: 474f.)

공산주의 1차 대회는 '공산주의 동맹'의 정강이 될 '초안'을 채택한 것이지 그것을 결의한 것은 아니었다. 전체 회원들에게 '초안' 및 규약과 함께 보내진 회람문에는, '초안'이 '동맹의 기본원칙들의 공개적인 선포'라는 점에서 중요한 의의를 가지지만, 믿음고백의 형식으로 작성된 이러한 '초안'이 "몇 년 후에 그리고 아마도 몇 달 후에 더 이상 시대에 맞지도 않고 (…) 유해한 결과를 가져올 것임에 틀림없다"라고 밝힌 뒤 '논의를 통해 (…) 새로운 양분'이 주어져야 한다는 내용을 담고 있다.(BdK Bd.1: 485) '초안'의 수정과 보완을 위한 광범위한 논의가 1차 대회와 2차 대회 사이에 영국은 물론이고 독일, 프랑스, 벨기에, 스위스, 미국, 네덜란드, 노르웨이, 스웨덴 등 각지에서 광범위하게 이루어진다.(Hundt, 1973: 97-107)

1차 대회의 결의에 의해서 1847년 9월 초에 런던에서 발간된 '공산주의 신문' 1호가 시험판(Probeblatt)으로 나온다. 신문의 첫 표지 상단은 1차 대회에서 채택된 새로운 모토 '만국의 프롤레타리아여 단결하라'를 싣고 있다. 신문의 편집장인 슈아퍼는 '프롤레타리아'라는 제목의 글에서, "우리는 영원한 평화를 설교하는 공산주의자들이 아니며 (…) 어느 날 혁명을 시작하려하거나 혹은 영주들을 죽이려고 하는 음모자들이 아니다"(BdK Bd.1: 505)라는 점을 천명한다. 즉, '우리가 누구이고(was wir sind) 그리고 우리가 원하는 것이 무엇인지'를 밝힐 필요가 있는 것이다.(BdK Bd.1: 506) 그리고 그는 1차 대회에서 채택된 '공산주의 믿음고백 초안'을 조직의 '프로파간다에 안내서로서 이용되어야만 하는 최고로 중요한' 문건으로 간주하고, 이후 많은 견해의 반영을 통해 수정되고 보완된 새로운 안내서를 다음호에 싣겠다는 취지를 밝히고 있다.(BdK Bd.1: 504)

여기서 우리는 슈아퍼의 생각에서 두 가지를 읽어낼 수 있다. 첫째, 차후에 있을 공산주의 2차 대회에서 '동맹'이 ('공산당 선언'과 같은) 확정된 조직의 강령을 채택할지는 아직 정해지지 않았다는 점이다. 둘째, 설혹 '동맹'이 강령을 확정해서 채택한다고 해도 그것을 단독의 소책자로 출간하기보다는 그냥 '공산주의 신문'에 실으려고 생각했다는 점이다. 그런데 곧 뒤에서 보겠지만 2차 대회에서 '공산당 선언'이 확정된 강령으로 채택이 되었을 뿐만 아니라 단독으로 출간이 된다. 이는 '공산당 선언'과 그 작성자들이 마르크스와 엥겔스의 사상의 위상이 당시에 어느 정도였는지를 가늠하게 해주는 것이라 할 수 있다. 특히 경제적 사정으로 1차 대회에 불참할 수밖에 없었던 마르크스에게 1847년 10월 18일 '동맹'의 런던의 지도부가 2차 대회에는 그의 참석이 중요하므로 친히 와달라는 요청을 한 것(MEW Bd.4: 676)은 이 점에서 의미심장한 일이라 할 수 있다.

11) 3차 공산주의 논쟁과 공산주의 믿음고백 초안 그리고 공산주의 근본원칙들

이러한 상황에서 엥겔스는 1847년 10월 22일에 파리에서 개최된 동맹의 모임에서 헤스에 의해 수정된 '공산주의 믿음고백 초안'을 신랄하게 비판한다. 파리의 동맹은 엥겔스의 비판을 수용하여 엥겔스에게 헤스의 수정본과는 다른 새로운 '믿음고백 초안'을 작성하도록 위임한다. 엥겔스는 '초안'의 구성을 유지한 채로 공산주의 2차 대회에 토론을 위해 제출될 새로운 '공산주의 근본원칙들(Grundsätze des Kommunismus)'을 작성한다.

이에 관한 전체의 내막은 이렇다. 엥겔스는 1차 대회가 끝난 뒤 10월 중순에 파리로 오는 중이었다. 그런데 엥겔스가 파리에 도착하기 전에 헤스는 수정된 '믿음고백 초안'을 승인받기 위해서 이미 파리의 '동맹'에 제출해놓은 상태였다. 헤스에 의해 수정된 이 '초안'은 엥겔스가 (마르크스에게 보낸 1847년 10월 25/26일의 편지에서 표현한대로) '정말로 신이 만들었다 할 만큼 개선된(gottvoll verbesserte)' (MEW Bd.27: 98) 것이었다.

마르크스와 엥겔스는 1차 대회의 결과물인 '초안'이 공상적 사회주의의 사상을 담고 있다는 점에서 이미 불만을 갖고 있었다. 그런데 헤스가 그것에 공상적 사회주의의 사상을 더 가미한 것이다. 1차 대회에서 유물론적 입장을 옹호했던 엥겔스가 헤스의 수정본을 비판하리라는 것은 충분히 예견가능한 일이다. 요컨대 엥겔스의 입장에서는 참된 사회주의 노선을 따르던 헤스가 푸리에주의의 사상을 '초안'에 반영시킨 것 그리고 이러한 것이 동맹을 이끌 이론서가 될 수 있다는 것을 도저히 받아들일 수 없었던 것이다.

헤스는 1844년에 파리의 '전진(Vorwärts)'에 이미 두 편의 글을 발표한 적이 있다. 그것들은 '질문과 대답. 노동과 향유에 관하여(Frage und Antwort. Von der Arbeit und dem Genuß)', '질문과 대답. 돈과 예속에 관하여. 재산과 자유에 관하여(Von dem Gelde und der Knechtschaft. Vom Vermögen und von der Freiheit)'이다. 그는 이 글들을 보완하고 여기에다 '공산주의 사회. 결혼에 관해. 종교에 관해(Von dem zur kommunistischen Gesellschaft. Von der Ehe. Von der Religion)'라는 새로운 글을 묶어서 1846/1847년에 '질문과 대답으로 본 공산주의 고백(Kommunistisches Bekenntniß in Fragen und Antworten)'을 출간한다. 이 작품이 그의 수정본 '초안'에 반영되었으리라는 점은 의심의 여지가 없는 것이다. 예컨대 헤스는 '공산주의의 목적은 무엇인가?'라는 질문에 대해 "사회의 각자가 모든 자신의 잠재성과 힘을 이 사회의 기초를 위태롭게 하지 않고 완전히 자유롭게 발전시킬 수 있고 사용할 수 있는 방식으로 사회를 조직하는 것"이라는 대답을 주는데, 이는 헤스의 작품의 '주요 주제들의 본질을 직접적으로 캡처한'(Beamish, 1998: 229) 것이다.

엥겔스가 마르크스에게 보낸 앞서의 편지(1847.10.25./26.)에는 그가 '동맹'의 사람들이 '만족한다고 선언할 때'까지 이들과 함께

'초안'의 질문 하나하나를 검토했다는 내용이 나온다.

> *모든 반대가 없이* 나는 새로운 [믿음고백의] 초안을 작성하라는
> 위임을 받았다네, 이것은 이제 다음 금요일에 토론을 거쳐 자치
> 회 [반대파들이 알지 못하도록] 몰래 런던으로 보내지게 될 것이
> 네. 물론 이 일은 어떤 악마도 당연히 눈치 채서는 안 되겠지. 그
> 렇게 된다면 우리 모두는 나락으로 떨어지게 되고, 자살스캔들이
> 될 것이네.(MEW Bd.27: 98)

요컨대 '공산주의 믿음고백 초안'이 엥겔스의 주도하에 다양한
토론과 검토를 거쳐 헤스의 수정본을 제치고 '공산주의 근본원칙들'
로 다시 탄생한 것이다.

12) 공산주의 근본원칙들과 공산당 선언

'공산주의 믿음고백 초안'이 공산당 선언의 '원류(Urquell)'(Raddatz
1975, 4)라면 엥겔스의 '공산주의 근본원칙들'은 '공산당 선언'의 '예비
작업' 혹은 '전 단계'(Hundt, 1973: 120; Oiserman 2013[1980]: 351)
이다.

엥겔스가 '공산주의 근본원칙들'의 작업을 끝내고 마르크스에게
보낸 편지(1847.11.23./24.)에 나오는 집필 구상은 왜 '근본원칙들'
이 공산당 선언의 예비작업 내지는 전단계일 수밖에 없는가를 알 수
있는 단서를 제공해준다. 엥겔스는 편지에서 자신이 '공산주의가 무
엇인가?'라는 물음에서 시작해서, 그다음으로 프롤레타리아를 그

"탄생사와 이전의 노동자와의 차별성 그리고 (…) 부르주아지와의 대립의 발전"의 관계 속에서 다룬 뒤, 그 밖에 '모든 종류의 부수적인 사항들'을 그리고 '마지막에서 공산주의자들의 정당정책'을 다루고 있다고 밝힌다.(MEW Bd.27: 107)

엥겔스의 '기본원칙들'에서 가장 주목해야 할 부분은 그가 '초안'의 앞부분의 여러 잡다한 질문들 과감하게 삭제한 뒤에 이를 '공산주의는 무엇인가?' 그리고 "공산주의는 프롤레타리아의 조건들과 해방에 관한 이론(Lehre)이다"(MEW Bd.4: 363)라는 단도직입적인 질문과 대답으로 대체한 곳이다.

엥겔스는 이어 '프롤레타리아는 무엇인가?'라는 질문에 대답을 하는 데 사적 유물론과 ('임노동과 자본'에 나오는) 마르크스의 정치경제학의 요소들을 고려하여 '초안'에는 없던 새로운 항목을 추가하는데, 그것이 바로 부르주아지에게 '노동의 판매'(MEW Bd.4: 363)이다. 그는 이러한 노동의 판매가 '산업혁명' 혹은 '대산업'을 통해서 나타났으며(MEW Bd.4 363, 365), 동시에 산업혁명을 통해 부르주아지와 프롤레타리아의 대립뿐만 아니라 프롤레타리아의 성장과 노동운동이 등장했다고 설명한다.(MEW Bd.4: 367ff.) '대산업'은 '지상의 모든 민족들을 결합시키고, 모든 작은 지역시장들을 세계시장으로 내동댕이 쳐버린다.'(MEW Bd.4: 367) 다른 한편 '자유경쟁'으로부터 발생되는 과잉생산은 자본주의 사회의 '위기'이자 동시에 '새로운 사회질서'로의 이행을 위한 전제로 간주된다.(MEW Bd.4: 369-371)

엥겔스는 무엇보다 공산주의의 본질이 사적 소유의 철폐에 있음을 분명히 밝힌다.

사적 소유는 (…) 폐지되어야 하고, 그 대신에 공동의 합의 혹은
소위 말하는 재산공동체에 따라서 모든 생산수단의 공동사용과
모든 생산물들의 분배가 이루어질 것이다.(MEW Bd.4: 370f.)

이 경우 공산주의자들은 "혁명이 의도적이고 자의적으로 만들어
지는 것이 아니라 (…) 상황의 필연적 귀결이라는 것을 (…) 너무도
잘 알고 있다."(MEW Bd.4: 372)

계속해서 엥겔스는 혁명의 문제, 특히 '혁명의 발전 과정'이 '프
롤레타리아의 정치적 지배'를 만들어내는 '민주적 국가헌정' 혹은 '민
주주의'를 취해야 하며, 민주주의란 이 경우 '사적 소유를 공격하고
프롤레타리아의 생존을 보장해주는' 구체적인 조치들을 '관철시키는
수단'이라는 점에 주의를 환기시킨다. 엥겔스는 누진세 도입과 상속
권의 폐지로부터 교통수단의 국유화에 이르는 12개의 구체적인 조치
들을 아주 상세히 거론하고 있다.(MEW Bd.4: 373-374) 마지막으
로 엥겔스는 공산주의자들과 여타 정당들과의 관계에 관해 설명하면
서 자신의 '근본원칙들'을 끝맺는다.

이제 엥겔스의 '공산주의의 근본원칙들'이 내용과의 비교를 위해
공산당 선언을 핵심 쟁점을 중심으로 검토해보자. 공산당 선언에는
'초안'과 '근본원칙들'의 내용이 서로 영향을 주면서 녹아들어가 있다.

공산당 선언을 한마디로 요약하면, 프롤레타리아에게 단결하라
는 호소이다. 즉, 자본가계급의 지배에 대한 프롤레타리아의 계급투
쟁의 승리가 객관적 역사의 진행 과정 속에서 제시된 이상, 필요한
것은 프롤레타리아의 자유와 의지이다. 필연과 객관이 결여된 자유

와 의지는 무의미하고 공허하다. 공산당 선언의 가장 중요한 부분은 1장과 2장의 후반부이다. 이하 이를 중심으로 살펴본다.

1장의 핵심 테제는 "그들[부르주아지]의 몰락과 프롤레타리아의 승리는 똑같이 피할 수 없다"(MEW Bd.4: 474)라는 필연성이다. 이 필연성의 근거는 무엇보다 지금까지의 역사가 계급투쟁의 역사이며, 투쟁이 필연적으로 전개되는 한 그것은 피지배 계급의 승리로 귀결된다는 것이다.

곧 부르주아지가 생산력들(즉, 거대산업)의 발전의 산물이라는 점이 강조되고 부르주아지에 대한 역사적 해석이 진행된다. 부르주아지의 '첫 요소들'은 중세도시에서 해방된 농노들이다.(MEW Bd.4: 463) 부르주아지는 신대륙의 발견과 신시장의 개척과 더불어 성장하며, 신기술의 도입으로 등장하는 거대산업 속에서 '산업의 백만장자, 전체 산업군대의 우두머리'(MEW Bd.4: 463)가 된다. 이 맥락에서 부르주아지의 '정치적 진보'가 설명된다. 부르주아지는 역사에서 '최고의 혁명적인 역할'을 수행하는바, 무엇보다 '잡다한 봉건적 속박(Feudalbande)'을 해체시킨다.(MEW Bd.4: 464)

그러나 곧 '최고의 혁명적 역할'의 실체가 폭로된다. 부르주아지는 '적나라한 이해관계 이외에는 인간과 인간 사이에 그 어떤 유대(Band)도 남겨놓지 않기'(MEW Bd.4: 464) 때문이다. 즉, 개인의 사적 이익을 최고의 가치로 천명하는 고전적 자유주의의 교리가 현실에서는 프롤레타리아의 착취를 정당화하는 허울뿐인 자유의 원칙이라고 비판받는 것이다. 자유주의 교리에 대한 비판은 "근대 국가권력(Staatsgewalt)이 전체 부르주아지 계급의 공동관심사를 관장하는 위원회일 뿐이다"(MEW Bd.4: 464)라는 테제에서 절정에 이른다.

부르주아지의 실체에 대한 비판적 해석 속에서 이제 새로이 형성되는 프롤레타리아의 의미가 부각된다. '우리의 시대'는 점차적으로 두개의 계급, 즉 부르주아지와 프롤레타리아가 서로 대립해 있는 것으로 특징지어진다.(MEW Bd. 4: 463) 프롤레타리아는 계속 발전해나가는, 거대산업을 핵심으로 하는 생산력들의 산물이다. 다시 말해 거대산업의 '가장 본래적 산물(eigenstes Produkt)'(MEW Bd. 4: 472)이 프롤레타리아이다. 다른 말로 부르주아지 자신이 프롤레타리아를 '산출'한다.(MEW Bd. 4: 468) 왜냐하면 부르주아지의 '궁극적 목적'이 '이윤'(MEW Bd. 4: 469)의 추구 내지는 자본의 축적에 있는 이상, 이 목적이 달성을 위해 필수적인 것이 바로 그 목적에 봉사하는 인간인 프롤레타리아이기 때문이다.

공산당 선언이 여기서 던지는 메시지는 분명하다. 이윤의 창출과 자본축적이 자본가 개개인의 독창적인 생각과 행위의 결과는 아니다. 만약 그렇다면 자본가는 전체 역사와 사회로부터 유리된 그리고 무엇보다 다른 인간(프롤레타리아)으로부터 고립된 추상적 존재로서 그러한 일을 해낸 것이라는 논리가 성립되기 때문이다. 여기서 고립된 추상적 개인이 이윤의 창출과 자본 축적을 혼자서 만들어낸다는 고전파 내지는 주류 경제학의 오류가 비판받는 것이다. 요컨대 사회는 이윤의 논리 혹은 자본축적의 논리에 따라 작동하는 하나의 시스템이 된다. 부르주아지는 '종교적 정치적 환상으로 은폐된 착취 대신에 공개적이고 뻔뻔스럽고 직접적이며 노골적인 착취'를 시작하며, 그럼으로써 모든 인간의 활동을 임금노동으로 축소시키고 '가족 관계를 순수한 돈의 관계로 환원'시킨다.(MEW Bd. 4: 465)

이러한 시스템 속에서 프롤레타리아는 부르주아지에 대한 공동 투쟁의 경험을 통해서 자신의 고립성을 벗어 버리고 자기 의식적인 계급으로 성장해간다. 다시 강조하자면 프롤레타리아는 계속 발전해나가는 생산력들의 산물이기 때문이다. 이제 부르주아지의 전복과 프롤레타리아의 승리는 필연적이다. 왜냐하면 부르주아지는 '지배능력이 결여(unfähig zu herrschen)'되어 있기 때문이다. 즉, '자신들의 노예에게 (…) 생존 자체(Existenz selbst)를 보장해줄 능력이 결여'되어 있다.(MEW Bd.4: 473)

부르주아지에 대한 비판은 두 개의 비유적 표현을 통해 더욱 의미심장해진다. 첫째, "사회가 더 이상 그들[부르주아지] 밑에서 살수 없다는, 즉 그들의 삶이 사회와 더 이상 양립할 수 없다"(MEW Bd.4: 473)라는 비유이고, 둘째, 사회에 대한 억압과 착취 속에서 "그들[부르주아지]이 무엇보다도 자신들의 무덤을 생산해내고(produzieren) 있다"(MEW Bd.4: 474)라는 비유이다. '생산해내다'라는 표현은 아주 중요한 의미를 함축하고 있다. 즉, 그것은, 거대산업의 진보와 이 진보의 '의지박약하고 저항을 상실한 담지자(willenloser und widerstandsloser Träger)'인 부르주아지가 자신의 무덤, 즉 프롤레타리아의 '결사(Assoziation)'를 통한 '혁명적 결합'(MEW Bd.4: 474)을 생산해낸다는 것을 함축한다.

프롤레타리아는 '민주주의를 위해 투쟁(Erkämpfung der Demokratie)'하면서 점차적으로 지배계급으로 발전한다. 프롤레타리아는 자신의 지배적 위치를 이용해서 부르주아지로부터 '점진적으로 모든 자본을 탈취'하여 '모든 생산수단을 국가의 수중'에 집중시킨다. 이를 위한 조치들이 '소유권'과 '생산관계'에 개입하는 것이다. 구체적으로 10개의 항목들이 제시되는데, 예컨대 '토지의 공용징수와 지대의 국가 지출로의 이용', '강력한 누진세', '상속권 폐지', '도시와 농촌 간의 점차적 격차 해소', '모든 아이들의 공공 및 무상 교육' 등이다.(MEW Bd.4: 481-482)

10개의 구체적인 조치들이 제시된 후에 2장의 마지막 부분에서 공산주의 사회의 건설은 폭력이 수반된다는 점이 제시된다. 프롤레타리아는 부르주아지에 대한 투쟁에서 '필연적으로 계급으로 결속하고, 혁명을 통해 지배계급이 되고', 지배계급으로서 '폭력적으로 낡은 생산관계를 철폐'한다. 프롤레타리아가 확고한 지위를 점하게 되면 한 계급의 다른 계급의 억압을 위한 도구로써 기능하던 '공권력' 혹은 '정치권력'은 그러한 '정치적[억압적] 성격을 상실'한다.(MEW Bd.4: 482)

13) 2차 공산주의자 대회: 공산당 선언의 탄생

엥겔스가 '근본원칙들'을 작성하기 위해 헤스의 수정된 '초안'을 붙들고 투쟁하는 동안 브뤼셀의 마르크스는 앞서 잠시 언급했지만 런던의 동맹의 지도부로부터 2차 대회에 참석해달라는 요청을 받는다. 그런데 마르크스는 엥겔스가 '근본원칙들'을 작성하는 동안 이에 대해 그다지 신경을 쓰지 않은 듯하다. 여기서 엥겔스가 '근본원칙들'의 작성을 끝내고 마르크스에게 보낸 편지(1847.11.23./24.)로 다시 돌아가보면 '기본원칙들'에 확신이 서지 않던 엥겔스가 마르크스에게 관심을 가져달라고 말하고 있는 듯한 재미있는 표현이 나온다.

"믿음고백에 대해서 너좀 *쫌만* 생각해봐라"(MEW Bd.27: 107; 강조는 인용자)라는 표현이 나오기 때문이다.

마르크스는 과연 엥겔스가 표현한 대로 '쫌만'이라도 관심이 없었던 것일까? 아니면 어떤 다른 이유가 있었던 것일까? 이에 관해서는 두 가지로 추론해볼 수 있다. 첫째, 마르크스는 1847년 중순에 시작된 엥겔스와 하인쯔(Karl Heinz)와의 이론 논쟁에서 엥겔스의 바톤을 이어 받아 10월 말부터 11월 말까지 그와 계속해서 투쟁을 벌여나가는 중이었다는 점이다. 그리고 이 투쟁은 1847년 11월 말에 작성된 마르크스의 '도덕적 비판과 비판적 도덕(Die moralisierende Kritik und die kritisierende Moral)'(MEW Bd.4: 331-359)으로 나타난다. 둘째, 마르크스는 이미 '초안'과는 다른 내용을 가진 자신만의 어떤 초안을 이미 구상해놓고 있었을 것이다.

다시 엥겔스의 앞서의 편지로 돌아가보자.

> 우리는 최선을 다하고 있다고 생각하네, 교리문답의 형식을 치워버리고 그것['믿음고백 초안'? 혹은 '공산주의의 원칙들'?]을 공산당 선언으로 부르세. 다소간의 역사가 그 안에서 이야기되어야만 하기 때문에 지금까지의 형식은 전혀 맞지가 않는다네.(MEW Bd.27: 107)

이처럼 엥겔스는 '동맹'을 이끌 안내서를 '공산당 선언'이라고 부르자고 앞서의 편지에서 마르크스에게 제안하고 있는 것이다.

2차 공산주의대회는 런던의 레드 라이언(Red Lion) 호텔에서

1847년 11월 29일에서 12월 8일간에 개최된다. 슈아퍼가 다시 대회의 의장으로 그리고 엥겔스가 서기로 선출된다. 이 대회에서 엥겔스의 '공산주의 근본원칙들'뿐만 아니라 새로운 규약이 철저하게 논의된다. 마르크스와 엥겔스의 오랜 친구인 레스너(Friedrich Lessner)는 당시의 상황을 다음과 같이 말하고 있다.

> 우리는 오랜 논쟁 끝에 대회가 만장일치로 마르크스와 엥겔스의 원칙들을 뒷받침해주고 있다는 것을 곧 알게 되었다.(Sewell, 1998: 1/4)

거의 10일에 걸친 열띤 논쟁 과정에서 마르크스는 문서로 준비해간 자신의 공산주의 이론을 상세하게 설명하고 그 근거를 제시한다. 이것이 직접적으로 가능했던 이유는 그가 런던으로 향할 때 '[공산당] 선언의 대부분을 이미 완성해서 주머니 속에'(Raddaz, 1975: 5/9) 넣어놓고 있었거나 혹은 최소한 '선언의 1장과 2장의 계획들'(Hundt, 1973: 122)을 가지고 런던으로 향했기 때문이다.

2차 대회는 12월 8일에 새로운 규약을 공식적으로 채택한다. 가장 커다란 변화는 동맹의 목적을 규정하고 있는 규정 1조이다. '재산 공동체 이론의 확산을 통해서 인류를 노예상태에서 해방시키는 것'이라는 1차 회의의 규정 초안의 두루뭉술한 규정은 많은 논의를 거쳐 다음과 같이 제시된다.

동맹의 목적은 부르주아지의 전복, 프롤레타리아의 지배, 계급대립에 근거하고 있는 낡은 시민사회의 지양과 계급이 없는 그리고 사적 소유가 없는 새로운 사회의 설립이다.(MEW Bd.4: 596)

새로운 규정은 마르크스와 엥겔스의 이론을 뚜렷하게 각인시키고 있다.

엥겔스는 "모든 반박들과 의심이 최종적으로 거두어졌고, 새로운 원칙들이 만장일치로 채택되었으며 마르크스와 나는 선언을 완성하도록 위임받았다"(MEW Bd.21: 215f.)라고 적고 있다. 이것은 두 가지를 알 수 있게 해준다. 첫째, 교리문답의 형식을 없애고 강령을 공산당 선언으로 하자는 엥겔스의 제안이 수용되었다는 것이다. 이는 '동맹'의 규약 36조를 보면 알 수 있다. 36조는 매년 열리는 공산주의 대회에서 '당의 이름으로 선언'(BdK Bd.1: 629)을 발부할 것을 규정하고 있기 때문이다. 둘째, 동맹의 합의는 이루어졌고 새로운 강령의 초안은 만들어졌으나 최종본을 대회에서 준비하기에는 시간이 충분치 못했기에 마르크스와 엥겔스에게 이 임무가 주어졌다는 것이다.

특히 두 번째 사항에 관해서는 공산당 선언의 전문이 말해주고 있는데, 거기에는 공산당 선언이 2차 대회, 즉 "런던에 모인 여러 국적의 사람들에 의해 초안이 잡혀졌다"(MEW Bd.4: 461)라고 적혀 있기 때문이다. 물론 이 '잡혀진 초안'이 문서 형식은 아니었다. 마르크스와 엥겔스는 대회에서 강령과 관련하여 논의된 모든 문서화된 결과물들을 (이전의 여러 문건들과 함께) 가지고 런던을 떠났기 때문이다. 엥겔스의 공산당 선언 1888년 영어판 서문을 보자.

'선언'은 공산주의자들의 동맹의 강령으로 출간되었는바, [동맹은] 시초에는 순전히 독일인만으로 구성되었지만 나중에는 국제적인 노동자결사체였으며, 1848년 이전에 유럽대륙의 정치적 상황에서 불가피하게 비밀조직이었다. 1847년 11월 런던에서 개최된 동맹의 [2차] 대회에서 마르크스와 엥겔스는 전적으로 이론적이고 실천적인 당강령의 출판을 이끌어나갈 것을 위임받았다. 독일어로 작성된 원고는 1848년 2월 24일의 프랑스혁명이 있기 몇 주 전에 인쇄를 위해서 런던으로 보내졌다. 프랑스어 번역본이 1848년 6월 봉기 직전에 출판되었다. 최초의 영국어 번역본은 맥파르래인(Helen Macfarlane) 양이 담당했고, 1850년 런던에서 [차티스트 운동의 지도자인] 조지 하니(George Julian Harney)의 'Red Republican'에 출간되었다. 덴마크 판과 폴란드 판도 출간되었다.(MEW Bd.4: 578)

마르크스는 2차 대회가 끝난 뒤 12월 13일에 브뤼셀로 돌아왔고 엥겔스는 12월 17일에 브뤼셀에 도착한다. 이들은 공산당 선언의 작업에 착수한다. 엥겔스는 마르크스가 공산당 선언을 혼자 작성하도록 12월 말에 파리로 떠난다.

공산당 선언은 1월 초나 늦어도 중순경에는 마치도록 계획이 잡혀 있었으나 (그의 '독일 노동자교육협회'에서의 '임노동과 자본'의 강연을 포함한) 여러 활동으로 인해 계획에 차질이 생긴다. 동맹의 런던 지도부는 동요했고, 1월 24일에 결의된 결과를 마르크스에게 전할 것을 동맹의 브뤼셀 지부에게 요청한다. 그 내용은 2차 대회에서 작성을 떠맡기로 한 '시민 마르크스'의 공산당 선언이 2월 1일 화요일까지 런던에 도착하지 않으면 그에게 '추가 초치'가 행해질 것이고, '시민 마르크스'가 가져가 소지하고 있는 문서들의 '즉각적인 회수'를 요청한다는 것이다.(BdK Bd.1: 654) 마르크스는 '동맹'의 런던 지도부가 제시한 마지막 시한을 지킨다. 그가 런던으로 보낸 친필 원고는 유네스코 세계기록유산(2013)에 등재된 1쪽만 남아 있다.

나가는 말

'최초의 근대적 당 강령'이며 '광범위한 민주적 논의 속에서 탄생'(Hundt, 1973: 8)되었던 그리고 '영원한 진리의 경전이 아니라, 공개적인 토론의 산물'(Beamish, 1998: 233)이었던 공산당 선언의 문체는 아름답고 장엄하다. 그래서 그것은 낡은 '역사적 문건'이지만 역설적이게도 그 의미는 영원히 지속될 수 있는 작품이기도 하다.

공산당 선언은 런던의 비숍스게이트, 리버플가 46번지에 위치한 노동자교육협회 사무소의 (동맹의 회원인) 부르크하르트 인쇄소(Office der 'Bildungs-Gesellschaft für Arbeiter' von I. E. Burghard. 46, Liverpool Street, Bishopsgate)에서 인쇄된다. 1838년의 '재산 공동체'의 저자 슈아퍼가 인쇄교정을 담당한 것은 격세지감을 느끼게 한다. 1848년 2월에 익명으로 출간된 23쪽의 공산당 선언의 초판의 가격은 2파운드 30실링 9펜스였다. 원래 마르크스는 선언의 3장에서 바이틀링과 까베를 비판적으로 다루려고 구상했으나, 동맹안에 아직 이들의 강력한 지지자들이 많이 있다는 현실을 고려하여 이들의 이름을 빼버렸다.

초판은 1848년 3월 3일에서 7월 28일 사이에 '독일 런던 신문 (Deutsche Londoner Zeitung)'에 연재된다. 1850년에 '신라인 신문(Neue Rheinische Zeitung)'에 선언의 일부가 실리는데, 이때 선언이 마르크스와 엥겔스에 의해 작성되었다는 것이 나온다. 저자가 마르크스와 엥겔스라는 것은 차티스트 저널인 '붉은 공화주의자'의 편집장인 하니(Julian Harney)가 이 저널의 서문에 [맥파르레인 (Helen Macfarlane)에 의한] 공산당 선언의 최초 영어 번역본을 1850년 6월에서 11월에 연재할 때 쓴 서문에서도 언급된다.

공산당 선언이 발간된 1848년 2월에 프랑스에서 혁명이 발발한다. 그리고 4주 후에 독일에서도 혁명이 발발한다. 파리에서 혁명이 발생하자 마르크스와 엥겔스는 즉각적으로 동맹의 지도부를 인수한다. 혁명기 동안 동맹의 당 정강으로 1848년 3월 말에 마르크스, 엥겔스, 슈아퍼, 바우어, 몰 그리고 볼프의 이름으로 작성된 17개의 항목을 담은 '독일에서 공산당의 요구들(Forderungen der Kommunistischen Partei in Deutschland)'(MEW Bd.5: 3-5)이 전단으로 인쇄되어 배포된다. '요구들' 1조에서 '공화국'이 선포되고, 공산당 선언에서 주장되었던 몇 가지의 '조치들'이 요구된다.

1852년 '동맹'의 독일 쾰른 지국원들을 대상으로 한 '쾰른 공산주의 재판(Kölner Kommunistenprozess)'이 끝난 후에 공산당 선언은 하노버 경찰서 서장인 베르무트(Wilhelm Wermuth)와 프로이센 경찰서 서장인 스티버(Wilhelm Stieber) 등이 수집해서 경찰교재용으로 1854년에 출간한 '19세기의 공산주의자들의 음모(Die Communisten-

Verschwörungen des 19. Jahrhunderts)'(Wermuth·Stieber 1854)를 통해서야 알 수 있었다.

"공산당 선언은 금지의 시대에는 암기를 통해 학습되고 계속해서 이야기되었으며, 감옥 동지들이 서로 구절들을 속삭였고, 유죄를 판결받은 자들이 교수형 집행인들을 향해 구절들을 외쳤다."(Marxhausen, 2007: 708) 판매도 구매도 할 수 없었던 공산당 선언은 1850년대 일반 사람들에게 잊혀졌다. 적어도 립크네히트(Wilhelm Liebknecht)가 '독일에 있는 유일한 사본'(Liebknecht, 1900: 11)을 가지고 있다고 1865년에 말하기 전까지는 그랬던 것 같다. 공산당 선언은, 독일 사회민주당의 지도자들인 베벨(August Bebel), 립크네이트(Wilhelm Liebknecht) 그리고 헤프너(Adolf Hepner)를 대상으로 진행된 1872년 3월의 '라이프찌히 반역죄재판(Leipziger Hochverratsprozeß)'에서 검사가 조서에 기록되도록 선언의 본문을 낭독했을 때 세상에 '뜻밖에 알려지게' 된다. 사회민주당원들이 출간된 조서에 담긴 공산당 선언의 본문을 '합법적으로 많은 부수를 발행해서' 사람들에게 알릴 수가 있었던 것이다.(Hobsbawm, 1999[1998]: 12) 그리고 바로 그해에 라이프찌히에서 마르크스와 엥겔스의 서문과 함께 새로운 독일어판이 출간된다. 마르크스와 엥겔스는 립크네이트의 재출간 간청에 처음에는 주저했지만 파리꼬뮌의 실패 이후의 시대적 상황을 고려하여 이에 동의한다.(Perbentraut·Lütjen, 2010: 93)

공산당 선언은 마르크스와 엥겔스의 선언 이전의 사상과 선언 이후의 사상을 유기적으로 연결시켜주는 끈이다. 경제학으로의 전도가 확연한 이들의 후기의 사상에서도 이 끈은 끊어지지 않고 그대로 연결되어 있다. 그 끈의 핵심은 인간의 사회적 관계이고 '실천'이라는 사상이다. 리델(Manfred Riedel)에 따르면 이론과 실천의 통합이라는 마르크스의 기본 모델은, 첫째, 1843년에 작성되어 1844년에 출간된 '헤겔의 법철학 비판 서문(Zur Kritik der Hegelschen Rechtsphilosophie. Einleitung)'에서 나타나고 있는 '*투쟁과 해방의 정치 모델*과 둘째, 1844년 '경제학 철학 수고(Ökonomisch-philosophische Manuskripte)'에서 나타나고 있는 '*노동과 생산의 모델*로 구성된다.

> 이러한 두 모델의 결합으로부터 사적(실천적) 유물론의 개념뿐만 아니라 인간 실천의 중심 범주로서 (…) 노동 개념이 나온다. (Riedel, 1973: 23)

여기서 핵심은 공산당 선언이 전형적으로 보여주듯이 사적 유물론이 기계의 메커니즘이 아니라 '투쟁과 해방의 정치' 행위와 '노동과 생산'의 행위라는 인간의 제반 실천을 다루는 이론이라는 점이다. 이러한 끈을 보지 못하고 고대 그리스의 노스탤지어에 빠져 아리스토텔레스식의 정치를 동어반복하는 아렌트(Hannah Arendt)처럼 마르크스와 엥겔스의 사상을 그냥 노동패러다임으로 격하시키는 무지함에 빠지게 된다.

'전적으로 이론적이고 실천적인 당강령'이자 저자들인 마르크스와 엥겔스조차도 '변경할 권한이 없는 역사적 문건'이 되어버린 공산당 선언의 의미는 무엇인가? 이들이 시인한 것처럼 그 '기본적인 특징들이 타당함'에도 '혁명적 조치들'로 대변되는 실행이 '정치적 발전과 역사적 상황'의 변화에 의해 낡아버린 것일까? 본 연구는 선언 2장의 마지막 구절, 즉 엥겔스가 죽기 1년 전인 1894년에도 공산당 선언에서 '미래시대의 정신(Geistes des künftigen Zeitalters)'(MEW Bd.21, 357)의 가장 좋은 서술로 간주한 부분을 인용하고 끝을 맺는다.

계급과 계급대립을 가진 낡은 시민사회를 대신해서 각자의 발전이 모든 사람의 발전의 조건이 되는 하나의 결사체가 등장한다.(MEW Bd.4: 483)[1]

---

1) 본 글은 맑스 탄생 200주년을 기념하기 위한 한독사회과학논총 28권 3호(2018, 특집호) pp.85~136에 '마르스크·엥겔스의 공산당선언(1848) 탄생사 연구: 브레멘 대학의 만프레드한(Manfred Hahn: 1938.4.13.~2013.10.6.) 교수를 추모하며'라는 제목으로 게재된 글을 출간을 위해서 제목을 수정하고, 원본의 2장을 전체적으로 재구성하였으며, 3장을 과감히 삭제하고, 2장과 3장의 일부 내용을 본문과 결론으로 옮겨 재구성하여(오탈자 수정을 거쳐) 축약한 것임을 밝힌다.

참고문헌

1차 자료

BdK(Der Bund der Kommunisten. Dokumente und Materialen) Bd.1.
  1836-1849. Berlin: Dietz, 1970.

MEW(Marx Engels Werke).

MEGA(Marx Engels Gesamtausgabe).

Weitling, Wilhelm., *Garantien der Harmonie und Freiheit*. Vivis: Im Verlage
  des Verfassers, 1842.

_____, *Menschheit, wie sie ist und wie sie sein sollte*. Bern:
  Druck und Verlag von Jeni, Sohn. 2. Aufl. 2003(1838/39)=https://www.
  marxists.org/deutsch/referenz/weitling/1838/mensch/11-kap11.htm

2차 자료

최치원, 「하버마스(Jürgen Habermas)의 테오리아(이론)와 프락시스(실
  천) 개념의 정치사상적 해석—정치학의 의미 회복을 위해」, 『한국
  정치학회보』, 47집 5호, pp.5~25.

Beamish, Rob, "The Making of the Manifesto." *Socialist Register*. Vol.34,
  1998, S.218-239.

Brandenburg, Alexander., "Der Kommunistische Arbeiterbildungsverein in London.
  Ein Beitrag Zu den Anfängen der deutschen Arbeiterbildungsbewegung
  (1840-1947)." *International Review of Social History*. Vol.24. No.3,
  1979, S. 341-370.

Gedö, András., "Der entfremdete Marx: zur existentialistisch-'humanistischen,
  Marxismus-Deutung(Akademie-Verlag Berlin 1971. Reihe: Zur Kritik der
  bürgerlichen Ideologie. Hrsg. v. Manfred Buhr, Nr. 8)
  http://www.max-stirner-archiv-leipzig.de/dokumente/Gedoe-Der_entfr
  emdete_Marx.pdf)."

Habermas, Jürgen., *Theorie und Praxis*. Frankfurt am Main: Suhrkamp, 1978[1961/63].

Hahn, Manfred., *Historiker und Klassen*. Frankfurt, New York, 1976.

Hobsbawm, Eric., "Einleitung." *Das Kommunistische Manifest. Eine moderne Edition*. Hamburg/Berlin: 40 Jahre Argument Verlag. 1999[1998], S.7-38.

Hundt, Martin., *Wie das 'Manifest' entstand*. Berlin: Dietz, 1973.

Klatt, Johanna · Lorenz, Robert(Hrsg.)., *Manifeste: Geschichte Und Gegenwart Des Politischen Appells*. Bielefeld: Transcript Verlag, 2010.

Liebknecht, Wilhelm., "Zwei Positionen." Die Neue Welt. Nr. 17, 1900.

Magnis, Franz von., *Normative Voraussetzungen im Denken des jungen Marx(1843-1848)*. München, Freiburg: Verlag Karl Albert, 1975.

Marxhausen, Thomas., "Kommunistisches Manifest." *Utopie kreativ*. H.201/202, 2007, S. 708-723.

Obermann, Karl., *Die deutschen Arbeiter in der ersten bürgerlichen Revolution*. Berlin: Dietz, 1950.

Oiserman, Teodor., *Die Entstehung der marxistischen Philosophie*. Berlin: Dietz 2013[1980] =http://www.max-stirner-archiv-leipzig.de/dokumente/Oiserman-EntstehungMarxistischePhilosophie.pdf)

Perbentraut, Philip · Lütjen, Torben., "Eine Welt zu gewinnen. Entstehungskontext, Wirkungsweise und Narrationsstruktur des 'Kommunistischen Manifests'" Johanna Klatt · Robert Lorenz(Hrsg.)., *Manifeste: Geschichte Und Gegenwart Des Politischen Appells*. Bielefeld: Transcript Verlag, 2010, S. 73-98.

Raddatz, Fritz J., "Mehr Exemplare als die Bibel." *Die Zeit*. Nr. 07(1975): Raddatz 'Karl Marx-Eine politische Biographie', entnommen, das in Kürze im Hoffmann+Campe Verlag, Hamburg=https://www.zeit.de/1975/07/mehr-exemplare-als-die-bibel). Auszug aus Fritz J.

Reidel, Manfred., *System und Geschichte. Studien zum historischen Standort von Hegels Philosophie*. Frankfurt am Main: Suhrkamp, 1973.

Sewell, Rob., "Marx and the Communist Manifesto."(1998)=https://www.marxist. com/marx-and-the-communist-manifesto-sewell-1998.htm

Wermuth, Wilhelm J. Eduard·Stieber, Wilhelm(Hrsg.)., *Die Communisten-Verschwörungen des neunzehnten Jahrhunderts.* Berlin: Hayn Verlag. 1854.

4.

마르크스와 링컨
그리고 노예제

이국배

4.

마르크스와 링컨 그리고 노예제

이국배

불편한 진실

칼 마르크스와 에이브러햄 링컨이 한때 정치적으로 연대했다는 사실은 전 세계 자유주의자나 마르크스주의자 모두에게 '불편한 진실'이다. 특히 한반도에서 진행되었던 역사적 경험과 이념적 갈등은 이 두 사람 간의 연결고리를 더욱 낯설게 한다.[1] 마르크스와 링컨이 이념적으로나 사상적으로 적지 않은 거리를 갖고 있었다는 것은 분명하다. 일단 표면적으로만 보면, '노예제는 철폐되어야 하는 사회제도'라는 역사적이고 당위적인 명제가 이 두 사람의 전략적인 연대를 가능하게 했던 것으로 보인다. 노예제라는 반인륜적 체제는 근대적 수준의 공화정을 유지시키고 발전시키기에도, 또한 그것의 헌법

---

[1] 이와 같은 역사 문화석 경험으로 인해 국내에서는 관련 연구나 소개가 진행될 수 없었던 것으로 보인다.

적인 정당성을 확보하기에도, 두 사람이 각각 설계했던 미래 세계의 모습과는 결국 양립할 수 없는 제도였기 때문이다.

미국의 노예 해방과 관련하여 링컨에 대해서는 비교적 별다른 의문이 들지 않을 수 있다. 하지만 마르크스는 어떠한 이유에서 미국의 현직 대통령과 정치적 연대를 모색하면서까지 노예제를 철폐하고자 했던 것일까. 유럽의 노예제가 아닌 대서양 건너 미국의 노예제를 철폐하자는 주장이었기에 더욱 의아하게 생각될 수 있다. 미국의 노예 해방이 마르크스에게는 이론적 측면에서, 그리고 실천적 차원에서 도대체 어떠한 의미를 갖고 있던 것이기에 링컨과 북부연합(the Union)에 대해 제1 인터내셔널의 이름으로 공식적인 지지를 표명한 것일까.

이는 마르크스가 미국의 노예제를 단순히 '전략적'으로 어떻게 이해했고 접근했는가에 국한되는 문제가 아닐 수 있다. 우선 노예제를 기반으로 하는 식민지 경제 구조에 대한 마르크스의 생각은 미국 사회 전반에 대한, 그리고 역사 일반에 대한 그의 관점과 이해를 전제한다. 따라서 이를 토대로 마르크스는 다음과 같은 의문들을 제기했을 것이다. 미국 사회에서 노예제란 과연 어떠한 위상을 갖고 있는 제도일까, 실제로 노예제는 미국 사회를 추동했던 경제적 동력이었을까, 오히려 노예제는 미국 자본주의 발전을 가로막는 근본적인 모순으로 작동하지 않았을까, 나아가 100만 명 이상의 사상자를 발생시킨 미국 남북 전쟁(The Civil War)의 핵심적 원인이 실제로 노예제 자체 때문이었을까.

이러한 질문도 가능할 것이다. 노예제라는 전 근대적 생산 방식에 기초한 식민지 사회 미국은 토크빌(Alexis de Tocqueville)이 '유럽의 미래'라며 그토록 칭송해마지 않았던, 그래서 마르크스 스스로도 인정했던 당시 세계 최고 수준의 선진적인 민주주의 정체를 어떻게 해서 구축할 수 있었을까.[2] 이때 노예제라는 전 근대적 하부구조와 상대적으로 민주적인 근대적 상부구조 간의 불일치와 모순이라는 문제는 마르크스에게는 어떻게 이해되고 해석될 수 있었던 것일까. 그는 이러한 모순을 역사의 발전 단계에 따라 지양 가능하다고 보았던 것일까. 여기서 한걸음 더 나갈 수도 있다. 노예제와 미국 사회에 대한 마르크스의 분석이 그의 현실 이해, 즉 자본주의의 세계적인 확산과 발전 과정에 대한 그의 총체적 이론 체계에 실제로 어떠한 영향을 주었던 것일까. 그래서 마르크스의 미국 사회에 대한 이해와 관점이 소위 '역사적 유물론'이라는 그의 이론 체계 안에서는 어떠한 유산과 족적으로 남게 되었을까.

노예제를 매개로 마르크스와 링컨이라는 삼각 구도에 주목하는 작업은 이렇게 계속해서 이어지는 연쇄적 질문의 심연으로 부지불식

---

2) '유럽의 미래(the future of Europe)'라는 표현은 Alexis de Tocqueville, *Democracy in America*(1835~1840), Chicago: Univ. of Chicago press, 2000을 참조. 마르크스가 미국(North America)을 언급할 때면, 종종 '근대 국가(modern country)' 혹은 '우수한 식민지(genuine colonies)'라는 수식어를 함께 사용했으며, 『철학의 빈곤』에서는 실제로 '가장 선진적인 국가(the roost progressive of countries)'로 표현하기도 했다. 이에 관해서는 Karl Marx, *The Poverty of Philosophy: A Reply to M. Proudhon's Philosophy of Poverty*, NY: International Publishers, 1976, pp.94~95를 참조. 마르크스는 미국의 정치 체제가 백인 귀족층의 이해관계를 관철하는 수단이라는 점에 주목하면서도, 다른 한편으로는 유럽에 비해 상대적으로 민주적인 헌정 질서가 운행되고 있는 정치 체제로 보았다. 실제로 그는 이러한 민주적인 정치 체제가 보다 인간적인 경제 질서로의 이행에 적지 않은 역할을 할 것으로 기대했다. 이에 대해서는 Robert Weiner, Karl Marx's Vision of America: A Biographical and Bibliographical Sketch, The Review of Politics, Vol.42, No.4(Oct.), 1980와 Herbert M. Morais, Marx and Engels on America, *Science & Society*, Vol.12, No.1 Winter, 1948 등의 고전적 연구를 참조.

간에 들어가게 되는 일이다. 중요한 것은 이 글의 한계를 어느 지점에서, 즉 질문의 연속을 어느 지점에서 중단할 것인가이다. 이 글은 마르크스와 링컨이 정치적인 연대를 하게 된 역사적 배경을 살펴봄으로써 이를 매개했던 노예제가 마르크스 이론에서 어떠한 의미를 가졌던 것인지에 관해 그의 저작을 중심으로 살펴보는 작업에 집중하고자 한다. 이러한 작업은 마르크스가 미국 사회와 그 미래를 어떻게 조망했는지에 대한 입론으로서의 출발점이 될 수 있을 것이라는 기대를 담고 있다.

마르크스와 링컨, 미완의 혁명

미국 '노예 해방 선언'(1862)이 있고 2년 후인 1864년, 링컨은 대통령 선거에서 55%의 득표율과 선거인단 투표 결과 212대 21이라는 압도적 우세로 재선에 성공한다. 같은 해 유럽에서는 제 1 인터내셔널이 창립된다. 여기서 특기할 만한 사항은 마르크스가 인터내셔널의 『창립발기문(*First Inaugural Address*)』과 『임시규약(*Provisional Rules*)』에 미국의 남북 전쟁과 노예제의 철폐를 의미하는 '인종 평등'의 규약을 삽입했다는 사실이다. 『창립발기문』에는 "노예 제도의 영구화와 선전을 위한 대서양 저편의 사악한 십자군원정으로부터 서유럽을 구한 것은 지배 계급의 지혜가 아니라, 그들의 범죄적 어리석음에 대한 영국 노동자 계급의 영웅적 항거"라는 내용이 삽입되었으며, 발기문과 함께 동시에 채택된 『임시 규약』에는 "우리는 인터내셔널과 이곳에 가입된 모든 단체와 회원들이 진리, 정의, 도덕을 인종이나 신앙, 국적에 관계없이 서로에 대한, 그리고 모든 인간에 대한 행동의 기준으로 삼을 것을 천명한다"라고 명시되었다.[3]

인터내셔널이 창립되고 두 달 후, 링컨의 재선이 확정되자 마르크스는 런던에 있는 인터내셔널 전체 평의회 명의로 링컨에게 재선 축하 서한을 발송한다.

우리는 대통령께서 압도적인 지지로 재선된 것에 대해 미국 국민들에게 축하의 인사를 보내고자 합니다. 노예 소유주 권력에 대한 저항이 초선 당시 당신의 중요한 구호였다면, '노예제에 죽음을(Death to Slavery)'이란 선언은 성공적 재선의 용맹한 전투구호가 될 것입니다. (중략) 북부정치권력의 진정한 담지자인 노동자들은 노예제가 자신들의 공화국을 더럽히는 한, 그래서 흑인들이 자신의 의지와는 무관하게 주인의 물건으로 판매되는 것을 보면서 백인 노동자들은 주인을 선택하는 권리를 가졌다며 착각하고 의기양양해하는 한, 그들은 진정한 노동의 자유를 획득할 수 없었고, 해방 투쟁을 하는 유럽의 형제들을 지원할 수도 없었습니다. 하지만 진보를 가로막던 이러한 장애물은 내전의 피바다에 씻겨버렸습니다. 미국의 독립 전쟁이 중간 계급의 권력을 확장하는 새로운 시대를 열었던 것처럼, 미국의 노예제 반대 전쟁은 노동자 계급의 권력을 신장하는 새로운 시대를 열 것으로 유럽의 노동자들은 확신하고 있습니다.[4]

---

3) Karl Marx & Frederick Engels, Collective Works, Vol.20, 2004, p.13과 p.15 참고로 제1 인터내셔널의 「창립발기문」과 「임시규약」은 애초에 영어로 작성되었고, 이후 여러 종류의 언어로 번역되었다.

4) "Address of the International Workingmen's Association to Abraham Lincoln"(Nov.22,

이 서한에는 두 가지 정도의 주목할 만한 특징이 발견된다. 첫째로 마르크스는 단순히 노예제와 노예 해방에만 주목한 것이 아니라, 노예와 계급 간의 상호작용이 어떻게 이루어지는지 설명하면서, 노예제가 존재하는 한 백인 노동자들은 인종주의에 함몰될 수밖에 없음을 지적하고 있다. 두 번째로 이 서한은 미국의 내전을 고조되고 있는 유럽 노동운동과의 연계 속에서 파악하고 있다는 특징을 보여준다.[5]

이와 같은 해석에 근거하자면 무엇보다도 이 서한에는 앞에서 제기했던 문제에 대한 답변이 축약되어 있음을 알 수 있다. 즉, 마르크스가 미국의 노예 해방을 그토록 지지한 근본적인 이유와 노예제의 철폐가 어떻게 해서 미국과 유럽 노동자의 미래에 희망적 전망을 던져줄 수 있는지에 대한 답변이 바로 그것이다. 한편으로 마르크스는 미국에서 노예제가 존재하는 한 미국의 노동자들은 표피적인 계급적 우위의 환상으로 인해 임금노예로서의 자기 정체성을 자각하지 못하게 될 것으로 우려했다. 후에 마르크스는 『자본』에서 이렇게 표현했다.

흑인의 노동이 낙인찍힌 곳에서는 백인의 노동도 해방될 수 없다.[6]

다른 한편으로 그는 미국 내전에 의한 노예제의 철폐가 유럽 노

1864), in *Marx and Lincoln: An Unfinished Revolution*, written and edited by Robin Blackburn, NY: Verso, 2011, pp.211~212. 서신의 발송자는 인터내셔널 평의회 의장으로 되어 있지만, 서신의 초안과 전문은 마르크스가 직접 작성했다.

5) 보다 자세한 관련 해설은 Kevin B. Anderson, *Marx at the Margins: On Nationalism, Ethnicity, and Non-Western Societies*, Chicago: Univ. of Chicago Press, pp.109~110 을 참조.

6) Karl Marx, *Capital*, Vol.I, London: Lawrence & Wishart, 1985, p.284.

동자들에게는 '새로운 시대'를 여는 일종의 지렛대가 될 것으로 전망했다. 마르크스가 링컨과 북부연합에 대해 지속적으로 정치적 지지를 보낸 핵심적인 이유는 여기에 있다. 실제로 마르크스의 이러한 신념은 3년 후 『자본』의 서문에서 다음과 같은 유명한 구절로 재현된다.

18세기 미국의 독립전쟁이 유럽의 중간계급에게 경종을 울렸듯이 19세기 미국의 내전은 유럽의 노동자 계급에게 경종을 울렸다. 영국에서 변혁 과정이 계속 진행되리라는 것은 불을 보듯 분명한 일이다. 그리고 그것이 어느 정도 수준에 도달하고 나면 그것은 분명히 유럽 대륙에 커다란 반향을 불러일으킬 것이다. 유럽 대륙에서 그러한 변혁 과정은 영국에서보다 더 야만적인 형태로 진행될 수 있고 더 인간적인 형태로 진행될 수도 있을 것이지만, 이는 각 나라들에서 노동자 계급 자신의 발전 정도에 달려 있을 것이다.[7]

마르크스는 미국의 노예제 철폐가 유럽 노동 운동의 새로운 전기가 될 것이란 신념을 가졌고, 그러한 신념의 일환으로 링컨에 대한 적극적인 정치적 지지를 실행했다고 볼 수 있다. 하지만 이러한 주장이 타당성을 갖기에는 그저 인터내셔널 명의의 서한 한 장과 그의 저작에 기술된 일부 언급에 불과한 것 아닐까. 그렇다면 마르크스의 정치적인 시도와 노력을 지나치게 과장하여 해석하는 것은 아니냐는 반론이 있을 수 있다.

---

[7]   *Capital*, Vol.I, p.20.

하지만 이에 대해서는 유럽 노동운동계의 미국 내전에 대한 당시 입장과 여론을 파악하는 것이 중요하다. 역사학자 블랙번(R. Blackburn)의 연구에 따르면, 당시 유럽 '진보 세력'의 다수는 국제적 사안과 관련해 해당 국가의 '자결권(a right to self-determination)'을 옹호했다.[8] 따라서 외국의 내전과 관련해 유럽 노동계가 적극적인 입장을 개진한다는 일은 노동계 전체와 정치적 진보 세력 일반의 여론에 부합하지 않는 일이었다. 미국의 대표적인 흑인 인권운동가 듀 보이스(W.E.B Du Bois) 역시 당시 유럽 노동계의 분위기를 이렇게 증언하고 있다.

> 하지만 1857년 12월 노동자동맹(the Arbeitbund)이 재편되었을 때 노예제는 언급되지 않았다. 1858년 4월 노동자동맹의 새로운 기관지가 발행되었을 때도 지금 중요한 문제는 노예제의 폐기가 아니라 노예제의 더 큰 확대를 방지하는 것이라며, 니그로 노예제는 이미 미국에서 확고하게 뿌리내렸다고 이야기되었다.[9]

마르크스가 제1 인터내셔널이 창립되자마자 국제노동자협회 전체 명의로 이러한 서한을 발송했다는 사실은 이 일이 단순한 서한 발송 그 이상의 노력을 마르크스가 하지 않았다면 사실상 관철이 불가능한 일이였음을 의미한다. 유럽의 노동자협회 명의로 대서양 건너의 대통령에게, 그것도 '재선 축하 서한'을 보냈다는 것은 인터내셔

---

8) 당시 유럽 진보 세력의 국제 정치적 입장과 분위기에 대해서는 Robin Blackburn, "Introduction" in *Marx and Lincoln: An Unfinished Revolution*, NY: Verso, 2011, pp.5~6을 참조.

9) Kevin B. Anderson, 앞의 책, p.84에서 듀 보이스 인용문을 재인용.

널 내부 인사들을 상대로 마르크스가 지속적인 설득 작업을 하였음을 반증하며, 그가 이러한 일의 중요성을 당시 동료들에게 관철시킨 결과임을 말해주고 있다. 실제로 당시 인터내셔널의 일부 인사들은 링컨 대신 미국의 '인민(American people)' 앞으로 서신을 발송하자고 주장했다.[10]

링컨은 수 주 후 마르크스의 서한을 받고 답신한다. 답신 서한은 대통령의 뜻과 생각을 담았지만, 친서는 아니었다. 링컨의 서한은 존 퀸시 애덤스(John Quincy Adams) 전 대통령의 아들이자 영국 주재 미국 대사인 찰스 프랜시스 애덤스(Charls Francis Adams)의 명의로 발송됐다. 이 서한에서 애덤스는 보내준 인터내셔널의 서한과 그 뜻을 대통령이 잘 받았다며, "그는 동료 시민들과 전 세계에 걸쳐 인류애와 진보를 열망하는 수많은 친구들(friends)로 인해 자신의 확신이 결코 가치 없는 것이 아니라는 사실을 진중히 받아들일 수 있었다"라고 전했다. 또한 이 서한에서 링컨은 "유럽 노동자들의 입장 표명으로 인해 북부연합이 꾸준히 전진할 수 있는 새로운 힘을 얻게 되었다"[11]라고 덧붙였다

링컨에게 보낸 마르크스의 서한과 마르크스에게 전달된 링컨의 답신은 당시 영국과 미국의 일간지들에 그 전문이 실렸다. 이 즈음 링컨은 인터내셔널의 뉴욕 지부도 직접 방문해 이렇게 말한다. "가

---

10) "A Letter of Marx to Engels, December 2, 1864", in *Marx and Lincoln: An Unfinished Revolution*, pp.206~207. 마르크스는 서신을 통해 당시 상황을 엥겔스에게 설명한다.

11) "The American Ambassador's Reply to the Address of the international Workingmen's Association"(Feb. 6, 1865), in *Marx and Lincoln: An Unfinished Revolution*, pp.213~214. 일부에서는 링컨이 서한에서 마르크스와 동료들을 대상으로 '친구들(friends)'이란 말을 쓴 것에 주목해 이를 강조하기도 한다.

족관계를 제외하고 인간이 동정심에 근거해 가장 강력한 연대를 이룰 수 있는 방법은 민족과 언어, 혈연을 넘어 모든 노동자들을 하나로 단결시키는 것입니다."[12] 링컨의 이러한 발언은 언뜻『공산당 선언』의 마지막을 연상시킨다. 링컨이 1861년 의회에서 행한『연두교서(*Annual Message to Congress*)』는 정말로 이것이 링컨의 연설인가를 의심할 만한 수준이다. 연설의 내용이 마치『자본』을 읽는 듯 착각을 불러일으킨다. 마르크스와 링컨의 사상적 동질성이 절정을 이루는 대목이다.

노동은 자본에 우선하며, 자본에 대해 독립적으로 존재합니다. 자본은 노동의 결실일 뿐이기에, 애초에 노동이 없었다면 자본은 존재하지 않았을 것입니다. 노동은 자본보다 우월하며, 높이 평가되어야 할 자격이 있습니다. 자본은 그것이 여타의 권리들을 보호하는 가치를 가질 때만이 스스로의 권리를 가질 수 있을 것입니다.[13]

마르크스와 링컨이 직접 만나 정신적 교류의 기회를 갖지는 않았다. 그러나 마르크스는 1850년 이후 10년 넘게『뉴욕 데일리 트리뷴(*New York Daily Tribune*)』지의 런던 특파원으로 일을 했고, 이때부터 링컨은 기자 마르크스가 송고하는 기사의 '열렬한 독자(avid reader)'였던 것으로 알려지고 있다. 확실한 이야기인지 증명되지는

---

12) Gillian Brockell, "You know who was into Karl Marx? No, not AOC. Abraham Lincoln", *The Washington Post*, July, 27, 2019.

13) Abraham Lincoln, "Annual Message to Congress (Dec. 3, 1861)" from *PNHP. org*.

않지만 링컨이 마르크스의 저작까지도 정기적으로 탐독했다는 주장
도 있다.14)

마르크스와 링컨 사이에 서신 교환이 가능할 수 있었던 것은 무
엇보다도 마르크스가 오랜 세월 저널리스트로 활동했기 때문이다.
마르크스는 1841년 예나대학에서 박사 학위를 받은 청년기에, 정치
적인 이유로 학계 진입이 어려워지자 1842년부터 곧바로 저널리스
트로서의 생활을 시작한다. 물론 마르크스에게 기자라는 직업은 무엇
보다도 생계가 우선인 일이었지만, 동시에 마르크스는 취재와 지면을
스스로에 대한 학습과 실천의 장으로 삼았다.15) 마르크스는 평생에
걸쳐『라인 신문(Reinishe Zeitung)』,『신 라인 신문(neue Reinishe
Zeitung)』,『뉴욕 데일리 트리뷴(New York Daily Tribune)』그리
고『프레세(Die Presse)』등 모두 네 곳의 신문사에서 일했다. 마르
크스는 그중에서도『뉴욕 데일리 트리뷴』에서 런던 특파원으로 13년
을 근무했고, 저널리스트로서는 이 시기에 가장 열정적으로 일했다.
이 시기에 마르크스는 350건의 단독 취재 기사와 엥겔스와의 12건의
공동 취재 기사 그리고 익명의 기사 등을 모두 합쳐 480여 건의 기사
를 뉴욕에 송고했다. 당시 마르크스가 기자로서 주로 관심을 갖고 초
점은 둔 사안은 영국 정부가 북부연합(the Union)이 아닌 남부동맹

---

14) *The Washington Post*에 실린 Brokell의 기고문.

15) 마르크스가 취재한 당시의 기사들을 오늘날의 시각에서 보면 단편적인 사실 전달 기사라
기보다는 칼럼이나 르포 기사에 가깝다. 하지만 마르크스의 기사들이 강한 이데올로기적
경향성을 보였던 것은 아니며, 독자들에게 가급적 객관적 상황을 전달하려는 노력 역시
눈에 띤다. 청년기에 일을 했던『라인 신문(*Rheinische Zeitung*)』에서는 마르크스가 데스
크의 책임도 갖고 있었는데, 노골적인 좌파적 경향성을 지닌 기사들은 저널리즘적 객관성
을 근거로 오히려 기사 채택을 하지 않았다고 한다. 정명진(편역),『런던 특파원 칼 마르크
스』, 부클, 2013.

(the Confederacy)을 뒤에서 어떻게 지원하고 있는지를 폭로해 미국의 독자들에게 알리는 일이었다. 영국은 면화 산업이라는 경제적인 이해관계 때문에, 그리고 미국을 영국의 경제적 식민지로 유지시키기 위해 내전 중에 남부동맹을 적극적으로 지원한다. 두 번째로는 남북 전쟁의 전황과 관련해, 관련 사건들과 함께 북부연합이 왜 승리할 수밖에 없는지, 향후 전쟁의 결과 여부가 미국인들에게 어떠한 사회 경제적 영향을 미치게 될 것인지를 분석·조망하는 일에 마르크스는 주력했다. 셋째로, 저널리스트로서 그의 주안점은 미국 내전이 북부연합의 호전성이나 단기적인 관세 문제에서 비롯된 것이 아니라, 남부동맹의 산업적 특수성, 즉 노예제에 기초한 경제 구조의 특수성에서 비롯된 것임을 밝히는 것이었다. 값싼 면화 생산을 위한 남부동맹의 노예제 식민지 산업 구조는 기본적으로 토지에 생산의 토대를 두고 있었기 때문에 지력(地力)을 지닌 토지를 확보하기 위해 해가 거듭될수록 노예제를 허용하는 주를 확대해나갈 수밖에 없었다. 따라서 이러한 남부동맹의 경제 구조적 특성이 낳은 팽창주의가 내전의 근본적 이유였으며, 이를 미국 독자들에게 알리는 것이 마르크스에게는 중차대한 일이었다.[16]

마르크스가 뉴욕의 신문사에서 일하게 된 배경은 1848 혁명의 실패 이후, 당시 독일 지식인들의 국제적인 이동과 움직임을 상세히 말해주고 있다는 점에서 중요하다. 1848 혁명이 실패하자 독일의 급

---

16) 이에 관해서는 마르크스의 당시 기사 중 「영국에서의 미국인 문제(*the American Question in England*)」, 「북미 내전(*the North American Civil War*)」, 「미 합중국에서의 내전(*the Civil War in the United America*)」, 「미국 내전(*the American Civil War*)」 등의 기사를 참조.

진적 지식인 중 상당수는 미국으로 이주한다. 잘 알려지지 않았던 사실이지만 그 당시 청년 마르크스 또한 영국이 아닌 미국 이민을 심각하게 고려했었던 것으로 알려지고 있다. 실제로 마르크스는 미국 텍사스로 이주하기 위해 자신의 고향인 트리에(Trier)시의 시장에게 이주 신청서(emigration certificate)를 제출했고, 이에 대한 기록역시 남아 있다.[17] 물론 곧 이어 마르크스는 미국 이주 계획을 포기하고, 파리를 거쳐 영국에서의 망명생활을 시작했지만, 한때나마 마르크스가 미국 이민을 진지하게 고민했었다는 것은 명백한 사실이다. 물론마르크스는 결국 영국행을 결정했고, 이후 평생에 걸쳐 단 한 차례도미국 땅을 밟지 않았다. 마르크스가 미국 이주를 고려한 배경에는 그의 오래된 친구이자 동지인 조셉 웨드마이어(Joseph Wedemeyer)가있었다. 웨드마이어는 미국으로 이주한 후, 1853년 미국 시카고에서미국 노동자동맹(the American Workers League)을 결성한다.[18]이후 남북 전쟁이 발발하자 그는 북군에 입대해 대령으로 진급하여전장을 지휘한다. 웨드마이어의 이러한 행보는 당시의 시대적 정서를 고려해보자면 그만의 개인적 성향의 문제는 아니었다. 당시 상당수의 독일계 진보적 지식인들은 북군에 합류하여 미국 내전에 직접

---

17) Robin Blackburn, 앞의 책, p.2를 참조. 뿐만 아니라 미국의 마르크스 연구자 루이스 포이어(Lewis S. Feuer)는 만약 마르크스가 미국으로 이주했다면, 그의 저작들의 내용은 후에크게 달라졌을 것이 분명할 뿐 아니라, 절친한 친구이자 동지였던 조셉 웨드마이어(Joseph Wedemeyer)를 따라 북군(The Union Army)에 합류했을 가능성 역시 높았다고 말한다.오늘날에는 사실상 큰 의미가 없는 언급일 수 있지만 이에 대해서는 Lewis S. Feuer, "The North American Origin of Marx's Socialism", The Western Political Quarterly, Mar.Vol.16, No.1, Mar., 1963, pp.62~67을 참조.

18) 이 역시도 잘 알려지지 않은 사실이지만 전 세계에서 사회주의적 성향의 노동자 정당이가장 먼저 창당된 나라는 바로 미국이다. 이에 대해서는 Robert Weiner, 앞의 논문, p.481을 참조.

참전했다. 북군에 지원한 독일계 이민자는 자그마치 약 20만 명이었으며, 독일어만 사용하는 독일계 특수부대원은 약 3만 6천 명, 그리고 3명의 독일계 장성도 있었다.[19] 이는 정치인으로서의 링컨이 마르크스의 서한을 무시할 수 없었던 사실상의 결정적 이유이기도 하다. 마르크스와 엥겔스는 후에 유럽에서는 1848 혁명 전후로 수차례의 전쟁과 동요가 있었던 까닭에 상당수의 지식인들이 군사적 경험을 쌓을 수 있었다며, 미국으로 이주해온 독일계 지식인들을 비롯한 유럽의 군 경력자들이 없었다면, 북부연방군은 전쟁을 수행하는 데 적지 않은 어려움에 봉착했을 것이라고 지적한다.[20]

『뉴욕 데일리 트리뷴』지의 편집장 찰스 다나(Charles A. Dana) 역시 당시 독일에서 미국으로 이주한 지식인 중 한 사람이었다. 마르크스의 친구인 조셉 웨드마이어와도 잘 아는 사이였던 다나 역시 사회주의자였다. 그는 『신 라인 신문』에서 일하던 마르크스를 트리뷴지의 런던 특파원으로 영입한다. 『뉴욕 데일리 트리뷴』지는 노예제를 반대하고 친 노동자 정책을 지지하는 소위 '진보적' 신문사였다. 오늘날 미국 공화당의 정치적 성향과 당시의 공화당과는 크게 차이가 있어 직접적인 연결이 쉽지 않을 수도 있지만, 당시 트리뷴지는 친공화당계 신문이었다. 이 신문사의 창립자는 호러스 그릴리(Horace Greeley)였는데, 링컨은 이 그릴리 사장과 의원 시절부터 절친한 친

---

19) 이에 대해서는 Robin Blackburn의 책 p.25, 특히 '독일계 미국인들(The German Americans)' 부분을 참조. pp.23~28.

20) 이와 관련해서는 Kevin B. Anderson, 앞의 책, 97쪽을 참조. 당시의 시대적 정서를 이해하기가 쉽지 않을 수도 있겠지만, 일제강점기하에서 일부 조선인 출신의 사회주의자들이 중국 홍군에 입대해서 국공내전에 참전했던 사례들을 보면, 당시 사회주의자들이 가졌던 정서나 행보를 포착하기가 보다 용이할 것으로 보인다.

구 사이였다. 트리뷴지는 링컨의 공화당에 새로운 정책 구상과 아이디어를 제공하는 일종의 싱크탱크 역할을 담당하기도 했다.

이 지점까지 오면 마르크스와 링컨 사이의 복잡한 인맥에 따른 정치적인 네크워크와 거리가 가늠될 것으로 보인다. 링컨이 어떠한 이유로 의원들을 대상으로 '노동과 자본'의 관계를 설파했는지도 이해 가능하다. 또한 미국으로 이주한 급진적 독일계 미국인들이 어떠한 이유에서 링컨의 공화당을 지지했고, 내전의 전장에 직접 서기까지 했는지 당시의 시대적 분위기 역시 감지될 수 있을 것으로 여겨진다. 보다 용이한 이해를 위해 링컨과 마르크스 주변의 인맥관계를 도식화하면 다음과 같다.

칼 마르크스

에이브러햄 링컨

조셉 웨드마이어
(친구)

찰스 프랜시스 애덤스
(주영 미국대사)

찰스 다나
(뉴욕트리뷴 편집장/마르크스 고용)

호러스 그릴리
(뉴욕트리뷴 경영자/링컨의 친구)

마르크스는 미국의 내전을 북부연합이 연방을 유지하고자 하는 '방어적 혁명'으로 이해했다. 남북전쟁은 남부동맹의 '노예제의 확장과 영구화를 위한 정복 전쟁'이며, 남부동맹의 전쟁에서의 승리는 곧 '노예제를 기반으로 하는 연방의 재편'을 의미했다.21) 따라서 마르크스에게 미국 내전의 근본적인 원인은 노예제를 연방 전체로 확대하고자 하는 남부동맹의 지속적인 정치적 도발 때문이었다. 그는 북부연합의 승리와 이로 인한 노예제의 폐지가 미국과 유럽을 포함한 인류의 역사적 진보에 적지 않은 기여를 할 것이라고 기대했다. 그러한 의미에서 미국 내전은 마르크스에게 인류 전체의 진보를 위한 적극적 혁명이기도 했다. 반면 링컨에게 내전은 '노예제 없는 연방 수호를 위한 선택'이었다.

마르크스에게 답신을 한 지 몇 달 후, 링컨은 피살된다. 링컨이 운명을 달리하자 앤드류 존슨(Andrew Johnson)이 대통령직을 승계한다. 마르크스는 존슨에게도 접촉을 시도하지만, 존슨이 성의 있는 반응을 보이지 않자 이후 실천적 차원에서는 미국 측 정치 인사들과의 연대를 사실상 접는다.

노예와 노예제 그리고 아메리카

니그로는 니그로이다. 그는 오직 특정한 관계에서만 노예가 된다.22)

---

21) Karl Marx, "The Civil War in the United America(Die Presse, November 7, 1861)", in *Marx and Lincoln: An Unfinished Revolution*, pp.151~160.

22) Karl Marx & Frederick Engels, *Collective Works*, Vol.9, 2004, p.211.

『임노동과 자본』(1849)에 있는 마르크스의 이 언급은 그의 노예제 연구를 위한 출발점이다. 마르크스가 보기에 흑인은 흑인일 뿐이고 노예는 특정한 사회적 관계가 야기한 결과일 뿐이다. 다시 말해서 '흑인이기 때문에 노예'는 아닌 것이다. 이 간결한 문장은 흑인은 노예가 될 운명이었다는 당시의 일반적 가정에 대한 무거운 반론이다. 흑인은 특정한 사회적 관계에서만 노예일 뿐이라는 이러한 주장은 마르크스의 인간 일반에 대한 관점을 담고 있다. 이와 같은 규정은 주인에게도 적용된다. 주인 역시도 특정한 관계가 주어졌을 때, 주인일 뿐이지 또 다른 사회적 관계로 인해 노예가 그의 소유에서 상실되는 순간 그는 더 이상 주인이 아닌 것이다. 주인 역시도 그의 능력이나 운명에 의해 주인이 되는 것은 아니라는 뜻이다. 오늘날에는 지극히 당연한 말처럼 들리는 이러한 생각이 불과 반세기 전까지만 해도 미국 사회의 일반적 상식은 아니었다. 1960년대 말까지 흑인과 백인의 결혼을 허용하는 주는 전국 50개 주 중 11개 주에 불과했다. 인종 간에는 질적인 차이가 있다는 생각이 상식이었다. 중국의 문화혁명기에 극단적 형태로 나타났던 것처럼 현대의 사회주의 국가들 또한 사회적 계급과 이에 대한 도덕적 판단을 혼동하는 정책과 관례는 비일비재했다.

마르크스의 노예에 대한 규정이 이렇다고 한다면, '노예제'에 대한 그의 이론적 규정은 무엇이었을까. '근대 노예제'는 자본주의 경제 내부에서 어떠한 위상을 갖는 것일까? 『철학의 빈곤』에서의 한 대목이다.

직접적 노예제는 기계나 신용 등과 함께 부르주아 산업의 근간이 되는 축이다. 노예제가 없으면 목화도 없다. 목화가 없으면 근대 산업도 없다. 식민지에 가치를 부여한 것은 노예제이며, 국제 무역을 창출한 것은 식민지이다. 대규모 산업의 전제 조건은 세계 무역이다. 따라서 노예제는 가장 중요한 경제적 범주이다. 노예제가 없다면, 가장 진보적인 국가인 북아메리카는 가부장적인 친족국가로 전락할 것이다.[23]

마르크스가 보기에 노예제는 무엇보다 당시 세계 자본주의를 지탱해주는 중심축이었다. 미국의 경제적 번영 역시도 노예제를 근간으로 추동되는 체제일 뿐이다. 이러한 마르크스의 기본적인 분석은 『자본』에서도 크게 다르지 않다. 마르크스는 "면직 공업은 영국에 아동 노예제를 가져왔을 뿐만 아니라, 미국에는 원래 가부장적이었던 노예경제를 상업적 착취제도로 전환시키기 위한 촉매 역할을 제공하였다"라고 전제하면서, 따라서 "일반적으로 유럽에서는 은폐된 형태를 띠고 있는 임금 노동자들의 노예제가 신세계에서는'말 그대로의 노예제(slavery pure and simple)'를 그 디딤돌로 삼아야만 했다"라고 지적한다.[24] 따라서 마르크스가 보기에 임금 노동자들의 노예제와 말 그대로의 노예제의 거리는 그렇게 먼 것이 아니다. 말 그대로의 노예제에 대한 투쟁의 당위성은 임금 노동자 노예제 철폐를 위한 당연한 수순이었고, 이렇게 양자는 분리될 수 없는 상호적 연결

---

23) Karl Marx, *Poverty of Philosophy: A Reply to M. Proudhon's Philosophy of Poverty*, NY: International Publishers, 1976, pp.94~95.

24) *Capital*, Vol.1, p.711.

고리를 갖고 있는 것으로 파악되었다.

사회적 관계라는 측면에서 보았을 때, 어떠한 이유에서 영국과 미국은 '임노동자들의 노예제'와 '말 그대로의 노예제'라는 차이를 갖게 되었을까. 마르크스에게 그 이유는 분명했다. 말 그대로의 노예제가 미국에서 가능했던 이유는 경제적 단계로 볼 때, 미국이 '본원적 축적(primitive accumulation)의 단계'에 있었기 때문이고, 그러한 점에서 '미국은 여전히 유럽의 식민지 국가이기 때문'[25]이다. 마르크스는 『자본』의 '이른바 본원적 축적(the so-called primitive accumulation)'의 장에서 "아메리카 대륙에서 금과 은의 산지의 발견, 원주민의 학살과 노예화, 광산노역, 동인도 제도의 정복과 약탈, 아프리카 흑인사냥의 상업화 등은 자본주의적 생산시대의 새벽을 알리는 주요 특징들"[26]이라고 지적한다. 이어서 그는 원시적 축적 단계에서 이런 특징들은 '잔혹하기 그지없는 폭력을 통해 진행되었는데, 예를 들면 식민제도'가 바로 그러했고, 따라서 '폭력은 새로운 한 사회를 잉태하고 있는 모든 낡은 사회에서 그 산파 역할'을 하며, 그러한 의미에서 '폭력은 그 자체가 경제적 힘'[27]이라고 강조한다. 물론 이러한 본원적 축적의 계기들은 스페인과 포르투갈, 네덜란드와 프랑스 그리고 영국에서 역사의 시간에 따라 순차적으로 발생한다.

그렇다면 노예제의 철폐가 가져올 결과는 무엇일까. 마르크스는 말 그대로의 노예제의 해체는 미국 사회의 본원적 축적의 단계를 일

---

25) 위의 책, p.716의 각주 1.
26) 위의 책, p.703.
27) 위의 책, 같은 곳.

정 정도 완성시키면서 자본의 급격한 양적 성장과 함께 독점 자본주의로의 이행을 시작 가능하게 할 것이며, 이로 인해 미국의 사회적 갈등 역시도 증폭될 것으로 전망했다. 노예제의 철폐는 저임금 기반의 거대한 산업 노동력을 제공할 것이고, 자본은 이를 기반으로 양적 팽창과 집중을 지속, 이른바 산업의 발전에 따른 유럽인들의 미국 이민을 가속화시키면서 인구의 급격한 증가를 가져올 것으로 내다보았다. 실제로 이 당시 이미 미국 노동자의 평균 실질 임금은 유럽 노동자보다 높았다. 이를 비롯한 여러 이유로 유럽으로부터의 대규모 인구 유입은 미국 내에 더 큰 소비 시장을 창출하면서, 이에 따른 자본의 독점도 가속화시킬 가능성이 높은 것으로 예상되었다.

한편으로는 해마다 미국으로 몰려가는 거대하고도 지속적인 인간의 흐름이 미국 동부에 정체된 침전물을 만들어 놓았다. 유럽으로부터의 이민의 물결은 서부로 이민의 물결이 쓸려가는 것보다 더 급속하게 동부의 노동시장에 인간들을 집중시켰기 때문이다. 다른 한편으로 미국의 내전은 막대한 국채를 낳았고, 이와 더불어 조세 압박 및 금융귀족의 출현, 철도와 광산 개발 등 투기회사들에 대한 공유지 증여, 한마디로 급속한 자본 집중을 가져왔다. 이제 거대한 공화국은 더 이상 이주노동자에게 약속의 땅이 될 수 없게 되었다.28)

마르크스는 미국 노예제의 철폐가 유럽 노동운동의 획기적인 전

---

28) 같은 책. pp.723~724.

기를 우선적으로 마련해주지는 못할지라도, 두 가지 점에서 미국 사회의 큰 변화는 가져올 것으로 보았다. 그 첫 번째는 미국이 자본주의의 중심 국가로 부상하는 일이다.[29] 마르크스는 미국이 노예제를 폐지함으로써 오히려 자본주의의 중심으로 부상할 수 있는 결정적 계기가 마련될 것으로 전망했다. 엥겔스 또한 '미국을 정치적·사회적으로 묶어놓았던 노예제가 붕괴되면, 이 나라는 가능한 한 최단 시일 내에 세계사에서 매우 특별한 위치를 획득할 동력을 반드시 얻을 것'으로 보았다.[30] 두 번째는 미국이 자본주의의 중심국으로 이행함에 따라 미국 노동운동에도 새로운 계기가 마련될 것으로 마르크스는 기대했다. 마르크스는 "노예제가 숨을 거두자 곧바로 새로운 젊은 생명의 싹이 돋아났다"라며, '미국 내전의 첫 결실은 볼티모어에서 시작된 8시간 노동 운동'임을 강조했다.[31]

마르크스는 이렇게 자본주의가 미국으로의 중심 이동을 하고 있고, 세계적 차원에서 노동운동의 새로운 계기도 상대적 의미에서 민주적 체제가 갖추어진 미국에서 발생할 가능성이 높은 것으로 진단했다. 그는 이를 위해 인터내셔널, 즉 국제 노동자 연맹(IWA)의 총본부(headquarter)를 뉴욕으로 옮길 것을 제안하기도 했다.[32]

---

29) 이에 대해서는 앞에서 소개한 Robert Weiner의 논문 p.485와 p.496을 참조.

30) 엥겔스가 웨드마이어에게 보낸 서신 내용 중 일부이다. Kevin B. Anderson의 앞의 책, p.108 참조.

31) 같은 책, pp.284~285.

32) 마르크스는 1877년 7월 25일 엥겔스에게 보내는 서신에서 인터내셔널의 본부의 뉴욕 이전은 세계노동운동에 새로운 기회를 제공해줄 것이라며, 이전할 것을 권유하고 있다. 이에 대해서는 Robin Blackburn의 앞의 책에 수록된 "A letter of Marx To Engels, July, 22, 1877", p.210 참조. 마르크스는 이 외에도 여러 곳에서 인터내셔널의 미국 이전이 노동자 운동의 보다 '평화적'인 활동을 보장해줄 것이라는 견해를 피력한다. Robert Weiner, 앞의 논문 p.496의 각주 70 참조.

칼 마르크스가 남긴 유산과 문제들

마르크스와 링컨을 정치적으로 매개한 것은 노예제의 폐지와 내전의 승리라는 역사적 목표였다. 그리고 그 목표는 적지 않은 대가를 치른 끝에 극적인 결과를 성취했다. 두 사람 모두에게 전략적 차원에서의 연대라는 측면이 적지 않았던 것도 사실이지만, 역사의 특정 순간에 공유했던 정치적인 동질감은 이데올로기적 지형 안에서만 두 사람을 평가하던 협소한 시각들이 미처 발견하지 못했던 여러 의미들을 던져준다. 그중에서도 특히 주목할 만한 것은 우선 마르크스와 링컨, 두 사람의 서사 자체가 마르크스주의를 비판할 때 끊임없이 제기되었던 '유럽중심주의(eurocentricity)'를 부정하는 증거가 되고 있다는 사실이다. 노예제를 매개로 한 두 사람의 이야기가 말해주는 것은 마르크스는 '세계의 불균등한 정치 경제적 조건'에 지속적으로 주목했으며, 그러한 의미에서 그 스스로가 그의 이론을 유럽의 '소유물(possession)'로 생각하지 않았다는 사실이다.33) 마르크스는 이와 반대로 노예제 철폐를 주장함으로써 유럽중심주의가 잉태한 이론적·정치적 식민주의를 오히려 해체하고자 했으며, 이를 위해 대서양 건너 식민지 대륙의 정치인에 대한 집단적 지지를 표명하면서까지 그것의 구체적 결과를 이끌어내고자 시도했다고 평가하는 것이 정당할 것이다. 이러한 의미에서 마르크스의 미국에 대한 관심이 남긴 이론적 유산 중 하나는 바로 식민지 사회의 구조적인 특징과 발전 과정의 '특수성'을 세계사적인 관점에서 분석하고 조망했다는 점이다. 이

---

33) Crstal Bartolovich, "Introduction" in *Marxism, Modernity, and Postcolonial Studies*, edit. by C. Bartolovich & Neil Lazarus, London: Cambridge Uni. Press, 2002, pp.1~20.

를 증명하듯 마르크스는 1860년 1월 엥겔스에게 보낸 편지에서 이렇게 말한다.

> 최근 세계에서 발생한 가장 큰 두 가지 사건은 존 브라운의 죽음으로 시작된 미국의 노예(해방)운동과 러시아의 농노(해방)운동입니다.[34]

물론 마르크스의 이러한 이론적 접근의 연원을 헤겔의 역사철학에서 찾을 수도 있겠지만, 앞에서 보는 것처럼 그는 지역적 특수성이 세계사에서 차지하는 위상과 동력을 헤겔에 비해 상대적으로 과소평가하지 않았다는 점에서 절대 정신의 보편적 운동으로서의 역사와는 또 다른 관점에서 구분할 필요가 있다.

마르크스는 '흑인의 노동이 낙인찍힌 곳에서는 백인의 노동도 해방될 수 없음'을 강조했다. 그는 노예제 폐지가 즉각적인 자본주의의 붕괴로 이어지지는 않겠지만, 노예제의 폐지가 노동자를 조직하고 권익을 증진시키는 데는 훨씬 더 유리한 조건을 마련해줄 것으로 판단한 것은 확실하다. 따라서 향후에는 흑인과 백인이 다 함께 노동 해방을 위한 도정에 나서는 일이 가능할 수 있으리라는 것이 그의 기대였다. 하지만 그가 노예제의 폐지와 노동의 궁극적 해방 사이에서 '필연'의 연결 고리를 생각했는지에 대해서는 논란이 있을 수 있다. 미국의 마르크스 연구자 로버트 웨이너(Robert Weiner)는 마르크스

---

34) "A Letter of Marx to Engels, January, 11, 1860", in *Marx and Lincoln: An Unfinished Revolution*, p.189.

에 대한 문헌학적 연구를 통한 그의 고전적 논문에서,[35] 마르크스가 청년기에는 미국의 '예외주의적인 성격'을 일부 인정했으나, 후기에 가면서 '부정의 부정'(the negation of negation)이라는 변증법적 발전과정을 강조함으로써 이러한 경향은 '지양(aufhebung)' 된다는 사실상의 결정론적 입장으로 선회했다고 주장한다. 다시 말해 웨이너는 마르크스 역시도 청년기에는 미국의 예외주의적 성격에 주목했지만, 후기에는 역사의 발전 단계에 따른 보편성에 더욱 무게를 두었다고 주장한다. 이러한 논리는 미국이 갖는 예외적 특성의 일부인 노예제 문제에도 적용되어, 마르크스가 노예제 철폐에 이어서 임금 노예제의 철폐라는 단계적이고도 보편적인 역사의 진행을 미국의 역사에도 적용하고자 했다는 것이 웨이너의 해석이다. 그는 이렇게 마르크스의 미국 사회 분석과 관련, 지극히 헤겔주의적인 용법과 해석을 제시하고 있다. 하지만 웨이너는 마르크스가 미국 사회를 분석하거나 예견할 때, 실제로 이와 같은 헤겔적인 표현을 직접적으로 활용했는가에 대해서는 마르크스 저작으로부터의 그 원전적 근거를 제시하지 못하고 있다. 따라서 이러한 주장은 마르크스의 생각이 아닌 그저 웨이너의 '해석' 혹은 관점일 수 있다. 마르크스에게서 노예제와 임금 노예제의 철폐 여부는 계급투쟁, 즉 혁명의 영역이었다. 따라서 그러한 체제의 종식 여부는 그에게 일종의 정치적인 '기대'와 '당위'의 영역이었던 것은 분명하지만, 그것을 역사적 필연의 영역으로 마르

---

35) Robert Weiner, "Karl Marx's Vision of America: A Biographical and Bibliographical Sketch", *The Review of Politics*, Vol. 42, No.4(Oct.), 1980, pp.465~495. 앞에서 수차례 인용된 동일 논문이다.

크스가 보았다고 말하기는 힘들다. 이 글의 서두에서 인용한 것처럼, 마르크스는 이를 '각 나라에서 노동자 계급의 발전 정도에 달려 있는' 사안으로 보았다고 해석하는 것이 보다 정확할 것이다.[36]

그러나 마르크스를 헤겔주의에 경도되어 해석하는 것으로 보이는 웨이너의 이러한 관점은 미국의 마르크스주의 연구와 이론적 전통을 고려하자면, 충분히 이해 가능한 일이다. 미국 마르크스주의 철학을 이론적으로 정초했다고 평가되는 라야 두나예프스카야(Raya dunayevskaya)부터 반공주의적 관점에서 마르크스를 연구한 시드니 후크(Sydney Hook)에 이르기까지 20세기 미국의 마르크스주의 연구는 마르크스를 헤겔주의와의 연속선상에서 해석하는 관점이 일반적이었다.[37] 한나 아렌트(Hannah Arendt)가 『인간의 조건』에서 비판한 마르크스 역시도 헤겔의 제자일 뿐이다.[38]

다른 한편으로 미국사의 관점에서 볼 때, 마르크스와 링컨이 정치적 연대를 할 수 있었던 것은 그 배후에 독일 이민자 사회가 있었기 때문이라는 점도 간과할 수 없다. 1848 혁명의 실패 이후 독일의 수많은 지식인들이 미국으로 이주했다는 사실, 이러한 분위기 속에서 마르크스 자신도 미국 이민을 심각하게 고려했었다는 사실, 그리고 독일계 이민자 약 20만 명이 북부연합을 위해 싸웠다는 사실, 그

---

36) *Capital*, Vol. I, p.20.

37) 이에 대해서는 Raya Dunayevskaya, *Marxism and Freedom*, Humanity Books, (1958)2000과 Sydeny Hook, *From Hegel to Marx*, Ann Abor Paperbacks: Uni. of Michigan Press, (1936)1985를 참조.

38) 한나 아렌트는 마르크스의 이론을 헤겔 철학과 진화론의 융합 이론으로 본다. Hannah Arendt, *The Human Condition*, Chicago: Univ. of Chicago, (1958)1998의 노동(Labour) 장을 참조.

리고 당시 미국의 최대 발행부수를 자랑하는 신문이 독일의 진보적 지식인들에 의해 운영되고 있었다는 사실적인 배경 등이 있었기 때문에 마르크스와 링컨의 정치적인 만남은 가능했다고 볼 수 있다. 물론 이러한 측면들은 유럽의 특정 민족과 미국 이민사의 일부이기도 하지만, 동시에 당시 지식인들의 시대정신을 엿볼 수 있다는 점이 인상적이다. 바로 이러한 역사적 배경하에서 마르크스는 인터내셔널 본부의 미국 이전까지도 심각하게 계획했던 것으로 추정할 수 있다.

하지만 이러한 서사에는 몇 가지 역설(paradox)이 존재한다. 마르크스와 링컨, 두 사람의 사상적·정치적 공감이 새로운 장을 열게 될 시점에, 불행하게도 한 사람은 피살됨으로써 먼저 운명을 달리 한다. 두 사람이 공동으로 가졌던 단기적인 목표가 노예제의 철폐였던 만큼, 이러한 목표의 달성은 곧 바로 두 사람의 정치적 결별을 의미했을 가능성이 크다. 노예제의 철폐가 두 사람을 매개했던 만큼, 그러한 목적의 성취는 두 사람을 정치적 차원에서 서로 반목의 길로 들어설 수밖에 없도록 만드는 갈림길이 되었을 것이다. 실제로 링컨은 임금 노동의 체제, 즉 자본주의 체제를 신뢰했고, 그러한 취지에서 노예제를 폐지한 이후, 당시의 임금 노동 체제를 단지 개혁하고자 했다. 반면 마르크스는 이는 또 다른 노예제의 정당화라며 즉각 거부한다.[39]

앞에서 살펴본 것처럼, 마르크스는 노예제 폐지라는 정치·경제적 구조 변형이 세계 자본주의의 중심을 유럽에서 아메리카로 이동시킬 수 있다는 징후를 비교적 뚜렷이 파악하고 있었다. 하지만 미국

---

39) Gillian Brockell의 *The Washington Post* 기고문을 참조.

이 노예제를 철폐하고 이로 인해 식민지적 자본주의의 성격을 극복하여 세계 자본주의의 중심부가 되면, 이러한 환경이 마르크스가 기대했던 것처럼 노동자의 권익 향상을 위한 유리한 조건으로 작동하는 것이 아니라, 오히려 그 반대의 불리한 조건으로도 작동할 수 있다는 가능성에 대해서는 미처 예상하지 못한 것이 아닌가라는 의구심을 갖게 된다. 바로 이 부분에서 미국과 여전히 식민지적 성격을 벗어나지 못하고 있는 대다수 중남미 국가들 간에는 차별성이 드러난다. 역사가 말해주는 교훈 중 하나는 한 국가가 중심부 자본주의로 성장하게 되면, 이른바 '포용적 자본주의(inclusive capitalism)'로 발전할 수 있는 개연성도 동시에 커질 수 있다는 점이다.[40] 물론 이러한 지적이 마르크스가 노예제의 폐지와 노동의 궁극적 해방 사이에서 '필연'의 이행을 생각했다는 의미는 결코 아니다.

정치학자 세이무어 마틴 립셋(Seymour Martin Lipset)은 역사에서 인간의 목표 지향적 행위가 야기하는 역설적 상황과 관련하여 흥미로운 사례를 소개한다. "아이러니하게도 혁명에 성공한 미국은 좀 더 자유지상주의적인 이데올로기의 승리와 확산으로 인해 복지국가 정책과 사회 민주주의적·공동체주의적 풍조를 가장 완강히 거부하게 되었던 반면, 혁명에 실패했기 때문에 캐나다의 공공 정책은 사회민주주의 국가들의 정책에 근접하게 되었다"[41]라는 것이다.

립셋은 현대의 미국에서 사회주의 정당이 부재한 이유를 월터

---

40) Daron Acemoglu & James A. Robinson 지음, 최완규 옮김, 『국가는 왜 실패하는가』, 시공사, 2016, 25~78쪽을 참조.

41) Seymour Martin Lipset 저, 문지영 외 역, 『미국 예외주의: 미국에는 왜 사회주의 정당이 없는가』, 후마니타스, 2006, pp.23~24.

딘 번햄(Walter Dean Burnham)의 격언에 따라 봉건주의의 부재에서 찾는다. 즉, "봉건주의 없이는 사회주의도 없다(No feudalism, no socialism)."[42] 역사상 사회주의란 봉건적 억압에 대한 전복의 결과라는 뜻이다. 이러한 주장은 오른쪽에서 관찰한 역사 결정론처럼 보인다. 이러한 관점은 새로울 것도 없이 미국 예외주의의 이론적 창시자인 토크빌(Alexis de Tocqueville)의 시각을 현대적으로 계승한 결과이다. 하지만 미국의 노예제가 생산의 방식과 사회·문화적 측면에서 봉건주의로부터 완벽하게 자유로운 제도였는가에 대해서는 세밀히 따져보아야 할 문제로 남는다. 스페인과 포르투갈의 직접적인 식민지였던 중남미 국가들의 경우, 그 사회가 지녔던 '반(semi)봉건적 성격'에 대해 사회 이론가들 사이의 별다른 이견이 없는 것을 고려하자면,[43] 노예제 생산방식에 기초했던 당시의 미국 사회와 중남미지역 국가들 간의 사회적 차별성이 그토록 분명했던 것인지 대해서는 논란이 있을 수 있다.

마르크스가 미국 사회를 고찰하면서 링컨과의 정치적 연대 과정에서 보여준 모습은 그가 역사 과정에서의 인간의 행위(action)를 얼마나 중요하게 간주했는가를 짐작할 수 있게 한다. 이를 염두에 둔 듯 국내 대학에 근무하고 있는 어느 미국인 교수는 수년 전 마르크스 탄생 200주년을 맞아 『뉴욕타임스』지에 기고한 글에서 "오늘날 우리 시대에 마르크스가 남긴 지적 유산의 핵심은 그의 '철학'이 아니

---

42) 위의 책, p.151.

43) Daniel C. Hellinger, *Comparative Politics of Latin America: Democracy at Last?*, London: Routledge, 2020을 참조.

라 '비판'"이라며, 얼마 전 경찰 폭력에 맞서 큰 반향을 불러일으켰던 "미국의 흑인인권운동(Black Lives Matter)이나, 전 세계적인 미투(Me Too)운동 등은 마르크스에게 적지 않은 빚을 지고 있다"라고 주장한다.[44] 하지만 마르크스를 '이론적 태도(theoretical attitude)' 안에 국한하려는 이러한 시각은 마르크스의 유산을 지나치게 협소화하는 것이라는 비판을 면하기 힘들 수 있다. 반대로 사회 변동 이론의 관점에서 볼 때 '현대 사회과학이론은 마르크스 이론의 계승이거나 이에 대한 반발의 역사'[45]라고 보는 테다 스코치 폴(Theda Skocpol)의 주장이 지나친 확대 해석이라는 것을 수용한다면 말이다.

지난 2008년, 미국의 금융위기가 야기한 미국인들의 현실에 대한 분노와 절망은 한편으로는 트럼피즘(Trumpism)으로 분출되기도 했지만, 다른 한편으로는 마르크스의 저작들이 일시적으로 베스트셀러의 반열에 오르는 기현상을 만들어내기도 했다. 미국 학계의 마르크스 연구도 수년 전부터 일종의 르네상스를 맞아 '마르크스의 미국(Marx's America)'이라는 주제의 새로운 연구들이 하나 둘씩 선보이고 있다. 최근 관련 연구로 주목을 받고 있는 일리노이 주립대학의 앤드류 하트만(Andrew Hartman) 교수는 이렇게 말한다. 오늘날 "마르크스를 읽는다는 것은 자본주의가 만들어낸 근대 세계와 씨름하는 일이다. 여기에는 근대의 미국도 포함된다."[46] 오늘날 세계 최

---

44) Jason Barker, "Happy Birthday, Karl Marx, You Were Right!", *New York Times*, Apr.30. 2018.

45) Theda Skocpol, *States and Social Revolution*, Cambridge: Cambridge Un. Press, 1979, p.6.

46) Andrew Hartman, "Marx's America", *Jacobin*, May 5, 2018.

강의 자본주의를 구축한 미국과 관련해 마르크스의 분석을 다시 살펴보는 일은 여전히 그 정체를 드러내지 않고 있는 근대 세계의 심연을 향해 또 다른 길을 통해 다가가는 새로운 여정일 수 있다.

참고문헌

칼 마르크스, 『런던 특파원 칼 마르크스』, 정명진 편역, 부글, 2013.

Acemoglu, Daron & Robinson, James A., 『국가는 왜 실패하는가』, 최완규 옮김, 시공사, 2016.

Adams, Francis, Charls, "The American Ambassador's Reply to the Address of the international Workingmen's Association"(Feb. 6,1865), in *Marx and Lincoln: An Unfinished Revolution*, NY: Verso, 2011.

Anderson, B., Kevin, *Marx at the Margins: On Nationalism, Ethnicity, and Non-Western Societies*, Chicago: Univ. of Chicago Press, 2016.

Arendt, Hannah, *The Human Condition*, Chicago: Univ. of Chicago, 1998.

Barker, Jason, "Happy Birthday, Karl Marx, You Were Right!", New York Times, Apr. 30. 2018.

Bartolovich, Crystal & Lazarus, Neil(edit.), *Marxism, Modernity, and Postcolonial Studies*, London: Cambridge Uni. Press, 2002.

Blackburn, Robin, "Introduction" in *Marx and Lincoln: An Unfinished Revolution*, NY: Verso, 2011.

Brockell, Gillian, "You know who was into Karl Marx? No, not AOC. Abraham Lincoln", *The Washington Post*, July. 27, 2019.

Dunayevskaya, Raya, *Marxism and Freedom*, Humanity Books, 2000.

Feuer, S., Lewis, "The North American Origin of Marx's Socialism," The Western Political Quarterly, Mar. Vol.16, No.1, Mar., 1963.

Hartman, Andrew, "Marx's America", *Jacobin*, May 5, 2018.

Hellinger, Daniel C., *Comparative Politics of Latin America: Democracy at Last?*, London: Routledge, 2020

Hook, Sydney, *From Hegel to Marx*, Ann Abor Paperbacks: Uni. of Michigan Press, 1985.

Lincoln, Abraham, "Annual Message to Congress(Dec. 3, 1861)" from

PNHP. org.

Lipset, Seymour Martin 저, 문지영 외 역, 『미국 예외주의: 미국에는 왜 사회주의 정당이 없는가』, 후마니타스, 2006.

Marx, Karl & Engels, Frederick, *Collective Works,* Vol.20. 2004.

_____, *Collective Works*, Vol.9. 2004.

Marx, Karl, Capital, Vol.1, London: Lawrence & Wishart, 1985.

_____, Vol.3, London: Lawrence & Wishart, 1985.

_____, *Poverty of Philosophy: A Reply to M. Proudhon's Philosophy of Poverty*, NY: International Publishers, 1976.

_____, "A Letter of Marx to Engels, December 2, 1864", in *Marx and Lincoln: An Unfinished Revolution*, NY: Verso, 2011.

_____, "A Letter of Marx To Engels, July, 22, 1877", in *Marx and Lincoln: An Unfinished Revolution*, NY: Verso, 2011.

_____, "The Civil War in the United America(Die Presse, November 7, 1861) in *Marx and Lincoln: An Unfinished Revolution*, NY: Verso, 2011.

Morais, M. Herbert, Marx and Engels on America, *Science & Society*, Vol.12, No.1 Winter, 1948.

Skocpol, Theda, *States and Social Revolution*, Cambridge: Cambridge Un. Press, 1979.

Tocqueville, de, Alexis, *Democracy in America* (1835-1840), Chicago: Univ. of Chicago Press, 2000.

Weiner, Robert, "Karl Marx's Vision of America: A Biographical and Bibliographical Sketch", T*he Review of Politics*, Vol.42, No.4(Oct.), 1980.

5.

사회주의의 재구성:

인간중심 민주주의론의 경우

김원식

5.

사회주의의 재구성

인간중심 민주주의론의 경우

김원식

들어가는 말

오늘날 마르크스주의 혹은 사회주의가 여전히 유효한 진보의 이념이 될 수 있다고 주장하는 이들을 찾아보기는 쉽지 않다. 이미 사회주의 종주국이었던 구소련은 해체되었으며, 중국공산당이나 조선노동당이 건재하다고 해도 그들의 통치 체제가 마르크스주의 이념을 그대로 추종하고 있다고 볼 수도 없다. 중국이나 북한 내의 시장경제 확산 및 사회적 양극화 실태를 고려한다면, 그 체제가 과거의 사회주의 이념을 따르고 있다고 보기는 어려운 것이 현실이다.

이러한 현실은 마르크스주의가 산업혁명시대의 지나가버린 저항 이념이 아니라 오늘날 유효한 진보의 이념으로 논의되기 위해서는 무언가 혁신적인 재구성 과정이 수반될 수밖에 없음을 의미한다. 그리고 악셀 호네트(Axel Honneth)의 『사회주의 재발명』은 사회주의 이념에 대한 이러한 혁신적 재구성 시도의 한 사례로 볼 수 있다.[1] 호네트는 본래 사회주의 이념의 규범적 핵심이 사회적 자유의 실현에 있었다고 주장하면서, 오늘날 이러한 본래적인 사회주의 기획을 되살리기 위해서는 사회주의가 역사적 실험주의, 민주적 생활양식으로 새롭게 재구성되어야만 한다고 주장했다.

　이러한 맥락에서 보자면, 황장엽의 인간중심 민주주의론도 현실 사회주의와 북한체제의 실패에 대한 비판적 성찰을 바탕으로 사회주의 이념을 새롭게 재구성해보려는 한 시도로 읽을 수 있다고 본다. 그는 과거의 사회주의 기획을 개인을 배제한 집단중심의 민주주의 기획으로 규정하면서 이를 개인과 집단의 조화를 목표로 하는 인간중심 민주주의 기획으로 새롭게 재구성하고자 하였다. 또한 그 역시 과거 사회주의 실패의 원인을 계급주의와 수령주의를 통한 민주주의의 실패와 생산력 중심의 경제주의에서 찾고 있다는 점에서 근본적인 문제의식은 호네트의 경우와 유사한 측면을 갖는다고 볼 수 있다.

　다음에서는 마르크스주의 혹은 사회주의 기획의 재구성 시도라는 맥락을 염두에 두면서 먼저 황장엽의 인간중심 민주주의론에 대해 살펴보고, 결론 부분에서는 이에 대한 나름의 평가를 제시해보고자 한다. 이를 위해 다음에서는 먼저 인간중심철학이 제시하는 민주주의론의 이론적이고 철학적인 전제들을 파악하기 위해 인간중심철학의 '인간관'과 '사회역사관'을 살펴볼 것이다. 다음으로 인간중심철학이 제시하는 민주주의론의 내용과 그것이 설정하고 있는 민주주

---

1)　악셀 호네트 지음, 문성훈 옮김, 『사회주의 재발명』 참조.

의 발전의 전망에 대해서 살펴볼 것이다. 마지막으로 인간중심철학이 제시하는 민주주의론이 오늘날 갖는 의미와 비판적 검토 사항들을 제시할 것이다.

인간중심철학의 인간관과 사회역사관

인간중심철학에서 제시하는 민주주의론을 검토하기 위해서는 먼저 황장엽의 인간중심철학이 제시하는 인간관과 사회역사관에 대한 이해가 요구된다. 왜냐하면 인간중심철학이 제시하고 있는 고유한 인간관과 사회역사관이 그것의 민주주의론이 성립하기 위한 개념적이고 이론적인 토대를 형성하고 있기 때문이다. 그렇지만 민주주의론에 대한 검토가 이 글의 중심 목적이기 때문에, 여기서 진행되는 인간관과 사회역사관에 대한 고찰은 인간중심 민주주의론을 이해하기 위해서 필수적으로 요구되는 부분으로만 제한될 것이다.

1) 인간중심철학의 인간관

인간중심철학은 물질 존재를 크게 무생명 물질, 생명 물질, 사회적 존재로 구별하고 있다.[2] 여기서 사회적 존재는 인간을 의미하며, 인간은 가장 발전된 물질적 존재로 규정된다. 인간중심철학에 따르면 발전된 물질일수록 운동에서 더 큰 주동성과 능동성을 발휘하며, 그런 한에서 가장 발전된 존재인 인간은 세계와의 관계에서 주인으로서의 지위를 차지하게 된다.

---

[2] 이에 대해서는 황장엽, 『마르크스주의와 인간중심철학 Ⅲ』, 62~64쪽 참조.

인간중심철학에서 인간이 사회적 존재라는 사실은 인간의 본질적 속성을 이해하기 위한 일반적 기초가 되고 있다. 인간중심철학에서 말하는 인간의 본질적 속성들은 사회적 존재로서 인간이 가지는 속성이라고 보아야만 한다.

생물학적 속성인 본능이 인간의 기본 속성으로 되는 것이 아니라 사회적 속성이 기본 속성으로 되고 있다.[3]

인간중심철학은 자주성·창조성·사회적 협조성·의식성이라는 네 가지 속성을 사회적 존재인 인간의 본질적 속성으로서 제시하고 있다. 그러면 먼저 이러한 속성들이 무엇을 의미하는지 그리고 그 속성들 사이의 관계는 어떤 것인지 살펴보도록 하자. 생명체로서의 인간은 자신의 요구를 가지고 있으며 또한 그것을 실현하기 위한 힘을 가지고 있다.[4] 이 두 측면을 각각 자주성과 창조성이라는 개념이 표현하고 있다. 인간은 무엇에도 예속되지 않고 자주적으로 살고자 하는 요구를 가지고 있으며, 그러한 요구를 실현하기 위한 창조적 힘을 가지고 있다. 집단적 존재로서의 인간과 세계 사이의 관계를 해명하는 데는 이 두 측면이 가장 중요하다. 인간이 세계 속에서 가지는 지위와 역할을 판단하는 데는 인간이 자주적인 요구를 얼마나 창조적

---

3) 같은 책, 84쪽.

4) 인간중심철학에서는 요구와 힘, 즉 자기를 보존하고 더욱 발전시키려는 요구와 그러한 요구를 실현하려는 생활력을 생명의 근본 특징으로 보고 있다.(이에 대해서는 황장엽, 『마르크스주의와 인간중심철학 Ⅰ』, 61쪽 참조) 자주성과 창조성은 이러한 생명의 두 특징이 의식을 가진 사회적 존재에 의해 구현된 것이다. 인간중심철학의 생명론에 대한 상세한 논의는 이신철, 「인간중심철학의 생명론」 참조.

으로 실현하고 있는가 하는 것이 관건이 되기 때문이다.

한편 사회적 존재로서의 인간이 자주적인 요구와 창조적인 힘을 실현하기 위해서는 집단 내에서 사회적으로 협조하는 것이 반드시 요구된다. 이런 점에서 사회적 협조성 역시 인간의 본질적 속성이라고 할 수 있다. 인간은 생명의 공통성에 기초해서 사회적 협조성을 가지며 동시에 개인의 이익을 실현하기 위해서도 사회적 협조에 의거해야만 한다.

의식성은 자주성, 창조성, 사회적 협조성이라는 인간의 기본 속성들이 동물들의 경우와 같이 단지 본능을 통해서가 아니라 의식을 통해서만 구현된다는 사실과 관련되어 있다. 인간의 행위는 동물의 경우와는 달리 본능이 아니라 사회적 의식에 의거하여 이루어진다. 그런 점에서 의식성 역시 인간의 본질적 속성이라고 할 수 있다. 자주성, 창조성, 사회적 협조성이 의식성을 통해서만 가능하다는 점에서 의식성은 본질적 속성들 중에서도 특이한 지위를 가지고 있다.[5] 그러나 순수한 의식 그 자체는 무의미하다. 왜냐하면 생명의 요구나 힘과 결부되지 않고는 의식이 그것의 지휘 기능을 수행할 수 없기 때문이다.

앞서 언급한 바와 같이 이러한 인간의 근본 속성들을 해명하는 데 전제가 되는 것은 인간이 사회적 존재라는 사실이다. 인간은 결코 고립된 존재로서 살아갈 수 없다. 사회적 존재로서의 인간은 언제나 개인으로서 존재하는 동시에 집단의 성원으로서 존재한다. 이런 점

---

5) 의식의 지위에 대해서는 황장엽, 『마르크스주의와 인간중심철학 III』, 98~99쪽 참조.

에서 개인과 집단 사이의 대립과 통일은 인간의 네 가지 본질적 속성을 해명하기 위한 필수적 전제조건이라고 할 수 있다. 인간이 개인적인 존재인 동시에 집단적인 존재로서 존재한다는 것은 인간존재의 근본 형식이기도 하다. 이는 인간중심철학의 인간 이해가 개인주의를 근간으로 하는 서구의 근대적 인본주의 사상과 원칙적으로 구별된다는 사실을 보여준다. 고립된 개인들 사이의 계약을 통해서 합리적 사회질서를 해명하고자 하는 사회계약론자들의 자유주의적 인간 이해와 인간중심철학이 제시하는 인간 이해는 본질적 차이를 갖는다.

인간의 근본 속성인 자주성(自主性) 역시 자유주의자들이 제시하는 자유(自由)의 개념과는 구별되어야 한다. 예속을 거부하고 자주적으로 살고자 하는 인간의 요구는 자기 개인의 욕구나 이익만을 추구하고자 하는 사적(私的)인 요구와는 구별되어야 한다. 자주적으로 살고자 하는 요구는 개인적 존재이자 집단적 존재인 인간이 가지는 요구이기 때문에 단지 사적이기만 한 것이 아니다.

> 자주적으로 살려는 요구는 사회적 집단의 공동의 요구와 이익을 존중하는 테두리 안에서 개인의 생활적 요구를 자유롭게 충족시키려는 것이다. 그런 만큼 자기 개인의 이익만을 실현하려는 이기주의적인 삶의 요구와는 다르다. 또 자기의 욕망을 아무 제한 없이 자유롭게 충족시킬 것을 요구하는 자유지상주의적 삶의 요구와도 다르다.[6]

---

6) 같은 책, 91쪽.

자주적인 요구는 집단의 성원으로서 인간이 제기하는 철저히 민주적으로 살고자 하는 삶의 요구라고 보아야 한다.

자주적으로 살려는 요구를 좀 더 뚜렷하고 발전된 형태로 표현한다면, 세계의 주인, 자기 운명의 주인으로서 살려는 요구, 국가와 사회의 공동의 주인으로서 살려는 요구, 한마디로 철저한 민주주의적 요구라고 말할 수 있다.[7]

이런 점에서 보면, 인간중심철학이 제시하는 민주주의론은 세계와 사회에서 차지하는 자주적 지위와 창조적 역할을 높이고자 하는 인간의 본성적 요구의 필연적인 귀결이라고 할 수 있다.

창조성은 인간이 자신의 요구를 실현할 수 있는 능력과 힘을 가지고 있음을 나타낸다.

인간은 자연을 개조하여 자연에 존재하지 않는 어떤 것을 새로이 만들어내는 창조적 능력을 가지고 있다. 이런 의미에서 인간에게는 창조성이 있다고 말해진다. 인간의 창조성이란 곧 객관세계를 인간의 요구에 맞게 개조할 수 있는 능력이다.[8]

이러한 창조성은 자주적인 삶의 요구를 실현하기 위한 방편으로 철저히 삶의 요구에 봉사하는 것이어야만 한다. 그리고 이러한 창조

---

7) 같은 책, 89쪽.
8) 같은 책, 94쪽.

적 힘의 실현은 항상 사회적 협조를 통해서만 가능하다.

인간이 지니고 있는 정신적 힘과 물질 기술적 힘, 사회적 협력의 힘은 선천적으로 타고난 것이 아니다. 그것은 사회생활의 과정에서 형성되고 발전되어온 것이다.[9]

사회적 협조성은 인간중심철학의 인간관이 자유주의자들의 인간 이해와 구별된다는 사실을 두드러지게 보여주고 있다. 사회적 협조성에는 개인들이 운명을 같이 하는 존재로서 무조건적으로 협조하고자 하는 측면과 개인들 각각이 자신의 이해관계를 실현하기 위해 협조하고자 하는 두 측면이 동시에 존재한다. 물론 근본적으로 볼 때 이러한 두 측면은 인간이 개인적인 존재인 동시에 집단적인 존재라는 사실과 관련된다.

사회적 협조성은 인간이 개인적 존재인 동시에 집단적 존재라는 인간의 사회적 존재의 기본 특성에 기초하고 있는 인간의 본성이다.[10]

자유주의자들이 생각해온 사회적 협조성은 개인의 자유 실현이라는 한 측면만을 강조하는 것이라고 할 수 있을 것이다. 그러나 개인의 이해관계에 기초한 협조는 인간중심철학에서 제시하는 사회적 협조성이 가지는 단지 한 측면일 뿐이다. 인간중심철학에서는 개인

---

9) 같은 책, 96쪽.
10) 같은 책, 111쪽.

의 이익을 추구하기 위한 사회적 협조를 넘어서서 운명을 함께 하는 집단적 존재로서 인간이 가지게 되는 사회적 협조성 역시 강조하고 있기 때문이다.

이는 인간관계의 기초를 정의와 사랑이라는 두 원칙을 통해 파악하고자 하는 인간중심철학의 고유한 견해에서도 잘 나타나고 있다.

> 정의의 원리(평등의 원리)에 따라 사람들의 자주성을 옹호하는 원칙과 사랑의 원리에 따라 사회적 집단을 하나의 사랑하는 집단으로 통일시키는 원칙은 인간관계에서 구현되어야 할 기본 원칙이다.[11]

정의와 사랑이라는 두 원리는 근본적으로 구별되는 원리라고 할 수 있다.[12] 정의의 원칙이 개인들에게 균등한 기회와 경쟁의 공정성을 보장한다면, 사랑의 원리는 배려와 집단적 유대성의 측면을 보장해준다. 인간중심철학은 정의의 원리와 그에 기초한 경쟁이 가지는 의의와 동시에 그 한계를 지적하고, 사랑의 원리를 통해서 이를 보완하고자 한다.

---

11) 황장엽, 『인간중심철학의 몇 가지 문제』, 156쪽.

12) 도덕의 두 원칙이 가지는 독자성을 호네트는 동등한 대우와 배려의 관계를 통해 설명한 바 있다. 그는 배려가 일방적이고 무조건적인 성격을 가지는 반면에 동등한 대우는 상호인정의 성격을 갖는다는 사실을 지적하고, 배려(care)의 원칙은 동등한 대우(equal treatment)라는 원칙에 대해 발생론적으로 앞설 뿐만 아니라, 그것과 배타적인 관계를 가지고 있다고 주장한다.(A. Honneth, "The other of justice: Habermas and the ethical challenge of postmodernism", p.318)

2) 인간중심철학의 사회역사관

인간중심철학의 사회역사관은 사회 역사적 운동에 대한 해명을 그 목표로 하고 있다. 자연의 운동과 사회적 운동은 모두가 물질의 운동이지만, 자연적 존재와 사회적 존재가 질적인 차이를 가지는 만큼 그 운동 형태들 역시 질적인 차이를 가질 수밖에 없다. 질적으로 상이한 존재는 상이한 속성을 가지며, 따라서 속성의 발현인 운동 형태 역시 차별성을 가질 수밖에 없는 것이다.[13] 그리고 이는 사회적 운동의 법칙을 자연적 운동의 법칙으로 환원시키는 것이 불가능하다는 사실을 함축한다. 사회적 존재가 자연적 존재와 질적인 차이를 가지는 한에서 그 운동 형태와 운동 법칙 역시 자연의 운동과는 구별되는 고유성을 갖는다고 보아야만 할 것이기 때문이다.

그렇다면 자연적 운동과 사회적 운동의 본질적 차이는 무엇인가?

자연의 운동과 구별되는 사회적 운동의 본질적 특징은 인간이 진행하는 목적의식적인 운동이라는 데 있다.[14]

이 세계에 존재하는 유일한 사회적 존재는 인간이며, 의식을 갖는다는 것은 인간존재의 본질적 특징이다.[15] 따라서 유일한 사회적 존재인 인간의 본질적 속성인 의식을 매개로 진행되는 사회적 존재

---

13) 인간중심철학이 제시하는 존재, 속성, 운동의 범주에 대한 해명은 황장엽, 『마르크스주의와 인간중심철학 III』, 58~59쪽.

14) 황장엽, 『마르크스주의와 인간중심철학 II』, 103쪽.

15) 현재 상태에서 인간을 우주 속에 존재하는 이성적이고 사회적인 유일한 존재라고 보는 것이 합당하다고 할 수 있는 이유들에 대한 설명은 황장엽, 『마르크스주의와 인간중심철학 III』, 12~14쪽 참조.

의 운동은 언제나 목적의식적인 운동일 수밖에 없는 것이다. 인간중심철학에서는 요구와 힘을 생명 일반의 근본적 특징으로 규정하며, 생명을 가지고 있는 사회적 존재인 인간도 고유한 형태의 자주적 요구와 창조적 힘을 갖는다고 주장한다. 그렇기 때문에 이러한 인간이 일으키는 사회적 운동은 자주적 요구와 창조적 힘을 발양시키기 위한 목적의식적 운동으로 이해되어야만 한다.

물론 이러한 주장이 모든 사회적 운동의 진행이나 결과가 그 주체인 인간의 목적이나 의지에 의해 주관적으로 결정될 수 있다는 사실을 의미할 수는 없다. 그 이유는 첫째로 인간의 의지나 목적은 언제나 주어진 물질적 조건에 의해서 제약될 수밖에 없기 때문이다. 주어진 객관적인 조건을 무시하거나 그것을 정확히 고려하지 않는 주관적 의지나 목적은 결코 실현될 수 없다. 둘째로 인간의 목적이나 의지가 언제나 단일한 것은 아니기 때문이다. 사회적 운동을 일으키는 인간은 경우에 따라 분열된 계급이나 계층으로 대립할 수 있으며, 이 경우에 일어나는 사회적 운동은 두 세력이 진행하는 상이한 목적의식적 운동 사이의 충돌을 거치면서 진행될 수밖에 없다.

그러나 이러한 사실을 인정한다고 해서 사회적 운동이 목적의식적 운동이라는 사실 자체가 반박되는 것은 아니다. 먼저 객관적 조건에 의해서 사회적 운동이 제약된다고 하더라도, 객관적 조건은 어디까지나 조건일 수밖에 없기 때문이다. 인간의 운동이 주어진 조건에 의해서 제약된다고 해서 조건 자체가 운동의 주체가 될 수 있는 것은 아니다. 주어진 조건은 운동의 주체인 인간이 신중히 고려해야 할 대상일 뿐 결코 그 자체가 운동의 주체는 아니기 때문이다. 이 점에서 인간중심철학의 사회역사관은 마르크스주의의 사회역사관과 근본적인 차별성을 갖는다. 마르크스주의의 사회 역사관은 사회적 운동이 물질적 조건에 제약된다는 사실만을 강조함으로써, 경제결정론의 경우에서 볼 수 있는 바와 같이 결국 사회적 조건 자체를 운동의 주체로 보게 되었다.16)

다음으로 사회적 운동의 주체인 인간이 다양한 세력으로 분열되어 그들의 목적의식 자체가 상이하다고 해서 사회적 운동이 목적의식적인 운동이라는 사실 자체가 부정되는 것은 아니다. 이러한 지적은 단지 목적의식적인 사회적 운동이 다양한 대립과 통일을 통해서 진행된다는 사실을 보여줄 뿐이기 때문이다. 나아가서 사회적 집단 내부에서 대립하는 두 세력이 전혀 공통의 요구를 가지지 않는다고만 보는 관점에도 오류가 있다. 사회적 존재인 인간은 언제나 대립성과 더불어 통일성을 갖는다. 그렇기 때문에 사회 내부의 적대적인 세력이 대립하고 있다고 하더라도 양자는 언제나 그러한 대립과 더불어 집단 전체의 발전에 대한 공통의 요구를 가질 수밖에 없다.17)

이런 점에서 사회적 운동은 유일한 사회적 존재인 인간이 목적의식적으로 진행하는 운동이라고 규정할 수 있다. 이와 더불어 중요한 것은 사회적 존재가 단지 살아 있는 인간만을 포함하는 것은 아니라는 점이다. 인간중심철학에서 사회적 존재를 정의할 때는 살아 있는 인간과 더불어 사회적 재부와 사회적 관계가 모두 고려되고 있다.

---

16) 이에 대해서는 황장엽, 『마르크스주의와 인간중심철학 II』, 53~54쪽 참조.
17) 이에 대해서는 같은 책, 67~68쪽 참조.

사회적 운동의 주체인 인간은 사회적 재부를 지니고 사회적 관계에 의하여 결합된 인간이다. 그것은 곧 사회적 존재이며 또 사회 그 자체를 의미한다.[18]

인간은 자연과의 상호 작용 속에서 물질적 재부와 정신적 재부를 창조하며, 또 이러한 활동은 언제나 인간과 인간 사이의 사회적 관계를 매개로 진행될 수밖에 없다. 물론 사회적 재부나 사회적 관계는 그 자체로만은 결코 사회적 운동의 주체로 될 수 없다. 그러나 동시에 사회적 운동을 일으키는 주체인 인간이 언제나 사회적 재부를 소유하고 사회적 관계를 맺는 인간이라는 점 역시 부정할 수 없는 사실이다.[19]

결국 인간중심철학에서 사회적 운동은 목적의식적 운동으로 규정되며, 이러한 운동을 일으키는 주체는 사회적 재부를 가지고 사회적 관계로 결합된 인간, 즉 사회적 존재로 규정될 수 있다. 그리고 사회적 존재가 존재인 한에서 그 존재는 구성 요소와 결합 구조라는 범주를 통해서 분석될 수 있다. 인간중심철학에 따르면 모든 존재는 고유한 구성 요소와 결합 구조를 가지고 있으며, 그런 한에서 사회적 존재 역시 구성 요소와 결합 구조의 측면에서 고찰될 수 있다. 이러한 고찰은 또한 사회적 존재의 발전에 대한 논의와도 밀접한 관련을 갖는다. 인간중심철학에서 물질의 발전은 구성 요소의 다양화와 결합 구조의 합리화라는 두 측면에서 이해되고 있기 때문이다. 존재를

---

18) 같은 책, 105쪽.
19) 사회적 존재에 사회적 재부와 사회적 관계를 포함시키는 입장에 대한 반발에 대해서는 김정일, 「주체철학은 독창적인 혁명철학이다」, 198~199쪽을 참조하라.

구성하는 요소들이 다양화되고 그 결합 구조가 합리화되는 과정이 바로 물질의 발전을 의미한다는 것이다.

사회를 구성하는 가장 중요한 요소는 물론 인간이며, 이와 더불어 물질적이고 정신적인 재부도 사회를 구성하는 요소에 속한다. 그리고 이러한 구성 요소들을 결합하는 구조가 바로 사회적 관계라고 할 수 있다.

물질적 실체는 인간과 사회적 재부이며, 사회적 관계는 물질적 실체가 아니라 물질적 실체들을 결합시키는 관계이다. 그러므로 인간과 사회적 재부를 사회의 구성 요소로 보고 사회적 관계를 그것들의 결합 구조라고 볼 수 있는 것이다.[20]

그렇기 때문에 사회의 발전에 대해서도 다음과 같은 원칙적인 관점이 제시되고 있다.

사회의 구성 요소가 다양하고 그 수준이 높으며 결합 구조가 보다 합리적일 때, 그 사회는 구성 요소가 단순하고 그 수준이 높지 못하며 결합 구조가 불합리한 사회보다 발전된 사회라고 볼 수 있다.[21]

해당 사회가 가지는 구성 요소, 즉 인간과 사회적 재부의 다양화

---

20) 황장엽, 『마르크스주의와 인간중심철학 II』, 127쪽.
21) 같은 책, 125쪽.

와 발전의 수준이라는 측면과 결합 구조, 따라서 사회적 관계의 합리화라는 측면을 고려하여 우리는 각 사회의 전체적인 발전 수준을 평가할 수 있다는 것이다.

이러한 사회관에 기초해서 인간중심철학은 3대 개조사업과 그에 상응하는 사회생활의 3대 영역에 대한 구별을 제시한다. 사회의 구성 요소인 인간과 사회적 재부의 발전과 관련된 인간개조사업과 자연개조사업 그리고 사회의 결합 구조인 사회적 관계의 발전과 관련된 사회관계개조사업이 그것이다. 그리고 이러한 각 개조사업에 상응하는 문화, 경제, 정치라는 3대 생활 영역이 제시된다. 인간중심철학에 따르면, 인간의 활동과 발전은 자연과의 관계에서 자연개조사업의 형태로, 인간과 인간의 관계에서 사회개조사업의 형태로, 인간 자체와 관련해서는 인간개조사업의 형태로 이루어진다. 그리고 이 세 가지 개조사업과 연관하여 경제, 정치, 문화생활이라는 개념이 제시된다. 여기서 3대 개조사업은 인간활동의 대상과 관련된 구별이며, 3대 생활은 3대 개조사업의 성과를 바탕으로 누리게 되는 사회적 생활의 영역에 대한 구별이라고 말할 수 있다.

인간중심철학에서는 3대 개조사업이 서로 밀접하게 연관되어 있고 서로를 제약한다는 점과 더불어 결코 어느 한 사업이 다른 사업으로부터 파생된 것이 아니라는 사실을 강조하고 있다. 3대 개조사업의 관계에서 우선 중요한 것은 각 사업들이 언제나 다른 사업을 전제로 할 때만 가능하다는 점이다. 자연개조사업의 기초가 없이는 인간개조도 사회개조도 불가능하다. 그러나 인간개조나 사회개조사업의 발전을 전제하지 않고, 자연개조사업의 발전을 생각하는 것 역시 불가능하다. 이와 더불어 인간중심철학이 강조하는 것은 '자연개조 사업, 인간개조사업, 사회관계 개조사업은 인간 생활을 위하여 처음 부터 필요한 각각의 독자성을 가진 창조적 사업'[22]이라는 점이다. 3 대 개조사업이 각각 독자성을 가지는 이유는 한 사업의 발전이 다른 사업의 발전을 필연적으로 함축하는 것도 아니며, 특정한 한 사업이 다른 사업에 대해 절대적인 우선성을 가질 수도 없기 때문이다.

3대 개조사업에 대한 이러한 구상은 이미 마르크스주의의 역사 유물론에 대한 비판을 함축하고 있다. 왜냐하면 3대 개조사업의 구 도는 생산활동만을 사회존속을 위한 물질적 토대로 보는 마르크스주 의의 역사유물론과 양립할 수 없기 때문이다.

> 생활수단을 생산하는 자연개조사업으로부터 다른 모든 인간활동
> 이 파생된 것처럼 보는 마르크스주의적 견해는 잘못된 것이다.[23]

인간중심철학은 이러한 인식에 기초해서 3대 개조사업과 사회 생활 3대 부문의 균형 발전을 모색하게 된다.

이상의 고찰을 요약해보면 다음과 같다. 인간중심철학에서 사회 적 운동은 사회적 재부와 사회적 관계를 가진 인간의 목적의식적 운 동이다. 그리고 이러한 인간의 운동은 인간개조, 자연개조, 사회개 조의 3대 영역에서 이루어지며, 그에 상응하는 사회생활의 3대 영 역, 즉 문화, 경제, 정치의 영역이 존재한다.

---

22) 같은 책, 131쪽
23) 같은 책, 131쪽.

인간중심철학의 사회역사관에서는 사회적 존재와 사회적 운동에 대한 이러한 이해에 기초해서 지금까지 인류 역사의 발전 단계를 원시공동체 사회, 고대 노예제 사회, 봉건사회, 민주주의 사회, 인간중심의 사회로 구별하고 있다. 이 중 경제적 생활 방식의 차이를 기초로 제시된 원시공동체, 노예제, 봉건제의 구분은 이미 일반적으로 통용되고 있으므로 특별한 해명이 요구되지 않지만, 각별한 주목이 요구되는 부분은 민주주의 사회와 인간중심의 사회라는 발전 단계에 대한 규정이다.

인간중심철학의 사회역사관에서는 반봉건 민주주의 혁명 이후 인간중심 사회에 이르기까지의 전 시기를 민주주의 사회의 단계로 규정하고 있다. 이는 자본주의에서 사회주의로의 이행이라는 마르크스주의적 역사 발전 단계론의 폐기를 함축한다.

> 마르크스주의자들은 사회주의사회가 자본주의사회보다 발전된 사회이기 때문에 자본주의시대 다음에 오는 시대는 사회주의시대라고 주장한다. 그러나 우리는 사회주의사회는 자본주의사회보다 발전된 사회인 것이 아니라 반대로 퇴보된 사회이기 때문에 자본주의시대가 사회주의시대로 넘어간다는 것은 있을 수 없다고 본다.[24]

인간중심철학에서는 반봉건 민주주의 혁명 이후에 인류 역사에서 민주주의시대가 출발한다고 보고 있다. 그렇기 때문에 인류의 역

---

[24] 같은 책, 9쪽.

사는 단지 민주주의의 철저한 실현을 향해서 진행할 뿐 더 이상 민주주의 이외의 다른 지도사상을 필요로 하지 않는다. 물론 그렇다고 해서 인간중심철학에서 현재의 자유민주주의 혹은 자본주의가 완전한 사회체제라고 주장하는 것은 결코 아니다. 인간중심철학의 관점에서 볼 때 오늘날의 자유민주주의는 그것이 개인중심의 민주주의에 기초하고 있고, 세계적인 차원에서의 민주화와 3대 개조사업의 균형 발전을 진행시키지 못하고 있다는 점에서 그 원리적 한계를 갖는다.

그렇기 때문에 인간중심철학에서는 인간을 개인적 존재이자 집단적 존재로 보는 새로운 인간 이해에 기초하여, 포괄적 민주주의의 이념을 제안하고 있다. 이는 세계시장의 확대, 국제관계의 민주화, 3대 생활의 균형적 발전이라는 자본주의의 역사적 사명에 대한 규정에서 구체화되고 있다.

> 민주주의적 원리를 정치 분야에서뿐 아니라 경제와 문화 분야에서도 원만히 구현하여 민주주의에 기초한 정치·경제·문화의 균형적 발전을 보장하는 것이 필요하며 국내 생활에서뿐 아니라 국제관계와 국제사회 전반에서 민주주의적 원리가 보편적으로 구현되도록 하는 것이 중요하다.[25]

인간중심철학에 따르면, 민주주의의 이러한 과제가 실현되는 순간 인류는 인간중심의 시대에 진입하게 된다. 물론 인간중심의 시대가 민주주의의 폐기를 의미하는 것은 결코 아니다. 민주주의적 삶의

---

25) 같은 책, 21쪽.

원리는 인간중심의 시대에도 유지되지만, 단지 사회의 민주화라는 것 자체가 이미 실현된 것이기 때문에 그 시대의 중심 과제가 될 수 없을 것이라고 보는 것이다. 인간중심시대의 인간은 사회 내부의 특권을 철폐하는 문제보다는 오히려 우주와의 대결 속에서 인간중심의 우주를 건설하는 사업을 그 시대의 중심과제로 삼게 될 것이다. 인간중심의 사회에 대한 규정에서 특히 우리가 주목해야 할 것은 그 사회가 모든 것이 완성된 유토피아적 상태를 의미하지 않는다는 사실이다.[26] 인간중심철학은 끝없는 발전을 강조하며, 그런 한에서 통일된 인류가 개척해나가는 인간중심의 시대 역시 우주에서 차지하는 인간의 자주적 지위와 창조적 역할을 발전시켜나가는 부단한 과정이 되어야만 한다.

인간중심철학의 사회역사관이 제시하는 이러한 역사 발전 단계론에서 민주주의시대는 각별한 의미를 갖는다. 우선 중요한 것은 민주주의시대가 그 이전의 시대와 질적으로 구별되는 시대라는 점이다. 민주주의시대가 질적인 차별성을 가지는 이유는 인간이 가지는 세계의 주인으로서의 지위와 역할이라는 문제가 최초로 자각적인 원리로서 구현되는 시대가 바로 민주주의시대이기 때문이다. 민주주의의 기본이념인 '주권재민(主權在民)'의 이념은 모든 인간이 주인으로서의 지위와 역할을 갖는다는 인본주의 이념을 구현한 결과에 다름 아니기 때문이다.

---

26) 이에 대해서는 선우현, 『위기시대의 사회철학』의 8. 끝없는 발전의 도정으로서 유토피아를 참조하라.

인간중심의 사회역사관의 원리에 비추어 본다면 인민이 국가주권의 주인의 지위를 차지하고 주인으로서의 창조적 역할을 하도록 할 것을 요구하는 민주주의 사상은 사회 발전의 일반적 법칙에 부합될 뿐 아니라 인류 발전의 매우 높은 목표를 제시한 사상이라고 볼 수 있다.[27]

뿐만 아니라 민주주의시대는 바로 우리가 살고 개척해나가는 시대이기도 하다. 그렇기 때문에 민주주의의 개선 완성은 바로 우리 시대의 시대정신이자 실천적 과제를 상징하고 있다.

인간중심철학에 따르면, 사회의 역사적 발전은 인간의 자주적 지위와 창조적 역할의 발전을 의미하며, 그러한 발전은 원시공동체 사회, 고대 노예제 사회, 봉건 사회의 단계를 거쳐 오늘날 민주주의 사회의 단계를 맞이하고 있다. 그러나 아직도 민주주의의 원리는 세계적인 차원에서 구현되지 못하고 있으며, 사회생활의 전체 영역에서 구현되고 있지도 못하다. 그렇기 때문에 인간중심철학에 따르면 민주주의의 심화와 발전이야말로 우리 시대의 핵심적인 실천적 과제라고 할 수 있을 것이다.

인간중심철학의 민주주의론

반봉건 민주주의 혁명으로 민주주의시대가 시작된 후 오늘날 세계는 민주주의의 엄청난 확대 과정을 경험하고 있다. 1975년까지만 하더라도 지구상에서 민주주의를 실현하고 있었던 나라는 불과 30

---

27) 황장엽, 『세계민주화와 인류의 마지막 전쟁』, 24쪽.

개국에 지나지 않았다. 그러나 그 후 전 세계적인 규모로 확산되어온 민주화의 물결로 1997년을 기준으로 민주주의 국가는 117개국으로 늘어나게 되었고, 이는 전 세계 국가 중 61%를 차지한다고 한다.[28] 이와 같이 오늘날 세계화의 흐름과 더불어 민주주의는 인류가 지향하는 보편적인 이념으로 자리잡아가고 있다.

근대 민주주의는 서구의 부르주아들에 의해 주도된 시민혁명을 통해 인류 역사에서 최초로 실현되었다. 서구의 부르주아계급들은 봉건 지배계급들의 특권에 반대하여 개인의 인권과 자유를 강조하는 민주주의 제도를 실현하고자 했다. 이러한 상황에서 근대 민주주의가 한편으로 부르주아들의 경제적 이익을 대변한 것은 자연스러운 결과라고 할 수 있다. 부르주아들이 요구한 자유는 결국 자유로운 상업활동의 자유를 보장하라는 요구에서부터 출발한 것이다. 그럼에도 불구하고 그들이 제창한 이념 자체는 보편적인 핵심을 간직하고 있었다. 개인의 자유와 평등에 대한 옹호, 불합리하고 부당한 봉건적 특권에 대한 반대는 근대 민주주의의 이념이 제기하고 있는 보편적인 이상이라고 보아야만 한다.

근대 민주주의는 자유주의적 신조를 바탕으로 성립되었다. 자유주의는 일반적으로 국가권력에 대한 특정한 태도, 즉 개인의 자유에 대한 불필요한 외적 개입을 최대한 억제하고자 하는 태도를 의미한다.[29] 봉건적인 억압에 반대하면서 자유주의자들은 국가에 의한 억

---

28) 임혁백, 『세계화시대의 민주주의』, 25쪽.

29) 이탈리아의 정치학자 보비오(N. Bobbio)에 따르면, "자유주의는 국가에 대한 어떤 독특한 태도를 일컫는 개념으로, 국가의 권력과 기능은 제한적이라고 보는 신조이다. 따라서 자유주의는 절대국가나 오늘날 이야기되고 있는 사회국가와는 상반되는 것이다."(노르베르

압을 배제하는 것을 일차적인 목적으로 삼았다. 이러한 그들의 태도는 국가의 권력을 최소한으로 제한하고자 하는 태도로 나타난다. 예를 들어, 근대 자유주의의 대표자 중의 한 사람이라고 할 수 있는 애덤 스미스는 국가의 업무를 국가의 안보에 관한 문제, 개인의 권리에 대한 부당한 침해를 방지하는 문제, 개인들이 담당할 수 없는 공공업무에 관한 문제로 제한하고자 했다.

이렇게 역사적으로 자유주의와 결합한 민주주의는 개인의 자유와 기회의 평등을 중심적인 이념적 가치로 삼고 있다. 그리고 이러한 근대 민주주의의 원리는 경제적인 차원에서는 자본주의 시장경제로, 정치적인 차원에서는 다당제 의회 민주주의로 구현되었다.30) 물론 민주주의 제도의 이러한 정착 과정이 처음부터 순탄하게만 이루어진 것은 아니다. 현재 이미 일반화되어 있는 정치적 기본권들을 만인이 보편적으로 누릴 수 있게 된 것은 지난한 역사적 투쟁의 결과라고 보아야 한다.31)

자유민주주의는 그 발전의 도상에서 내적인 문제점들을 드러내게 되고, 이를 통해 사회주의 체제가 역사의 무대에 등장하게 만들었으며 지난 세기에 우리가 경험한 자본주의와 사회주의 체제 사이의 경쟁을 유발하게 된다. 초기 자본주의사회는 실질적 불평등을 심화시킴으로써 사회적인 통합 자체를 어렵게 만들었다. 초기 자본주의

트 보비오, 『자유주의와 민주주의』, 11쪽)

30) 황장엽, 『마르크스주의와 인간중심철학 II』, 379~400쪽.

31) 여성의 선거권이 공인되는 과정은 이를 상징적으로 보여주고 있다. 제1차 세계대전 이전에만 해도 핀란드, 노르웨이, 오스트레일리아, 뉴질랜드 4개국에서만 여성에게 투표권이 주어졌으며, 스위스는 1974년에 비로소 여성들이 투표권을 획득했다고 한다.(앤서니 기든스, 『질주하는 세계』, 138쪽 참조)

사회에서 노동자는 기본적인 삶의 조건조차 확보하지 못한 채 비참한 상태에 처해 있었다. 이러한 사회적 불평등을 해소하고자 하는 동기에서 사회주의 사상이 출현하였으며, 마르크스는 생산수단에 대한 사적인 소유를 철폐하고, 계급적인 생산관계 자체를 혁명적으로 전복함으로써 사회주의 이상사회를 건설할 것을 제안하게 된다.

사회주의사회가 실제로 구현되는 과정에서 마르크스주의는 계급독재로 전화하고 오히려 자본주의사회에서 이룩된 민주주의 제도 자체를 부정하는 역설적 결과에 빠지게 된다. 여기서 우리가 주목해야 하는 근본적인 문제는 계급의 철폐를 주장하는 사회주의의 이념과 계급독재가 그 원리상 양립할 수 없다는 사실이다.

계급투쟁과 계급독재를 기본 방법으로 인정하는 계급주의는 계급의 철폐를 주장하고 무계급 사회 건설을 요구하는 사회주의 이념과 근본적으로 배치된다.[32]

계급적 특권의 철폐를 주장한다는 점에서 마르크스주의는 정당하지만, 계급독재가 새로운 계급의 존재를 만들어낸다는 점에서 계급주의는 그 원천적 한계를 갖는다.[33]

---

32) 황장엽, 『개인의 생명보다 귀중한 민족의 생명』, 168쪽.

33) 물론 현실 사회주의가 계급독재로 전락하게 된 사정은 사회주의 혁명이 발생한 국가들이 가지는 경제적·문화적 후진성과도 관련이 있다. "봉건사상이 많이 남아 있는 러시아의 노동자, 농민들은 민주주의적 권리를 요구한 것이 아니라 소위 노동독재정권을 자기들의 정권으로 믿고 무조건 받들었다. 그러다 보니 민주주의가 발전할 수 없었으며, 이것을 기회로 하여 공산 독재자들은 저들의 영구 집권을 위하여 노동계급의 이익을 옹호한다는 간판 밑에 노동자, 농민, 지식인들의 민주주의적 권리를 말살하고 관료주의를 조장하여 마침내 봉건적 독재의 한 면을 되살리는 것과 같은 비정상적인 사태를 빚어내게 하였던 것이다." (황장엽, 『인간중심철학의 몇 가지 문제』, 73쪽)

물론 그렇다고 해서 이러한 역사가 일부에서 주장하고 있는 것처럼 자유민주주의 체제가 완전무결하다는 사실을 증명하는 것은 결코 아니다. 자본주의와 사회주의의 체제 대결에서 자유민주주의 체제가 승리한 것은 부정할 수 없는 사실이지만, 동시에 자유민주주의 체제가 그 나름대로 내적인 한계들을 드러내고 있는 것도 사실이다.

오늘날 자유민주주의 체제는 자유경쟁이라는 원리가 가지고 있는 효율성에 기초해서 물질적인 차원에서 역사상 그 유래가 없는 풍요로움을 누리고 있다. 그렇지만 이에 반해서 정치적이고 문화적인 차원에서 자유민주주의가 빈곤한 상태에 처해 있고 그 내부의 경제적 특권의 문제가 해결되지 않고 있는 것도 분명하다. 자유민주주의 사회에서 개인들은 단지 자기자신의 이익 추구에만 몰두할 뿐 사회 전체의 이익을 생각하지 않고 있으며, 자유경쟁에서 낙오한 다수는 사회의 주변부로 몰려나고 있다.[34]

인간중심철학에서는 자유주의와 결합된 근대 민주주의를 '개인중심의 민주주의'로 규정하고 있다. 개인중심의 민주주의는 개인의 자유와 평등이라는 원칙을 기초로 성립한다. 자유의 이념은 인간이 자신의 행위를 자유롭게 결단한다는 사실을 의미하며, 평등은 이러

---

[34] 현대의 자유민주주의가 가지는 다양한 문제점들은 여러 각도에서 제기될 수 있을 것이다. 노르베르트 보비오는 다음과 같은 여섯 가지 문제들을 현재 민주주의가 가지는 한계들로 지적하고 있다. 1. 자유민주주의가 추구하던 자유로운 개인은 사라지고 그들은 다양한 이해관계를 가진 집단 속으로 흡수되어버린다. 2. 이 다양한 이해 집단들 사이에서 양립할 수 없는 욕구들이 분출하고 있으며, 정치는 이 욕구들을 조정하지 못하고 있다. 현존하는 정당들은 공공선을 추구하지 못하고 이러한 이해 집단들의 대변인으로 전락하고 있다. 3. 진정한 참여 민주주의는 실현되지 못하고 엘리트들에 의한 지배가 등장하고 있다. 4. 정치적 절차의 민주화는 실질적인 사회의 민주화로 확대되지 못하고 있다. 5. 보이지 않는 미시적 권력에 의한 지배가 강화되고 있다. 6. 시민들은 이기적 개인으로 전락하고 교육은 공동체적 의식을 발전시키지 못하고 있다.(보비오, 같은 책, 114~132쪽 참조)

한 자유로운 행위의 기회가 누구에게나 동등하게 주어진다는 사실을 표현한다. 이러한 자유와 평등의 원리가 정치생활과 경제생활에 구현됨으로써 개인중심의 민주주의는 성립할 수 있었다.

그러나 인간중심철학에 따르면 자유와 평등의 원리는 자유경쟁의 원리를 함축하고 있기 때문에, 그것을 무제한 인정하는 경우 필연적으로 경쟁을 통한 독점과 불평등이라는 결과를 낳게 된다.

자유경쟁을 무제한하게 진행하도록 내버려두면 승리자가 패배자를 타도하고 예속시키는 결과를 초래하게 된다. 일부 사람들은 자유경쟁을 이상화하면서 자유경쟁의 결과 기업들이 무더기로 파산되고 실업자가 거리에 방황하여도 그것은 자유경쟁의 결과이기 때문에 피할 수 없는 일이며 실업자가 나오는 것은 영원히 막을 수 없다고까지 주장한다. 이것은 동물세계를 지배하고 있는 생존경쟁의 원리를 인간세계에서도 정당화하자는 것이다.[35]

이는 동시에 자유민주주의의 전제가 되고 있는 서양 근대의 개인중심적 인본주의 사상이 가지고 있는 한계이기도 하다.

개인주의에 기초한 인본주의는 인간존재의 개인적인 측면만을 반영한 사상으로서 인간의 사회적 본성과 인류 공동의 이익의 면을 충분히 고려하지 못하고 있다. 개인주의적인 인본주의 사상은 자본주의 발전에 크게 이바지하였으나 자유경쟁을 지나치게 조

---

35) 황장엽, 『개인의 생명보다 귀중한 민족의 생명』, 202쪽.

장시켜 점차 그 제한성이 드러나게 되었다.36)

앞서 살펴본 바와 같이 인간중심철학에서는 인간 자체를 개인적인 존재인 동시에 집단적인 존재로 규정하고 있다. 개인은 결코 집단을 떠나서는 존재할 수 없기 때문에, 집단과 독립된 고립된 개인이란 성립할 수 없다. 마찬가지로 집단 역시 개인들을 전제로 해서만 존재한다. 개인들을 떠나서는 집단 역시 존재할 수 없다. 때문에 인간중심철학은 개인중심의 민주주의와 집단중심의 민주주의를 통일시켜 종합적 민주주의를 실현할 것을 요구하고 있다.

인간의 사회적 본성은 인간이 개인적 존재인 동시에 사회적으로 결합되어 사회적으로만 살 수 있는 사회적 존재라는 인간존재의 두 면과 관련되어 있다. 인간이 개인적 존재라는 데로부터 개인의 자유와 평등을 요구하는 특성이 나오게 되며 인간이 사회적 존재라는 데로부터 사회공동의 이익과 발전을 옹호하는 특성이 나오게 된다.37)

인간 자체가 이미 개인적 존재인 동시에 집단적 존재라는 사실은 절대적인 개인주의적 민주주의와 절대적인 집단주의적 민주주의라는 이념이 원초적으로 불가능하다는 사실을 함축한다. 그렇기 때문에 개인중심의 민주주의와 집단중심의 민주주의는 개인과 집단 중

---

36) 황장엽, 『인간중심철학의 몇 가지 문제』, 41쪽.
37) 황장엽, 『개인의 생명보다 귀중한 민족의 생명』, 187쪽.

에서 어디에 중심을 둘 것인가를 기준으로 구별될 수 있을 뿐이다. 개인중심의 민주주의는 인간관계의 원리 중에서 정의(평등)의 원리를 중심으로 하고 있으며, 집단중심의 민주주의는 사랑의 원리를 중심으로 하고 있다. 물론 인간관계의 원리가 보편적인 원리인 한에서 개인중심의 민주주의와 집단중심의 민주주의 역시 단 하나의 원리에만 기초하고 있지는 않다. 개인중심의 민주주의는 사랑의 원리를 일정 부분 내포하고 있으며, 집단중심의 민주주의 역시 정의의 원리를 부분적으로 내포하고 있다고 보아야 한다.

인간중심철학은 민주주의에 대한 이러한 원리적 이해에 기초하여, 현 단계에서 요구되는 민주주의 발전의 전망을 제시하고 있다. 인간중심철학의 원칙적인 입장에 따르면 오늘날 우리에게 주어진 과제는 민주주의의 심화와 발전을 모색하는 것이다. 이를 좀 더 구체적으로 말한다면 오늘날 민주주의 발전의 원칙적 과제는 개인중심의 민주주의를 더욱 강화·발전시켜나가는 동시에 집단중심의 민주주의와 결합시키는 것이라고 할 수 있다.

인간중심철학의 민주주의론이 제시하는 이러한 입장을 해명하기 위해 먼저 그 이론이 진단하는 개인중심 민주주의의 한계가 무엇인지를 살펴보도록 하자. 인간중심철학은 개인중심의 민주주의가 중요한 역사적 공헌을 했음에도 불구하고 현재 다음과 같은 심각한 문제들에 봉착하고 있다고 주장한다.

첫째, 개인중심의 민주주의는 경제적 불평등의 문제를 올바로 해결하지 못하고 있다. 개인중심의 민주주의 국가들 내부에 존재하는 실업 문제는 개인중심 민주주의의 이러한 한계를 극명하게 표현하고 있다. 인간중심철학은 민주주의의 근본이념을 주권재민에서 찾고 있다. 주권재민의 원리를 기준으로 할 때 실업은 결국 사회 공동의 주인으로서의 권리를 박탈하는 것이라고 할 수 있다. 실업은 한 인간이 사회 공동의 주인으로서 행동할 수 있는 지위 자체를 빼앗는 것과 마찬가지이기 때문이다. 그렇기 때문에 인간중심철학은 실업 문제의 해결을 오늘날 민주주의 발전을 위한 가장 선차적인 과제로 제기하고 있다.

무엇보다 먼저 모든 사람들이 일자리를 가지고 일할 권리와 일한 것만큼 분배받고 살도록 하는 문제를 해결해야 한다. 문제는 사람들에게 일자리를 보장해주지 않는 것이 초보적인 인권을 보장하지 못하는 엄중한 결함이라는 것을 사회 관리자들이 깊이 자각하고, 이 문제를 해결하기 위하여 진지하게 노력하는가 안 하는가 하는 데 있다.[38]

또한 인간중심철학은 성인이 될 때까지 유아와 청소년들에 대해 교육과 의료의 혜택이 보장되어야 할 필요성을 강조한다.

인간이 사회구성원으로서의 의무를 수행하게 될 때까지, 즉 성년으로 될 때까지는 사회가 생활을 보장해주고 키워줄 의무를 지닌다고 볼 수 있다.[39]

---

38) 황장엽, 『인간중심철학의 몇 가지 문제』, 105쪽.
39) 황장엽, 『마르크스주의와 인간중심철학 Ⅱ』, 156쪽.

주권재민의 원리가 실현되려면 먼저 사회 공동의 주인으로서 정상적으로 성장하기 위해서 필수적으로 요구되는 요건들이 누구에게나 동등하게 제공되어야만 한다.[40]

이러한 주장에서 볼 수 있는 바와 같이 인간중심철학에서 말하는 민주화는 단지 정치적인 영역에만 국한되는 민주화가 아니다. 인간중심철학은 민주주의가 철저히 실현되기 위해서 는 그 원리가 경제적 소유와 분배의 문제로까지 확장되어야만 한다고 주장한다.[41] 민주주의는 정치, 경제, 문화의 전 영역에서 포괄적으로 구현되어야만 한다.

나아가서 경제적 불평등과 예속의 문제는 단지 개별 국가 단위의 문제일 뿐 아니라 전 세계적인 문제이기도 하다. 인간중심철학에서는 현재의 자본주의 경제체제의 근본적 한계는 그것이 새로운 시장을 창출하지 못하고 있다는 데 있다고 본다.[42] 그렇기 때문에 오늘날 개인중심의 민주주의를 발전시키기 위해서는 선진 자본주의국가들이 후진국들에 경제적 지원을 하여 발전을 유도하고, 그를 통해 세계시장을 확대하려는 노력을 해야만 한다. 그리고 세계시장을 확대하기 위한 이러한 노력은 국제관계에서 자국 이기주의를 벗어나 국제관계의 민주화를 실현하는 과정과 함께 수행될 때에만 이루어질 수 있다.

---

40) 이에 대해서는 같은 책, 156~157쪽 참조.
41) 이러한 입장은 생산수단의 소유 문제를 논의하는 부분에서 분명하게 드러난다. 인간중심철학의 민주주의론에서는 개인적 소유와 집단적 소유의 공존이 필요함을 주장한다. 인간중심철학은 국가가 직접적으로 기업을 소유하는 것은 반대하지만, 국가 소유 이외의 다른 집단적 소유 형태는 반드시 필요하다고 본다. 이에 대해서는 같은 책, 142쪽 이하를 참조.
42) 이에 대해서는 같은 책, 403쪽 이하를 참조.

둘째, 개인중심의 민주주의 사회에서는 경제적 특권이 사회 전반을 지배함으로써 정치와 문화가 자립성을 가지지 못하고 경제에 예속되어 있다. 자본주의사회에서는 물질적 생산의 발전에 비해 자주적 사상 의식이 약화되고 있다. 이는 정치·경제·문화라는 사회생활의 3대 영역이 균형적으로 발전하고 있지 못함을 의미한다.

현재 자본주의사회는 그 경제적 생산력의 발전에 비해 정치적 영역과 문화적 영역에서의 발전이 미진하다.

자본주의사회에서 생산력은 높은 수준으로 발전하였으나 이에 비하여 인간의 자주적인 사상 의식은 상대적으로 많이 떨어져 있다. 이것이 오늘 자본주의사회의 중요한 약점이고 또 자본주의사회에 사는 사람들의 중요한 부족점이기도 하다.[43]

인간중심철학의 민주주의론에 따르면 사회의 장기적인 발전은 3대 생활 영역의 균형 발전을 통해서만 가능하다. 그럼에도 불구하고 오늘날 자본주의사회에서는 경제생활만이 중심적인 지위를 차지하고 있기 때문에, 인간중심철학은 장기적인 발전을 위해서 3대 생활 영역의 균형적 발전이 추구되어야만 한다고 주장한다.

자본주의를 더욱 발전시키기 위해서는 경제 발전에 상응하게 정치와 문화를 발전시켜 정치·경제·문화의 3대 생활에서 균형적 발전을 보장하는 것이 중요하다.[44]

---

43) 황장엽, 『마르크스주의와 인간중심철학 III』, 206쪽.

셋째, 개인중심의 민주주의 사회에서는 경제적 특권이 존속되고 정치와 문화영역이 경제에 예속됨으로써 민주주의의 발전이 지체되고 있다. 정치가 경제에 예속되고 있는 현상은 정경 유착의 형태로 분명하게 표현되고 있다. 정경 유착을 통해서 정치가 경제적 지배계급에게 예속됨으로써 사회공동의 이익을 추구하지 못하고, 집단의 발전을 도모하지 못하고 있는 것이다. 뿐만 아니라 개인중심의 민주주의 사회에서는 경제적 생산능력의 발전에 비해 상대적으로 정치의 발전이 뒤떨어짐으로써 집단 전체의 요구와 이익을 통일적으로 관리하지 못하고 있다.

개별 국가에서의 민주주의 발전뿐만 아니라 세계시장의 확대와 국제관계의 민주화를 위해서도 가장 시급한 것은 개인중심의 사회를 더욱 민주화하고 정치생활을 합리화하여 개인중심의 민주주의가 봉착하고 있는 문제들을 극복할 수 있는 사회공동의 추진력을 마련하는 것이라고 할 수 있다. 그렇기 때문에 인간중심철학의 민주주의론에서는 정치·문화 수준을 높이고 정권의 지도 능력을 강화할 것을 주장한다.

자본주의적 민주주의를 새로운 높은 단계의 민주주의로 발전시키기 위해서는 정치의 독자성을 강화하는 것이 절실히 필요하다.[45]

개별 국가들 내부에서 사회 전체를 통일적으로 관리하고 개인중

---

44) 황장엽, 『마르크스주의와 인간중심철학 II』, 413쪽.
45) 황장엽, 『황장엽의 대전략』, 147쪽.

심의 민주주의가 가지는 원리적 제한성을 극복하기 위해서 정권의 지도 능력이 강화되어야 할 뿐 아니라, 지구적인 차원에서도 급속하게 진행되는 세계화를 지속적으로 추진하기 위해 국제적인 차원의 민주주의 질서를 수립하는 것이 요구된다.

개인중심의 민주주의의 이러한 한계들을 극복하고 민주주의를 발전시키기 위해 인간중심철학에서는 개인중심의 민주주의의 지속적인 발전과 집단중심의 민주주의 원리의 도입이라는 과제를 설정하고 있다. 인간중심철학에서는 민주주의를 올바로 실현하기 위해서는 개인중심의 민주주의를 더욱 발전시키는 동시에 집단중심의 민주주의의 요소를 도입해야만 한다고 주장한다.

이러한 전략을 정확하게 이해하기 위해서 먼저 밝혀두어야 할 것은 인간중심철학이 개인중심의 민주주의를 집단중심의 민주주의로 대체할 것을 주장하지 않는다는 점이다. 개인중심의 민주주의와 집단중심의 민주주의는 각각 장단점을 가지고 있으며, 그런 한에서 두 민주주의는 논리적으로 볼 때 동등한 생활력을 가지고 있다. 그렇기 때문에 우리에게 주어진 과제는 두 가지 민주주의 원리 중 어떤 방식의 민주주의를 채택할 것인가 하는 것이 아니라 두 가지 민주주의 원리를 종합적으로 구현하는 길을 모색하는 것이다.

새로운 높은 차원의 민주주의는 개인중심의 민주주의의 합리적인 요인과 집단중심의 민주주의의 합리적인 요인을 유기적으로 결합시킨 더욱더 종합적이며 포괄적인 민주주의라고 볼 수 있다.[46]

---

46) 같은 책, 135쪽.

이러한 입장을 전제로 인간중심철학은 현 시기에 개인중심의 민주주의 발전을 위주로 하되 동시에 집단중심의 민주주의를 도입하는 전략을 주장하고 있다. 인간중심철학이 이러한 전략을 선택하는 이유로는 먼저 개인중심의 민주주의가 한계를 가지고 있음에도 불구하고, 그것이 민주주의의 핵심적 요소를 구성하고 있다는 사실을 들 수 있다. 개인중심의 민주주의 자체를 부정하고 집단주의로 나아가는 것은 계급주의적 집단주의라고 할 수 있는 마르크스주의의 역사적 경험이 보여주었던 바와 같이 개인중심의 민주주의가 이룩한 성과를 부정하는 것에 불과하다. 그렇기 때문에 인간중심철학은 개인중심의 민주주의에 대한 부정이 아니라 그것의 발전을 지향한다.

둘째로 개인과 집단의 관계에서 인간들이 개인의 소중함을 먼저 자각하는 것이 자연스러운 순서라고 볼 수 있기 때문이다. 인간의 생활에서 물질적 욕구가 지배적인 역할을 하고 있는 현재의 인류 발전의 상태에서 집단에 대한 무조건적인 사랑을 일반화할 것을 요구하는 것은 불가능하다. 그렇기 때문에 이런 상황에서는 먼저 개인중심의 민주주의를 발전시키고 그 한계들을 집단중심의 민주주의를 통해서 보완하는 방식이 필요한 것이다.

앞에서 언급한 개인중심의 민주주의의 한계들과 관련하여 이러한 민주주의 발전 전략을 검토해볼 수도 있을 것이다. 우선 세계적인 차원에서 볼 때 개인중심의 민주주의가 경제적으로 구현된 자본주의 체제가 확장되는 것은 시급한 과제라고 할 수 있다. 왜냐하면 저발전 국가들의 경제적 성장과 그를 통한 시장의 확대를 통해서만 세계적인 차원에서 빈곤과 저개발의 문제와 세계시장의 확대라는 문제가 해결될 수 있는 가능성이 제시되기 때문이다. 또한 오늘날 자유민주주의를 채택한 많은 국가들에서조차 다양한 봉건적 잔재로 인해 민주주의 실현이 저해되고 있는 것도 사실이다. 이런 점들을 고려한다면, 개인중심의 민주주의 발전은 오늘날 여전히 인류에게 요구되는 과제라고 할 수 있을 것이다.

그러나 이와 동시에 이러한 개인중심의 민주주의 발전 과정만으로는 그것이 봉착하고 있는 문제들이 근본적으로 해결되기 어렵다. 왜냐하면 세계시장의 확대, 실업 문제의 해결, 3대 생활의 균형 발전 등의 과제들은 집단중심의 민주주의 원리가 관철될 때만 성취될 수 있기 때문이다. 이러한 문제들을 해결하기 위해서는 정권이나 국가가 집단 전체의 요구를 관철시키려는 적극적인 역할을 수행해야만 하며, 이를 바탕으로 정치 영역뿐만 아니라 경제와 문화의 영역에서도 민주주의 원리가 관철되어야 한다. 그리고 이러한 과정은 이미 개인중심의 민주주의 내에 존재하는 경제적 특권층의 요구에 대한 정치적 제어를 통해서만 성취될 수 있을 것이다.[47]

평가와 남겨진 문제들

지금까지 우리는 황장엽의 인간중심 민주주의론의 핵심 요지에 대해 살펴보았는데, 그의 민주주의론은 대체로 다음과 같은 몇 가지

---

47) 이를 위해 인간중심철학에서는 중산층에 기반을 둔 정치 개혁의 필요성을 강조한다. "자본주의적 민주주의를 더욱더 높은 차원의 민주주의로 발전시키기 위해서는 정권이 자본주의적 민주주의의 제한성을 인정하지 않고 그것을 그대로 유지할 것을 요구하는 보수 세력과 자본주의적 민주주의의 우점을 부정하고 그것을 전면 반대하는 급진 세력의 저항을 물리쳐야 하며, 그러자면 중산층에 의거하여 민주주의적 개혁을 강력히 추진해야 한다."(같은 책, 148~149쪽)

특징들을 가지고 있는 것으로 보인다. 첫째, 민주주의에 대한 입론 자체가 특정한 세계관과 인간관, 즉 그가 제시한 인간중심철학에 근거하고 있다는 점이다. 세계관과 인간관에 대한 그의 논의 자체가 마르크스주의의 기존 세계관과 인간관에 대한 극복을 목표로 하고는 있지만, 민주주의에 대한 그의 논의는 민주주의에 대한 절차주의적 이해를 모색하는 현대적 입론들과 달리 여전히 세계관과 인간관의 층위로부터 시작되고 있다. 둘째, 민주주의를 정치 형태, 지배 형태로 국한하여 이해하는 통상적인 접근과는 달리 그의 민주주의론은 민주주의를 인간의 사회생활 방식이라는 포괄적 의미에서 접근하고 있다. 이런 점에서 그의 민주주의론은 기존 마르크스주의의 경제주의적 접근의 한계를 벗어나 있다. 이 부분은 서두에서 언급한 바와 같이 사회주의 기획을 민주적 생활양식으로 확대하여 새롭게 이해하고자 하는 악셀 호네트의 작업과도 상통하는 부분이다. 셋째, 민주주의의 문제를 일국적 정치방식의 문제가 아니라 세계민주화 차원에서 접근하고 있는 부분이다. 무정부 상태하의 영원한 힘의 대결이라는 현실주의적 구도를 넘어서 국제관계에서도 민주주의 규범이 확산되어 세계민주화가 진척되어야만 한다는 것이 그의 주장이었다. 물론 이는 그가 떠안고자 했던 북한민주화라는 정치적 사명과도 밀접히 연관되어 있는 사안이었다.[48]

주지하는 바와 같이 황장엽은 철학적이고 이론적인 의미에서의 주체사상을 실질적으로 창시한 북한의 대표적인 철학자이자 국가 이

---

48) 이에 관해서는 황장엽, 『세계민주화와 인류의 마지막 전쟁』을 참조하라.

데올로그였으며, 그의 철학이 당대의 마르크스주의에 대한 연구로부터 출발하였음에는 의문의 여지가 없다. 그리고 그의 인간중심 민주주의론은 철저히 현실 사회주의 실패, 특히 북한 사회주의 실패에 대한 비판적 성찰 속에서 탄생한 것이다. 물론 마르크스주의와 북한 사회주의에 대한 이러한 그의 비판적 성찰은 그가 열망했던 북한민주화 이후의 새로운 북한체제 건설을 주로 염두에 둔 것이었다.

그런 만큼 그가 제시한 인간중심 민주주의론이 과연 오늘날 마르크스주의 혹은 사회주의 재구성의 시도로써 그 어떤 보편적 의미를 과연 가질 수 있을 것인가 하는 문제는 현재 우리가 봉착한 현실을 염두에 두면서 향후 논의와 평가의 대상이 되어야 한다.[49]

---

49) 이 글은 김원식, 「인간중심철학의 민주주의론, 그 의미와 한계」(2004)를 서론과 결론 부분만을 보완하여 다시 게재한 것이다.

참고문헌

김원식, 「인간중심철학의 민주주의론, 그 의미와 한계」, 사회와철학 연구회 편, 『민주주의와 철학』, 이학사, 2004.

김정일, 「주체철학은 독창적인 혁명철학이다」, 『김정일 선집』 14권, 조선로동당출판사, 2000.

노르베르트 보비오 지음, 황주홍 옮김, 『자유주의와 민주주의』, 문학과 지성사, 1993.

선우현, 「인간중심철학의 인간론: 철학적 의의와 한계」, 『초등도덕과 교육』 7집, 초등도덕과 교육학회.

_____, 『위기시대의 사회철학』, 울력, 2002.

악셀 호네트 지음, 문성훈 옮김, 『사회주의 재발명』, 사월의책, 2016.

애리 브랜트 지음, 김원식 옮김, 『이성의 힘』, 동과서, 2000.

앤서니 기든스 지음, 한상진·박찬욱 옮김, 『제3의 길』, 생각의 나무, 1998.

앤서니 기든스 지음, 박찬욱 옮김, 『질주하는 세계』, 생각의 나무, 2000.

이신철, 「인간중심철학의 생명론」, 『주체사상과 인간중심철학』, 예문서원, 2003.

이훈, 「북한철학의 흐름」, 『시대와 철학』 5권, 동녘, 1994.

임혁백, 『세계화시대의 민주주의』, 나남, 2001.

칼 마르크스 지음, 강신준 옮김, 『자본 1-1』. 길, 2008.

_____, 『자본 1-2』. 길, 2008.

_____, 『자본 3-1』. 길, 2010.

_____, 『자본 3-2』. 길, 2010.

통일정책연구소 편, 『주체사상과 인간중심철학』, 예문서원, 2003.

한승완, 「인간중심철학의 민주주의론에 대한 비판적 평가」, 『주체사상과 인간중심철학』, 예문서원, 2003.

황장엽, 『개인의 생명보다 귀중한 민족의 생명』, 시대정신, 1999.

_____, 『마르크스주의와 인간중심철학 I. 인생관』, 시대정신, 2001.

_____, 『마르크스주의와 인간중심철학 II. 사회역사관』, 시대정신, 2001.

_____, 『마르크스주의와 인간중심철학 III. 세계관』, 시대정신, 2001.

_____, 『세계민주화와 인류의 마지막 전쟁』, 시대정신, 2001.

_____, 『인간중심철학의 몇 가지 문제』, 시대정신, 2000.

_____, 『황장엽의 대전략. 김정일과 전쟁하지 않고 이기는 방법』, 월간조선사, 2003.

Honneth, A., "The other of justice: Habermas and the ethical challenge of postmodernism", *The Cambridge companion to Habermas*, ed. S. K. White, Cambridge, 1995.

Young, I. M., "communication and the Other: Beyond Deliberative Democracy", *Democracy and Difference*, ed., S. Benhabib, New Jersey, 1996.

6.

마르크스와
유령적 모더니티:

상품의 이중성과
'객관적 사유 형식'

한상원

6.

마르크스와 유령적 모더니티

상품의 이중성과 '객관적 사유 형식'

한상원

마르크스의 형식(form) 개념

마르크스는 『자본론』 1장 '상품'의 한 각주에서, 상품가치에 대한 정치경제학적 견해와 자신의 견해 사이의 결정적 차이에 대해 밝히고 있다.

고전 정치경제학의 근본 결함 중 하나는, 상품과 특히 상품가치의 분석으로부터, 가치를 교환가치로 만드는 가치의 형식을 발견하는 데 결코 성공하지 못했다는 데 있다.[1]

---

* 이 글은 2018년 대한민국 교육부와 한국연구재단의 지원을 받아 수행된 연구임 (NRF-2018S1A3A2075204)

[1] Karl Marx, *Das Kapital: Kritik der Politischen Ökonomie I*, Marx/Engels Gesamtausgabe (MEGA) II.6, p.111; Marx-Engels-Werke(MEW) Band 23, p.95. 이후에는 MEGA와 MEW 로 각각 통일.

여기서 마르크스가 고전 정치경제학과 자신의 차이를 상품의 '형식'으로부터 찾고 있다는 사실이 드러난다. 이는 '노동생산물의 가치 형식은 부르주아 생산양식의 가장 추상적인, 그러나 또한 가장 일반적인 형식'2)이기 때문이다.

실제로 마르크스의 상품분석에서 상품가치가 지닌 '내용(Inhalt)'은 큰 분석의 주제가 되지 못한다. 왜냐하면 마르크스에게서 상품가치의 내용은 '노동 시간'에 의해 결정되는데, 이렇게 '노동 시간에 의한 가치의 결정'이라는 가치 규정은 마르크스와 고전 정치경제학이 공유하고 있었기 때문이다. 마르크스와 고전 정치경제학이 갈라지는 지점은 그러한 가치가 표현되는 '형식'에 대한 새로운 견해인 것이다. 실제로 마르크스는 1867년 간행된 『자본론』 초판(제1판)에서는 이렇게 밝히고 있다.

> 그러나 결정적 중요성은 가치 **형식**, 가치 **실체** 그리고 가치 **크기** 사이의 내적 필연적 연관을 밝혀내는 것이었다. 다시 말해, **관념적으로(ideell)** 표현하자면, 가치 **형식**이 가치 **개념**으로부터 발생한다는 사실을 증명하는 것이었다.3)

그렇다면 마르크스의 형식 개념은 어떤 점에서 독창적인가? 마르크스는 또한 이렇게 밝히고 있다.

경제학자들이 오로지 소재적 관심의 영향하에서 상대적 가치표

---

2) ibid., 같은 쪽.
3) MEGA II.5, p.43.

현의 형식 내용(Formgehalt)을 간과했다는 것은, 헤겔 이전의 직업적 논리학자들이 심지어 판단과 추론의 패러다임의 형식 내용(Forminhalt)을 간과한 것만큼이나 전혀 놀랍지 않다.[4]

마르크스에게서 형식은 내용을 덮은 단순한 외피 혹은 껍질이 아니다. 가치의 형식은 내용과 더불어 가치 실체를 구성한다. 이들 사이에는 '내적 연관'이 존재한다. 즉, 마르크스에게서 형식과 내용은 서로 분리될 수 없는 형식 내용(Formgehalt)인 것이다.

여기서 중요한 것은 가치의 내용은 그 형식 없이는 존재할 수가 없다는 사실이다. 이것은 가치의 정의상 필연적이다. 즉, 마르크스가 말한 대로 '가치 형식이 가치 개념으로부터 발생'하는 것은 당연한 일이다. 왜냐하면 마르크스가 분석하는 상품의 가치는 독자적으로, 자립적으로 존재할 수 없으며 항상 다른 상품과의 관계 속에서만 자신을 드러낼 수 있기 때문이다.

아마포가 사용가치인 한에서 그것은 **자립적 사물**이다. 이에 반해 그 가치는 단지 **다른 상품**과의 **관계** 속에서만 드러난다.[5]

그러므로 가치의 형식은 언제나 '**사회적** 형식(gesellschaftliche Form)'[6]이다. 가치는 항상 표현 속에서만 드러나기에 내용뿐만 아니라 내용을 구성하는 그 형식이 내용 이상으로 중요한 것이다. 여기

---

4) ibid., p.32.
5) ibid., p.29.
6) ibid., p.38.

서 마르크스의 '사회적 관계'에 대한 개념이 바로 '형식' 개념의 단서를 제공한다는 것을 알 수 있다.

이것이 의미하는 바는 무엇인가? 앞서 인용문에서 마르크스는 기존의 경제학자들이 '형식 내용'에 관심을 두지 않은 이유가 그들이 '소재적 관심'에 경도되어 있었기 때문이라고 밝혔다. 마르크스는『자본론』전체에 걸쳐, '소재적(stofflich)'이라는 용어를 '사물적(dinglich)'이라는 단어와 관련시키는데, 그는 이러한 소재적·사물적 속성과 대비되는 가치 개념을 확립하는 데 많은 구절들을 할애한다. 즉, 마르크스는 근대 정치경제학이 공유하고 있었던 가치 개념(즉, 가치를 소재적·사물적인 것으로 보는 관점)에 반대하여 새로운 접근을 시도한다. 마르크스에게 중요한 사실은 상품의 가치가 우리의 감각기관으로 확인할 수 있는, 즉 보거나 만져볼 수 있는 구체적 속성과 무관하다는 것이었다. 상품의 가치는 소재적·사물적 속성이 아니라 대상적 속성을 갖는다.

> 감각적으로 잡히는 상품체의 대상성과는 정 반대로 상품의 가치 대상성에서는 자연 소재가 조금도(kein Atom Naturstoff) 들어 있지 않다.[7]

다시 말해, "상품의 가치는 단순한 **대상적 반성**(der bloß **gegenständliche Reflex**)일 뿐이다."[8]

---

7) MEGA, II.6, p.80; MEW 23, p.62.
8) MEGA, II.5, p.30.

상품분석 과정에서의 '반성' 개념, 그리고 여기에 상응하는 대상성 개념은 상품들 사이의 '가치관계'에 강조점을 둔 것으로 해석되어야 한다. 이런 맥락에서 마르크스가 '객관성' 혹은 '객체'가 아니라 '대상성(Gegenständlichkeit)'이란 표현을 쓰는 이유가 밝혀져야 한다. 마르크스는 분명 상품들 사이의 반성관계 또는 대상적 관계가 현대의 사회적 관계의 기본골격을 이루고 있음을 암시하고 있다.

어떤 면에서 인간은 마치 상품과 같은 상태다. 인간은 거울을 들고 세상에 태어나는 것도 아니고 피히테주의 철학자처럼 나는 나다(Ich bin ich)라고 할 수도 없으므로, 인간은 우선 다른 인간 속에서 자신을 비출 수밖에 없다. 자신의 동일함으로써 인간 바울과의 관계를 통해 비로소 인간 베드로는 인간으로서 자기자신과 관계하게 된다. 그러나 이와 함께 또한 살과 머리카락을 가진 바울은 베드로에게는 바울이라는 생생함 속에서 인간 유의 현상형태로 간주된다.[9]

그렇다면 상품의 대상적 반성과 그것의 표현인 가치 형식은 어떠한 사회적 관계의 특징을 정초하는가? 이를 설명하기 위한 또 하나의 단초는 '형식' 개념으로부터 도출되는 '추상' 개념이다.

추상적 노동

가치의 형식과 내용 사이에 '내적 연관'이 있다는 마르크스의 견

---

9)　MEGA II.6, p.85; MEW 23, p.67.

해는 노동가치설에 대한 고유한 관점으로 이어진다. 물론 마르크스는 최초의 노동가치론자는 아니었다. 이미 마르크스에 앞서 리카도가 노동가치설의 기본적인 명제들을 제시한 바 있다. 즉, 상품의 가치 크기는 투하된 노동 시간에 의해 결정된다.

그러나 마르크스의 노동가치론은 리카도의 그것과 결정적인 차이를 가지고 있다. 마르크스가 보기에, "고전 경제학은 생산물의 가치로 나타나는 노동과 사용가치로 나타나는 노동을 어디에서도 뚜렷하게 구분하지 못했다." 왜냐하면 이들은 '노동의 순전한 양적 구별은 그것들의 질적 통일성 또는 동일성을, 따라서 각종 노동의 추상적 인간노동으로의 환원을 전제한다는 것'을 깨닫지 못했기 때문이다.10) 다시 말해, 마르크스에게서 상품의 가치 크기를 결정하는 노동은 사용가치를 형성하는 구체적, 유용한 노동이 아니라 추상적 인간노동인 것이다. 여기서 다시 한번, 가치의 내용(여기서는 가치의 크기)은 그 자체로 결정되는 것이 아니라 다른 상품과의 교환 형식을 통해서 결정된다.

시장에서 상품이 교환된다는 것은 그 상품에 투하된 노동이 사회적으로 유익하게 사용되고 있으며, 따라서 사적 노동이 '사회적 총노동'의 일원으로서 참여한다는 것을 인정한다는 사실을 뜻한다. 즉, 시장에서의 상품 교환에 투입되는 노동은 개별 행위자가 투입한 직접적, 개인적 노동이 아니다. 그것은 시장교환이라는 사회적 인정을 거친 '간접적 사회노동'인 것이다. 이것이 바로 추상노동의 개념이다.

---

10) MEGA II.6, p.110; MEW 23, p.94.

추상노동이란 간단히 사회적 노동의 배분이 상품생산 체제를 통해서 이루어질 때, 혹은 다양한 사적 노동들이 서로 교환되기 위해 공통의 측정요인으로 동질화되는 과정에서 나타나는 사회적 노동의 한 형태를 의미한다.[11]

마르크스에 앞선 리카도의 '투하노동' 개념은 사적 노동자가 투입한 그의 직접적이고 개인적인 노동량을 가리킨다. 즉, 리카도에 따르면 상품은 사적 노동자가 노동을 통해 상품을 생산한 그 순간에 직접적으로 가치를 획득한다. 그러나 실제로는 시장에서 사적 노동자의 노동 시간은 가치 교환에 반영되지 않는다. 가치는 오로지 교환에 의해 실행되므로, 노동이 끝난 그 순간이 아니라 교환이 완료된 순간에 그 크기가 결정되며, 여기서 노동 시간이란 사적 노동자가 투입했을 것으로 '가정된다'. 즉, 투입된 노동량은 '사후적으로(nachträglich)' 결정된다.

이렇게 투하된 노동량이 '그대로' 가치를 결정하지 않는다는 사실은 고전파 경제학이 근거하고 있는 '투하노동' 가치이론을 뿌리부터 흔드는 결과가 된다. 리카도가 마지막 순간까지 고민해야 했던 불변의 가치척도란 결국 공허한 개념이었으며, 그것은 '추상노동'이란 개념을 도입한 마르크스에 의해 발전적 해체를 보게 된다.[12]

---

11) 정운영, 『노동가치이론 연구』, 까치, 1993, 23쪽.
12) 같은 책, p.29.

결국 마르크스에게서 가치의 척도인 노동 시간은 자연적·물리적 시간이 아니라 '사회적으로 규정된' 시간을 뜻한다. 이것이 마르크스가 도입한 '사회적 필요 노동 시간(gesellschaftlich nothwendige Arbeitszeit)' 개념이다. 이렇게 가치를 형성하는 노동이 '추상적 인간 노동'이라는 사실은 노동생산물이 교환되는 가정에서 필연적으로 일종의 추상 과정이 일어난다는 것을 의미한다.

의자 두 개와 구두 한 켤레가 교환된다면 서로 다른 이 두 상품들 사이의 질적 차이는 사상된다(abstrahiert). 시장교환에서는 동일한 노동만이 존재한다.

그것은 더 이상 책상공의 노동도, 농부의 노동도, 거미의 노동이나 그 밖의 특정한 생산적 노동도 아니다. 노동생산물의 구체적 성격과 함께, 그것에 표현된 노동의 유용한 성격도 사라진다. 그러므로 또한 이러한 노동들의 다양한 구체적 형태들도 사라진다. 노동은 이제 더 이상 서로 구분되지 않고 동일한 인간 노동, 추상적 인간 노동으로 환원된다.[13]

즉, 질적 유용성이 제거되고 오로지 양적 관계(das qualitative Verhältniß)만 남는다.

이러한 맥락에서, 마르크스에게서 상품의 '형식', 대상적 반성 그리고 그것의 기원을 형성하는 추상적 노동 개념은 일정한 '유령적' 관계성을 정초한다. 우리는 그것을 우선적으로 상품의 가치 내지 교

---

13) MEGA II.6, p.72; MEW 23, p.52.

환가치 개념이 야기하는 '물질성'에 관한 질문을 통해 제기해볼 수 있을 것이다.

유령적 대상성: 비물질성의 물질성

만약 상품의 가치가 사적 생산자의 구체적 노동이 총 노동과의 관계 속에서 추상적 노동으로 환원되는 방식에 의해 형성된다면, 여기서 이와 관련한 존재론적 물음이 야기된다. 우리는 하인리히를 따라 다음과 같이 물을 수 있다.

추상적 노동은 모든 생산양식에 존재했는가 아니면 상품생산에 특징적인 것인가.

하인리히는 이에 대한 대답이 "추상적 노동을 생리적 노동력 지출로 파악할 것인가 아니면 상이한 노동의 특정한 사회적 관계로 볼 것인가"에 달려 있다고 말한다. 하인리히 본인의 답은 후자다. 하인리히는 마르크스의 추상노동 개념을 좇아, 노동의 생리적 지출과 사회적으로 동일시된 노동을 구분하고 전자를 구체적 노동으로, 후자를 추상적 노동으로 분류하고 있다. 즉, 가치는 이중적으로 결정된다.[14]

노동의 구체적·물리적 속성은 노동생산물의 사용대상성, 즉 유용성을 형성한다. 반면 대상적 반성이라는 속성이 상품의 가치를 형

---

14) Heinrich, Michael: *Wissenschaft vom Wert. Die Marxsche Kritik der politischen Ökonomie zwischen wissenschaftlicher Revolution und klassischer Tradition*, Münster, 2006, p.213.

성한다. 그러므로 가치는 전혀 물리적 속성을 갖지 않는다. 앞서 인용한대로 가치에는 "자연 소재가 조금도(kein Atom Naturstoff) 들어 있지 않다." 오히려 가치가 형성되는 추상의 과정 이후에는 "유령적 대상성(gespenstige Gegenständlichkeit) 이외에는 아무 것도 남지 않게 된다."[15]

왜 마르크스는 여기서 '유령'이라는 비유를 사용했을까? 유령은 죽은 사람의 영혼이 살아 있는 사람들의 세상에 출몰하는 현상을 말한다. 따라서 유령의 존재는 정신도, 물체도 아닌 중간자적 위치인 것이다. 그것은 만질 수 없는 초감각적 존재이지만 우리 앞에 출몰하는 현실적·감각적 존재이기도 하다. 이러한 유비를 통해 마르크스는 상품의 가치가 갖는 고유한 성격에 대해 규명하고자 한 것이다. 즉, 가치는 '물질적'이지만, 그것은 소재적·물리적인 의미에서가 아니다. 이러한 의미의 (경험적) 물질성, 곧 눈에 보이고 만질 수 있는 대상의 특성은 인간의 '구체적 유용노동'과 관계를 맺는 '소재적' 요소인 '사용가치의 물질성'을 말한다. 반면 대상적 반성의 '형식'으로서의 '가치'는 이와 같은 소재적 물질성과는 다른 물질성을 갖는다. 그것은 구체적인 형태를 드러내지 않는, 감각적으로 지각할 수 없는 어떠한 대상, 즉 '유령'과 같은 대상이 갖는 물질성을 말한다. 그것은 현전하면서도 부재한 요소, 감각적이면서도 초감각적인 요소로서, 경험될 수 없는 것, 곧 비물질적인 것이 갖는 물질성이라는 역설적 규정을 내포한다.

---

15) MEGA II.6, p.72; MEW 23, p.52.

마르크스의 가치이론을 '유령론(hantologie)'으로 확장시켜 해석한 데리다가 지적하듯이, "분명히 이[유령: 필자]는 또한 육체 없는 고유한 신체가 지닌, (…) 접촉할 수 있는 비접촉성이기도 하다. 그리고 이 어떤 타자는 우리가 **조급하게** 자아, 주체, 인격, 의식, 정신 따위로 규정할 수 없는 어떤 **타자**다."16) 앞서 형식 개념 분석에서 살펴보았듯이, 마르크스의 유물론은 소재적 물질성의 영역뿐 아니라 비가시적 영역, 특히 '관계성의 물질성'을 포괄한다고 볼 수 있다.

가치가 '추상적 노동'의 수준에서 결정된다는 주장에는 이처럼 가치의 사회적 존재론에 대한 마르크스 고유의 유물론적 관점이 들어 있는 것이다. 이 관계적 물질성으로써 '유령'의 존재는 『자본론』 1판에서는 '사유'와 '물질'의 관계라는 보다 사변적인 언어 속에서 훨씬 구체적으로 서술되어 있다.

그 자체로 추상적인 인간 노동의 대상성은 추가적인 질과 내용이 빠진, 필연적 추상적 대상성, 즉 **사유물(Gedankending)**이다.17)

다시 말하자면, 가치의 대상적 속성은 사유(Gedanken)이면서 동시에 사물(Ding)이다. 그러므로 가치는 감각적으로 지각되면서 동시에 지각되지 않는다. 가치는 "감각적 초감각적 사물(sinnlich übersinnliches Ding)이다."18)

---

16) 자크 데리다 지음, 진태원 옮김, 『마르크스의 유령들』, 이제이북스, 2007, 27쪽.

17) MEGA II.5, p.30.

18) MEGA II.6, p.102. MEW 23, p.85.

이런 점에서 마르크스의 '물질(das Material)' 개념은 (관념론과 유물론은 포함해) 마르크스 이전의 존재론이 포괄적으로 사용하던 '사물(Ding)'에 대한 표상과는 구분되어야 하며, 마르크스의 유물론 역시 인식 주체의 외부 대상으로써의 사물을 주체의 상급 원리로 간주하는 '소박한 경험론'과는 구분되어야 한다. '물질'은 소재적 사물만을 뜻하는 것이 아니라 사회적 관계로서의 대상성을 포함하는 개념이며, 이것이 바로 정치경제학 비판의 분석 대상인 것이다.[19]

이러한 '비물질성의 물질성'의 사례를 우리는 화폐에서 찾을 수 있다. 우리가 사용하는 화폐, 예컨대 만 원짜리 지폐에는 만 원 어치의 '자연 소재가 조금도 들어 있지 않다'. 물론 마르크스가 살던 시대에는 화폐가 최종적으로는 금을 대신하는 신용화폐였고, 따라서 최종적으로는 화폐가 어떤 방식으로든 그것의 궁극적 '자연 소재(금)'를 표현할 수 있었을 것이다(그래서 마르크스는 화폐란 반드시 어떤 하나의 특정한 소재적 상품이어야 한다고 잘못 생각했다). 그러나 1971년 금본위제 폐지 이후의 모든 화폐는 이러한 신용화폐적 성격을 잃는다. 화폐는 그 자체로 최종 지불수단이다. 화폐를 바꿔주는 금이라는 자연 소재는 존재하지 않는다. 그럼에도 우리는 만 원짜리 지폐가 만 원 어치의 가치를 갖는 것으로 여기고 그에 따라 행동한다. 이 화폐는 심지어 축적되어 자본으로 전화하고 그 결과 다른 사람을 고용 또는 해고할 수 있는 권력까지 얻게 된다. 여기서 이 화폐

---

19) 가라타니 고진 역시 '언어의 물질성'에 상응하는 '가치 형식의 물질성'을 중시한 마르크스의 유물론적 전회를 마르크스의 '코페르니쿠스적 전회'라고 지칭한다.(가라타니 고진 지음, 송태영 옮김, 『트랜스 크리틱』, 한길사, 2006, 232~233쪽 참조)

가 갖는 힘의 원천은 무엇인가? 이것이 갖는 '물질성'(강제적 힘)은 그것의 자연 소재와 구분되는 특정한 사회적 관계의 파생물인 것이다. 이처럼 우리는 마르크스가 이룬 개념적 확장을 통해 마르크스 자신의 불가피한 시대적 한계(앞서 본 것처럼, 상품화폐를 필연적으로 본 측면 등) 역시 극복해야 한다.

이와 같은 '비물질적인 것의 물질성'으로서 마르크스의 '유령적 대상성' 개념은 특수한 관계 속에서 드러나는 추상화된 사유 형식이 갖는 현실적인 힘(강제력)에 대한 분석을 위해 필수적이다. 마르크스는 이를 그의 물신주의 비판에서 수행하고 있다.

상품의 물신적 성격: 객관적 사유 형식의 지배적인 힘

자본주의는 '합리적 체제'라고들 한다. 자본주의 사회에서 각 개인들은 '최소 비용을 통한 최대의 효과'라는 합리성의 원칙에 따라 행위한다고 우리는 배우고 또 그렇게 생각한다. 그러나 과연 이것이 사실일까? 우리가 정말 '합리적 행위 주체'일까?

1840년의 한 독일어 사전은 물신주의(Fetischismus)를 이렇게 정의하고 있다.

> 물신주의는 (대개 무생물인) 대상, 힘 또는 자연현상에 대한 신적 숭배다. 종교적 개념들 중 가장 열등한 단계인 물신주의에서는 숭배의 대상이 (그 숨겨진 원인이 아니라) 감각적 대상 그 자체다. (…) 이러한 종교 형태에는 자의적인 선택과 임의적인 단념 혹은 교체라는 특징이 있다.[20]

그렇다면 자본주의가 '합리성'의 이름으로 칭송받던 19세기에 바로 그 자본주의가 '물신주의'를 낳는다고 주장한 마르크스의 분석은 오늘날보다도 더욱 큰 분개심을 일으켰을 것이다.[21] 결국 물신주의에 대한 마르크스의 설명은 '합리적 행위 주체'라는 근대 자본주의적 신화에 대해 물음표를 던지는 작업이라고 볼 수 있다.

『자본론』 1권 1부 1장 4절 '상품의 물신적 성격과 그 비밀'은 다음과 같은 문장으로 시작한다.

> 상품은 첫 눈에는 자립적인, 사소한 사물로 보인다. 상품분석은 그것이 매우 수수께끼 같은 사물이며 형이상학적 궤변과 신학적 투덜댐으로 가득 차 있다는 사실에 도달한다.[22]

도대체 왜 상품이 '형이상학적 궤변과 신학적 투덜거림으로 가득 차' 있는 '수수께끼 같은 사물'이란 말인가? 상품이 아닌 일반적인 생산물(예컨대 책상)에는 그러한 신비한 성격이 없는 것처럼 보인다. 그러나 책상이 상품이 되자마자 그것은 자신의 두 발을 갖게 되고 홀로 설 뿐 아니라 심지어 춤까지 추게 된다. 책상은 상품이 되자마자 '감각적 초감각적 사물'이 된다.[23]

---

20) Herausgegeben von einem Vereine Gelehrter, 1840, *Allgemeines deutsches Conversations-LEXICON für die Gebildeten eines jeden Standes in 10 Bänden, Vierter Band F–G,* p.79; Michael Heinrich, *Wie das Marxsche Kapital lesen?,* Schmetterling Verlag Stuttgart, 2008, p.163에서 재인용.

21) Heinrich, 2008, op. cit., 같은 쪽.

22) MEGA II.6, p.102; MEW 23, p.85.

23) ibid., 같은 쪽.

마르크스는 이러한 신비스런 성격이 상품의 사용가치에서 나오는 것도, 가치 규정의 내용(가치 실체)에서 비롯하는 것도 아니라고 말한다. 상품의 신비스런 성격은 '명백히 바로 그 형식 자체에서'[24] 비롯하는 것이다. 즉, 가치의 내용이 가치의 형식으로 전환되는 과정이 문제가 된다.

상품을 교환할 때 생산자들의 두뇌 속에 존재하는 과정은 전자(내용)가 아니라 후자(형식)다. 즉, 인간들 사이의 사회적 관계가 노동생산물들의 대상적 관계 자체로, 사회적 자연속성으로 비치는 것이다. 마치 시신경에 대한 빛의 인상이 시신경 자체의 주관적 흥분이 아니라 눈 외부의 사물의 대상적 형식으로 표현되듯이 말이다. 그러나 빛과 시신경 사이의 관계는 물리적 관계일 뿐이다. 만약 사회적 관계가 이와 같이 물리적 형태를 취한다면 그것은 오히려 과학적 형태가 아니라 '마술환등적 형태(phantasmagorische Form)'[25]라고 불러야 마땅하다.

이러한 사물들의 관계의 마술환등적 형태를 취하는 것은 바로 인간들의 특정한 사회적 관계 그 자체인 것이다.

---

24) MEGA II.6, p.103; MEW 23, p.86.

25) 마술환등(Phantasmagorie)은 18세기 말에 발명된 것으로, 영화가 발명되기 전에 유럽 전역에서 큰 인기를 얻은 매체다. 불투명한 스크린을 설치하고 각종 색깔의 빛을 투사해서 환상적인 형태들을 창조할 수 있다. 예컨대 수증기에 빛을 투사하면 스크린에는 유령이 나타나고 무대 위의 연극의 주인공인 기사와 칼싸움도 할 수 있다. 마르크스는 이 용어를 사용함으로써 상품들 사이의 관계가 인간들에게 불투명하며 신비스러운 특성으로 나타난다는 사실을 보여주고자 했다. 마술환등이라는 소재는 유럽의 도시들과 상품 물신주의가 갖는 연관관계를 탐구한 벤야민의 저작에서도 자주 발견된다. 마르크스와 벤야민의 환등상 개념에 관한 연구로는 한상원, 「상품과 알레고리−마르크스와 벤야민의 환등상 개념」, 『도시인문학연구』 8권 2호, 2016 참조.

상품 사회 그 자체가 가치의 마술환등적 형태, 환상적 형태의 원천이 된다.

그러므로 상품사회와의 유비를 찾기 위해서는 '종교적 세계의 안개 속으로' 들어가지 않으면 안 된다. 여기서는 인간 두뇌의 산물이 자립적인 인물로 등장한다. 마르크스가 바라보는 신이란 인간이 만들어냈지만 인간 스스로 그 앞에 무릎을 꿇게 되는 대상이다. 상품 사회에서의 인간 '손'의 산물 역시 마찬가지다. 인간이 노동을 통해 만들어낸 상품은 인간과 무관한 자립적인 것처럼 보이며 다른 상품과의 교환관계 속에서 스스로 자신의 가치를 획득한 것처럼 보인다. 이러한 현상을 마르크스는 물신주의라고 규정한다. 물신주의는 "노동생산물이 상품으로 생산되자마자 거기에 달라붙어 있으며 상품생산과 분리될 수 없다."26)

만약 물신주의가 상품생산과 분리될 수 없다면, 우리는 그것을 더 이상 '허위 의식'이라 부를 수 없을 것이다. 또 지배계급이 의도적으로 만들어낸 환상으로 규정할 수도 없을 것이다. 오히려 물신주의는 일정한 사실적 관계를 표현한다고 말해야 한다.27) 마르크스는 물신주의는 사적 노동자들의 사회적 관계가 '있는 그대로(als das, was sie sind)'28) 나타나는 것이라고 말한다. 거짓이 사실을 왜곡하는 것이 아니라 사실 그 자체 속에 이미 물신주의가 내포되어 있다.

왜 그럴까? 상품의 이중성(사용가치/가치) 그리고 상품을 생산

---

26) 이상 이 문단의 인용문은 모두 MEGA II.6, p.103; MEW 23, p.86.

27) Heinrich, Michael: *Kritik der Politischen Ökonomie—eine Einf hrung*, Schmetterling Verlag Stuttgart, 2004, pp.71~72.

28) MEGA II.6, p.104; MEW 23, p.87.

하는 노동의 이중성(구체노동/추상노동)은 다음과 같은 사실을 의미하기 때문이다. 우리가 경험할 수 없는 대상화된 형식의 물질성, 비물질적 물질성, 초감각적인 관계의 물질성이 사회적 존재인 개별자의 사유화 행위를 근거 짓는다. 각 개인은 그러한 추상화된 관계에 대해 알지 못하면서 그것의 (무의식적) 강제력 속에 포섭되어 있다.

그들은 그것을 알지 못한다. 그러나 그들은 그것을 행한다(Sie wissen das nicht, aber sie tun es).[29]

이처럼 상품분석은 가치의 결정 과정이 철저하게 '주체 없는 과정'이라는 사실을 밝혀낸다. 상품의 가치가 교환되는 비율은 '사회적 과정을 통해 생산자의 배후에서 확정되며 따라서 그들에게는 관습을 통해 주어진 것처럼'[30] 보인다. 다시 말해 상품 교환은 '교환자들의 의지, 사전지식, 행동과 무관'[31]한 과정이며, 이러한 과정은 '자연발생적이고, 따라서 그들의 두뇌의 무의식적 본능적 과정'[32]이다. 상품 교환 그 자체, 즉 사적 생산자가 자신의 노동생산물을 교환함으로써 사회적 총노동의 일원으로 포섭되는 과정 그 자체가 물신주의의 원천이라면 그것은 개별 행위자의 의식과 무관한 과정인 것이다.

그러므로 마르크스는 이러한 가치의 교환관계가 "규제적 자연법칙으로, 집이 머리 위로 무너질 때의 중력의 법칙과 같이 폭력적으로

---

29) MEGA II.6, p.105; MEW 23, p.88.
30) ibid., p.78; p.59.
31) ibid. p.105; p.89.
32) MEGA II.5, p.46.

(gewaltsam) 관철된다"[33]라고 말한다. 우리가 중력으로부터 벗어날 수 없듯이 교환관계로부터도 벗어날 수 없다면 물신주의 역시 단순한 가상이 아니며, 적어도 현존 사회에서는 거부할 수 없는 것이다. 동시에 그것은 '집이 머리 위로 무너질 때'처럼 폭력적 성격을 갖게 되는데, 이것은 앞서 언급했듯이 가치법칙이 노동력의 지출과 양적 환원을 강제하는 폭력적 법칙임을 의미하는 것이다.

물신주의는 거부할 수 없는 '자연 법칙'으로 우리에게 다가온다. 그러므로 상품이 형이상학적·신학적 성격을 지니게 되는 것도 이상할 것이 없다. 애초에 인간의 노동력이 양적 관계 속에서 일반적 등가물 앞에 굴복하게 되는 가치 형식 자체가 저고리, 아마포 등이 상대적 가치 형태, 등가 형태 등의 모습으로 자립적으로 서로 교환되는 '정신 나간 형식(verrückte Form)'인 것이다. 그러나 이 정신 나간 형식이 동시에 현실적으로 '사회적으로 타당한 형식(gesellschaftlich gültige Form)'[34]으로 작동하고 있다. "바로 이러한 형식이 부르주아 경제학의 범주를 형성한다. 그것은 이러한 역사적으로 특수한 사회적 생산양식, 즉 상품생산이라는 생산관계에 대한 사회적으로 타당한, 즉 객관적인 사유 형식들(objektive Gedankenformen)이다."[35]

앞서 마르크스가 밝혔듯이 상품의 물신적 성격이 전적으로 가치의 '형식'에서 비롯하는 것이라면 우리는 '가치 형식'(사회적으로 타당한 형식)으로부터 일정한 '사유 형식'(사회적으로 타당한 객관적

---

33) MEGA II.6, p.106; MEW 23, p.89.
34) ibid., p.98; p.81.
35) ibid., p.106; p.90.

사유 형식들)이 도출된다고 말할 수 있다. 그리고 가치 형식에서 도출되는 이러한 사유 형식을 우리는 자본주의적 형태의 '이데올로기'(또는 이데올로기적 '사유 형식')라고 부를 수 있다. 그것은 '허위의식'이 아니라 '사회적으로 타당한' 의식(따라서 '기만하는' 의식이 아니라 '사실적인 힘을 갖는' 의식)이며, 또 그것은 (허위에 대립하는 진실을 제시함으로써) 쉽게 물리칠 수 있는 것이 아니라 '객관적인' 성격을 갖는 '사회적 자연법칙'인 것이다.

정리하자면 물신주의는 사물들이 자립적으로 교환된다는 의미에서는 환상적·신학적 성격을, 그러나 우리에게 강제된 것이라는 점에서는 객관적인 성격을 갖는다. 말하자면 그것은 **'환상적이지만 동시에 객관적인 사유 형식들'**이라고 부를 수 있을 것이다.

나가며: 유령적 모더니티, 또는 '왜 초현실주의(surrealism)는 리얼리즘(realism)인가?'

마르크스의 상품 형식 분석과 물신주의론은 계몽적 이성의 원리 위에 세워진 근대적 사회관계가 감각적이면서 동시에 초감각적인 세계라는 점을, 즉 자립화된 관계의 비가시성이 모든 경제적 과정의 배후에 자리 잡고 있음을 폭로한다. 이성의 투명성과 주체의 합리성에 기초한 세계는 동시에 불투명한 관계, 유령적 대상성이라는 주체의 근원적 조건을 드러낸다. 주체의식은 이 이중성의 운동 속에 존재한다. 말하자면 주체의 합리성은 꿈과 같은 세계, '종교와도 같은 몽롱한 안개'와도 같은 세계라는 한계조건 속에 위치해 있다.

현대예술이 리얼리즘의 시대를 지나 인상주의로, 나아가 초현실주의로 이행하면서, 회화는 꿈의 세계를 몽타주적인 방식으로 담아내고, 음악은 자신의 언어로 표현 불가능했던 것을 새로운 언어(무조음)를 통해 표현하고자 했다. 형체 없는 것의 형체, 일그러진 형상 속의 완전함, 추의 세계 속에 깃든 미를 발견하려는 모든 시도들은 동시에 비물질성의 물질성, 곧 (사용가치의 소재적 물질성에 대립하는) 추상화된 관계들이 사회적 존재로서 개인의 의식의 근원적 조건을 형성하는 세계의 사실적인(리얼리즘적인) 표현이기도 했다. 유령적 대상성으로 현존하는 가치의 자립화된 운동은 그것의 비가시성으로 인해 자신을 인지하지 못하는 주체, 알지 못하는 주체, 알지 못하면서도 행위하는 행위자("그들은 그것을 알지 못한다. 그러나 그들은 그것을 행한다")의 세계를 만들어낸다.

이런 의미에서 자본주의적 경제관계는 우리의 사회적 삶 전반을 지배하는, 그러나 쉽게 눈에 보이지 않는 유령과 같은 형상으로 존재한다. 그것은 우리의 세계를 꿈과 같은 것으로 만든다. 우리는 만 원짜리 화폐, 신용카드, 대형마트에 산더미처럼 쌓여 있는 각종의 상품들, 은행 전광판에 쓰여 있는 환율과 주가 등을 관찰할 수 있지만, 그 배후에 진행되고 있는, 자동기계와 같이 중단 없이 운동하고 있는 과정에 대해서는 잘 알지 못하거나 모른 척하며 살아간다. 내가 받은 월급명세서를 아무리 들여다보아도 내가 착취당하고 있는지, 얼마를 착취당하는지, 어떠한 형태의 착취가 사회적으로 어떠한 방식으로 일어나고 있는지를 우리는 알지 못한다.

그러나 우리는 눈에 '보이는' 사회 현상들을 마주한다. 불평등, 불안정, 양극화 등은 경제 지표 속에서 확인 가능한, 아니 당장 대도시의 몇몇 지역들을 돌아다니며 직접 관찰한다 하더라도 확인 가능한 사실이다. 그렇다면 반자본주의적·탈자본주의적 정치의 과제란 이와 같은 눈에 '보이는' 현상들을 둘러싸고 벌어지는 다양한 형태의 사회적 운동들을 '보이지 않는', 유령과도 같은 관계들에 대항하는 힘으로 구성해낼 수 있는가에 달려 있다고 해도 무방할 것이다.

그것은 물론 쉽지 않은 일이다. 마르크스는 자본을 종종 '흡혈귀'에 비유했는데, 이 흡혈귀는 누군가의 피를 빨아먹을 뿐만 아니라, 자신의 모습을 감추는 유령적인 힘까지 갖추고 있다. 자본은 누군가의 몫을 박탈하고 그의 삶의 순수 자율성을 부정하는 강제적·지배적인 힘이며, 그런 의미에서의 폭력이다. 그런데 그것은 동시에 가장 합법적인 방식으로, 눈에 보이지 않는 방식으로 이루어지는 폭력이기도 하다. 우리는 상품이라는 가장 단순한 형태의 규정에서부터 이 메커니즘을 확인한다. 그리고는 결코 쉽지 않을 (그래서 또한 종종 메시아주의적 형태의 실천을 요청하기도 하는) 과제를 제기한다. 그것은 이 유령에 대항하는 두더지의 노동이라는 과제, 즉 모든 틈을 뚫고 빠져나가려는 유령을 집합적 의지를 통해 제압할 수 있는 새로운 관계망의 창출이라는 과제인 것이다. 물론 그것의 실현 가능성과 성공 가능성의 여부는 증명되지 않았으며, 증명될 수도 없다. 유령에 대항하는 실천은 언제나 모험일 수밖에 없기 때문이다.[36]

---

36) 이 글은 필자의 석사학위논문 「객관적 사유 형식으로서 이데올로기: 『자본론』의 물신주의 개념 분석을 통한 연구」를 토대로 작성되었으며, 초고는 『진보평론』 76호에 실린 바 있다.

참고문헌

정운영, 『노동가치이론 연구』, 까치, 1993.

한상원, 「상품과 알레고리－마르크스와 벤야민의 환등상 개념」, 『도시인문학연구』 8권 2호, 2016.

가라타니 고진 지음, 송태영 옮김, 『트랜스 크리틱』, 한길사, 2006.

자크 데리다 지음, 진태원 옮김, 『마르크스의 유령들』, 이제이북스, 2007.

Heinrich, Michael., Wissenschaft vom Wert. Die Marxsche Kritik der politischen *Ökonomie zwischen wissenschaftlicher Revolution und klassischer Tradition*, Münster, 2006.

Heinrich, Michael., *Kritik der Politischen Ökonomie-eine Einführung*, Schmetterling Verlag Stuttgart, 2004.

_____., *Wie das Marxsche Kapital lesen?*, Schmetterling Verlag Stuttgart, 2008.

Marx, Karl., *Das Kapital: Kritik der Politischen Ökonomie I. Erste Auflage*, Marx/Engels Gesamtausgabe(MEGA) II.5.

_____, *Das Kapital: Kritik der Politischen Ökonomie I*, MEGA II.6.

_____, *Das Kapital: Kritik der Politischen Ökonomie I*, Marx-Engels-Werke 23.

7.

변증법적
『자본론』 독해

홍승용

7.
변증법적 『자본론』 독해

홍승용

들어가는 말: 변증법의 혁명성

오늘날 『자본론』이 '노동자들의 성경'[1] 역할을 하고 있는지는 미지수이지만, 자본주의의 난관들을 파악하고 해결방법을 찾는 데는 상당한 도움을 줄 수 있다고 여겨진다. 그러나 『자본론』을 읽기는 경제학 전공자들에게도 쉽지 않을 듯하다. 레닌의 조금 과장된 주장처럼 『자본론』을 잘 이해하는 데는 무엇보다 변증법적 사유 방식이 필요해 보인다.[2] 자본론에서 마르크스 자신이 밝힌 변증법의 의의를 진지하게 받아들이는 한 그렇다. 그는 헤겔 변증법의 관념론적

---

[1] F. 엥겔스, 「영어판 서문」(1886), K. 마르크스: 『자본론: 정치경제학 비판 1』, 김수행 옮김, 비봉출판사 2015, 30쪽. 이하 '자본 1'로 약칭하며, MEW와 대조해 약간씩 수정할 수도 있다.

[2] "헤겔의 논리학 전체를 철저하게 연구하지 않고 또 이해하지 않고서는 마르크스의 『자본론』, 특히 제1장을 완전하게 이해할 수 없을 것이다. 그래서 반세기를 경과하였지만 마르크스주의자들 가운데 어느 누구도 마르크스를 이해하지 못하였다." V. I. 레닌 지음, 홍영두 옮김, 『철학노트』, 논장, 1989, 131~132쪽. 이하 '철학'으로 약칭한다.

성격을 비판하면서도 그 중요성을 강조하고 변증법의 '합리적 알맹이'를 명시한다.

> 변증법은 그 합리적인 형태에서는 부르주아지와 그 공론적(doktrinär) 대변인들에게 분노와 공포를 줄 뿐이다. 왜냐하면 변증법은 기존상태를 긍정적으로(positiv) 이해하는 동시에 그것의 부정, 즉 그것의 불가피한 파멸을 이해하기 때문이며, 또 변증법은 형성된 그 어떤 형식(jede gewordne form)이든 운동의 유동상태 속에서, 그러니까 그것들의 일시적 측면에서도 파악하기 때문이며, 또한 변증법은 본질상 비판적·혁명적이어서 어떤 것에 의해서도 제약을 받지 않기 때문이다.(자본 1, 19)

그런데 변증법의 중요성을 인정하더라도 변증법을 『자본론』과 관련짓는 방식은 논자에 따라 천차만별이다. 예컨대 마르크스가 『정치경제학 비판 요강』을 쓰면서 헤겔의 『논리학』을 면밀히 다시 읽었다는 사실에 착안해, 가쿠다 슈이치는 생성·이행·제한·모순 등 헤겔 『논리학』의 주요 범주들이 『요강』에서 특히 화폐와 자본에 대한 규정들을 분석하는 데 적극 활용되고 있음을 세세히 밝히려고 한다.[3] 하지만 『자본론』의 변증법적 특성에 충실한 독해를 위해, 헤겔 논리학의 범주들과 마르크스 경제학의 주요 개념들 사이의 일대일 대응관계를 하나하나 확인할 필요는 없을 것이다. 그렇다고 변증법

---

[3] 가쿠다 슈이치 지음, 김성칠 옮김, 『자본』의 방법과 헤겔 논리학』, 두번째테제, 2018, 20쪽 이하 참조.

을 들뢰즈처럼 '문제제기적인 것'[4]으로, 혹은 알튀세르처럼 '과잉결정'[5]으로 단순화하면서 마르크스의 변증법에서 헤겔의 흔적을 지우려 애쓸 이유도 없다. 레닌은 변증법의 주요 특징들로 고찰의 객관성, 분석과 종합의 통일, 대립물의 통일·이행·전도, 인식의 무한한 심화 과정 등등을 열거한다.(철학, 177-178) 그로써 변증법의 특징들이 모두 망라된 것도 아니고, 레닌의 규정들 하나하나에 『자본론』의 세부 내용들을 대입해야 하는 것도 아니다. 하지만 마르크스가 주장하듯이 변증법이 본질상 비판적·혁명적이며, 또 이러한 특성이 『자본론』에서도 중요한 의미를 지닌다는 관점으로 레닌의 주요 규정들을 고려하면서 『자본론』을 읽는 것은 『자본론』과 아울러 변증법 자체, 그리고 현대사회를 이해하는 데 도움이 될 것이다.

역사적 사유방식

『자본론』의 변증법적 성격은 변증법에 대한 마르크스의 직접적 언급이나 "가치론에 관한 장에서 군데군데 헤겔의 특유한 표현 방식을 흉내 냈다"(자본 1, 19)는 데 국한되지 않는다. 우선 마르크스의 '세계사적 전제 전환', 즉 자본주의적 생산양식을 영원한 자연 상태로 전제하는 부르주아 경제학자들을 비판하면서 자본주의의 한계를 밝히고 대안적 생산양식을 구상하려는 그의 사고전환부터가 '형성된 그 어떤 형식이든' 그 '유동적 일시적 측면에서도' 파악하는 변증법

---

4) G. 들뢰즈 지음, 김상환 옮김, 『차이와 반복』, 민음사, 2004, 391쪽 등 참조. 이하 '차이'로 약칭한다.

5) L. 알튀세르 지음, 서관모 옮김, 『마르크스를 위하여』, 후마니타스, 2017, 357쪽 이하 참조. 이하 '위하여'로 약칭한다.

의 역사적 사유 방식과 떼어놓을 수 없을 것이다. 변증법이 "어떤 것에 의해서도 제약을 받지 않는다"라고 할 때, 그러한 제약으로는 무엇보다 부르주아 경제학을 자본주의에 대한 무비판적 변호론으로 만들어놓는 사회적 조건을 생각할 수 있다. 예컨대 영국과 프랑스에서 부르주아지가 정치권력을 쟁취한 이후 '어떤 이론이 옳은가 옳지 않은가가 중요한 것이 아니라, 그것이 자본에 유리한가/불리한가, 편리한가/불편한가, 경찰에게 거슬리는가/아닌가가 중요해진'(자본 1, 12-13) 상황이 그러한 제약일 것이다. 마르크스는 이러한 제약을 넘어서려고 의식적으로 노력했던 셈이다. 이로써 그는 '기존상태를 긍정적으로' 이해하는 동시에 그것의 '불가피한 파멸'도 이해하는 역사적 사유 방식을 적극 가동할 수 있었고, 자본주의의 주요 문제들을 그 근본적 발전경향 및 법칙 차원에서 밝힐 수 있었다.

변증법의 역사적 사유 방식과 관련해 헤겔-마르크스주의자 아도르노는 '역사적 차원의 발견'이야말로 칸트의 코페르니쿠스적 전회와 비견할 수 있는 대전환을 의미한다고 평가한다.[6] 반면에 알튀세르는 헤겔의 시간 개념과 역사적 사유 방식 자체를 문제 삼는다. 그에 따르면 헤겔이 말하는 역사적 시간의 본질은 '동질적 연속성'과 '동시성'인데, 이러한 시간관으로는 상이한 심급들과 수준들의 공존을 고찰할 수 없다. 헤겔의 시간관에 맞서 알튀세르는 "각각의 수준에 대해 하나의 독자적인 시간, 즉 상호의존 속에서도 다른 수준들의 '시간'에 대해 상대적인 자율성을 갖고 상대적으로 독립적인 하나의

---

6) Th. W. 아도르노 지음, 홍승용 옮김, 『변증법 입문』, 세창출판사 2015, 31쪽 참조. 이하 '입문'으로 약칭한다.

독자적인 시간을 지정해야 한다"[7]라고 주장한다. 그는 '각각의 수준에 개별적으로 조응하는 상이한 역사들의 가능성과 필연성'과 아울러 정치사·경제사·철학사 등등을 정당하게 말할 수 있다고 보며(읽기, 128), "일반적인 생산이 존재하지 않는 것처럼 일반적인 역사란 있을 수 없다"라고 단언한다.(읽기, 138) 이런 관점에서 알튀세르는 헤겔이 말하는 시간은 "역사의 시간으로 간주될 수 없다"라고 비판한다.(읽기, 127)

그러나 일반적인 생산이나 역사가 없다는 유명론적 관점을 받아들인다면, 일반적인 경제사나 철학사도 없으며, 자의적 기준에 의존하는 수준이나 심급 차원에서 역사를 구성할 것이 아니라 개별 사물들이 각각의 시간을 갖는다고 보는 것이 더 일관성 있을 것이다. 반대로 경제사나 철학사 등의 추상을 인정하자면, 그 추상 수준을 높여 일반적 생산이나 역사에 대해 논해서는 안 될 이유도 없을 것이다. 논의의 세분화와 추상 수준은 실천적 필요에 근거해 결정하는 것이 바람직하지, 어느 한쪽을 미리부터 배제하는 것은 이데올로기적 과장에 빠지는 지름길이다. 마르크스는 유명론자가 아니며 그래서 추상의 중요성을 인정하여 '생산 일반'을 '합리적 추상'이라고 보기도 한다. "생산 일반은 하나의 추상이지만 그것이 실제로 공통적인 것을 강조하고 고정시키며, 따라서 우리에게 반복을 덜어주는 한에서 이해를 돕는 합리적 추상이다."[8] 이 합리적 추상 차원에서, 기존 지

---

7) L. 알튀세르 지음, 김진엽 옮김, 『자본론을 읽는다』, 도서출판두레, 1991, 127쪽. 이하 '읽기'로 약칭한다. 이러한 논의에서 루카치가 비판하는 사물화된 사유 방식을 떠올릴 수도 있다.

8) K. 마르크스 지음, 김호균 옮김, 『정치경제학 비판 요강 1』, 그린비, 2007, 53쪽. 이하 '요

배질서가 역사적으로 형성되어온 것이고 제반 조건에 근거해 바뀔 수 있다고 보는 역사적 사유 방식은 변혁운동의 기본 조건이다. 이러한 사유 방식을 받아들이지 않았다면 마르크스의 '세계사적 전제전환'은 불가능했고 부르주아 경제학 '비판'은 첫발을 떼기조차 어려웠을 것이다.

그러나 이처럼 역사적 가변성을 인정한다고 해서 동일성에 근거하는 추상이나 개념적 사유 자체를 거부한다면, 어떤 이론적 진전도 불가능하다는 점에서 변화와 추상 사이의 적합한 관계를 설정할 필요가 있다. 즉, 어떤 본질적 문제나 이에 대한 인식이 영구불변이라고 보는 것도 문제지만 매순간 끊임없이 바뀐다고 보아서도 곤란하므로, 변화의 구간을 설정하는 것이 중요해진다. 이와 관련해 마르크스는 생산양식의 결정적 의미를 인정한다. 이는 마르크스도 '변증법적 방법'이라고 동의하는, 그에 대한 카우프만의 논평에서 확인할 수 있다. "경제생활이 일정한 발전 시기를 경과해 일정한 단계로부터 다른 단계로 이행하자마자, 경제생활은 다른 법칙에 의해 지배받기 시작한다."(자본 1, 17) 왜 예컨대 정치적·종교적·문화적 변화 따위가 아니라 경제생활 혹은 생산양식을 결정적 기준으로 삼아야 하는가에 대해서는 논란의 여지가 있겠지만, 생산양식의 변화가 거시적인 측면에서 초래할 사회적 관계들의 근본 변화 가능성을 부인하기는 어렵다.

역사적 사유 방식과 관련해 변화 구간 문제 이상으로 논란이 분

강'으로 약칭한다. 마르크스에게는 물론 생산 일반이 아니라 구체적 조건 속의 구체적 생산이 주요 관심사다.

분한 것은 범주들의 발생과 연구 및 서술의 순서에 관한 문제다. 『자본론』은 시초축적이 아니라 상품 분석에서 시작한다.(자본 1, 43) 마르크스는 서술방법과 연구방법이 형식상 다를 뿐 아니라(자본 1, 18), 사회생활의 형태들에 관한 과학적 분석이 그것들의 실제 역사적 발전 경로와는 거꾸로 행해진다고 본다. "왜냐하면 그 분석은 사후적으로(post festum), 따라서 발전 과정의 결과를 가지고 시작하기 때문이다."(자본 1, 98) 『요강』에서도 마르크스는 "경제적 범주들을 그것들이 역사적으로 규정적인 범주들이었던 순서에 따라 위치 지우는 것은 실행할 수도 없고 잘못된 것"이라고 썼다.(요강, 79) 이런 주장은 역사적 사유 방식의 중요성을 부인하는 논거로 쓰일 수 있다. 예컨대 알튀세르의 주장에 따르면, "「1857년 서설」에서 마르크스는, 한편에서는 과학적 증명의 언설을 통해 일어나는 개념들의 계기의 순서라는 형태를 취하는 항과, 다른 한편에서는 현실적 역사의 발생론적 순서라는 형태를 취하는 항 사이에 일대일의 상관관계를 설정하는 일이 불가능하다는 것을 보여준다."(읽기, 145) 알튀세르는 엥겔스가 그러한 '일대일의 상관관계를 설정하는' 입장에서 '지식의 대상을 현실적 대상과 동일시'하는 경험론적 이데올로기에 빠진다고 비판한다.

엥겔스는 구체적이고 경험적인 계기로부터(역사이데올로기로부터) 차용한 운동의 효율성을 역사이론의 개념들에 적용하는 것이며, '현실적 구체'를 '사유속의 구체'로, 그리고 현실적 변화로서의 역사적인 것을 개념 그 자체로 치환한다.(읽기, 146)

이러한 치환 혹은 동일시는 『요강』에서 마르크스가 헤겔의 관념론을 비판하는 이유이기도 하다. 그러나 마르크스의 글에서 범주들을 '위치 지우는 것'이라는 말은 현실적 조건에 따른 개념 및 인식의 발생 문제가 아니라, 과학적·논리적 서술의 문제라고 보아야 한다. 알튀세르의 주장과 달리, 마르크스도 논리적 서술의 차원이 아니라 개념들의 발생 측면에서는 '현실적 역사의 발생론적 순서'와 '개념들의 계기의 순서' 사이의 긴밀한 관계를 부인하지 않는다. "가장 단순한 것에서 복잡한 것으로 상승하는 추상적 사유의 과정은 실재적인 역사적 과정에 조응하는 것이다."(요강, 73) 다음 글에서도 과학적 인식의 발생과 사회적 조건의 긴밀한 관계는 명백하다.

서로 독립적으로 수행하면서도 사회적 분업의 자연발생적 일환으로 전면적으로 상호의존하고 있는 모든 종류의 사적 노동이 사회가 요구하는 양적 비율로 끊임없이 조정된다는 과학적 인식이 경험 자체로부터 생기기 위해서는, 상품생산이 완전히 발전해야 한다.(자본 1, 97)

인식의 발생과 논리적 서술 문제에 대한 유물변증법적 해답은, 알튀세르 덕분에 경험론자이자 동시에 관념론자라는 영예를 뒤집어 쓰게 된 엥겔스에게서 찾을 수 있다. 그는 경제학 비판을 역사적인 방법으로도 논리적인 방법으로도 착수할 수 있다고 보면서 우선 역사적인 방법에 따르는 난관들을 지적한다. 즉, "역사는 종종 비약적으로 또 지그재그로 진행하며, 이 경우 역사는 일일이 추적되어야 한다. 그렇게 되면 별로 중요하지 않은 자료가 취해져야 할 뿐만 아니라 또 사유 과정도 자주 중단되지 않을 수 없을 것이다."[9]

이처럼 엥겔스는 역사 발전과 개념들의 발전 사이의 일대일 대응을 일일이 추적하기 어렵다는 점을 인정하고, 역사적 방식이 아니라 논리적 방식이 더 적합하다고 평가한다. 하지만 그는 다른 차원에서 다시 역사적 방식을 옹호한다. 즉, 논리적 방식은 사실상 '그 역사적 형식과 교란적 우연성을 벗어버린 역사적 방식'에 지나지 않으며, 이때의 사유 과정은 '추상적이고 이론적으로 일관된 형태를 띤 역사 진행의 영상(映像)'일 뿐이라는 것이다. 이때 우리는 '우리의 머릿속에서만 일어나는 추상적 사유과정을 고찰하는 것이 아니라 언제인가 실제로 일어난 또는 아직도 일어나고 있는 현실적 과정을 고찰하고' 있는 것이다.(선집 2, 489) 그러한 사유 과정이 현실적 과정과 완전히 동일할 수는 없지만, 양자의 관계가 멀어질수록 사유의 산물은 공허한 헛소리에 가까워질 것이다.

개념의 운동

어떤 제약도 받지 않고 현실적 과정에 접근해가는 것은 변증법적 사유의 본분이지만, 이를 저해하는 제약에는 마르크스가 지적한 정치적·경제적 조건만 있는 것이 아니다. 무엇보다 역사적 조건의 산물인 개념 체계가 현실의 변화를 따라잡지 못하거나 추상으로 인

---

9) F. 엥겔스: 「칼 마르크스, 『정치경제학의 비판을 위하여』」, K. 마르크스/ F. 엥겔스: 『칼 마르크스 프리드리히 엥겔스 저작 선집 2』, 최인호 옮김, 박종철출판사, 1992, 489쪽. 이하 '선집 2'로 약칭한다.

해 대상의 풍부한 내용을 지나치게 손상할 수도 있다. 또 어떤 고정된 방법론을 대상에 적용하기 위해 그 방법론에서 벗어나는 자료들을 실제의 중요성과 무관하게 멋대로 배제할 수도 있다. 이런 이유에서 대상들의 본질적 동일성을 기초로 하는 개념적 사유보다 직관에 더 큰 의미를 부여하려는 뿌리 깊은 지적 전통이 형성되기도 했다. 변증법은 직관이 아니라 개념을 사유의 중심도구로 삼지만, 개념적 사유의 문제점을 극복하기 위해 개념의 운동 혹은 노고를 강조하며 도식적 형식주의적 사고를 거부한다.[10] 또 어떤 명석판명한 제일원리나 확고부동한 정의 혹은 상투적인 개념들이나 고정된 방법에 의존하기보다 '대상에 다가갈 자유'를 강조한다.(입문, 252-253)

예컨대 필요 노동 시간의 의미 변경에 대한 마르크스의 해명에서도 변증법적 사고의 유연성을 확인할 수 있다. 즉, "이 책에서는 이때까지 '필요 노동 시간'이라는 용어를 어떤 상품의 생산에 '사회적으로 필요한 노동 시간'이라는 의미로 사용해왔다. 우리는 이제부터 이 용어를 노동력이라는 특수한 상품의 생산에 필요한 노동 시간이라는 의미로도 사용할 것이다. 동일한 용어를 다른 의미로 사용하는 것은 불편하기는 하지만, 어떤 과학에서도 이것을 완전히 피할 수는 없다."(자본 1, 288) 이때 마르크스가 제멋대로 '필요 노동 시간'이라는 말을 서로 아무 연관 없이 '다른 의미'로 사용하는 것은 아니

---

10) 형식주의에 대한 비판은 특히 『정신현상학』에서 잘 나타난다. "이 단조로운 형식주의의 도구는 예컨대 적색과 녹색의 두 가지 물감만으로, 역사화를 그릴 때면 적색을 칠하고 풍경을 그릴 때면 녹색을 칠하는 어떤 화가의 파렛트보다 더 다루기가 어렵지 않다. (…) 모든 천상의 것과 현세의 것, 모든 자연적 형태와 정신적 형태들에 몇 가지 보편적 도식의 규정들을 갖다 붙이고 이런 식으로 모든 것을 분류하는 이 방법이 산출하는 것은 삼라만상의 조직에 대한 뻔한 보고서에 지나지 않는다." G. W. F. Hegel: Phänomenologie des Geistes, Frankfurt/M. 1970, p.50. 이하 '현상학'으로 약칭한다.

며, 논리의 전개 과정에서 그 의미를 확대해가는 것이라고 볼 수 있다. 유사한 예는 생산적 노동 개념에 대한 마르크스의 설명 등에서도 찾을 수 있을 것이다(자본 1, 241, 688).

엥겔스 역시 '영원히 타당한 고정된 틀에 박힌 정의를 마르크스에게서 일반적으로 찾을 수 있다고 생각하는' 것은 오해라고 지적하면서, 정의의 의의를 제한한다. 그에 따르면, "사물들과 그들의 상호관계가 고정적이지 않고 가변적이라고 파악되는 경우, 그것들의 정신적 표상, 즉 개념도 또한 변화와 변형을 받게 된다는 것, 그리고 사물들과 그들의 상호관계는 경직된 정의 안에 틀어박혀서는 안 되며 그들의 역사적 또는 논리적 형성 과정에 따라 전개되어야 한다는 것은 두말할 필요조차 없다."[11]

변증법이 경직된 정의나 개념의 한정적 의미에 얽매이지 않고 사고의 유연성을 강조하는 것은 가변적 대상에 최대한 다가가기 위한 것이다. 그런데 알튀세르는 이러한 노력을 '지식에 대한 경험주의적 개념화'라고 보고, '실재 대상과 지식 대상을 혼동'하는 경험론적 이데올로기의 산물이라고 비판할 것이다. 그에 따르면 경험론적 인식은 '실재적 대상으로부터 본질을 추상하는 것'이다.(읽기, 43) "실재적 대상의 실재적 부분으로 인식된 지식을 실재적 대상의 현실적 구조로 위탁하는 것, 이것이 지식에 대한 경험론적 개념화의 독자적 문제의식을 구성하는 것이다."(읽기, 46-47) 그는 '지식에 대한 경험론적 개념화'를 '존재의 투명함 속에서의 본질에 관한 종교적 비전'

---

11) F. 엥겔스: 「제1 독어판 서문 1894」, K. 마르크스: 『자본론: 정치경제학 비판』 3권, 김수행 옮김, 비봉출판사, 2018, 17쪽. 이하 '자본 3'으로 약칭한다.

과 '쌍둥이 형제'라고 표현하기도 한다.(읽기, 45-46) 또 그는 이러한 문제의식이 헤겔까지의 고전철학에서 핵심적이었으며, 엥겔스나 레닌, 심지어 마르크스의 경우에도, 특히 이데올로기 투쟁을 위해 이 문제의식이 작동한다고 주장한다.(읽기, 47) 이러한 문제의식을 극복하는 알튀세르의 방법은 실재 대상과 지식 대상의 엄격한 구분, 즉 '대상 개념의 차별성 생산'이다.(읽기, 49) 이러한 입장의 궁극적 귀결은 '이론적 실천'의 자립을 통한 관념론으로의 추락이라고 할 수 있다.12)

그러나 마르크스에게 추상을 통해 표면 현상 이면의 본질적 관계를 발견하는 일은 이데올로기 투쟁 이전에 과학의 본분이다. "만약 사물의 현상 형태와 본질이 직접적으로 일치한다면 모든 과학은 불필요하게 될 것이다."(자본 3, 1037) "눈에 보이는 단순히 현상적인 운동을 진정한 내적 운동으로 환원시키는 것이 과학의 임무의 하나다."(자본 3, 394) 이처럼 '현상적인 운동'을 '진정한 내적 운동'으로 환원하는 데는 추상이 불가피하다. 예컨대 부르주아사회의 '경제적 세포'인 노동생산물의 상품 형태와 관련해 마르크스는 이렇게 말한다. "경제적 형태의 분석에서는 현미경도 시약도 소용이 없고 추상력이 이것들을 대신하지 않으면 안 된다."(자본 1, 4) 물론 추상 그 자체가 목적은 아니다. 그러나 "사회적 재생산 과정을 처음부터 그 복잡한 구체적 형태에서 분석하기 시작할 때 '과학적'으로 설명하는 것처럼 보이는 속임수를 제거하기 위해서는, 재생산 과정을 그 기본

---

12) 알튀세르에 따르면 '이론적 실천은 그 자체가 기준'이며 '외부적 제실천으로부터 검증받아야 할 필요'가 없다.(읽기, 73-74)

형태[여기에서는 사태를 애매하게 하는 모든 부차적 사정들이 제거된다]에서 고찰하는 것이, 우리의 진정한 목적에는 벗어난다 하더라도, 절대적으로 필요하다."[13]

이렇게 추상을 통해 파악된 '본질' 혹은 '진정한 내적 운동'은 기계적으로 단순 정확하게 관철되는 공식이 아니다. 즉, "자본주의적 생산 전체를 보면, 일반법칙이 지배적인 경향으로 자기를 관철하는 것은 오직 항상 매우 복잡하고 점차적으로 비슷해지는 방식을 통해서이며, 끊임없는 변동들의 확정할 수 없는 평균으로서다."(자본 3, 200)

이 '이념적 평균'(자본 3, 1054)은 예컨대 '필요 노동 시간'의 경우처럼 경험적 조사와 분석 가능성을 전제하는 실재에 대한 개념적 산물이지 자의적 작업가설이나 어떤 초경험적 논리의 산물이 아니다. 이때의 추상은 현실과 멀어지는 공허한 관념이 아니라, 현실의 본질적 운동에 가능한 한 다가가려는 의식의 운동이다. 마르크스는 이러한 추상의 산물인 가치 개념을 발판으로, 스미스나 리카도 등 부르주아 경제학자들이 밝히지 못한 노동력 상품의 특성, 즉 자체의 재생산 비용 내지 가치를 초과하는 잉여가치를 생산함으로써 자본 증식의 유일한 원천이 된다는 특성을 밝혀낸다.[14]

---

13) K. 마르크스: 『자본론: 정치경제학 비판 2』, 김수행 옮김, 비봉출판사, 2016, 573~574쪽.

14) 부르주아 경제학자들이 잉여가치의 비밀을 밝히지 못한 원인에 대해 마르크스는 간단명료하게 설명한다. "사실 이 부르주아 경제학자들은 잉여가치의 기원이라는 절실한 문제를 지나치게 깊이 탐구하는 것은 대단히 위험하다는 것을 본능적으로 올바르게 알고 있었다."(자본 1, 698)

물신숭배의 양가성

마르크스가 자본증식의 비밀을 밝히는 데는 자본주의를 영구불변의 자연 상태로 보는 부르주아 경제학의 전제를 거부하는 변증법의 비판적 혁명적 관점이 작동한다고 보아야 한다. 반면에 자본주의적 생산관계에 사로잡혀 있는 사람들은 그 표면현상들에 대한 피상적 관찰에 머물고 환상에 빠지게 된다. 그래서 예컨대 노동생산물의 가치는 '그 생산에 지출한 인간노동의 물적 표현'에 지나지 않는데도, 마치 '생산물 자체의 객관적 성격인 것처럼' 보이게 된다.(자본 1, 96) 이처럼 인간들 사이의 특정한 사회적 관계에 지나지 않는 것이 '물건들 사이의 관계라는 환상적인 형태'로 나타나는 현상을 마르크스는 물신숭배라고 부른다. 마르크스는 이 물신숭배와 상품생산이 분리될 수 없다고 본다.(자본 1, 94) 또 물신숭배는 단순히 상품에만 달라붙는 것이 아니라 화폐 및 자본과도 결합되어 화폐물신 혹은 자본물신으로 발전한다.

이때 그것은 순진무구한 환상에 머물지 않고 무엇보다 살아 있는 노동이 잉여가치의 기원이라는 사실을 은폐하는 기능을 지닌다. 예컨대 "생산에 필요한 노동량의 감축이 이윤에 영향을 미치지 않는 것처럼 보일 뿐 아니라 오히려 일정한 조건에서는 적어도 개별자본가에게 이윤을 증대시켜주는 직접적 원인인 것처럼 보이는 상황에서, 어떻게 살아 있는 노동이 이윤의 유일한 원천이라고 말할 수 있겠는가?"(자본 3, 211)

물신숭배의 극단적인 형태는 이자 낳는 화폐자본에서 나타난다.

마르크스의 설명에 따르면, "완성된 형태의 자본은 생산 과정과 유통 과정의 통일이며, 따라서 일정한 기간에 일정한 잉여가치를 낳는 자본이다. 이자를 낳는 자본의 형태에서는 이런 형태가 생산 과정과 유통 과정의 매개 없이 직접적으로 나타난다. 자본은 이자, 즉 자기자신의 증가의 신비스러운 그리고 자기창조적인 원천으로 나타난다."(자본 3, 499) 이러한 자본물신의 환상 속에서는 "나무들의 성장이 나무들의 속성인 것처럼, 화폐를 낳는 것이 화폐자본의 형태로 있는 자본의 속성인 것처럼 보인다."(자본 3, 501) 이때 "이윤은 아직도 그것의 기원에 대한 기억이라도 가지고 있지만, 이자에서는 그 기억조차 소멸된다."(자본 3, 1052)

돈이 돈을 번다는 냉소적 상투어는 이러한 현상을 경험 차원에서 확인하면서 잉여가치의 기원에 대한 의문을 묵살하는 데 일조한다. 자본주의의 영속성을 믿고 옹호하는 부르주아 경제학은 이러한 기능을 다면적으로 수행하여 물신적 환상을 부단히 재생산한다. 마르크스는 물신적 환상이 그 비밀에 대한 과학적 발견을 통해서도 상품생산이 지배하는 자본주의적 생산 형태에서는 사라지지 않으며, 우리가 다른 생산 형태로 이행해야 비로소 사라진다고 본다.(자본 1, 99) 마르크스의 이러한 주장을 받아들인다면, "자본주의의 근본 모순은 물상화의 폐지를 통해서만 극복될 수 있다"[15]라는 주장은 원인과 결과를 바꿔놓는 논리라고 보아야 한다. 물론 물신적 환상에 대한 과학적 비판이 다른 생산 형태로의 이행을 위한 주요 무기임은 분명

---

15) 정성진, 「『자본론』과 포스트자본주의론」, 현대사상 세미나 발제문, 2021.2.6.

하다. 그러한 인식을 노동자 민중이 널리 공유할수록 이 무기의 힘은
커질 수 있다. 이 점에서 물신성을 의식적으로 벗어날 필요성을 강조
할 수는 있다.16)

그런데 마르크스는 물신적 환상이 자본주의적 지배관계를 유지
하는 기능만 발휘하는 것이 아니라, 자본 증식의 한계를 앞당기는 역
할도 한다는 점을 밝힌다. 그에 따르면 자본주의가 지배적인 생산양
식으로 되어 경쟁이 보편화될수록, 상품의 가치(비용가격＋잉여가
치)는 생산가격(비용가격＋총투하자본×일반적 이윤율)으로 전형된
다. 즉, 각각의 자본은 자신이 생산한 잉여가치를 그대로 이윤으로
얻는 것이 아니라 투하자본과 일반적 이윤율을 곱한 것만큼을 이윤
으로 얻는다. 이로 인해 개별 자본은 스스로 생산한 잉여가치보다 더
적거나 더 많거나 혹은 같은 이윤을 얻을 수 있지만, 그렇더라도 사
회적으로 생산된 잉여가치의 총액과 이윤의 총액은 일치한다. 즉,
"모든 다른 생산분야들의 이윤총액은 잉여가치의 총액과 동등하지
않을 수 없고, 사회적 총생산물의 생산가격의 합계는 가치의 합계와
동등하지 않을 수 없게 된다."(자본 3, 214)

자본주의가 발전하여 생산성이 증대할수록 가변자본 대비 불변
자본의 비율, 즉 유기적 구성이 증대하는 경향이 있다. 그럴수록 전
체 투하자본 대비 생산된 잉여가치 총량의 비율, 즉 일반적 이윤율은

---

16) 예컨대 성두현은 이렇게 물신성에서 의식적으로 벗어나야 한다고 역설한다. "자본주의 상
　품생산 사회가 만들어내는 물신성을 의식적으로 벗어나지 못하면 '진지한' 사람들조차도
　헛똑똑이가 되어 자본주의가 만들어낸 틀에서 허우적거리게 된다. 물신성은 자본가들의
　음모의 산물이 아니다. 상품생산사회가 만들어내는 객관적 환상으로서 이 환상을 벗어나
　지 못하면 투쟁 대상을 정확히 분별해내는 것부터 어렵고 투쟁수단을 제대로 확보하지
　못하게 된다." 성두현, 「물신성의 이해는 『자본론』 이해의 핵심이다」,
　http://socialist.kr/fetishism-is-the-key-to-understanding-marx-capital/

저하한다. 그러나 개별 자본의 입장에서는 기계화·자동화·무인화를 통해, 잉여가치율의 증대에 의한 상쇄를 넘어설 만큼, 가변자본을 줄임으로써 자신이 생산하는 잉여가치는 줄어들더라도, 불변자본을 크게 늘임으로써 투하자본과 일반적 이윤율을 곱한 이윤을 늘일 수 있다. 개별 자본은 전체 자본에 의해 생산된 전체 잉여가치에서 투하 자본 크기에 비례해 이윤을 얻기 때문이다. 그런데 물신적 환상에 빠져 있는 자본가나 그 대리인들은 잉여가치가 가변자본에서 나온다고 생각하지 않으며 새로운 기계 등이 이윤을 만들어낸다고 믿는다. 이러한 환상에 따라 개별 자본가는 기계화·자동화를 적극 추진하고 가변자본의 비중을 줄이고자 한다. 또 실제로 새로운 생산 방법으로 일시적으로는 특별잉여가치를 얻을 수도 있다. 그러나 경쟁으로 인해 이 새로운 생산 방법은 조만간 일반화되며, "이때 비로소 이윤율의 저하가 일어난다. 이 저하는 아마도 이 생산 분야에서 먼저 나타나고 나중에 다른 분야들을 균등하게 한다. 그러므로 이윤율의 저하는 자본가들의 의도와는 전혀 관련이 없다."(자본 3, 331)

이처럼 일반적 이윤율 저하에는 자본가들의 물신적 환상, 즉 잉여가치의 원천을 노동력 착취와 무관한 것으로 여기는 환상이 본질적으로 기여한다. 이 점에서 물신숭배는 자본증식의 실질적 원천을 은폐하여 자본주의를 옹호하는 기능만 아니라, 자본주의의 종말을 앞당기는 기능도 수행하는 모순적 성격을 지닌다.

이러한 설명에서 오늘날 자동화·무인화를 통해 노동력 착취에 의한 잉여가치를 생산하지 않으면서 어떻게 이윤을 얻을 수 있느냐 하는 의문에 대해 기계나 과학기술 혹은 자본가의 경영능력 등이 잉여가치의 원천이라는 식의 자본주의 옹호론에 맞서 노동가치론에 근거해 수긍할 만한 답을 얻을 수 있다. 또 선진자본주의국가들의 성장률 둔화 내지 일반적 이윤율 저하와 자본증식의 한계를 이해하고 예상할 수도 있게 된다.

그러나 마르크스의 설명을 받아들이기 위한 전제조건들이 있다. 우선 자본주의가 발전하여 비자본주의적 생산양식이 밀려나고 경쟁을 방해하는 요인들이 제거되어야 한다. 예컨대 자본과 노동의 자유로운 이동을 막는 규제들 따위가 없어져야 한다.(자본 3, 216-217) 또한 가격은 가치와 대체로 불일치하지만 가치를 중심으로 진동하므로 양자를 일치하는 것으로 보는 추상을 받아들여야 하고, 노동력 상품 혹은 가변자본에서 얻는 잉여가치 이외에 다른 이윤의 원천은 없다는 사실 혹은 가치법칙(잉여가치=잉여가치율×가변자본)을 인정해야 한다.(자본 1, 414) 개별 자본이 가변자본을 0으로 만들더라도 이윤이 나올 수 있는 원천이 다른 개별 자본들이 생산한 잉여가치의 일부가 아니며, 궁극적으로 총자본의 가변자본 부분이 0이고 그리하여 자동화·무인화가 경제 전체 차원에서 완성되더라도 자본증식이 이루어질 수 있다면 마르크스의 설명은 성립되지 않을 것이다.

이 점에서 전형과 이윤율 저하 경향과 관련해 자본을 대변하는 이데올로그들의 집요한 공세가 이루어질 수밖에 없다. 그러나 이때 마르크스의 논의는 산술적 통계상의 정확성을 자랑하는 것이 아니라 여러 장애요인들의 상쇄 경향과 충돌하는 가운데 관철되는 본질적 발전 경향을 밝히는 것이라는 점을 감안해야 한다.

이론에서 우리는 자본주의적 생산양식의 법칙들이 순수한 형태로 전개된다고 가정한다. 그러나 현실에서 그 법칙들은 오직 점차적으로 비슷하게 전개된다. 그렇지만 자본주의적 생산양식이 발전하면 할수록, 그리하여 자본주의적 생산양식이 이전의 경제조건들의 잔재들과 혼합되어 있는 불순의 정도가 약하면 약할수록, 법칙의 현실성은 더욱더 커진다.(자본 3, 217)

또 마르크스가 가격을 '가치의 화폐적 표현'으로 보고 사실상 동일시한다는 점에서(자본 1, 132), 가격과 가치를 면밀히 일치시키기 위한 수적 조작은 마르크스의 논의와 별 관계가 없다. 무엇보다 선진 자본주의 국가들의 성장률 둔화, 일반적 이윤율 저하 경향이 현실적인 문제라는 점에서, 또 오늘날 맹렬히 진행되는 자동화·무인화의 결과로 가차 없이 대량실업이 발생하리라 예상되는 점에서, 이에 대한 마르크스의 주장은 단순한 악의적 작업가설이나 오류가 아니라 강력한 현실설명력을 지니는 이론이라고 볼 수 있다.

추상에서 구체로

물신숭배 비판의 근거인 가치 및 잉여가치에 대한 과학적 해명은 자본주의 극복을 위한 핵심 무기다. 잉여가치나 물신숭배의 비밀을 밝힌 것만으로도 마르크스의 업적은 탁월하다고 볼 수 있다. 그러나 『자본론』은 이에 머물지 않고, 절대적 잉여가치와 상대적 잉여가치, 기술혁신과 특별잉여가치, 고정자본과 유동자본의 정확한 의미, 불변자본과 가변자본, 아동노동과 여성노동, 노동일을 둘러싼 투쟁과 공장법, 분업과 기계사용에 따른 노동의 비인간화, 시초축적 과정의 잔인성, 자본의 회전과 재생산, 생산재 생산 부문(I)과 소비재 생산 부문(II) 간의 불균형과 공황, 앞에서 살펴본 경쟁에 의한 일반적 이윤율 형성과 상품가치의 생산가격으로의 전형, 평균이윤율 저하 경향 그리고 경쟁과 자본의 집중, 무정부적 과잉생산과 공황, 실업, 잉여가치와 임금·이윤·지대의 관계, 생산력과 생산관계 혹은 사회적 생산과 사적 소유의 충돌, 노동자계급과 자본가계급의 적대와 모순 등등 자본주의 생산양식의 형성과 작동에 불가피한 본질적 문제들을 총체적으로 설명해간다. 그리고 이러한 설명의 전개 과정 전체를 통해 자본과 자본주의의 실체가 드러난다.

이 경우 "진리는 전체다"(현상학, 24)라는 헤겔의 테제를 떠올릴 수 있다.[17) 주객 동일성을 전제하는 이 테제의 관념론적 본성을 받아들이지 않더라도, 추상에서 구체로 상승하는 방법에 대한 마르크스의 설명에는 공감할 수 있을 것이다. 그에 따르면, "구체적인 것은 그것이 수많은 규정들의 총괄, 다양한 것들의 통일이기 때문에 구체적이다. 따라서 구체적인 것은 비록 그것이 실재적 출발점이고 따라서 직관과 표상의 출발점이라고 할지라도, 총괄 과정, 결과로서 현상하지 출발점으로 현상하지 않는다."(요강, 71)

마르크스는 헤겔이 이러한 방법을 통해 현실적인 것을 사유의

---

17) 유물론은 대상의 무궁무진함과 함께 인식의 완전성이 아니라 점근성 및 과정성을 인정한다. 그러나 헤겔의 다음 주장에는 귀를 기울일 만하다. "사태는 그 목적을 통해 모두 해명되는 것이 아니라 그 실현 과정(Ausführung)을 통해 비로소 모두 해명되며, 결과가 현실적인 전체는 아니고 그 형성 과정(Werden)과 더불어 전체를 이루기 때문이다. 목적은 그 자체만 떼어놓고 보면(für sich) 생명 없는 보편이며, 경향은 그 현실성을 아직 지니지 못하는 단순한 작동(Treiben)이며, 적나라한 결과는 그러한 경향을 뒤에 남긴 시체다."(현상학, 13)

산물로 파악하는 환상에 빠졌다고 비판하지만, 추상에서 구체로 상승하는 방법 자체는 '과학적으로 올바른 방법'이라고 본다.[18] 상품에 대한 추상적 분석에서 시작하여 '분배관계와 생산관계', 그리고 미완으로 그친 '계급들'에까지 이르는 『자본론』 전체가 이러한 방법으로 구성되었다고 할 수 있다.

물론 『자본론』을 통해 자본과 자본주의의 모든 문제가 다 밝혀질 수는 없다. '새로운 측면, 관계 등등이 해명되는 무한한 과정' 혹은 '사물, 현상, 과정 등에 관한 인간의 인식이 현상에서 본질로, 보다 얕은 본질에서 보다 깊은 본질로 심화해가는 무한한 과정(철학, 178)'을 인정하는 변증법의 관점에서 자본 또는 자본주의라는 복합적 대상을 완벽하게 모두 인식한다는 것은 불가능하다. 그러나 『자본론』이 자본과 자본주의에 대한 완벽한 인식에 도달하지 못했다는 이유로, 혹은 원래의 계획대로 진행되지 못했으므로 실패했다는 등의 주장도 공허한 이데올로기적 언사라고 할 수 있다. 그것은 인도로 가겠다는 계획과 달리 신대륙에 도달했으므로 콜럼버스의 항해는 실패했다고 말하는 것보다도 더 어리석은 주장이다. 완벽하게 완결되지 않다고 해서 자본 내지 자본주의에 대한 '수많은 규정들의 총괄'인 『자본론』의 구체적 인식 자체가 무가치해지는 것은 아니며, 또 이 구체적 인식을 몇 가지 개념이나 테제로 대신할 수 있는 것도 아

---

18) 헤겔 철학에서의 추상과 구체에 대해 아도르노는 다음과 같이 설명한다. "우리가 흔히 구체적이라고 칭하는 것, 우리가 지금 여기서 개별적인 것, 산재해 있는 것으로서 마주 대하는 것, 또 이 산재해 있는 것과 분리되어 맞서 있는 존재로서의 우리 자신, 이처럼 통상적 어법에서 구체적인 것이 헤겔의 경우에는 추상적인 것이다. 반대로 이 모든 계기들이 유착되어 있고 그것들이 서로 연관관계를 지니고 있는 전체, 또 그 자체의 구조를 근거로 아무튼 하나의 전체가 되는 것, 그런 것만이 헤겔의 경우 '구체적'이라는 표현을 요구한다." Th. W. Adorno: Philosophische Terminologie, Frankfurt/M. 2016, pp.38~39.

니다. 『자본론』은 자본과 자본주의 혹은 현대사회의 본질적 측면을 해명하는 무한한 과정 속에서 결정적으로 기여했지만 현대인들에게 여전히 많은 문제들을 숙제로 남겨놓았다고 보아야 한다.

『자본론』이 인식의 완전성과는 거리가 있더라도, 추상에서 구체로 상승하는 그 방법론의 중요성을 부인할 필요는 없다. 그러나 헤겔의 관념론적 환상에 대한 마르크스의 비판을 강조하면서 알튀세르는 추상에서 구체로 상승하는 방법 자체의 의의를 지워버리고자 애쓴다. 그에 따르면, "『자본론』 제1권으로부터 제3권으로의 이행은 사유 속의 추상으로부터 현실적 구체로의 이행과 무관하며, 그것을 인식하기 위해 필요한 사유의 추상으로부터 경험적인 구체로의 이행과 무관하다는 것이다. 우리는 제1권으로부터 제3권에 이르는 과정 속에서 결코 추상을 떠나지 않았으며 지식, 즉 '사고와 인지의 생산물'을 결코 떠나지 않았다. 즉, 우리는 개념을 떠난 적이 없다."(읽기, 241)

알튀세르의 이러한 주장은 마르크스에게서 헤겔 변증법의 흔적을 지우기 위해 '수많은 규정들의 총괄, 다양한 것들의 통일'로서의 구체로 나아가는 마르크스의 '과학적으로 올바른 방법' 개념과, 『자본론』 1권부터 3권까지 전개되는 규정들의 총괄로서의 자본과 자본주의에 대한 구체적 인식의 실질적 의의까지 무의미한 것으로 폄하하는 효과를 생산한다. 『자본론』이 당대의 조건 속에서 구체적 인식으로 상승할 만큼 상승했다는 점을 인정하고, 그 상승 과정이 『자본론』으로 그칠 수 없고 오늘 우리의 몫으로 남아 있는 부분도 중요하다는 점을 받아들임으로써, 『자본론』의 인식 가치에 대한 폄하와 교조주의 양쪽을 피할 수 있을 것이다.

노동과 자본의 적대적 모순

우리 현실은 모순과 적대로 들끓고 있다. 사소한 사안들을 놓고
도 혈투를 벌여야 하는 정치집단들 사이의 권력투쟁, 뿌리 깊은 성적·
민족적·지역적 차별과 혐오, 그 밑바닥에 깔려 있는 노동과 자본의
적대적 모순 등은 우리의 삶을 다층적으로 규정한다. 변증법은 현실
의 변화 과정 및 이에 대한 인식에서 모순이 차지하는 중요성을 강조
한다.19) 기존 지배관계를 옹호하는 이데올로그들은 현존하는 모순
을 없는 것으로 날조하거나, 모순을 밝혀 극복하려는 변증법적 이론
을 모순의 원흉이라고 공격하기도 한다. 예를 들면, "캐리가 발견한
것은, 현존하는 사회적 적대와 모순들이 정식화되어 있는 리카도 등
의 이론들이 현실적 경제운동에 관한 생각의 산물이 아니고, 오히려
이와는 반대로 영국과 기타 나라들의 자본주의적 생산의 현실적 적
대관계가 리카도 등의 이론의 결과라는 것이었다!"(자본 1, 767)

이처럼 노골적으로 원인과 결과를 뒤집어놓는 것보다 훨씬 세련
되게 모순의 중요성을 깎아내릴 수도 있다. 예컨대 차이의 일차성을
역설하는 들뢰즈의 경우가 그렇다. 그에 따르면 "차이는 모든 사물
들의 배후에 있다. 그러나 차이의 배후에는 아무것도 없다."(차이,

---

19) 아도르노는 헤겔이 모순을 얼버무리거나 회피하지 않고 정면돌파하고자 한다는 점에서
높이 평가한다. 그에 따르면 "발전, 추진력, 궁극적으로는 또한 화해를 추구하는 것 그 자
체가 세계의 분열상태 속에, 부정적인 것 속에, 고난 속에 실제로 담겨 있는 어떤 것이라
는 점이야말로 바로 현실에서 나온 경험으로서 헤겔 변증법의 한 가지 기본적인 모티프"
다.(입문, 135)

145) 이에 비해 "모순은 깊이가 얕고 차이만큼 깊지 않다."(차이, 134) 심지어 그는 이렇게 주장하기도 한다. "모순은 프롤레타리아의 무기라기보다는 차라리 부르주아가 자신을 방어하고 보존하는 방식이고, 그 뒤에 숨어 어떤 문제들을 결정하려는 자신의 요망을 지탱하는 그림자이다."(차이, 565) 모순이 그처럼 '깊이가 얕고' 부르주아의 자기방어를 위한 '그림자'라는 말은, 현실적 모순을 애써 인식할 필요 없다는 선언이나 다름없다. 이런 식으로 차이형이상학을 발전시키는 것은 들뢰즈의 자유다. 그러나 『자본론』에 대한 그의 다음과 같은 주장은 차이형이상학을 위해 『자본론』을 어처구니없게 왜곡하는 것이다

> 차이와 분화의 과정은 언제나 부정적인 것과 대립의 과정에 비해 일차적이다. 마르크스와 헤겔의 근본적인 차이를 주장하는 주석가들이 충분한 근거를 가지고 강조하는 것처럼, 『자본론』 안에서 사회적 다양체의 중심부에 있는 분화의 범주(노동 분업)는 대립, 모순, 소외 등과 같은 헤겔의 개념들을 대체하고 있다-이 개념들이 형성하는 것은 단지 어떤 외양의 운동에 불과하고, 이 개념들의 가치는 오로지 추상적인 효과들에 대해 타당하지만, 이 효과들은 이미 자신을 생산하는 원리나 진정한 운동과는 분리되어 있다.(차이, 447)

들뢰즈의 주장이나 그가 끌어들인 주석가들이 강조하는 바와는 달리, 노동과 자본의 적대적 모순을 집약하는 소외 개념은 『자본론』

에서도 분업 개념으로 대체되지 않는다. 『자본론』에서 마르크스는 노동자에 대한 노동조건 및 노동생산물의 독립성과 소외성 내지 적대관계, 그리고 노동자의 자기소외 등의 문제를 분명히 밝힌다.(자본 1, 583, 778) 『자본론』의 다음 구절에서 소외 개념은 『경철초고』에서와 본질적으로 같은 의미로 쓰인다.

자본주의체제 안에서는 노동의 사회적 생산력을 향상시키기 위한 모든 방법은 개별 노동자의 희생 위에서 이루어진다. 생산을 발전시키는 모든 수단들은 생산자를 지배하고 착취하는 수단으로 전환되며, 노동자를 부분인간으로 불구화하고, 노동자를 기계의 부속물로 떨어뜨리며, 그의 노동의 멋있는 내용을 파괴함으로써 노동을 혐오스러운 고통으로 전환시키고 과학이 독립적인 힘으로 노동 과정에 도입되는 정도에 비례해 노동 과정의 지적 잠재력을 노동자로부터 소외시킨다.(자본 1, 878-879)

뿐만 아니라 마르크스는 헤겔의 모순을 '모든 변증법의 원천'이라고 표현하기도 한다.(자본 1, 814) 또 그는 "자본주의 사회의 운동이 모순들로 꽉 차 있다"라고 지적하며(자본 1, 20), "일정한 역사적 생산 형태의 모순들이 전개되는 것은 그 생산 형태가 해체되고 새로운 생산 형태가 형성되는 유일한 역사적 길"이라고 단언한다.(자본 1, 658) 『자본론』은 상품과 화폐로부터 자본 축적과 집중을 거쳐 공황과 자본주의적 생산양식의 해체에 대한 논의에 이르기까지 부단히 모순과 적대의 문제들에 주목한다. 특히 노동자와 자본가의 적대관계는 자본주의적 생산의 본질에 뿌리를 둔다는 점을 명확히 밝힌다.

자본주의적 생산을 추진하는 동기, 그리고 그것을 규정하는 목적은 자본을 가능한 최대한도로 증식시키는 것, 다시 말해 가능한 한 최대의 잉여가치를 생산하는 것, 따라서 가능한 한 최대로 노동력을 착취하는 것이다. 협업하는 노동자의 수가 증가함에 따라 자본의 지배에 대한 그들의 반항도 증대하며, 또한 이 반항을 억누르기 위한 자본의 압력도 필연적으로 증대한다. 자본가에 의한 통제는, 사회적 노동 과정의 성질에서 유래하는 하나의 특수기능일 뿐 아니라, 동시에 이 사회적 노동 과정을 착취하는 기능이며, 따라서 착취자와 그의 착취 대상 사이의 불가피한 적대관계에 뿌리를 두고 있다.(자본 1, 450-451)

이러한 적대관계는 자본주의가 타락하거나 과도하게 발달한 특수한 상황의 산물이 아니다. 그것은 자본의 탄생과 함께 시작되는 것이다. "자본은 머리에서 발끝까지 모든 털구멍에서 피와 오물을 흘리면서 이 세상에 나온다고 말해야 할 것이다."(자본 1, 1041) 자본은 출발점에서부터 국가권력과 손잡고 증식 욕구를 구현한다. 예컨대 "무자비한 폭력 아래에서 수행된 교회재산의 약탈, 국유지의 사기적 양도, 공유지의 횡령, 봉건적·씨족적 소유의 약탈과 그것의 근대적 사적 소유로 전환—이것들은 모두 시초축적의 목가적 방법이었다. 이것들은 자본주의적 농업을 위한 무대를 마련했고, 토지를 자본에 결합시켰으며, 도시의 산업을 위해 그것에 필요한 무일푼의 자

유로운 프롤레타리아트를 공급하게 되었다."(자본 1, 1,004-1,005)

『자본론』의 상세한 서술에 따르면, 토지에서 무자비한 폭력에 의해 쫓겨난 농민들이 부랑자에서 프롤레타리아로 변신하기 위해서는 국가권력이 동원될 필요가 있었다. 15세기 말과 16세기 전체 기간을 통해 서유럽의 모든 나라에서 부랑자에 대한 잔인한 입법이 실시되었다.(자본 1, 1008) 노동자들의 단결 따위는 19세기 초까지 무거운 죄로 취급되었다. "모든 법령의 정신은 국가가 임금의 최고한도는 제정하지만 결코 그 최저한도는 제정하지 않는다는 점에서 명백히 나타나고 있다."(자본 1, 1012)『자본론』은 자본과 국가권력의 본질적 유착관계를 오해의 여지없이 명확히 밝힌다.

> 신흥 부르주아지는 임금을 '규제'하기 위해, 임금을 이윤획득에 적합한 범위 안으로 억압하기 위해, 또 노동일을 연장하기 위해, 그리고 노동자 자신을 정상적인 정도로 자본에 종속시키기 위해, 국가권력을 필요로 하며 또한 그것을 이용한다. 이것이 이른바 시초축적의 하나의 본질적 측면이다.(자본 1, 1010)

그런데 지젝은 경제 영역을 정치 영역으로 환원할 수 없다는 관점에서, 마르크스의『정치경제학 비판』에 권력과 국가에 대한 이론이 없다고 보고, 정치와 경제를 함께 결합하여 파악하는 것은 피해야 할 덫이라고 주장한다. "만약 우리가 이들을 모두 조망하려고 노력한다면 우리는 어떤 것도 보지 못하게 되며 윤곽선이 사라질 것이다."[20] 그러나『자본론』이 상술하는 자본과 정치권력의 유구한 유착역사를 감안할 때 경제와 정치를 분리하여 파악해야 한다는 논리는 성립되지 않는다. 노동자계급의 궁극적 해방은 물론이고 최소한의 노동조건 개선조차 정치권력을 상대로 하는 투쟁 없이는 불가능할 것이다. 이 점은 공장법 문제에서도 확인할 수 있다. 1850년의 공장법은 국가가 노동일을 강제로 10시간으로 제한함으로써 "노동력을 무제한 착취하려는 자본의 충동을 억제한다."(자본 1, 318) 법 제정에는 위협적인 노동운동이 결정적으로 작용했다. 또 공장법 제정은 무엇보다 총자본의 이익을 위한 것이기도 했다.

> 공장노동일의 제한은 영국의 경작지에 구아노 비료를 뿌리게 했던 것과 동일한 필요성에 따른 것이었다. 즉, 이윤에 대한 맹목적인 탐욕이 한 경우에는 토지를 메마르게 했고 다른 경우에는 국민의 생명력을 뿌리째 파괴하고 있었기 때문이다. 영국에서 주기적으로 전염병이 발생한 것은, 독일과 프랑스 병사들의 표준 키가 작아진 것과 더불어, 이 사실을 똑똑히 말해준다.(자본 1, 318-319)

공장법은 총자본과 총노동의 투쟁 결과물이지만, 공장법제정으로 투쟁이 종식되는 것이 아니라 오히려 격화될 가능성이 커진다. 마르크스의 설명에 따르면, "공장법의 일반화는 생산 과정의 물질적 조건과 사회적 결합을 성숙시킴으로써, 생산 과정의 자본주의적 형태의 모순과 적대를, 이리하여 새로운 사회를 형성할 요소들과 낡은

---

20) S. 지젝 지음, 김서영 옮김, 『시차적 관점』, 마티, 2009, 119쪽.

사회를 타도할 세력들을 모두 성숙시킨다."(자본 1, 679)

공장법은 강제 규정을 통해 소규모 작업장을 대규모 공장으로 전환시키는 것을 간접적으로 촉진하며, 대자본가에게 독점을 보장한다.(자본 1, 650) 기계의 토대 위에 세워진 대공업에서는 노동수단, 즉 기계가 노동자와 대립한다. 기계체계에 체현되어 있는 과학과 거대한 물리력과 사회적 집단노동은 고용주의 지배력을 구성하게 된다.(자본 1, 572) 즉, "기계는 임금노동자를 과잉으로 만들 준비가 언제나 되어 있는 우세한 경쟁자로서만 작용하는 것은 아니다. 기계는 노동자의 적대세력이고, 자본은 이 사실을 소리 높여 또 의식적으로 선언하며 또 이용한다. 기계는 자본의 독재를 반대하는 노동자들의 주기적 반항인 파업을 진압하기 위한 가장 유력한 무기가 된다."(자본 1, 588)

뿐만 아니라 자본의 집중에 따른 기계화와 생산성의 증대는 노동에 대한 수요를 줄인다. 그러니까 "한편으로 축적 과정에서 형성된 추가자본은 그 크기에 비해 더욱더 소수의 노동자를 흡수한다. 다른 한편으로 새로운 구성으로 주기적으로 재생산되는 옛날 자본은 종전에 고용했던 노동자들을 더욱더 많이 쫓아낸다."(자본 1, 857) 또한 "상대적 과잉인구 또는 산업예비군을 언제나 축적의 규모와 활력에 알맞도록 유지한다는 법칙은, 헤파이스토스의 쐐기가 프로메테우스를 바위에 결박시킨 것보다 더 단단하게 노동자를 자본에 결박시킨다. 이 법칙은 자본의 축적에 대응하는 빈곤의 축적을 필연적인 것으로 만든다."(자본 1, 879)

빈익빈 부익부, 즉 양극화 경향에 대한 비판은 『경철초고』의 핵심 주제이기도 했다.[21] 또 오늘날에도 양극화 경향은 자본주의의 본질적 속성이다. 기계화·자동화·무인화에 따른 대량실업 내지 절대빈곤의 양산은 제국주의전쟁 및 환경재앙과 함께 현대인류를 지옥문 앞으로 끌고 가는 삼위일체를 이루고 있다. 그리고 자본의 집중과 축적에 따른 자본과 노동의 적대관계는 마침내 자본의 독재로 평정되고 끝나는 듯하다.

> 노동생산력을 향상시키는 모든 방법과 수단은 노동자의 노동조건을 악화시키며, 노동 과정에서 비열하기 때문에 더욱 혐오스러운 자본의 독재에 노동자를 굴복시키고, 노동자의 전체 생활 시간을 노동 시간으로 전환시키며, 그의 처자를 자본이라는 쟈거노트의 수레바퀴 밑으로 질질 끌고 간다.(자본 1, 878-879)

그러나 19세기 초에는 이미 본격적으로 주기적 공황이 시작된다. 뿐만 아니라 자본의 축적 및 집중에 따르는 생산성 증대 자체가 유기적 구성의 증대와 일반적 이윤율의 저하를 초래한다. 일반적 이윤율 저하와 동시에 집적도 증가한다. 그리고 "이 집적의 증가는 어느 일정한 수준에 달하면 다시 이윤율의 새로운 저하를 일으킨다."

---

21) 알튀세르는 『경철초고』를 중심으로 하는 청년기 마르크스의 이데올로기적 문제의식과 『자본론』을 중심으로 하는 원숙기 마르크스의 과학적 문제의식 사이의 '인식론적 단절'을 표방한다.(위하여, 68) 그러나 『경철초고』로부터 『자본론』까지 이어지는 양극화, 소외, 공산주의 등 핵심적 문제의식을 고려하면, 알튀세르가 제기하는 '인식론적 단절' 테제는 자본주의를 자연상태로 받아들이기를 거부하는 마르크스의 '세계사적 전제 전환'에 비해 극히 부차적이며, 이 근본적 전환으로부터 독자들의 관심을 돌리게 만드는 부정적 효과까지 만든다. 더욱이 인식론 차원에서 마르크스가 헤겔의 관념변증법과 포이어바흐의 '구태의연한' 유물론을 청산하기보다 종합하여 '실천적 유물론'을 만든다는 점에서도 단절이 아니라 지양이 더 적합한 표현일 것이다.

(자본 3, 313) 이윤율의 저하는 새로운 독립적 자본의 형성을 느리게하여 자본주의적 생산 과정의 발달을 위협하며, 과잉생산·투기·공황을 촉진한다.(자본 3, 302) "자본주의적 생산은 이런 내재적인 한계들을 극복하려고 끊임없이 노력하는데, 그것들을 극복하는 수단들은 이 한계들을 더욱 거대한 규모로 새로 설정할 뿐이다."(자본 3, 312)

자본주의가 노동자 민중과의 적대관계 속에서 부딪치는 한계와 자체의 생산방법 사이의 부단한 충돌에 대해 마르크스는 이렇게 총괄한다. 즉, "자본주의적 생산의 진정한 한계는 자본 그것이다. 왜냐하면 자본과 자본의 자기증식이 생산의 출발점이자 종점, 동기이자 목적으로 나타나기 때문이고, 생산은 오직 자본을 위한 생산에 불과하며, 따라서 생산수단이 생산자들의 사회를 위해 생활 과정을 끊임없이 확대하기 위한 수단이 아니기 때문이다. 생산자 대중의 수탈과 빈곤화에 의거하는 자본가치의 유지와 증식이 그 내부에서만 운동할 수 있는 한계들은, 자본이 자기의 목적을 달성하기 위하여 사용하지 않을 수 없는 생산방법들, 즉 생산의 무제한적인 증가, 생산을 위한 생산, 노동의 사회적 생산력의 무조건적 발달로 돌진하는 생산방법과 끊임없이 충돌한다. 수단—사회적 생산력의 무조건적 발달—이 제한된 목적, 즉 기존 자본의 가치증식과 끊임없이 충돌하게 된다."(자본 3, 312-313)

부정의 부정

자본은 끊임없이 그 한계 극복의 길을 찾아왔다. 과학기술의 발전을 끌어들여 생산력을 눈부시게 증대시켜왔고, 집중을 통해 군소자본들을 수탈하고, 식민지의 자원을 약탈하고 노동력을 착취했으며, 국가권력을 좌우하는 국가독점자본을 형성했고, 제국주의 단계로 접어들면서 해외시장 확대와 자본수출 증대를 위해 식민지 재분할을 위한 투쟁으로 두 차례의 세계대전을 벌이기도 했다.[22] 1848년 혁명, 파리코뮌, 제3세계 민족해방혁명, 현실사회주의 등으로 나타난 노동자 민중의 저항을 무자비한 폭력으로, 효과적인 매수로, 노동자들의 의식과 욕망을 묶어놓을 상품의 양산으로 적절히 진압하고 승리를 구가해왔다. 그래서 자본주의에 대한 『자본론』의 불길한 예언은 부정되었고 자본은 어떤 한계에 부딪쳐도 다시 타개책을 만들어낼 것이라고 믿을 수도 있다. 그러나 그 타개책이 대량실업과 노예노동과 초인플레이션, 후쿠시마로 상징되는 환경재앙, 미국과 중국 간의 '무제한 전쟁'으로 대표되는 새로운 제국주의적 갈등 고조와 전쟁위기 증대 등을 통해 전 지구적 파국으로 이어진다면 이야기가 달라질 것이다. 이러한 파국의 징후들이 『자본론』을 부정하는 믿음을 다시 부정하고 있다. 부정의 부정은 『자본론』의 운명에도 적용되는 것이다.

---

22) 레닌은 국제 독점자본 간의 결합을 통한 초제국주의의 가능성을 제기하는 카우츠키의 입장에 맞서, 생산력의 불균등 발전으로 인한 생산력의 발전과 자본축적 간의 불균형, 식민지 분할과 금융자본의 세력권 간의 불균형을 극복하는 방법으로서, '자본주의하에서 전쟁 이외에 어떠한 것도 있을 수 없다고 보았다. V. I. 레닌 지음, 남상일 옮김, 『제국주의론』, 백산서당, 2015, 132쪽 참조. 그의 주장은 오늘날까지도 무시할 수 없는 현실성을 지닌다. 우리는 아직 제국주의시대에 머물고 있는 것이다.

알튀세르는 『자본론』 불어판에서 부정의 부정에 대한 문장이 빠진 것과 관련해, 마르크스주의 변증법의 영역에서 부정의 부정을 제거하는 것이 현실적인 이론적 분별력을 증언해주는 것이라고 주장한다.(위하여, 346)[23] 그러나 마르크스는 독어판과 영어판 1권의 결론적인 부분에서, '생산수단의 집중과 노동의 사회적 성격이 마침내 생산수단과 노동의 자본주의적 겉껍질과 양립할 수 없는 지점'에 도달하여, '자본주의적 사적 소유의 조종이 울리고', '수탈자가 수탈당하는' 상황과 관련해, "자본주의적 생산은 자연 과정의 필연성을 가지고 자기자신의 부정을 낳는다. 이것은 부정의 부정이다"라고 표현한다.(자본 1, 1046) 뿐만 아니라 부정의 부정은 표현의 문제에 그치는 것이 아니라 마르크스의 대안사회 구상에서 본질적 의미를 지닌다. 부정의 부정은 부정된 것으로의 단순 회귀도 아니지만, 단절이나 폐기 혹은 청산도 아니다. "이 부정의 부정은 생산자에게 사적 소유를 재건하는 것이 아니라, 자본주의시대의 성과─협업, 그리고 토지를 포함한 모든 생산수단의 공동점유─를 바탕으로 개인적 소유를 재건한다."(자본 1, 1046) 즉, 자본주의적 사적 소유의 조종이 울리고 그 겉껍질이 파괴되더라도, '자본주의시대의 성과'는 대안사회의 바탕으로 활용되는 것이다. 예컨대 자본주의적 생산에서 중요하지 않은 '사회가 얻는 절대적 여가 시간'이나 '물질적 생산에 필요한 노동 시

---

23) 아도르노도 부정의 부정을 긍정이라고 예단하는 결정론적 사유를 비판한다. Th. W. 아도르노 지음, 홍승용 옮김, 『부정변증법』, 한길사, 2014, 236쪽 참조. 하지만 그는 청산주의가 아니라 자본주의적 생산력을 이성적 생산관계, 지배관계 속에서 활용해야 한다고 보는 점에서, 또 계몽의 폐해를 근본적으로 비판하면서도 계몽의 청산이 아니라 계몽의 완성을 추구하는 점에서 부정의 부정을 받아들이는 셈이다. 그가 표방하는 구호는 '평화롭게 된 기술'이다.

간 일반의 감축'(자본 3, 330)은 부정의 부정에서 보존되어야 할 요소다. 자본의 집중이 초래하는 다음 상황도 대안사회의 바탕을 이룰 것이다.

> 이 집중, 즉 소수 자본가가 다수 자본가를 수탈하는 것과 나란히, 노동 과정의 협업적 형태, 과학의 의식적인 기술적 적용, 토지의 계획적 이용, 노동수단이 공동으로만 사용할 수 있는 형태로 전환되는 것, 모든 생산수단이 결합된 사회적 성격을 띠는 노동의 생산수단으로 사용됨으로써 절약되는 것, 각국 국민들이 세계시장의 그물 속에 편입되는 자본주의 체제의 국제적 성격 따위가 점점 더 대규모로 발전한다.(자본 1, 1045)

마르크스가 헤겔의 부정의 부정 개념에 근거해 역사를 관념론적으로 설명했다는 듀링의 비판에 대해, 엥겔스는 마르크스가 자본주의적 생산양식이 자기파멸의 물적 조건을 산출한다는 것을 역사적 경제적 논증을 완료한 후에 이를 부정의 부정이라고 요약했다고 논박한다.

> 이렇게 마르크스는 이 과정을 부정의 부정이라고 표현했을 뿐이지, 부정의 부정을 통해서 이 과정을 역사적 필연으로 논증하려고 하였던 것은 아니다. 이와 반대로 그는 이 과정이 사실상 일부는 이미 일어나 있고 또 다른 부분도 반드시 일어나리라는 것을 역사적으로 논증한 뒤에 이것을 일정한 변증법적 법칙에 따라 수

행되는 과정이라고 부른 것이다.[24]

엥겔스는 부정의 부정을 '가장 보편적이고 가장 광범하게 작용하는 자연, 역사 및 사유의 중요한 발전법칙'이라고 칭하기도 한다. (듀링, 152) 그러나 그는 부정의 부정이 어느 경우에나 실현되는 것은 아니며 조건을 지닌다고 단서를 붙인다. "다만 부정만 하고 마는 것이 아니라 이 부정을 다시 지양하지 않으면 안 된다. 그러므로 첫 번째 부정을 함으로써 두 번째 부정이 가능하거나 또는 가능하게 되도록 하지 않으면 안 된다."(듀링, 153)

풍요로운 평등사회를 위하여

엥겔스가 지적하듯이 두 번째 부정이 가능하게 되도록 하려면, 그리하여 마르크스가 구상한 대안사회가 실현되도록 하려면 지금 우리는 무엇을 해야 할 것인지 생각하지 않을 수 없다. 우선 자본주의의 본질적 경향에 대한 마르크스의 통찰을 널리 공유하는 것이 필요해 보인다. 이 공유 과정은 『자본론』을 고스란히 반복하는 것이 아니라 그 현실적 알맹이들을 바탕으로, 그것이 남겨놓은 문제들과 씨름하여 대안을 구체화하는 과정이다. 그 알맹이들의 비중과 관련해서는 독자에 따라 강조점이 다를 수 있지만, 노동자 민중에 대한 자본의 적대적 본질과 이에 따른 인류 전체의 위기, 그리고 대안사회 건설을 통한 자본독재의 극복 가능성 등은 빠질 수 없을 것이다. 노

---

24) F. 엥겔스 지음, 김민석 옮김, 『반듀링론』, 새길, 1987, 145쪽.

동자 민중에 대한 자본의 적대적 본질을 고려할 때, 자본주의를 넘어설 대안사회 건설 과정의 중심 세력은 노동자 민중이라는 점도 인정해야 한다. 그렇다고 해서 지금 노동자 민중이 자본주의 극복 운동을 적극적으로 벌이고 있다는 것은 아니다. 그러지 못하는 수많은 이유들이 있다. 그러나 이러한 현재 상황이 대안사회 건설운동의 불필요성이나 불가능성을 내세우기 위한 알리바이가 되지는 않는다. 노동과 자본의 근본적 적대관계가 소멸하지 않는 한, 노동자 민중이 운동의 중심적 역할을 맡을 '객관적 가능성'[25]을 주목하고 이의 구현을 위한 현실적 경로들을 찾을 필요가 있는 것이다. 노동운동이나 변혁운동이 노동자 중심주의 때문에 망했다는 식의 선동 앞에서는 오늘 우리 사회를 지배하는 자본권력의 위세와 함께 노동에 대한 자본의 화해 불가능한 적대성을 직시하라고 응수할 필요가 있다.

변혁적 노동운동의 중심적 의의를 인정한다고 해서 사회적 불평등을 해소하려는 여타의 부문운동들은 모두 불필요하다는 논리가 성립되는 것은 아니다. 오히려 변혁운동과의 긴밀한 관계 속에서 부문운동들의 과제들도 더 효과적으로 해결될 수 있는 경로를 찾아냄으로써, 느슨한 연대 수준을 넘어서는 운동의 유기적 결합을 이루어내는 것이 바람직하다. 이러한 결합의 규모는 제반 운동들 사이에 인위적으로 설정되어온 장벽들을 대안사회 건설의 절박한 필요성에 근거

---

25) G. 루카치 지음, 박정호/조만영 옮김, 『역사와 계급의식』, 거름, 1986, 113쪽. 루카치의 '객관적 가능성' 개념은 노동자계급의 현재 주관적 욕구나 의식 등에 근거해 현대사회를 '관리되는 사회'나 '일차원적 사회'라고 진단하는 신좌파적 입장을 넘어서는 데 기여할 수 있다. 이 경우 노동자계급을 정규직과 비정규직 등으로 나누고, 노동자 계급 상층부를 매수하여 분열시켜온 자본의 지배전략에 대한 적극적 대응과 함께, 노동자계급을 통일 속에서 파악하는 전략적 사고가 요구된다.

해 허물어가는 만큼 확대될 것이며, 궁극적으로는 제국주의적 국제 자본권력에 맞서는 노동자 국제주의운동의 획기적 성장으로 발전해야 한다. 대안사회를 위한 정책 개발의 중요성을 감안하면, 노학연대의 부활도 그러한 결합의 주요 일환이 되어야 한다.[26)]

마르크스가 제시한 대안사회의 모습은 단편적이어서 혼선을 야기할 수 있다. 예컨대 그가 부정의 부정을 통해 새로 등장한다고 본 '개인적 소유'를 단지 개인적 소비수단에 국한한다면, 사회적 권력관계의 핵심인 생산수단의 소유 문제로 인해 다시 억압적 지배관계가 형성될 수 있다. 이러한 문제를 막으려면 생산수단의 생산·분배·활용 계획과 실행에서도 개개인이 사회적 조건에 부합하는 주체적 역할을 맡아야 한다. 대안사회에서는 누구라도 분산된 개인 및 조합의 수준을 넘어서 전체를 조망하고 발언할 수 있는 참여체계가 요구된다. 이로써 소수가 사회적 권력을 독점하여 사회구성원 위에 군림하면서 제한적 목표를 위해 생산을 결정하도록 맡겨놓을 수 없도록 하는 '사회의 진정한 사전적 통제'가 가능해질 것이다.(자본 3, 231) 또 이로써만 오늘의 첨단 과학기술도 개인들의 생활 과정을 확대하고 풍요롭게 하기 위한 방향으로 활용될 수 있고, 자본주의가 파괴한 자연의 회복에도 기여할 수 있을 것이다. 이러한 전환을 가능하게 만들고 자본권력의 저항을 제압하기 위해서는 무엇보다 국가권력의 성격을 근본적으로 바꿀 수 있어야 한다.

---

26) 새로운 노학연대의 가장 중요한 과제는 소수 지식인들이 노동자대중을 의식화하는 일이 아니라, 대안사회를 위한 구체적이고 설득력 있는 정책들을 총체적으로 생산하는 일일 것이다. 이를 위해서는 노동운동세력과 전문지식인들 사이의 상승적 상호자극을 유지할 장치들이 필요하다.

현실사회주의 운동의 역사적 패배를 근거로 '사회의 사전적 통제'가 불가능하다고 볼 수도 있다. 즉, 인간의 이기적 본성 때문에 계획 수립부터 결과에 대한 평가에 이르기까지 정확하고 솔직한 근거자료를 얻을 수 없으며, 그로 인해 사전에 수요와 공급을 완벽하게 계획하는 것은 불가능하다는 주장도 일견 설득력 있다. 욕구 자체가 가변적이어서 수요는 공급 과정 중에도 변할 수 있다. 그러나 욕구의 가변성 자체가 일정하게는 공급에 수요를 적응시키는 메커니즘을 만들기도 할 것이다. 현재 충족되지 않는 수요는 대체재를 찾거나 일시적 간격을 두고 새로운 공급을 통해 충족될 수 있을 것이다. 계획의 완성도를 높이는 과정상의 시행착오는 사회적 조건에 따르는 일정한 억압을 수용하는 과정이기도 하다. 그것이 임계점을 넘어서면 계획의 의미가 없어지겠지만, 기계적 일치를 기대하지 않고 수요의 탄력성을 인정한다면 완벽성에 대한 과도한 요구에 근거해 사전계획을 모두 무의미하다고 단정할 수는 없다. 자본주의 생산양식이 지배적인 것이 되면서 경쟁과 일반적 평균이윤율이 주도적 의미를 지니게 되었던 것과 마찬가지로, 사전 계획의 문제에서도 대안적 생산양식의 관철 정도에 따르는 변화를 생각해야 한다. 무엇보다 계획경제 실패론은 자본주의의 모반을 버리지 못한 낮은 단계의 사회주의에서 불가피했던 인간의 속성들을 영원한 인간성으로 전제하는 경향이 있다. 이는 마르크스주의적 인간관이 아니다. 물론 새로운 생산양식에서 인간본성이 얼마나 바뀔 것인가는 미지수이지만, 변화를 예상하고 추구해서는 안 될 이유도 없다. 오늘날 인류가 코앞에 직면하고 있는 재앙을 감안할 때, 모든 것을 무자비한 자본독재권력과 그 대리자인 오늘의 국가권력에 맡겨놓을 수는 없다.

자본주의적 생산관계를 넘어서 새롭게 건설되는 대안사회는 일단 현실사회주의 국가들이 겪었던 것과 유사한 난관에 부딪칠 수밖에 없을 것이다. 무엇보다 일국에서 노동자 민중이 국가권력의 주인이 되어 자본독재를 근본적으로 제어할 수 있게 되더라도 제국주의적 자본권력은 과거의 생산관계를 되살려놓고자 장기간 필사적인 전쟁을 벌일 것이다. 이런 전쟁을 거치지 않고 전 세계가 평화롭게 자유로운 생산자들의 연합으로 전환될 수는 없다. 오늘의 자본독재하에서 국가권력 문제를 회피할 경우 대안사회를 향해 한 걸음도 나아가기 어려울 것이다. 물론 대안사회에서 국가는 소수 자본가들의 독재를 유지하기 위한 지배도구가 아니다. 그것은 절대다수 노동자 민중이 권력의 주인인 진정한 민주국가 혹은 노동자국가이다. 그것은 누구도 사회구성원 위에 군림할 수 없도록 평등한 관계를 구현하고, 구성원 누구나 인류가 이룩한 문화유산과 자연의 풍요를 누릴 수 있는 사회, 곧 풍요로운 평등사회를 향해 나아가는 국가이자, 궁극적으로는 사멸해가는 국가가 될 것이다.[27] 이러한 노동자 민주국가가 다시 관료주의의 늪에 빠지지 않기 위해서는 그 건설 과정부터가 민주주의적이어야 하며, 이를 위해서는 운동의 적극적 주체들 내지 전위들이 어떤 형태로든 특권화될 수 없는 운동문화를 만들어감으로써,

---

27) 레닌은 마르크스주의적 국가사멸론과 무정부주의의 차이를 명확히 밝힌다. 또한 레닌은 파리 코뮌에 대한 마르크스와 엥겔스의 평가를 적극 받아들여 궁극적으로 다수에 의한 소수의 지배를 의미하는 민주주의조차 필요 없게 되는 상태를 추구한다. 이를 위해 그는 생산수단의 사회화만 아니라 국가관리의 선거제·소환제·특권배제 등의 민주적 조치들과 아울러 이에 부합하는 '습관'의 형성을 강조한다. V. I. 레닌 지음, 문성원/안규남 옮김, 『국가와 혁명』, 돌베개, 2015, 91, 108, 168쪽 등 참조.

전위의 대중화 내지 대중의 전위화를 구현해가야 한다. 이 지난한 과제들을 해결하고자 노력하는 과정은 성과를 거두는 만큼 자본독재의 야만으로부터 벗어나 당면 위기를 극복해가는 과정이기도 하다.

나가는 말: 분석-종합의 주체적 통일

현실사회주의 국가들도 이러한 정신에서 출발했다고 할 수 있지만 제국주의 자본권력과의 전쟁에서 패배했다. 부정의 부정은 현실사회주의 운동에도 적용해야 한다. 즉, 현실사회주의 운동을 고스란히 재연할 것이 아니라 그로부터 배우고 받아들일 것과 극복할 것을 분석적으로 파악하고, 실천적 중요성에 비추어 대안사회 건설에 적합한 비중을 두며 활용할 필요가 있는 것이다. 이러한 논리는 과거 혹은 현재의 어떤 특정 사회 형태나 이론체계에도 적용된다. 당면 문제들을 효과적으로 해결하기 위한 대안사회를 건설하는 데는, 인류가 축적해온 문화유산들을 분석적으로 파악하고 주체적으로 종합하고자 노력하는 가운데, 개인적 한계나 조직과 정파의 벽을 넘어 힘을 모으는 것이 더 현명할 것이다. 이 점에서 패배한 역사적 운동들을 일괄해서 거부하는 비변증법적 청산주의나 특정한 역사적 모델에 대한 전면적 옹호하며 조직과 운동들 사이의 칸막이를 고수하는 것은 바람직하지 않다.

이처럼 주체적으로 분석과 종합을 통일하는 방법은 『자본론』을 비롯한 마르크스주의 이론들에도 적용된다. 『자본론』도 자본주의의 모든 문제에 최종 정답을 내놓는 것은 아니다. 화폐, 전형, 국가 독점 자본, 제국주의와 환경재앙 등 당시에는 아직 심각하지 않았던 문제들은 또 다른 논의를 요구한다. 이 점에서 '변증법 자체도 그 나름으로 이데올로기가 되지 않으리라는 특허장을 가지고 있지는 않다'(입문, 90)라는 아도르노의 지적은 타당하다. 또 변증법을 '문제제기적인 것'이라고 보는 들뢰즈의 관점도 무의미하지 않다. 제반 모순들의 중요성을 전략적 관점에서 파악하는 데는 알튀세르의 '과잉결정' 개념 역시 유용할 수 있다. 지젝의 '시차적 관점'도 사이비 필연을 핑계 삼아 냉소주의에 머물지 않고, 변혁 주체의 중요성을 부각시키려는 의도 차원에서 존중할 필요가 있다. 그렇더라도 현대 자본주의사회의 근본문제들을 깊이 이해하고 문제 극복을 위한 대안을 만드는데『자본론』이 기여하는 비중은 압도적이다.

참고문헌

성두현, 「물신성의 이해는 『자본론』 이해의 핵심이다」, http://socialist.kr/fetishism-is-the-key-to-understanding-marx-capital/

정성진, 「『자본론』과 포스트자본주의론」, 현대사상 세미나 발제문, 2021.2.6.

가쿠다 슈이치 지음, 김성칠 옮김, 『'자본'의 방법과 헤겔 논리학』, 두 번째테제, 2018.

G. 들뢰즈 지음, 김상환 옮김, 『차이와 반복』, 민음사, 2004.

V. I. 레닌 지음, 남상일 옮김, 『제국주의론』, 백산서당, 2015.

V. I. 레닌 지음, 문성원/안규남 옮김, 『국가와 혁명』, 돌베게, 2015.

V. I. 레닌 지음, 홍영두 옮김, 『철학노트』, 논장, 1989.

G. 루카치 지음, 박정호/조만영 옮김, 『역사와 계급의식』, 거름, 1986.

K. 마르크스 지음, 김수행 옮김, 『자본론: 정치경제학 비판 1』, 비봉출판사, 2015.

_____, 『자본론: 정치경제학 비판 2』, 비봉출판사, 2016.

_____, 『자본론: 정치경제학 비판 3』, 비봉출판사, 2018.

K. 마르크스 지음, 김호균 옮김, 『정치경제학 비판 요강 1』, 그린비, 2007.

Th. W. 아도르노 지음, 홍승용 옮김, 『변증법 입문』, 세창출판사, 2015.

_____, 『부정변증법』, 한길사, 2014.

L. 알튀세르 지음, 김진엽 옮김, 『자본론을 읽는다』, 도서출판두레, 1991.

L. 알튀세르 지음, 서관모 옮김, 『마르크스를 위하여』, 후마니타스, 2017.

F. 엥겔스 지음, 김민석 옮김, 『반뒤링론』, 새길, 1987.

F. 엥겔스: 「영어판 서문」(1886), K. 마르크스: 『자본론: 정치경제학 비판 1』, 김수행 옮김, 비봉출판사, 2015.

F. 엥겔스:「칼 마르크스,『정치경제학의 비판을 위하여』」, K. 마르크스/F. 엥겔스:『칼 마르크스 프리드리히 엥겔스 저작 선집 2』, 최인호 옮김, 박종철출판사 1992.

F. 엥겔스:「제1독어판 서문 1894」, K. 마르크스:『자본론: 정치경제학 비판』 3권, 김수행 옮김, 비봉출판사 2018.

S. 지젝 지음, 김서영 옮김, 『시차적 관점』, 마티, 2009.

Th. W. Adorno, Philosophische Terminologie, Frankfurt/M, 2016.

G. W. F. Hegel, Phänomenologie des Geistes, Frankfurt/M, 1970.

8.

생태적 재생산과
생태기본소득:

마르크스에 대한 비판적 변형

권정임

8.

생태적 재생산과 생태기본소득

마르크스에 대한 비판적 변형

권정임

들어가며: '기본소득'과 '생태사회' 관점에서 살펴본 마르크스의 의의와 한계

모두에게 무조건적으로 기본소득[1]을 지급해야 하는 경제적·윤리적 근거로, 부가 직접적인 노동만이 아니라, '자연자원', '경제적·기술적 유산'(Fitzpatrick, 1999: 187 이하) 또는 '전승된 역사적·사회적 자원'(곽노완, 2010b: 174) 등에서 유래한다는 사실이 제시된다. 특히 자연에 대한 '공동소유권'(Fitzpatrick, 같은 책: 187), 정확하게 말해서 공동향유권 또는 공유권[2]은 토지를 비롯한 생태자원에서 유래하는 부의 일부를 공유 몫으로 지급하는 기본소득, 곧 생태

---

1) 무조건적 기본소득(이하 기본소득)이란 무조건적으로 모든 개인에게 지급되는, 원칙적으로 생계유지에 충분한 소득이다. 현금 형태와 현물 형태가 있다.

2) 자연은 그 누가 창출한 것이 아니며 따라서 그 누구의 소유도 될 수 없다. 따라서 곽노완(2010a: 154 이하)이 주장하듯이, 공동소유가 아니라 공동향유(common pleasure)의 대상으로 보는 것이 올바르다.

기본소득의 근거로 제시된다. 18세기의 페인(Th. Paine), 그리고 19세기의 헨리 조지(H. George) 등에게서 그 맹아가 보이는 생태기본소득론은, 현대에 이르러 헨리 조지를 계승하고자 하는 지공사회(Geonomy Society), 로버트슨(J. Robertson), 데일리(H. E. Daly) 및 유럽 녹색당 다수 등이 보다 체계적으로 전개하고 있다.[3]

그런데 생태기본소득론의 특징은 생태기본소득의 지급을 통해 생태자원의 '공유'를 명시하고 이에 기초하여 보다 정의로운 분배를 이룬다는 사실에 머무르지 않는다. 생태기본소득론자들은 생태자원에 대해 조세, 곧 생태세를 부과하여 생태자원을 아끼면서 효율적으로 사용하고 생태세의 일부로 생태친화적인 기술을 개발하여 산업을 생태친화적으로 전환하는 생태적인 효과까지 기획하고 있다.[4] 나아가 기본소득을 통해 사람들이 삶과 노동을 생계 절박성에서 해방하여 영위함으로써 생태친화적·자율적인 노동 방식과 삶의 방식 또는 문화가 확산될 것을 기대한다. 이때 기본소득의 양은 '충분'해야 이러한 효과를 기대할 수 있다. 뿐만 아니라 생태적 효과는 산업정책을 비롯한 다른 사회경제정책들과 결합함으로써 더 증폭된다. 이런 맥락에서 생태기본소득에 대한 논의는 기본소득의 다른 재원들에 대한 논의, 나아가 이에 연계되는 사회경제적 효과에 대한 논의와 중첩된다. 결국 생태기본소득론자들은 생태기본소득의 실시를 통해 사회경제 전체를 생태친화적으로 전환하고자 한다.

---

3) 이들은 자연을 모두의 공유물로 보며, 따라서 자연에서 유래하는 부 역시 모두가 향유해야 한다고 보는 점에서 공통적이다.(Füllsack, 2002: 103 이하 참조)

4) 이 글에서 '생태적'은 '생태학적' 또는 '생태친화적'이라는 두 의미를 갖는다. 문맥상 뜻이 분명하거나 두 의미 중의 하나를 강조하지 않는 경우, 특별히 구분하여 표기하지 않는다.

이러한 정황은 생태기본소득에 대한 논의가 생태친화적 사회, 곧 생태사회 및 그 재생산에 대한 체계적인 논의의 일부로 통합되어 전개되어야 함을 의미한다. 또한 이는 생태기본소득론과 여기에 전제되어 있는 생태사회론이 현재 주도적인 사회 형태, 곧 자본주의 사회경제에 대한 근본적 이해에 기초하여 전개되어야 함을 의미한다. 따라서 이 글에서는 마르크스의 저작, 특히 그의 중·후기 저작을 '생태사회'와 '기본소득'의 관점에서 비판적으로 연구하여, 생태사회의 창출을 위한 대한 새로운 전망을 창출하고자 한다. 특히 생태사회 형성과 그 재생산의 한 계기로 생태기본소득을 통합하고자 한다.

이러한 시도가 이처럼 마르크스에 대한 비판적 연구에 기초하게 되는 이유는 크게 다음과 같다.

첫째는 마르크스가 자본주의 사회경제를 가장 근본적으로 비판·분석한다는 사실이다. 그는 생태적인 관점에서도 자본주의 사회경제를 가장 근본적으로 비판·분석한다.

그런데 그는 자신이 행한 자본주의 사회경제의 분석 수준에 걸맞는 수준의 대안을 제시하지는 못한다. 이는 그의 연구의 명확한 한계다. 그럼에도 불구하고 그는 자본주의적인 한계를 극복한 탈자본주의 또는 대안적 사회경제를 위해 중요한 단서 또는 전망을 제시한다. 이러한 단서 또는 전망의 하나는 그가 자신의 대안사회를 명확하게 생태사회로 설정한다는 점이다. 이는 이 글에서의 시도가 마르크스에 대한 비판적 연구에 기초하는 두 번째 이유다.

셋째는 『고타강령비판』의 분배정책에 기본소득론으로 발전될 수 있는 맹아가 있다는 사실이다. 특히 그가 노동만이 아니라 자연도

부의 원천으로 명시함으로써, 생태기본소득론을 구성할 수 있는 단서를 준다는 사실이다.

넷째는 그가 『자본』에서 자본주의 사회경제를 그 '재생산'의 관점에서 분석함으로써, 생태사회로서의 대안사회 역시 그 재생산에 대한 관점에서 연구되어야 함을 시사한다는 점이다.

이러한 문제의식에 연계하여 이 글에서는 우선 『고타강령비판』과 『자본』을 중심으로 마르크스의 저작을 비판적으로 연구한다. 이후 이에 기초하여 생태기본소득론을 구성하고 생태적 재생산이론의 일부로 제시한다.(2, 3, 4절) 이어서 이렇게 창출된 생태적 재생산이론과 생태기본소득론에 기초하여, 생태사회로의 이행를 촉진하는 '해방적 기본소득'론(Blaschke, 2008: 9; Kargl, 2006: 136)으로서의 생태기본소득론을 구성할 것이다.(5절)

코뮌주의 분배원리와 기본소득

마르크스는 기본소득에 대해 명시적으로 언급한 바가 없다. 따라서 기본소득에 대한 마르크스주의자들의 논쟁에서, 마르크스의 코뮌주의 기획에 기본소득에 비견될 만한 단서가 존재하는지 자체가 주요 쟁점의 하나를 이룬다.

『공산당 선언』에서 마르크스는 코뮌주의 사회를 '모두에게 동일한 노동의무'(Arbeitszwang)(4/481)가 부과되는 사회로 제시한다. 『자본』 I권에서도 마르크스는 '노동일 단축을 위한 절대적 한계'로 '노동의 보편성'(II.5/429; 23/552)을 설정함으로써, 모든 개인들을 위한 자유 시간의 증대를 위해 모두에게 동일한 노동의무를 부여하는 듯이 보인다. 이런 측면을 부각할 때, 슈웨이커트(D. Schweickart)의 해석처럼 마르크스가 '무조건적 기본소득에 대한 권리'가 아니라 '노동에 대한 도덕적 **의무**'(Howard, 2005: 128에서 재인용)를 강조하고 있다고 보는 것이 더 적절해 보인다. 나아가 엘스터(J. Elster)의 주장처럼 기본소득은 결국 '게으른 자들에 의한 근면한 자들의 착취'(같은 곳에서 재인용)로 보인다.

반면 시장사회주의자 호워드(Howard, 2005: 131 이하)와 독일 좌파당 내 '연방노동공동체 그룹'의 블라슈케(Blaschke, 2006: 13)는 『자본』이 제시하는 코뮌주의의 목적, 곧 모든 개인의 자유로운 발전에 기초하여 마르크스주의적 기본소득론을 전개한다. 기본소득이 이 목적의 실현을 위한 '물질적 보장'(Blaschke, 같은 글)으로 기능한다는 것이다. 블라슈케는 나아가 기본소득을 『고타강령비판』이 제시하는 코뮌주의의 보다 높은 국면의 '필요에 따른 분배'에 연계하여 옹호한다.

호워드, 특히 블라슈케와 유사하게 이 글에서 전개되는 기본소득과 관련된 마르크스 저작의 비판적 독해와 재구성 역시, 『자본』과 『고타강령비판』을 중심으로 한다. 자본주의 사회경제에 대한 마르크스의 연구성과와 그의 코뮌주의관이, 이 두 저작에서 상대적으로 가장 체계적이고 정교하게 제시되기 때문이다. 그 결과 이 두 저작들이 마르크스의 다른 저작들에서 제시되는 견해들에 대한 해석과 마르크스가 열어젖힌 이론의 계속적인 발전을 위해, 중요한 단서들을 제공하기 때문이다. 먼저 『고타강령비판』에서 전개되는 코뮌주의 분배원리부터 재구성해보자.

『고타강령비판』에 따를 때 코뮌주의에서 소비재의 개인적 분배는 사회의 총생산품 중에서 다음의 두 부분을 공제한 후에 이루어진다.

첫 번째는 다음 회기의 사회적 총생산을 위해 '경제적 필연성' (19/19)을 이루는 부분으로 다음과 같이 구성된다.

① 사용된 생산수단[5) 대체분
② 생산 확장을 위한 추가 부분
③ 흉작, 자연재해로 인한 교란에 대비하는 예비-또는 보험기금

두 번째는 '경제적 필연성' 영역에도 소비재의 순수한 개인적 분배 영역에도 속하지 않는 다음의 영역들이다.

① 보편적인 그러나 생산에 직접적으로 속하지는 않는 관리비용
② 학교나 의료시설 같은 욕구의 공동 충족을 위한 부분. 이 부분은 사회발전과 함께 점점 증대할 것으로 예측하고 있다.
③ 노동할 수 없는 자 등을 위한 기금 등(같은 글 참조)

총생산품에서 이 부분들을 공제하고 남는 부분이 개인적 소비재로서 분배된다. 그런데 개인적 소비재의 분배와 관련하여 『고타강령

---

5) 마르크스에게 '지구'로 상징되는 자연은 노동의 '일반적 대상'(II.5/130; 23/193)이자 '노동 수단의 근원적 창고'(II.5/131; 23/194)이다. 결국 그에게서 넓은 의미에서의 생산수단은 자연이다. 마르크스의 원전으로부터의 인용은, 왼편에 MEGA의 권수와 쪽수를, 오른편에 MEW의 권수와 쪽수를 표시한다. MEGA를 참조하지 않았을 경우에는 MEW의 권수와 쪽수만을 표기한다.

비판』은 코뮌주의를 '첫 번째 국면'과 '보다 높은 국면'(19/21)으로 나누어 고찰한다.

　코뮌주의의 첫 번째 국면은 이제 막 자본주의에서 출현하여 경제적·윤리적·정신적인 모든 관계에서 아직 자본주의적인 요소에 사로잡혀 있는 국면으로 제시된다. 이에 따라 분배원리 역시 '개인적인 노동량' 또는 '노동 시간'이라는 '등가상품들의 교환'에서와 '동일한 원칙'으로 설정된다. 즉, 노동량 또는 노동성과에 따른 분배원리가 제시되며, 이에 기초하는 개인적 소비재에 대한 '평등한 권리'는 '부르주아적인 권리'(bürgerliches recht)로 제시되고 있다.(19/20) 이 부분에서 마르크스는 '개인적 노동'이 생산을 위해 '사회적으로 필요한 평균 노동'을 '우회하지 않고', '직접적으로 총노동의 구성부분'을 이루게 된다고 한다.(19/20) 동시에 분배 '척도'로서의 '노동'이 동일한 '강도'와 '길이'(Ausdehnung)(19/21)를 지녀야 한다고 요청함으로써 양가성을 보인다. 개인적으로 상이한 노동 강도와 노동 시간이 '사회적 평균 노동'으로 환산됨을 함축하기 때문이다. 이처럼 개인들의 노동들의 양적 비교가 요청됨을 고려할 때, 또한 이를 통해 '최소한의 노동 강도'와 노동 시간이 '유지'될 필요성(곽노완, 2006: 46 참조)을 시사함을 고려할 때, 코뮌주의 첫 번째 국면에서 분배원리로 제기되는 노동성과를 '사회적으로 필요한 평균 노동'으로 환원된 노동성과로 보는 것이 논리적으로 더 일관된다.[6]

---

6) 곽노완이 코뮌주의 첫 번째 국면의 분배원리를 개인적 노동 시간에 따른 노동성과로 해석하면서 그 모순성을 비판한다면(곽노완, 2006: 43 이하), 라이터는 이 분배원리를 사회적 평균 노동 시간으로 해석하면서 '일반적 사회적 행위들'의 생산적 기여가 양적으로 측정 불가능하다는 이유로 실현 불가능한 기획으로 비판한다.(Reitter, 2005: 2) 필자는 이 분배원리의 해석과 관련하여서는 라이터의 해석이 타당하다고 본다. 그러나 코뮌주의를 '특정

반면 코뮌주의의 보다 높은 국면에서는 '필요에 따른' 분배가 설정된다.(19/21 이하)

판 빠레이스 등이 시사하듯이(Van der Veen/Van Parijs, 1986: 156) 이 '필요에 따른 분배'에는, 모두에게 무조건적으로 또한 원칙적으로 생계에 '충분한' 소득을 보장하고자 하는 기본소득의 이념이 통합되어 있다.[7] 반면 코뮌주의 일차 국면의 분배원리는, 슈웨이커트와 엘스터의 마르크스 해석이 보여주는 노동중심주의를 강화하고 기본소득을 부정하는 것처럼 보인다. 그러나 다음과 같은 점들은 코뮌주의 일차 국면의 분배원리가 실제로 노동성과만으로 이루어지는지에 대해 의문을 제기한다.

첫 번째는 개인적 분배 이전에 노동이 불가능한 자들을 위한 기금과 학교나 의료시설 같은 욕구의 공동충족을 위한 부분을, 총생산품에서 미리 공제한다는 점이다. 이는 노동의 제공이라는 조건과 무관하게 모든 개인의 생계를 보장할 뿐만 아니라, 학교나 의료시설 같은 보편복지를 무상으로 제공한다는 점에서 기본소득의 이념과 일맥상통한다.[8] 이런 측면에서 마르크스의 코뮌주의 첫 번째 국면의 노

대상의 생산에 필요한 사회적 평균 노동 시간' 같은 '객관적-사실적'(objektiv-sachlich) '기초'(같은 글: 3)와 완전히 분리하여 사유하면서, '기본소득'만을 코뮌주의의 유일한 분배형태로 보는 그의 입장(Reitter, 2011: 476)에 대해서는 찬성하지 않는다. 코뮌주의에 대한 마르크스의 단편들을 일관되게 재구성할 때 생산에 필요한 '사회적 평균 노동'과 관련하여 코뮌주의는, 그 자립화 곧 화폐의 무한증식이 더 이상 경제의 목적이 아니며 화폐의 자본으로의 전화가 불가능하다는 점, 또한 사회적 평균 노동량에 따른 교환이 사회경제 전체를 규제하는 원리가 아니라는 점에서 자본주의와 구분된다고 보인다.

7) 마르크스의 논쟁상대인 푸리에(Ch. Fourier)가 자연공유를 근거로 '모든 구성원에게 생계를 보장하는 최소수입'(Füllsack, 2002: 106), 곧 기본소득의 지급을 주장함을 고려할 때, 마르크스 역시 간접적으로 영향을 받았다고 추론해볼 수 있다. 『고타강령비판』에서 정식화되는 코뮌주의의 보다 높은 국면에서의 '필요에 따른' 분배법칙은 어쩌면 이러한 영향의 산물인지도 모른다.

동성과에 따른 분배원리는, 사실상 보편복지 이념 또는 '필요에 따른 분배'(Van der Veen/Van Parijs, 1986: 157)에 의해 보완되고 있다.[9]

두 번째는 위의 추론이 시사하듯이 마르크스가 코뮌주의의 이 첫 번째 국면의 분배원리, 곧 동일한 양의 노동이라는 동일한 척도에 기초하는 '평등한' 권리를, 사실상 '불평등한 권리'로 본다는 점이다. '불평등한 개인적 소질'이라는 '자연적 특권'이나 가족구성과 수 등을 고려하지 않은 채, 동일한 노동양은 동일한 소득으로 귀결되기 때문이다. 그 결과 예를 들어, 동일한 노동양을 수행하지만 부양가족이 적은 노동자는 그렇지 않은 노동자보다 소득을 '사실상', '더 많이' (19/21) 획득하기 때문이다. 그럼에도 불구하고 마르크스는 이러한 '잘못된 일들'이 코뮌주의의 일차 국면에서는 피할 수 없다고 본다. '권리는 경제적 형태와 그에 의해 제약되는 사회의 문화적 발전보다

---

8) 여기서의 보편복지는 현물 형태로 지급되는 기본소득, 곧 현물기본소득으로 볼 수 있다. 현물기본소득에 대한 상세한 고찰을 위해서는 Van Parijs, 1995: 41-45, 곽노완, 2010a: 158 이하 참조.

9) 코뮌주의 첫 번째 국면의 분배원리와 관련하여 호워드는, 노동성과에 따른 분배원리가 보편복지 이념에 의해 보완되고 있다는 사실을 간과한다. 그러면서 노동성과에 따른 분배원리를 초기 마르크스의 소외론에 연계하여 해석한다. 즉, '소외된 노동의 산물'에 대한 부당한 취득에 대한 혐오가 '불로소득(unearned income)'(Howard, 2005: 128)의 취득에 대한 반감이라는 형태로『고타강령비판』까지 이어진다는 것이다.(같은 글: 127 이하 참조) 그러나 불로소득에 대한 후기 마르크스의 반감마저 소외론을 비롯한 초기 마르크스의 철학과 이론으로 소급하여 설명하는 것은 설득력이 약해 보인다.
반면 초기 빠레이스는 코뮌주의 첫 번째 국면의 분배원리에 이미 부분적일지라도 '필요에 따른 분배원리'가 통합되어 있음을 잘 인식하고 있다.(Van der Veen/Van Parijs, 1986: 157) 이에 연계하여 그는 보다 높은 단계의 코뮌주의로의 이행 과정을 '필요에 따라 분배되는', '부분의 점진적 증대'(같은 글)로 본다. 결국 그는 '분배'와 관련해서는 이 양 국면의 코뮌주의를 연속적인 것으로 본다. 그러나 이는 생산수단의 소유 형태와 '생산'과 관련하여 그가 코뮌주의의 양 국면을 단절적으로 해석하는 것과 일관되지 못하다. 그에 따르면 코뮌주의 첫 번째 국면에서는 생산수단을 집단적으로 소유하나 보다 높은 국면에서는 이 집단적 소유가 부정된다.(같은 글, 172: 주 3) 이러한 해석은 물론『고타강령비판』원문과는 다르다는 점에서 논증을 필요로 한다. 나아가 코뮌주의의 보다 높은 국면에서 생산수단을 공유하지 않으면서 총생산물은 사회성원 모두가 공유하는 것으로 해석(같은 글)하는 점에 대해서도, 엄밀한 논증이 필요하다고 보인다.

결코 높을 수 없기' 때문이다. (19/21) 결론적으로 마르크스는 노동성
과만에 따른 분배를 불충분한 것으로 보며, 코뮌주의 일차 국면이 갖
는 경제적 제약에 의해 강제되는 한시적인 것으로 한정한다. 즉, 그
러한 경제적 제약이 없다면 노동성과에 따른 분배는 더 이상 적절하
지 않게 됨을 시사한다.

　세 번째는 마르크스가 실제로 코뮌주의 일차 국면을 특징짓는
경제적 제약 및 이에 의해 한정된 노동성과에 따른 분배, 곧 '부르주
아적인 법의 협소한 지평'(19/21)이 해체되는 조건을 제시한다는 점
이다. '필요에 따른 분배'라는 코뮌주의의 보다 높은 국면의 분배원
리는, 사실 코뮌주의 일차 국면을 제약하는 '경제적 형태'가 해체되
면서 분배원리 역시 전환된 결과이다. 코뮌주의 일차 국면의 경제적
제약과 분배원리를 해체하는 조건은 다음과 같다.

① 정신적 노동과 육체적 노동의 대립을 비롯한 노동분업의 철폐[10]
② 노동이 단순한 생계수단만이 아니라 으뜸가는 삶의 욕구가 되
　 는 것
③ 개인들의 전면적 발전과 함께 그들의 생산력도 증대하여 조
　 합적인 부의 모든 원천이 넘쳐흐르는 것(19/21 참조)

---

10) 물론 이때의 노동분업이란 여러 해로운 결과를 동반하는 자본주의적인 노동분업을 비롯
　　한, 병폐를 초래하는 분업으로 해석하는 것이 적절하다. 초/중기 때와는 달리 후기에 마르
　　크스는 '노동분업'을 '특수한 시기'의 그것, 예를 들어 자본주의적 노동분업과 동일시하지
　　않는다.(II.3.1/243, Kwon, 2006: 218 참조) 이런 맥락에서 "사회적 분업의 폐지를 모든 사
　　람들이 각종의 일을 모두 하는 것으로, 또는 전문성을 부정하는 것으로 오해해서는 안 된
　　다."(정성진, 2009: 40)

코뮌주의 일차 국면의 경제적 제약과 분배원리를 해체하는 이러한 조건을 고려할 때 『공산당 선언』과 『자본』 I권 및 『고타강령비판』이 시사하는 코뮌주의 사회에서의 '보편적인 노동의무' 자체가 한시적이라는 사실이 명확해진다. 물론 오늘날도 '필요에 따른 분배'를 실시할 수 있는 이러한 조건들이 모두 충족되지는 않았다. 그러나 한국을 비롯한 꽤 많은 나라들에서의 생산성은, '필요에 따른 분배'의 한 방식으로써 기본소득을 지급할 수 있을 정도로 높다.

이때 중요한 것은, 기본소득의 지급이 나아가 마르크스가 제시하는 이 세 가지 조건의 실현을 촉진한다는 사실이다. 대부분의 기본소득론자들이 강조하듯이, 기본소득의 수혜가 노동자들이 선별된 좋은 일자리를 보다 적은 시간 동안 수행하게 하여, 자신들의 전면적인 발전을 위한 자유로운 시간을 증가시키기 때문이다. 또한 노동자들의 역량을 증진시키고 일자리와 노동조건을 개선하여 생산성을 제고시키는 기능을 하기 때문이다. 이러한 사실은 고르츠(Gorz, 1980)와 빤 빠레이스(Van der Veen/Pan Parijs, 1986) 등이 강조하듯이, 당장 '필요에 따른 분배', 곧 기본소득을 실시하여 자본주의 내부에서 코뮌주의적 분배정책을 가능하게 할 수 있는 근거가 된다. 나아가 이러한 코뮌주의적 분배정책을 전개해야 하는 당위의 근거가 된다.

이때 이러한 해석은 지금 당장 모든 소득을 기본소득으로 대체하여 해체하자는 주장을 함축하는 것은 아니다. 또한 코뮌주의에서 그 분배 형태로 기본소득만을 실시하고자 하는 주장을 시사하는 것도 아니다. 특히 『자본』에서 두드러지듯이, 마르크스는 코뮌주의 사회에서 모든 개인들을 위한 자유로운 시간의 증대를 위해 생산성의 부단한 증대를 요청한다.11) 노동성과에 기초하는 수입의 보장은 생산성 증대의 강력한 요인이 된다. 나아가 생산성 증대는 총 노동 시간의 감소에도 불구하고 전체 사회경제와 기본소득 재원의 지속적인 재생산을 가능하게 한다. 이런 맥락에서 곽노완이 주장하듯이(곽노완, 2010a: 162 이하), 『고타강령비판』이 제시하는 코뮌주의의 두 국면의 분배원리는 통합되어 시행되는 것이 보다 합리적으로 보인다. 즉, 노동성과에 따른 분배와 기본소득이 동시에 실시되는 것이 바람직스러워 보인다.12)

물론 마르크스에게 코뮌주의란 분배차원으로 한정되어 이해되지 않는다. 『정치경제학 비판 요강』「서문」이 보여주듯이, 그에게 분배란 생산과 교환 및 소비와 상호 연관되고 계기하면서 병존하는 통일적인 과정의 한 부분이자(II.1.1./35; 42/34 참조) 전체 사회경제 시스템의 재생산 과정의 한 부분이기 때문이다.(권정임, 2009a: 69 참조) 이는 그에게서 코뮌주의적인 분배가 코뮌주의적인 생산, 나아

---

11) 코뮌주의에서의 생산력 발전에 대한 마르크스의 옹호가 노동 시간의 축소를 위한 생산성의 증대, 곧 단위시간당 생산량의 증대임을 고려할 때, 또한 인간과 자연 간의 생태적인 신진대사에 대한 뚜렷한 문제의식이 있음을 고려할 때(II.5/409 이하; 23/528 참조), 생산력 발전에 대한 그의 옹호는 무조건적인 생산지상주의나 경제성장주의로 해석될 수 없다.

12) 블라슈케 역시 곽노완과 유사하게 코뮌주의적인 소득으로 성과에 따른 보수, 곧 그의 '능력보수(fähigkeitsentgeltung)'와 기본소득이 결합된 형태를 지지한다. 그런데 그는 '능력보수'가 다음의 두 가지 이유로 순수하게 '정치적으로' 결정된다고 본다. 첫 번째는 노동성과의 평가기준이 더 이상 '노동 시간'이나 '생산품량' 같은 양화 가능한 것이 아니라, '자유로운 협업' 같은 질적인 것이라는 가정이다. 두 번째는 후기 고르츠에 연계하여 역시 양화 불가능한 '비물질적 노동'이 생산에서 차지하는 비중이 점점 증대한다고 보는 점이다.(Blaschke, 2006: 13) 그러나 '자유로운 협업' 등의 창출이 노동성과의 향상을 동반한다고 가정할 때, 이는 양화 불가능한 성과가 아니다. 또한 고르츠의 '비물질적 노동', 곧 과학기술 또는 일반지성 및 연합지성에서 유래하는 부는 '능력보수'가 아니라 기본소득의 원천이다. 블라슈케와 달리 필자는 코뮌주의에서 총소득은 사회적 필요 노동 시간으로 환산된 노동 시간에 비례하는 노동성과급 및 지속가능한 최대의 수준에서 결정되는 기본소득으로 구성된다고 본다.

가 코뮌주의 사회경제의 재생산 시스템 차원에서의 동학과 연관되는 동시에 그 동학의 한 계기임을 의미한다. 따라서 코뮌주의적 분배의 한 방식으로써의 기본소득이, 전체 사회경제 시스템의 코뮌주의적 이행과 그 재생산, 정확하게 말해서 확대재생산의 계기로써 전체 사회경제 시스템 및 그 재생산과 연관하여 구상되고 도입되어야 함을 의미한다.

이러한 문제의식은 실제로 기본소득의 지급을 통해 생태사회로의 이행을 기획하는 현대의 논의에 대해서도 타당하다. 분배차원의 변화, 곧 기본소득의 실시만으로는 생태사회로의 이행과 그 재생산이 보장되지 않기 때문이다. 기본소득의 실시에 기초하는 경제외적인 자유로운 행위들이 생태적이 된다는 보장이 없다.(Füllsack, 2002: 163) 또한 기본소득의 실시가 산업, 나아가 사회경제 전체의 생태화를 촉진하리라는 사실에 대한 보장도 없다.

기본소득의 도입이 생태사회로의 이행 및 그 재생산을 견인하려면, 기본소득의 재원과 기본소득 실시효과가 전체 사회경제의 재생산에 대한 생태적으로 합리적인, 곧 생태합리적인 조절에 대한 구상과 함께 계산되고 계획되어야 한다. 이는 최소한 기본소득의 지속가능성을 보장하기 위해서라도 필요하다. 뿐만 아니라 자본주의에서 전체 사회경제의 재생산이 이러한 합리성에 기초하여 이루어지지 않는다는 사실도 고려하여야 한다. 자본주의 사회경제의 재생산은 궁극적으로는 사회총자본의 무한한 이윤추구에 종속되어 진행되며, 생태합리적인 조절은 이를 보장하는 한도 내에서만 이루어진다.(권성임, 2009a: 74 참조) 이는 생태사회로의 이행 및 그 재생산을 위한 기본소득론이 탈자본주의에 대한 전망 또한 포괄해야 함을 의미한다.

그런데 이 모든 과제와 관련하여 마르크스, 특히『자본』의 마르크스는 다음과 같은 점에서 해결의 전망을 준다. 첫째는 자신의 코뮌주의를 생태사회로 제시함과 아울러 이 생태사회를 '생태합리성'만이 아니라 '경제적 합리성', 나아가 모든 개인의 전면적 발전, 곧 자유로운 '지적·정신적·미적 발전'(Williams, 1976: 90) 또는 '문화' 발전의 조건을 촉진한다는 의미에서 '문화적 합리성'과 중첩되는 것으로 제시한다는 점이다. 둘째는 새로운 사유 방식의 도입을 통해, '합리성' 또는 '합리적 조절'에 대한 새로운 모형을 시사한다는 점이다. 셋째는 자본주의 사회경제를 그 '재생산' 내지 '확대재생산'의 관점에서 연구함으로써, 코뮌주의에 대한 연구 역시 '재생산' 내지 '확대재생산'의 관점에서 수행되어야 함을 시사한다는 점이다. 다음 소절에서 살펴보자.

생태적 재생산이론과 기본소득:『자본』의 코뮌주의관에 대한 비판적 변형

우선『자본』이 제시하는 생태사회로서의 코뮌주의에 대한 전망부터 살펴보자.[13)

『자본』III권에서 마르크스는 코뮌주의사회를 '자본'의 지배로부터 해방되어 모든 개인들의 '능력 발전'이 '자기목적'(II.4.2/838; 25/828)으로서 전개될 수 있는 사회로 제시한다. 또한 이 목적 또는

---

13) 이 부분에 대한 보다 상세한 고찰을 위해서는 권정임, 2009a: 76~78쪽 참조.

소위 '자유의 영역'을 가능하게 하는 경제, 곧 코뮌주의 경제 또는 소위 '필연성의 영역'으로, "사회를 형성하는(vergesellschaftet) 인간들 또는 연합한 생산자들이 자연과의 신진대사를", "최소한의 힘의 지출을 통해", "자신들의 인간적 본성이 갖는 품위에 적합한 조건 아래", "합리적으로 조절하고 공동으로 통제"(같은 글)하는 경제를 제시한다.

『자본』I권에서 코뮌주의의 과제 중의 하나로, 자본주의에 의해 파괴된 자연과의 "신진대사를 사회적 생산을 규제하는 법칙으로", "완전한 인간적 발전에 적합한 형태로", "체계적으로 창출할 것"(II.5/409이하; 23/528)을 제시한다는 점을 고려할 때, 『자본』III권의 이 단편이 제시하는 코뮌주의 경제의 특징은 무엇보다 '생태친화성'과 '휴머니즘'[14]이라고 할 수 있다. 자본주의에 의해 파괴된 자연과의 "신진대사를 사회적 생산을 규제하는 법칙으로", "완전한 인간적 발전에 적합한 형태로", "체계적으로 창출"한다는 표현은, 결국 생태합리성과 휴머니즘을 따르는 신진대사가 코뮌주의적인 사회적 생산을 규제하는 근본원리임을 의미하기 때문이다.

다른 한편 마르크스가 코뮌주의 경제의 또 다른 계기로 '최소한의 힘의 지출', 곧 경제적 합리성 또는 효율성을 들고 있다는 것은, 그가 생태합리성과 휴머니즘에 기초하는 코뮌주의 경제를 경제적 합

---

14) 코뮌주의적 생산을 '인간적 본성이 갖는 품위에 적합한 조건들' 아래에서 수행되는 것으로 기획하는 것은, 궁극적으로는 모든 개인의 자유로운 발전을 추구하는 마르크스의 휴머니즘의 특수한 전개 형태라고 할 수 있다. 마르크스의 휴머니즘은 무엇보다 인간의 '지적·정신적·미적 발전'(Williams, 1976: 90)으로서의 근대문화의 한 측면과 연계된다. 따라서 휴머니즘에 대한 그의 옹호는 곧 인문적 문화에 대한 옹호라고 할 수 있다. 이에 대한 상세한 고찰을 위해서는 권정임, 2008b: 80 이하 참조.

리성과 중첩되는 것으로 여김을 의미한다. 보다 정확하게 말해서 경제적 합리성을, "생태합리성과 휴머니즘에 기초하는 신진대사"라는 코뮌주의 경제를 규제하는 근본원리의 하위원리로 간주함을 의미한다. 나아가 마르크스는 코뮌주의 경제가 '사회를 형성하는 인간들'에 의한 민주주의와 중첩되는 것으로 여긴다.[15]

결론적으로 마르크스가 제시하는 코뮌주의란, 모든 개인의 자유로운 '능력발전'을 위해 연합한 인간들 또는 개인들이 인간과 자연 간의 신진대사를 생태적 관점, 경제적 관점, 휴머니즘 또는 문화 발전의 관점에서 '합리적'으로 조절하고 통제하는 것으로 요약된다.[16] 또한 이때 경제적 합리성이 생태합리성과 휴머니즘에 종속된다고 할 수 있다. 물론 이러한 코뮌주의관은 기본적으로 새로운 사회에 대한 전망이라는 수준을 넘지 못하고 있다. 그렇지만 무엇보다 다음의 두 계기에 의해 보다 체계적으로 전개될 수 있는 단서를 획득한다.

첫 번째는 중후기 마르크스 이론의 새로운 근본전제들,[17] 무엇보다 약한 비결정론과 전체론(holism)이다. 약한 비결정론이 '현실'이 '우연'이나 결정론적 법칙이 적용되는 영역만이 아니라 "확률적 법칙이 적용되는 영역으로 이루어져 있다고 보는 입장"(권정임, 2010:

---

15) 이처럼 코뮌주의 경제를 생태적 연관만이 아니라 휴머니즘적인 문화 및 정치와 중첩되는 것으로 제시한다는 점에서, 마르크스의 코뮌주의관은 사실상 토대/상부구조 이분법을 내용적으로 넘어서고 있다. 권정임, 2008b: 78 이하 참조.

16) 『독일이데올로기』 이후 마르크스의 주관심은 유적 차원에서의 '인간'보다는 '개인' 및 개인의 발전이다. 이런 맥락에서 '인간들' 또는 '생산자들'보다는 '개인들'이라는 범주가 보다 적절하다.

17) '근본전제'란 특정 이론이 전제하는 근본적인 물음과 대답 방식, 곧 근본적인 사고방식을 의미한다. 문제틀(problematik)이라고도 한다. 바슐라르, 알뛰세르, 하인리히 등의 과학철학에 대한 비판적 연구의 산물이다. 권정임, 2008a 참조.

58)이라면,[18) 전체론은 "대상을 그 구성요소와 그들 간의 관계 및 다른 대상들과의 관계를 통해 '전체적'으로 연구하는"(권정임, 2009b: 41) 사유 방식이다.[19) 이 근본전제들에 따를 때 마르크스에게서 '합리적 조절과 통제'란, 근대과학적인 조절과 통제, 곧 대상을 '몇 개의 본질적인 법칙에 환원하여 수행하는 조절과 통제'나 '결정론적인 완전한 조절과 통제'가 아니다. 오히려 비환원론적이며 "예비의 원칙에 의해 보완되는, 특정한 대상에 대한 가능한 최대의 합리적 조절"(권정임, 2010: 82)이다.[20) '사회'에 적용할 때 이는 "사회를 구성하는 다양한 규모의 모든 조직들, 궁극적으로는 모든 개인들 간에 효과적인 되먹임(feed-back) 연결망이 형성되어 '계획'과 이에 대한 '사전적인 검토' 및 '사후적인 정정'이 사회의 모든 규모에서 부단하게 수행되는 기제를 동반하며 이를 통해 작동하는"(같은 글: 83) 조절이다. 이런 의미에서 계획의 수립자와 정정자 또는 보완자 및 집행자가 원칙상 일치하는 민주주의적인 정치 형태를 통해 작동한다. 나아가 계획의 집행을 관찰하게 하여 오차나 실패를 보완·정정할 수 있게 하는 기제, 곧 '시장'을 동반한다. 물론 이때의 시장이란 자본주의 경

---

18) 반면 강한 비결정론은 모든 것을 우연의 소치나 자의적인 것으로 보는 입장이다. 엄밀히 말해서 마르크스는 때로 결정론, 곧 "과거와 현재의 상태 및 자연법칙에 따라 (…) 미래는 (…) 확실하게"(권정임, 2010: 56) 결정되어 있다는 결정론적인 관점으로 후퇴하기도 한다. 그러나 「고타강령비판」이 '흉작, 자연재해 등으로 인한 교란'을 예비하는 '비축기금'을 '경제적으로', '필연(19/19)적인 것으로 고찰함을 부각할 때, 기본적으로는 약한 비결정론의 입장에 있다고 보는 것이 적절하다. 보다 상세한 고찰을 위해서는 권정임, 2010 참조.

19) 유기체의 중앙화된 신경체계 같은 구성요소들을 결정하고 통제하는 '전체'를 전제하지 않는다는 점에서, 전체론은 유기체론과는 구분된다. 스머츠(Smuts)에게서 전형적으로 나타나는 유기체론은 정치적으로는 '전체주의(totalitarianism)'로 귀결된다. 권정임, 2009b: 41 이하 참조.

20) '예비의 원칙'이란 스체스클레바-두퐁(Czeskleba-Dupont, 1995: 83)에게서 유래한다. 이 글에서는 명시적으로 약한 비결정론과 연관하여 이 원칙을 보다 구체화하고자 하였다.

제에 기초하는 자본주의적인 시장이 아니라, 코뮌주의에 기초하는 코뮌주의적인 시장이다.21)

두 번째는 『자본』에서 마르크스가 자본주의 경제를 "자본주의 경제의 재생산 방식에 대한 해명이라는 문제의식"(권정임, 2009a: 73) 아래 연구한다는 점과 관련된다.22) 『자본』에서 마르크스는 '자본주의 경제의 재생산 방식'의 해명이라는 관점에서 연구를 수행하여, 자본주의적 생산관계가 확대재생산됨을 보임과 아울러, 자본주의 경제의 소재적 기초, 곧 자연의 재생산이 자본주의적 생산관계의 확대재생산에 의해 제약됨을 보인다. 이러한 연구관점과 연구결과를 코뮌주의 연구에 적용할 때, 코뮌주의 경제는 코뮌주의적 "사회관계의 재생산과 축적"(곽노완, 2006: 49)임과 동시에 그 소재적 기초, 곧 자연의 생태적 재생산이어야 한다. 결국 코뮌주의 경제, 나아가 이와 통합된 코뮌주의 사회는 계속적인 재생산과 더불어 그 생태적 특성도 점점 더 강화되는 생태적인 재생산 시스템의 형성이라는 전망 아래 연구되어야 한다.

그런데 코뮌주의적 시장의 형성을 포함하는 코뮌주의 사회경제의 생태적 재생산 시스템의 창출과 관련하여 코뮌주의적인 분배의

---

21) 가장 추상적인 차원에서 시장은, 교환당사자가 미리 예정되어 있지 않은 '등가교환의 공간'으로 정의할 수 있다.(강남훈 논평에서) 그러나 어떤 대상이 거래 대상이 되는지, 거래 당사자들 간의 '자발적 합의'에 그 어떤 종류의 강제성도 없는지 등은 이러한 추상적인 차원에서의 시장에 대한 연구를 통해서는 알 수 없다. 이러한 문제에 답하기 위해서는 문제가 되는 시장의 제도적 조건과 전제들을 연구해야 한다. 이러한 정황은 '시장'이 언제나 자본주의 같은 특정한 경제 시스템을 조건으로 형성되고 작동함을 의미한다. 이런 맥락에서 최근 이정전이 보여주는 것 같은(이정전, 2012) 현재의 시장에 대한 비판은 사실, 그 제도적 전제와 조건, 곧 자본주의경제에 대한 비판이다. 따라서 대안모색 역시 탈자본주의 또는 코뮌주의경제에 대한 모색과 함께 찾아져야 한다.

22) 이 문단의 내용은 권정임, 2011: 33을 참조하고 있다.

한 형태로서의 기본소득이 갖는 의미와 기능은, 블라슈케가 부각한 측면, 곧 기본소득이 코뮌주의의 목적인 모든 개인의 자유로운 발전을 '물질적'으로 '보장'한다는 점으로 제한되지 않는다. 무엇보다 생태합리성과 경제적 합리성 및 문화 발전의 조건을 촉진한다는 의미에서 문화적 합리성이라는 코뮌주의 경제의 세 가지 합리성과 모든 개인의 자유로운 '능력 발전'이라는 코뮌주의의 목적이, 기본소득의 지급을 통해 중첩되면서 촉진될 수 있기 때문이다. 이런 맥락에서 기본소득은 코뮌주의로의 이행과 그 확대재생산의 핵심 계기의 하나를 형성한다. 기본소득과 생태합리성 간의 연관부터 살펴보자.

자본주의에서 기본소득의 지급은 생계의 임노동의존성을 약화함으로써, 경제성장만이 실업문제를 해결할 수 있다는 반생태적인 경제성장 이데올로기의 근거를 침식시킨다. 기본소득의 지급은 또한 현존하는 반생태적인 산업에 대한 생계의존성을 약화시켜, 자본주의에서건, 코뮌주의에서건, 생태친화적인 산업과 생활 방식 또는 문화를 촉진하고 생태정책에 대한 동의를 쉽게 확산시킬 수 있다.

기본소득은 또한 다음과 같은 측면에서 경제적 합리성을 강화한다. 우선 자본주의에서는 불로투기소득에 대한 과세를 재원으로 하는 기본소득을 통해 분배부정의를 시정한다. 이때 이는 다음 두 측면에서 경제적 합리성을 강화한다. 첫째, 불로투기소득에 대한 동기를 약화하고 노동동기를 강화한다.[23] 둘째, 원하는 일자리에서 보다

---

23) 전통적인 선별 복지체제에서는 노동소득이 복지수당보다 적지만 노동소득이 있어 복지수당을 못 받게 될 경우, 노동을 포기하고 복지수당을 선택하는 복지의 함정에 빠지게 된다. 반면 기본소득은 노동소득과 무관하게 지급된다. 따라서 노동을 하는 만큼 소득이 증대하여 전통적인 복지체제에 비해 노동유인효과가 크다. 이 효과는 기본소득이 전통적인 선별 복지보다 경제적으로 합리적인 근거의 하나이다. 이러한 효과는 불로투기소득에 대한 과

인간적인 노동조건 아래, 보다 적은 노동 시간 동안의 노동을 가능하게 하여 생산성을 증대시킬 수 있다.

이처럼 기본소득의 수급을 통해 노동자가 일자리를 선별하고 노동조건을 보다 인간적으로 변화시킴과 아울러 노동 시간도 줄일 수 있다는 사실은, 나아가 첫째, 노동 자체가 각 개인의 자유로운 발전, 곧 문화가 될 수 있는 가능성을 보다 많이 확보하여 경제의 문화화를 촉진한다.[24] 둘째, 모든 개인들의 '능력 발전'을 위한 자유로운 시간을, 이 자유로운 시간을 위한 물질적 수단을 동반하면서 증대시킨다. 결국 기본소득의 도입은 마르크스의 코뮌주의의 목적, 곧 각 개인의 '지적·정신적·미적 발전'의 조건을 창출하고 확장한다는 의미에서 '문화적 합리성'을 강화한다.

나아가 기본소득에 기초하는 개인의 자유로운 발전은 다시 생산성의 증대로 이어져서 모두를 위한 기본소득의 양을 증대시키거나 더 많은 자유 시간을 확보하게 할 수도 있다.[25] 이런 맥락에서 기본소득은 '각자의 자유로운 발전이 모든 이들의 자유로운 발전을 위한 조건이 되는'(4/482) 코뮌주의적 재생산 시스템의 핵심 계기가 된

세를 재원으로 기본소득을 지급하는 경우 더욱 증대할 것이다. 이에 대한 정량적 분석을 위해서는 강남훈, 2010: 318 이하 참조.

24) 마르크스는 아마도 코뮌주의에서 '필연의 영역', 곧 경제가 '문화의 영역'과 겹치는 부분이 많을수록 이상적으로 여겼을 것이다. 그럼에도 불구하고 그가 '코뮌주의 경제'가 '문화'와 동일할 것을 요청한다고 보기는 어렵다. 그에게 경제란 무엇보다 전체 사회경제와 그 구성원의 재생산을 위해 '필연적으로 요청되는 영역이기 때문이다. 이 필연영역과 모든 개인의 자유로운 발전의 영역, 곧 문화 간의 완전한 중첩이란 순전한 우연에 불과할 것이다. 권정임, 2011: 21 이하 참조.

25) 소위 '필연의 영역'과 '자유의 영역'에 대한 관계가 시사하듯이, 『자본』에서 개인의 발전은 생산력 발전과 연계되는지와 무관하게 자기목적으로서 정당화된다. 『독일이데올로기』 등을 비롯한 그의 이전 저작에서 보이는 개인 발전과 생산력 발전 간의 연계는 따라서 '의무' 라기보다는 '가능성'을 의미한다고 할 수 있다.

다. 그런데 이러한 그의 코뮌주의 기획이 반생태적인 무조건적인 경제성장에 기초한다고 볼 수는 없다. 코뮌주의에서의 생산력 발전에 대한 그의 옹호의 핵심이 노동 시간의 축소를 전제로 하는 생산성의 증대이기 때문이다. 또한 코뮌주의적인 생산이란 그에게 생태친화적인 '물질적·기술적 기초'[26])에 기초하여 생태합리적으로 진행되는 생산이기 때문이다.

생태적 재생산과 생태기본소득

코뮌주의 사회경제의 생태적 재생산 시스템의 형성과 관련하여 기본소득이 가질 수 있는 이러한 특별한 의미와 기능은, 부의 근원에 대한 마르크스의 통찰과 결합하여 더욱 강화된다. 추상노동의 자립적 형태, 곧 화폐 형태의 부의 무한한 증식만을 추구함으로써 사실상 노동만을 부의 유일한 원천으로 간주하는 자본주의를 비판하면서, 마르크스는 노동만이 아니라 자연 역시 부의 원천임을 명시한다. (II.5/24; 23/58, 19/15 참조) 나아가 일반지성(II.1.2/582; 42/602), 곧 과학기술, 개인들 지성의 합 이상의 사회적 지성으로서의 연합지성 (II.4.2/ 331; 25/267) 그리고 '생산조건'(II.4.2/837 이하; 25/828)[27]) 역시 부의 원천으로 본다. '생산조건'을 '역사적·사회적으로 축적된 과학과 기술 및 사회간접자본의 결과'(곽노완, 2010b: 174)로서 '역사적·사회적 자원'(같은 글)으로 볼 때, 마르크스는 1절에서 언급한

---

26) 생산의 '물질적·기술적 기초'란 마르크스가 사용하는 생산의 '물질적 기초'(II.3.6/2017)와 '기술적 기초'(II.6/373; 23/403)를 통합한 범주다. 생산의 소재적·기술적 기초를 표현한다.

27) "사회의 현실적인 부는 (…) 잉여노동의 길이만이 아니라 노동 생산성 및 노동이 수행되는 (…) 생산조건에도 의존한다."(II.4.2/837 이하; 25/828)

기본소득의 경제적·윤리적 근거, 곧 노동만이 아니라 '자연자원', '경제적·기술적 유산' 또는 '전승된 역사적·사회적 자원' 역시 부 창출의 근거라는 사실을 사실상 선취하고 있다.[28]

부의 근원에 대한 이러한 통찰은 코뮌주의 사회경제의 생태적 재생산 시스템의 형성과 관련하여 기본소득이 가질 수 있는 특별한 의미와 기능을 강화할 수 있다. 자연 및 일반지성과 연합지성을 비롯한 사회경제적 유산이 '자본의 무상의 자연적 생산력(gratisnaturkraft des kapitals)'(II.4.2/833; 25/754)으로 자본에 합체됨에 따라(II.5/491; 23/636), 사실상 거의 자본가의 몫으로 귀속되던 자연자원과 사회경제적 유산에서 유래하는 부를, 기본소득의 형태로 모두에게 분배함과 아울러 부의 이러한 원천을 합리적으로 '재생산'하는 데 사용할 수 있게 되기 때문이다. 이 글의 주제에 알맞게, 부의 원천으로서의 자연 또는 생태자원과 관련된 마르크스의 견해를 중심으로 이 문제를 살펴보자. 또한 이에 기초하여 생태기본소득론을 전개해보자.

『자본』과 『고타강령비판』에서 특히 분명하게 드러나듯이, 대상화된 추상노동 곧 화폐 형태의 부의 증식만을 추구하는 자본주의 경제에 대한 마르크스의 비판은, 진정한 또는 '사실상의 부(sachlicher reichtum)'(19/15)는 사용가치들로 구성되어 있다는 인식에 기초한다. 또한 이 사실상의 부의 '원천'은 '노동'만이 아니라 '자연'이기도 하다는 사실에 대한 인식에 기초한다.(같은 글) 코뮌주의적 재생산 시스템과 관련하여 마르크스의 이러한 비판이 함축하는 것은, 코뮌

---

28) 마르크스의 이러한 선취성에 대해서는 최근 호워드(Howard, 2005), 곽노완(2010b) 등이 부각하고 있다.

주의에서는 부의 원천으로 '노동'만이 아니라 '자연'도 인정해야 한다는 사실일 것이다. 그런데 자연 역시 부의 원천으로 인정한다는 것은, 생산에 대한 자연의 기여를 양화시켜 가격으로 표현해야 한다는 어려운 문제를 동반한다.

이미 서술하였듯이 이 글은, 기업의 성과나 계획의 달성 여부 등을 측정하여 조절하기 위한 코뮌주의적인 시장이 필요하다고 본다. 이는 코뮌주의적 시장의 거래 대상들 역시 가격을 지님을 의미한다. 따라서 코뮌주의에서 가격의 척도는 무엇인가라는 문제를 제기한다.

살펴보았듯이 『고타강령비판』은 이 문제에 대해, 개인적으로 분배되는 소비재 양의 척도라는 형태로, 개별노동자의 '직접적인 개별노동 시간'과 '사회적으로 필요한 평균 노동으로 환산된 노동 시간'이라는 양가적인 답변을 시사한다. 이때 후자로 보는 것이 논리적으로 일관된다는 점도 제시하였다. 이를 적용할 때 코뮌주의적 시장에서 거래되는 대상들의 가격의 기준은 일단, 그 물건을 생산하는 데 필요한 사회적 평균 노동 시간이라고 할 수 있다.

그런데 자연의 생산적 기여 또는 자연자원은 노동에 의해 생산된 것이 아니다. 따라서 생산, 정확하게 말해서 '사용가치'의 생산에 대한 '자연의 기여'는, 생산에 필요한 사회적 평균 노동 시간에 비례하는 '가격'으로 표현되어 양화될 수 없다. 그런데 코뮌주의에서 생산에 필요한 사회적 평균 노동을 통해 측정되고 비교되는 '경제적 합리성'은, 전체 사회경제의 재생산을 규제하는 원리 중의 하나에 불과하다. 나아가 생태합리성과 휴머니즘에 종속되어 제한적으로만 작동한다. 이러한 사태연관은 첫째, 코뮌주의에서 경제적 합리성의 측

정기준, 곧 생산에 필요한 사회적 평균 노동 시간이 생산품 가격의 유일한 기준이 아님을 의미한다. 둘째, 코뮌주의 사회경제를 생태적 관점과 휴머니즘적인 관점에서 합리적으로 재생산하기 위해, 나아가 확대재생산하기 위해, 생산에 필요한 사회적 평균 노동 시간에 비례하는 가격을 갖지 않는 대상, 예를 들어 자연자원을 가격으로 양화하는 것을 정당화한다. 사실 마르크스는 코뮌주의에서 자연자원의 가격 결정과 관련하여, 다음의 두 기준을 시사하고 있다.

첫 번째는 살펴본 바와 같이 마르크스가 자연을 '사실상의 부', 곧 사용가치의 원천의 하나로 인정한다는 점과 관련된다. 이러한 인정은 자연이 지속적으로 부를 창출할 수 있도록 생태적으로 재생산되어야 한다는 경제적·윤리적인 요청을 함축한다. 사실 마르크스는 『자본』 3권에서 '지구', 곧 자연을 "보다 개선하여 이어지는 세대들에게 물려주어야 한다"(II.4.2/718; 25/784)라고 요청하고 있다. 자연자원의 생태적인 재생산에 대한 마르크스의 이러한 시사는 결국, 코뮌주의에서 자연자원의 가격 결정의 첫 번째 기준이 해당 자연자원의 생태적 대체를 포함하는 생태적 재생산비용임을 보여준다.

두 번째는 살펴본 『자본』 3권에서의 인용이 시사하듯이, 마르크스가 자연을 미래세대를 포함한 인류 전체의 공동의 향유 대상으로 본다는 점과 관련된다. 이는 물론 자연에 대한 모두의 공유 몫, 곧 생태기본소득이 자연자원의 가격 결정의 두 번째 기준임을 의미한다.[29]

---

29) 빤 빠레이스(Van Parijs, 1995: 41–45)와 곽노완(곽노완, 2010a: 158 이하)이 강조하듯이, 생태기본소득으로는 현금기본소득만이 아니라 맑은 공기, 깨끗한 주거환경 같은 현물기본소득 역시 중요하다. 코뮌주의에서 생태현물기본소득은 자연의 생태적 재생산과 밀접히 연관되어 구상됨으로써, 자본주의에서보다 더 풍부해질 수 있을 것이다.

결론적으로 코뮌주의에서 자연자원의 가격 결정과 관련된 가장 중요한 두 변수는, 자연자원의 생태적 재생산비용과 모두에 의한 자연공유의 몫, 곧 생태기본소득이라고 할 수 있다. 다른 한편 이는 앞에서 재구성한 마르크스의 코뮌주의 연구의 기본구도, 곧 전체 코뮌주의 사회경제의 생태적·경제적·휴머니즘 차원에서의 합리적 재생산이라는 구도와 일관됨과 동시에 그 일부를 형성하는 것이기도 하다.

코뮌주의에서는 자연자원에 대해 이처럼 합리적인 가격이 설정됨으로써 자연의 생산적 기여가 경제 시스템에 의해 사실적으로 또한 합리적으로 승인된다. 그 결과 자본주의에서처럼 자연자원이 '무상의 선물'로 남용되거나 자본가의 막대한 이윤의 원천으로 기능하는 것이 방지된다.[30] 코뮌주의에서 자연에서 유래한 부의 일부는 자연의 재생산에 사용되어 자연의 생태적 재생산을 경제 시스템이 체계적으로 고려하게 된다. 또한 생산에 대한 자연의 기여를 통해 창출된 부의 일부가 자연에 대한 공유의 몫, 곧 기본소득으로서 모두에게 분배되어 분배정의가 달성된다.

연합지성을 비롯한 역사적·사회적 자원의 생산적 기여에 대해서도 유사한 논리를 적용할 수 있을 것이다. 자본주의에서는 역사적·사회적 자원에서 유래하는 부 역시 사실상 이에 대한 소유권을 가진 자본가에게 독점이윤의 형태로 귀속된다. 물론 이 독점이윤은 코뮌

---

30) 사실 자본주의에서도 노동이 투하되지 않아 가치를 갖지 않는 자연자원이 가격을 갖는 경우가 있다. 수요가 매우 크거나 독점적인 소유권이 설정되어 있는 자연자원, 예를 들어 석유 같은 경우가 그러하다. 이러한 자원의 가격은 사실 그 탐사비와 채굴비를 훨씬 넘어선다. 이때 발생하는 독점이윤은 자본가나 지주 또는 정부에게 귀속된다. 코뮌주의에서는 물론 자연자원에 대한 배타적인 소유권이 해체되어 자연자원은 모두의 공유 대상이 된다. 나아가 원칙적으로 모든 자연자원에 대해, 생태적 대체를 포함하여 그 생태직인 재생산이 고려된다.

주의에서는 역사적·사회적 자원의 재생산비용과 역사적·사회적 자원에서 유래하는 기본소득의 형태로 분배되어야 한다. 이때 이러한 분배는 역사적·사회적 자원의 확대재생산을 한층 가속화할 수 있을 것이다.

결론적으로 코뮌주의에서 자연자원의 추출과 가공에서 유래하는 생산물의 가격은, 노동의 기여＋생산수단의 기여＋생태자원의 기여＋역사적·사회적 자원의 기여=노동보수＋감가상각비＋사용된 자원의 생태적 재생산비＋사용된 역사적·사회적 자원의 재생산비＋코뮌주의적 확대재생산을 위해 필요한 다른 비용31)＋생태기본소득＋역사적·사회적 자원에서 유래하는 기본소득이다.

다른 한편 코뮌주의에서 자연자원의 추출과 가공에서 유래하는 대상의 가격에는, 화석연료 같은 특정 자원의 사용량을 통제하고자 할 때 특별히 부가되는 '생태세'가 경우에 따라 첨가될 수 있을 것이다. 이때 거두어진 생태세 역시 해당 자원의 재생산 내지 대체자원 개발비용과 생태기본소득으로 나누어 지출하는 것이 합리적일 것이다. 다음 절에서 재론하겠지만, 생태세를 생태기본소득의 지급과 결합하여 실시할 경우, 생태세 도입에 대한 다수의 동의를 획득하게 하여 생태세의 실시를 용이하게 한다. 이 글에서처럼 생태기본소득을 기본적으로 자연에서 유래하는 부에 대한 공유 몫으로 정의할 때, 생

---

31) 『고타강령비판』에서 개인적 소비재의 분배 이전에 미리 공제하는 '사회적 필요분'을 의미한다. 이 중 '사용된 생산수단 대체분', '학교나 의료시설 같은 욕구의 공동충족을 위한 부분', '노동할 수 없는 자 등을 위한 기금'은 위의 등식의 항목 중 '감가상각비'와 해당 자연자원과 역사적·사회적 자원의 '재생산비' 및 '기본소득' 분이 포괄하고 있다. 따라서 이 등식의 마지막 항목, 곧 '코뮌주의적 확대재생산을 위해 필요한 다른 비용'은 사실상, '생산확장을 위한 추가 부분', '흉작, 자연재해로 인한 교란에 대비하는 예비─또는 보험기금' 및 '보편적인 그러나 생산에 직접 속하지는 않는 관리비용'이다.

태세수에 기초하는 기본소득은 생태기본소득의 특수한 형태라고 할 수 있다.

생산에 대한 자연자원의 기여에 대한 이러한 가격 책정과 이에 기초하는 자원의 재생산과 생태기본소득은, 코뮌주의적 재생산 시스템을 생태친화적으로 확대재생산되는 시스템으로 이끌 것이다. 첫째, 해당 자원의 생태적 재생산이 체계적으로 고려되기 때문이다. 둘째, 생태기본소득의 지급으로 인해 분배정의의 실현에 일조하는 한편 자연에 대한 공유의식과 함께 생태적인 문제의식 또한 함양될 것이기 때문이다.

생태기본소득은 물론 자본주의에서도 실시될 수 있다. 자본주의 체제에서 생태기본소득은 물론 생태세수로 제한될 것이다. 그럼에도 불구하고, 다음 절에서 살펴보게 되듯이, 생태기본소득은 자본주의사회에서도 무엇보다 생태적 효과와 분배정의 차원의 효과를 가지므로, 자본주의에서 실시되어야 한다.[32]

그런데 생태기본소득이 생태세수로 제한되는 이 경우조차 생태 및 분배정의 차원에서의 효과를 상호모순 없이 보장하기 위해서는, 자본주의적 제한을 철폐하는 탈자본주의적인 요소를 도입해야 한다. 나아가 경제적·문화적 효과를 포함하여 탈자본주의적 요소와 결합된 생태기본소득의 효과를 극대화하기 위해서는, 이 탈자본주의적 계기에 의해 보완되는 생태기본소득을 실시해야 한다. 즉, 자본주의

---

32) 그 좋은 예로 오늘날 한국사회가 당면한 긴급한 과제의 하나, 곧 탈핵에 대한 강남훈의 전략을 들 수 있다.(강남훈, 2012) 그는 생태세와 생태기본소득의 결합을 통해 분배정의를 개선함과 아울러, 전기요금의 상승에 의해 유인되는 전기사용의 경감을 통해 핵발전소의 점차적 폐기라는 생태적 효과를 동시에 달성하고자 한다. 또한 이를 통해 자신의 탈핵전략이 보다 많은 동의를 획득할 가능성, 따라서 실현될 가능성을 높인다.

에서 생태기본소득은 '해방적 기본소득'으로 기능해야 한다. 결론을
대신하여 이에 대해 살펴보자.

나가며: 해방적 기본소득으로서의 생태기본소득

자본주의에서 생태기본소득은 그 재원 조달 방식에 따라 크게
두 형태로 대별된다. 첫 번째는 탄소배출권 같은 특정자원의 사용권
(certificate)을 경매하여 얻는 수익을 재원으로 하는 형태이다.[33]
두 번째는 특정자원에 조세를 부가하여 그 세수를 재원으로 하는 형
태이다. 각각 데일리[34]와 로버트슨[35]에게서 그 맹아적인 형태를 찾
을 수 있다.

자원사용권의 경매는 경쟁력이 높은 기업에 의한 독점 가능성과
투기 가능성, 입찰에 담합 등의 부정행위가 개입할 가능성 등과 같은
약점을 갖는다. 이 중 투기는 이를 방지할 제도적 조건을 현재의 자

---

33) 이 형태는 다시 해당자원의 모든 단위를 경매하는 형태와 일정한 양 이상부터 경매하는
형태(cap & trade)로 나뉜다.

34) 엄밀하게 말해서 데일리는 무조건적 기본소득이 아니라, 수입이 충분하지 못한 가구에게
만 지급하는 조건부 기본소득 또는 보장소득을 주장한다. 자원사용권의 경매 및 이에 기
초하는 조건부 보장소득은 그가 제안하는 생태세와 생태기본소득의 한 형태이다. 그는 이
러한 조처들을 통해, 생태적 효과를 달성함과 동시에 소득세를 주재원으로 하는 자신의
보장소득기획을 보완하고자 한다. 상세한 고찰을 위해서는 Daly/Cobb, 1994: part three,
권정임, 2012 참조. 다른 한편 빤 빠레이스는 탄소배출권의 경매수입에 기초하는 지구적
규모의 (생태)기본소득의 도입을 주장한다.(Vanderborght, Y./Van Parijs, Ph., 2010)

35) 로버트슨은 기본소득을, 시민권에 기초하여 무조건적으로 또한 개별적으로 지급되는 '시
민소득(citizen's income)'(Robertson, 1996: 1)의 형태로 옹호한다. 그 재원으로 자연에 의
해 창조된 가치와 경제적으로 매력적인 도시 중심지의 가치 같은 사회에 의해 창조된 공
동자원이나 가치에 대한 조세를 제안한다. 나아가 그는 자연과 사회가 창조한 공동자원과
가치를 모든 시민이 동등하게 나누어야 한다고 본다. 그는 이 공동자원과 가치를 시민들
이 향유하지 않는 것을 실업, 빈곤 및 사회적 배제 같은 경제적·사회적 불평등의 근본원
인으로 본다.(같은 글: 4) 그런데 이때 그는 자본주의 경제관계에서 유래하는 구조적 불평
등에 대해서는 간과한다.

본주의 시장에 도입하여 어느 정도 해결될 수 있다. 예를 들어, 사회가 사용권을 이를 꼭 필요로 하는 기업들에게 팔고 남는 사용권은 유상환수하여, 사용권에 대한 기업들 간의 사적 거래를 금지하여 해결될 수 있다.(권정임, 2012: 36 이하 참조)[36] 이러한 조치는 결국 개별기업이 사용권에 대한 투기를 통해 다른 기업과 민중들을 수탈[37]하는 것을 방지하는 것으로, 자본주의 시장에 탈자본주의적인 요소를 도입하는 것이다. 그러나 입찰과 관련하여 담합 같은 부정행위가 개입할 가능성은 코뮌주의에서조차 근절될 수 없다. 이는 자원사용권의 경매수입을 재원으로 하는 생태기본소득은, 탈자본주의적인 요소와 결합되어 시행되는 경우에도 부작용을 초래할 수 있음을 의미한다.

반면 생태세에 기초하는 생태기본소득은, 자원사용권의 경매에 기초하는 생태기본소득이 갖는 이러한 약점이 없다. 강남훈(2012)이 보여주듯이, 생태세 징수와 생태기본소득을 결합하여 시행하는 방안은 생태세의 역진성을 보완하여 조세저항을 돌파하면서 생태세를 실시할 수 있게 하는 방안이라는 점에서 중요하다.[38]

---

36) 이를 위해 자원사용권에 해당사용권을 구입한 기업의 이름이 나오게 하는 것도 하나의 방법일 것이다.

37) '착취'는 노동 과정을 통한 '경제적 빼앗음'을, '수탈'은 '직접적인 노동 밖의 시공간에서 발생하는'(곽노완, 2010b: 164) 모든 빼앗음을 총괄한다. 마르크스에게서 유래하는 개념으로 곽노완이 확장하였다. 착취가 자본가이득으로 나타난다면, 수탈은 이자와 지대, 금융·부동산투기소득, 공적 자금 수취 등으로 나타난다.(같은 글: 171 참조)

38) 로버트슨이 생태세 징수와 기본소득을 결합하여 시행하고자 하는 주요 동기는, 생태세가 가진 역진성을 시정하는 것이다.(Robertson, 같은 글: 5 참조) 이때 이 동기에는 생태세 실시에 대한 조세저항을 돌파하고자 하는 의도 또한 함축되어 있다고 보인다. 동일한 이유로 로버트슨이 시사하는 생태세와 기본소득의 결합에 대해, "기본소득에 친성하는 내부분의 녹색당들이 동의하는 경향이 있다."(Fitzpatrick, 1999: 194)

그런데 데일리의 경우처럼 자원사용권의 규모가 생태적인 기준에 따라 결정될 때에는, 자원사용권의 경매에 기초하는 생태기본소득의 지급을 통해 재분배효과만이 아니라 해당자원의 생태적인 가용한계가 준수된다는 생태적인 효과 또한 보장된다. 반면 생태세에 기초하는 생태기본소득의 경우, 생태적 효과가 보장되지 않는다는 비판이 있다. 생태세의 납부가 오히려 지구의 대기정화력 등과 같은 자원의 과도한 사용을 정당화하게 된다는 것이다. 그 결과 부유층은 여전히 자원을 남용하고, 빈곤층은 상승한 자원가격 때문에 곤경에 빠지게 되고 자연환경은 악화될 수조차 있다는 것이다.(Füllsack, 2002: 175 이하 참조) 그러나 이러한 약점은 탄력적인 세율을 통해 시정가능하다고 보인다. 예를 들어, 탄소배출의 생태적 허용한계량 가까이로 실제의 탄소배출량이 근접해오면, 자동적으로 아주 높은 세율이 부가되는 방식으로 조세를 운영하면 해결된다고 보인다.

생태기본소득의 이 두 형태에 대한 지금까지의 논의를 종합할 때, 생태세수에 기초하는 생태기본소득의 실시가 자원사용권의 경매수입에 기초하는 생태기본소득의 실시보다 부작용을 초래할 가능성이 적다는 측면에서 보다 바람직하다고 할 수 있다.

그런데 자본주의에서 생태세수에 기초하는 생태기본소득은, 불로투기소득에 대한 고율의 조세를 재원으로 하는 기본소득과 결합할 필요성이 있다.[39] 그래야만 기본소득이 '충분'해지는 정도에 따라,

---

39) 데일리와 로버트슨은 모두 착취와 수탈을 비롯한 자본주의 경제관계에서 유래하는 문제들을 간과한다. 예를 들어, 데일리는 자본주의에 고유한 착취와 수탈을 구분하지 않음으로써 불로투기소득과 노동소득에 동일한 세율을 적용하여, 자본주의에 고유한 분배부정의를 재생산할 뿐만 아니라 자신의 의도와는 반대로 노동동기를 사실상 떨어뜨린다. 로버트슨의 경우 자본주의적 착취와 수탈에 대한 간과는 무엇보다, 금융자본을 포함하는 자본

자본주의에서도 생태세수의 더 많은 부분을 생태적 재생산을 위해 사용할 수 있게 되기 때문이다. 다수의 생계가 충분히 보장되지 않으면 생태정책에 대한 다수의 동의를 기대하기 힘들다. 따라서 '충분한' 기본소득의 보장은 '충분한' 생태정책의 조건이다. 이는 불로투기소득에 대한 고율의 조세에 기초하는 기본소득과 결합하지 않는 경우, 자본주의에서 생태적 재생산을 위해 사용되는 생태세수가 극히 제약되어 분배정의 차원의 목적과 생태적 목적이라는 생태기본소득의 두 목적이 충돌하여 모순을 형성할 가능성을 함축한다.

반면 불로투기소득에 대한 고율의 조세에 기초하는 기본소득과 결합하여 생태기본소득이 실시될 경우, 생태적 재생산을 위해 보다 많은 생태세수가 사용될 뿐만 아니라 이 두 형태의 기본소득이 갖는 경제적·생태적·분배정의 차원의 효과가 상호 되먹임되어 강화된다. 물론 이러한 조치는 자본주의적인 착취와 수탈을 철폐하여 자본주의에 의한 생태적·경제적·분배정의 차원의 제약을 해체한다는 의미에서, 탈자본주의적인 요소를 도입하는 것이다.

이처럼 탈자본주의적인 요소, 곧 불로투기소득에 대한 고율의 과세에 기초하는 기본소득의 지급과 결합하여 생태기본소득이 실시

의 이윤이 근거하는 착취와 수탈에 대한 간과로 표현된다. 그는 생태세를 비롯한 공동자원에 대한 조세를 통해 대체되는 기존의 조세로, '소득, 고용, 이윤과 부가가치에 대한 세금'(Robertson, 같은 글: 2), 나아가 '아마도, 경우에 따라'라는 대단서를 달기는 하지만, '금융자본에 대한 세금'(같은 글: 4)을 꼽고 있다. 이때 그는 노동소득과 자본소득을 구분하지 않을 뿐만 아니라 금융자본을 비롯한 자본의 이윤과 자본소득 같은 착취와 수탈에 근거하는 소득, 곧 타인이 창출한 가치를 빼앗아오는 행위에서 유래하는 소득을, '새로운 가치를 부가하는 행위에서 유래하는 소득'으로 보는 오류를 범한다. 뿐만 아니라 착취와 수탈에서 유래하는 이러한 소득에 대한 세금을 공유자원에 대한 조세를 통해 대체하여 면제함으로써, 이들 자본에게 또 다른 수탈의 계기를 준다. 기본소득으로 지급되어야 할 공유자원에 대한 조세의 일부를 사실상 이들 자본이 가져가게 되기 때문이다.

될 때, 또한 이때 생태세수의 일부가 생태적 재생산을 위해 사용될 때, 전체 사회경제의 계속적인 재생산과 더불어 그 생태적 특성과 분배정의는 강화되어갈 것이다. 뿐만 아니라 불로투기소득이 점차 사라지고, 선별된 인간적인 일자리가 증대하면서 생산성도 증대하여, 사회경제의 계속적인 재생산과 더불어 경제적·문화적 합리성도 증대되어갈 것이다. 이어서 생태적·경제적·문화적 및 분배정의 차원에서 합리적인 사회를 형성하기 위해, 오늘날 생태기본소득은 탈자본주의적 요소와 결합된 '해방적 기본소득'의 형태로 실시되어야 한다.40)

---

40) 이 글은 2012년 『마르크스주의 연구』 9권 4호에 게재된 「생태적 재생산이론과 생태기본소득―마르크스에 대한 비판과 변형」을 수정·보완한 글이다.

참고문헌

강남훈, 「기본소득의 경제적 효과」, 《글로벌 시대의 지속 가능한 유토피아와 기본소득》, 2010 기본소득 국제학술대회자료집, 2010.

_____, 「생태세와 생태기본소득으로 원자력 발전에서 벗어나자」, 《더불어 행복한 민주공화국》, 김상곤 편, 폴리테이아, 2012.

곽노완, 「마르크스 사회(공산)주의론의 모순과 21세기 사회주의」, 《마르크스주의 연구》 3권 2호, 2006.

_____, 「글로컬 아고라와 기본소득」, 《글로벌 시대의 지속 가능한 유토피아와 기본소득》, 2010 기본소득 국제학술대회 자료집, 2010a.

_____, 「착취 및 수탈의 시공간」, 《시대와 철학》 21권 3호, 2010b.

권정임, 「과학과 현실―바슐라르, 그람시 및 알뛰세르를 중심으로」, 《시대와 철학》 19권 1호, 2008a.

_____, 「생태문화의 창출과 비전―마르크스와 윌리엄스에 대한 비판과 변형」, 《사회와 철학》 16호, 2008b.

_____, 「생태적 재생산이론의 전망과 과제―마르크스의 정치경제학 비판을 중심으로」, 《마르크스주의 연구》 6권 1호, 2009a.

_____, 「시스템 생태학에 대한 철학적 비판」, 《사회와 철학》 18호, 2009b.

_____, 「비결정론과 생태적 합리성―비결정론에 대한 마르크스의 생태사회론의 양가성 비판과 변형」, 《환경철학》 9집, 2010.

_____, 「생태사회와 기본소득―고르의 기본소득론에 대한 비판과 변형」, 《시대와 철학》 22권 3호, 2011.

_____, 「댈리의 생태공동체론 및 보장소득론에 대한 비판과 변형」, 《시대와 철학》 23권 1호, 2012.

이정전, 『시장은 정의로운가―The Capitalist Markets and Justice』, 김영사, 2012.

정성진, 「한국에서 사회주의 변혁과 대안적 경제 전략의 방향」, 《대안적 경제전략과 한국경제》, 경상대학교 사회과학연구원 엮음.

한울아카데미, 2009.

조영탁, 「생태경제학: 비전의 모색과 그 음미」, 《사회경제평론》 18호, 2002.

Blaschke, R., 'Sklaverei der Lohnarbeit als Ziel?', 2006, http//www.labournet.de/diskussion/arbeit/existenz/blaschkekritik.pdf

_____, *Bedingungsloses Grundeinkommen versus Grundsicherung*, rls standpunkte, 15, 2008.

Czeskleba-Dupont, R., 'Ehe die Natur sich abschließend rächt. Theoretische und praktische Kritik der "Herrschaft über die Natur."' Z-Zeitschrift Marxistische Erneuerung Nr, 22, Juni, 1995.

Daly, H. E./J. B. Cobb, *For the Common Good*, Boston, 1994.

Fitzpatrick, T., *Freedom & Security-An Introduction to the Basic Income Debate*. Hampshire, New York, 1999.

Füllsack, M., *Leben ohne zu arbeiten? Zur Sozialtheorie des Grundeinkommens*. Berlin, 2002.

Gorz, A. 1980. *Farewell to the Working Class-An Essay on Post-Industrial Socialism*. London. 1997.

Howard, M. W., 'Basic Income, Liberal Neutrality, Socialism, and Work', K. Widerquist, M. A. Lewis/S. Pressman(ed.), *The Ethics and Economics of the Basic Income Guarantee*. Hampshire, Burlington, 2005.

Kargl, M., 'Geld allein ist nicht genug. Öffentliche Güter sind für menschliche Sicherheit und soziale Teilhabe unverzichtbar'. Netzwerk Grundeinkommen und sozialer Zusammenhalt-Österriech-Netzwerk Grundeinkommen-Deutschland ed. *Grundeinkommen-in Frieheit tätig sein*. Avinus, 2006.

Kwon, Jeong-Im., *Zur ökologischen Vergesellschaftung bei Marx*. Dissertation (Freie Universität Berlin), 2006.

Marx, K./Engels, F. *Gesamtausgabe [MEGA]*, herausgegeben vom Institut für Marxismus-Leninismus beim ZK der KPdSU und vom Institut für

Marxismus-Leninismus beim ZK der SED; seit 1990: herausgegeben von der Internationalen Marx-Engels-Stiftung(Amsterdam), Berlin.

Marx, K./Engels, F. *Werke [MEW]*, herausgegeben vom Institut für Marxismus-Leninismus beim ZK der SED, Berlin.

Reitter, K., Grundeinkommen als Recht in einer nachkapitalistischen Gesellschaft, 2005,
http://www.grundrisse.net/grundrisse 13/13karl_reitter.htm.

_____, *Prozesse der Befreiung.* Münster, 2011.

Robertson, J., 'Towards a new social compact: Citizens's income and radical Tax Reform'. *Political Quarterly*(Vol.67, Issue 1), 1996.

Van der Veen R. J./Van Parijs, Ph. 1986. 'A Capitalist Road to Communism'. Van Parijs, Ph. *Marxism recycled.* Cambridge University Press. Cambridge.

Van Parijs, Ph., R*eal Freedom For All*, New York, 1997.

_____, 'Basic Income, Globalization and Migration'. *Sustainable Utopia and Basic Income in Korea*, 2010 기본소득 국제학술대회 자료집, 2010.

Williams, R., *Keywords.* New York. 1983.

9.

마르크스(주의)
변증법의 한계와
그 극복 방향

선우현

마르크스(주의) 변증법¹⁾의 한계와 그 극복 방향

인간중심 변증법의 비판적 지적과 그 대안의 타당성 검토

선우현

들어가는 말

황장엽은 자신이 정립한 '인간중심철학'이야말로 마르크스(주의) 철학의 근본 한계에 대한 인식을 바탕으로, 새롭게 구축된 철학 체계임을 공공연히 천명한다. 그에 의하면, 마르크스(주의) 철학은 철학사에서 최고의 사상적 거봉(巨峯)으로 평가받을 자격을 갖춘 위대한 철학적 성과물이자 전 인류적 차원의 지적 유산이다. 그런 만큼, 마르크스(주의) 철학이 거둔 불멸의 역사적·사상사적 업적은 정

---

1) 이 글에서 주된 비판적 검토의 대상으로 삼고 있는 '마르크스(주의) 변증법'은, 마르크스 자신의 고유한 변증법 체계뿐 아니라 그것을 비판적으로 계승하여 이론적·실천적 차원에서 발전적으로 전개시켜 재구축한 레닌(주의) 및 스탈린(주의)의 변증법까지 망라하고 있다. 비록 이론 정립의 측면에서 '마르크스 변증법'과 '마르크스주의 변증법'은 엄밀히 구분될 수 있지만, 후자는 본질상 전자를 그 사상적 기원(origin)으로 삼아 새로이 재편되고 변용(變容)된 유물론적 변증법 체계라는 점에서, 마르크스 철학 이후 전개되어온 마르크스주의의 유물 변증법이 노정해온 적지 않은 난점들은 마르크스 변증법의 본래적 한계와 내재적 문제점들에서 비롯된 것이라고 이 글은 보고자 한다.

당하게 평가받아 마땅하다는 점을 누누이 강조한다.(세계 7) 하지만 그러한 긍정적 평가에도 불구하고 마르크스(주의)철학이 갖는 근본적인 시대적 한계와 본질적 제한성은 필연적으로 넘어서고 극복해야 할 것인바, 그에 대해 비판적으로 깊이 통찰할 필요성이 있음을 거듭 피력하고 있다.(세계 7-8)

이렇듯 마르크스(주의) 철학에 대한 긍정적 평가를 개진하면서도 동시에 부정적 진단을 내리고 있다는 점은, 인간중심철학이 마르크스(주의) 철학을 자신의 주된 철학적·사상적 경쟁 상대이자 동시에 최우선적인 비판적 극복의 대상으로 바라보고 있음을 말해준다.[2] 곧 그것의 합리적 핵심과 요소를 비판적으로 계승하되, 그것의 이론적·실천적 난점과 한계를 극복하여 보다 완결적 형태의 '자생적 실천철학'의 체계를 구축하려는 철학(자)적 정립 의도와 포부를 공공연히 드러내고 있는 것이다.

인간중심철학에 따르면, 마르크스(주의) 철학은 원래 인본주의 사상으로 등장했으며 보다 고차적 형태의 민주주의 사회를 구현하기 위한 실천적 철학체계로서 자신의 역할을 수행하도록 기획되었다. 하지만 '물질'과 '계급'을 중심으로 구축된 탓에[3] 현실의 지평에서는 반인본주의적이며 반민주적인 사회를 구현해버리는, 결정적인 난점과 한계를 드러내기에 이르렀다는 것이다. 그런 만큼 마르크스(주

---

2) 이 점은 인간중심철학의 전체적인 얼개와 주요 내용이 담긴 주저라 할 『인간중심철학』 전 3권의 초판본 제목이 『마르크스주의와 인간중심철학』이었다는 사실에서도 간접적으로 확인해볼 수 있다.

3) 이와 관련하여. 가령 물질 중심적 논변에 관해서는 V. I. Lenin, *Materialismus und Empiriokritizismus*, 1985, pp.123∼125; 계급 중심적 입론에 대해서는 K. Marx/F. Engels, *Manifest der kommunistischen Partei*, 1980, pp.462∼474 참조.

의) 철학이 구현하고자 했던 이상적 사회상(像)은, 물질이 아닌 '의식을 지닌 인간', 아울러 계급이 아닌 '개인적 존재이자 집단적 존재인 사회구성원 전체'를 중심으로 한 새로운 철학체계로 재편됨으로써 현실화 가능한 것인바, '인간중심의 철학적 원리'(세계, 48)에 의거하여 구성된 인간중심철학만이 그처럼 미완으로 끝난 마르크스(주의) 철학의 기획 의도와 지향적 이념을 반성적으로 계승하여 실현할 수 있다는 것이다.

이 대목에서 드러나듯이, 인간중심철학은 마르크스(주의) 철학과의 철저한 단절을 시도하고 있지 않다. 오히려 마르크스(주의) 철학의 긍정적 계기와 요소를 비판적으로 수용하면서 동시에 그것의 한계와 제약성을 뛰어넘어, 그것이 추구했던 이상과 이념을 현실에 온전히 구현하기 위한 보다 진전된 실천철학의 유형을 새롭게 정초 짓고자 한다. 그런 한에서, 황장엽의 인간중심철학은 마르크스(주의) 철학을 비판적으로 재구성한 철학체계라 부를 수 있을 것이다. 이는 황장엽의 다음과 같은 언급을 통해 일정 정도 엿볼 수 있다.

나는 온갖 형태의 불평등을 없애고 모든 사람들이 다 같이 화목하게 잘 사는 사회를 건설하는 데 대해 사회주의 이상을 지지한다. 그러나 그것은 내가 사회주의자이기 때문이 아니라 이러한 사회주의 이상이 인본주의 사상에 맞기 때문이다. (문제 12)

이와 동일한 논의 선상에서, 인간중심철학이 내세우는 변증법 역시 마르크스(주의) 철학의 유물 변증법이 지닌 근본 한계에 대한 비판적 인식을 바탕으로 새롭게 재구성된, 발전에 관한 철학적 이론 체계라 할 수 있다. 곧 기존의 마르크스(주의) 변증법을, 실천적 주체를 중심에 놓고 비판적으로 재구성한 인간중심철학의 변증법, 즉 '인간중심의 변증법'은 '인간의 운명개척의 근본방도를 밝혀주는 것'(세계, 44)을 철학의 기본적 역할 및 사명으로 규정한 새로운 철학관(觀)에 부합하여 인간 사회의 영속적인 발전에 관한 이론적 전망 틀과 발전을 위한 실천적·방법론적 지침의 체계로서 정립된 것이다. 요컨대 기존의 '주체가 없는' 마르크스(주의) 변증법을 새롭게 재편한 '주체가 있는' 인간중심의 변증법은 인간과 세계 간의 관계에서 주동적 지위를 갖는 인간이 자신의 창조적 활동을 통해 세계에서 차지하는 인간의 지위를 지속적으로 높여나가면서, 동시에 세계 그 자체의 영구적인 발전을 이루어나가는 과정의 근본적인 특징과 실천적 구현 방안을 제시해주는 변증법 체계로 개진된 것이라 할 수 있다.

황장엽에 의하면, 사상사(史)에서 본격적으로 '발전'을 주된 철학적 탐구 대상으로 삼아 심도 깊은 논의가 이루어진 것은 헤겔의 관념 변증법과 마르크스(주의)의 유물 변증법이 등장하면서부터이다. 헤겔은 절대정신을 절대적 존재로 간주하여 그것의 운동과 변화·발전의 특성을 변증법으로 이해했으며, 마르크스(주의)는 유물론의 관점에서 물질의 변화·발전의 보편적 특징을 변증법으로 체계화하였다.(문제 75) 이처럼 기존의 변증법은 발전의 일반적 특징을 드러내 규명했다는 점에서 철학적으로 커다란 공헌을 했다고 황장엽은 평가한다.

하지만 헤겔이나 마르크스(주의)의 변증법 체계들은 오로지 운동과 변화·발전의 일반적 특정을 규명하는 데만 주력함으로써, 보다 완결적 형태의 변증법을 제시하지 못하는 이론적·실천적 한계와 문제점들을 노정하였다고 진단한다. 가령 세계 발전의 보편적 특징을 규명하는 경우에, 온전히 그 특징을 드러내기 위해서는 세계에서 가장 발전된 존재인 '인간이 자신을 발전시켜나가는' 측면과 '인간 자신의 발전을 통해 세계 자체의 발전이 이루어져나가는' 측면에 대한 철학적 논구가 동시적으로 행해져야 하는데, 이것들이 선행 변증법에서는 빈 공란(空欄)으로 남아 있다는 지적이다. 요컨대 '물질세계는 끊임없이 변화·발전한다'(문제, 81)는 입론으로 요약되는 유물론적 세계관에 입각한 마르크스(주의) 변증법은 모든 물질적 존재의 공통적 특성인 '물질성'을 핵심으로 한 '물질 중심'의 변증법 체계를 취하고 있는 탓에, 인류 사회를 발전시키기 위한 인간의 창조적 활동의 실천적·방법론적 지침으로서의 역할을 져버리는 우(愚)를 범하게 되었다는 것이다. 이로부터 인간중심철학은 인간이 중심이 된 변증법을 기존 변증법의 한계를 넘어설 수 있는 '대안적' 변증법의 형태로서 제안한다.

이 점을 염두에 두면서, 이 글은 운동 주체를 배제하고 '추상적 범주'를 중심으로 정립된 탓에 인간 사회의 발전에 실천적 차원에서 온전히 기여하지 못하는, 주체가 결여된 '논리를 위한 논리의 체계'로서 마르크스(주의) 변증법을 규정지어 비판하면서, 이러한 변증법을 인간 주체를 바탕에 놓고 새롭게 비판적으로 재구성하여 제시한 인간중심철학의 변증법 체계의 대략적인 윤곽을 살펴보고 그것의 '이론 구성적 완결성' 정도를 비판적으로 검토해보는 데 일차적 목표를 두고 있다. 이때 특히 비판적 논의의 주안점은 마르크스(주의) 변증법에 내재한 난점과 한계들에 대해 인간중심 변증법의 관점에서 제기된 비판적 지적들과 그것들을 해결하거나 넘어서기 위해 제시된 대안들이 이론적·실천적 타당성을 갖추고 있는가의 여부에 두게 될 것이다. 더불어 인간중심의 변증법이 유물 변증법에 비해 한층 더 진전된 변증법의 대안적 유형으로서의 자격 조건을 충족시키고 있는가에 대해서도 '제한적이나마' 검토해볼 것이다. 이를 위해 이 글에서는 선행 유물 변증법 체계에서 변증법의 '3대 기본 법칙'으로 개진되었던 '양적 변화의 질적 변화로의 전화의 법칙과 질적 변화의 양적 변화로의 전화의 법칙(양질의 법칙)', '대립물의 통일과 투쟁의 법칙(대립물의 통일의 법칙)' 그리고 '모순에 의한 발전의 법칙(부정의 부정의 법칙)'[4]을 주된 검토 대상으로 삼아 비판적 고찰의 작업을 수행해나갈 것이다.

변화·발전을 추동하고 선도해나갈 '인간 주체'가 존재하는가? : 마르크스(주의) 유물 변증법과 인간중심 변증법 간의 근본적 차이

황장엽에 따르면, 변증법이란 '사물의 운동, 변화·발전에 관한 일반적 이론'(문제, 75) 또는 '사물 발전의 특징을 밝혀주는 철학이

---

[4] 스토이스로프 대표 집필, 『변증법적 유물론』, 1989, 171쪽 참조. 이러한 변증법의 기본 법칙들은 본래 엥겔스(F. Engels)에 의해 정식화되었는데, 다만 엥겔스는 '대립물의 통일과 투쟁의 법칙'을 '대립물의 상호침투의 법칙'이란 명칭으로 부르고 있다. F. Engels, *Dialektik der Natur*, 1983, p.348. 또한 이러한 3대 기본법칙은 '양적 변화의 질적 변화로의 이행의 법칙', '대립물의 통일과 갈등의 법칙', '부정의 부정의 법칙'으로 지칭되고 있기도 하다. 빅토르 아파나셰프, 『변증법적 유물론』, 1988, 89~129쪽 참조.

론'(전략, 12)이다. 이는 '발전에 관한 철학이론이며 방법론'(원론, 268)으로 규정되고 있기도 하다.[5] 표현의 부분적인 상이성에도 불구하고 변증법에 관한 언명에서 핵심은 '변증법은 본질상 발전에 관한 학설'(세계(재개정), 138)이라는 점이다.

그런데 인간중심철학에 의하면, 물질적 존재의 본질적 속성은 자기 존재를 보존하려는 속성이며 이는 자기를 보다 더 잘 보존하려는 속성으로 이어지는바, 그처럼 자기 존재를 더 잘 보존하려는 속성이 바로 발전하려는 속성이다. 또한 자기 존재를 보존하려는 속성으로부터 자기보존 운동이 일어나며 자기를 더 잘 보존하려는 속성으로부터 자기 존재를 발전시키려는 운동이 일어난다. 당연히 발전된 존재일수록 자기보존 운동능력이나 자기발전 능력이 미발전된 존재에 비해 월등히 강하다. 인간은 물질적 존재 가운데 현 시점에서 가장 발전된 존재인 만큼, 자기보존 능력과 자기발전 능력이 물질세계에서 가장 최고의 위치에 있다. 요컨대 발전의 본질적 특징은 인간의 자기발전 운동에서 가장 뚜렷이 발현되고 있는 셈이다. 사정이 이런 만큼, 발전의 본질적 특징을 밝혀주는 변증법은 결국 인간이 자기의 운명개척을 위해 진행하는 창조적인 자기발전 운동의 본질적 특징에 관한 이론이라고 볼 수 있다.(원론, 268-9)

그에 비해 마르크스(주의) 유물 변증법은 추상적 '범주'에 지나지 않는 대립물의 통일(모순)과 같은 '관계'의 개념을 변화·발전의

---

5) 마르크스(주의) 변증법의 전통 내에서 유물론적 변증법을 발전에 관한 방법 및 방법론으로 간주하여 상세히 해명하고 있는 철학적 논변으로는 W. Segeth, *Materialistische Dialektik als Methode und Methodologie*, 1984 참조.

주된 원천으로 삼아버린 탓에(문제(초), 251), 실제로 변화·발전을 추동하고 이끌어나갈 운동의 주체가 제거됨으로써 여러 결정적인 취약점들을 노정하고 있다고 일갈한다.

우선 운동 및 변화·발전의 주도적 담지자로서 인간이 배제됨으로써, 다소 과한 해석이지만 변화 및 발전의 논리만 있을 뿐 정작 운동을 가능하게 하고 발전을 이끌어나갈 실천적 주체는 사라져버리는 이른바 '운동주의'의 한계를 드러내 보이고 있다.(문제, 76)

다음으로 그로 인해 실존적 삶의 지평에서 인간 사회의 발전적 혁신과 역사적 진보를 이끌어나갈 변혁의 담당자를 인간이 아닌, 인간을 둘러싸고 있는—생산력과 생산관계 간의 모순과 같은—외적 조건이나 요인에서 불가피하게 확보코자 시도함으로써(문제, 84), 인간을 사회구조나 제도 등의 외부적 환경에 전적으로 예속되어 끌려다니는 타율적이며 예속된 존재로 전락시켜버리는 소위 '객관주의'의 한계에 빠져 있다.

또한 변화·발전의 '주된' 대상을 인간이 아닌 물질로 간주하고 물질의 변화·발전 과정에서 나타나는 특징들에 관한 이론 체계를 변증법으로 규정지음으로써, '발전'에 관한 이론체계로서의 변증법의 기능이 제대로 발휘될 수 없게 되는 난점을 드러내고 있다. 앞에서도 이미 언급한 바 있듯이, 오늘날 변화·발전의 특징이 가장 두드러지게 드러나는 대목은 인간의 자기발전 운동, 즉 창조적 활동 과정에서이다. 그런데 이러한 자기 발전적·창조적 활동은 인간과 세계 간의 상호관계를 통해 이루어지고 있다. 그런 연유로, 변화·발전의 본질적 특징을 제대로 규명해내기 위해서는 물질의 변화·발전 과정에서 드러나는 일반적 특징을 포착하는 데 국한되어서는 안 되며, 인간과 세계 양자 간의 상호관계의 변화·발전 과정에서 드러나는 보편적 특징을 해명해내는 데까지 나가야만 한다. 이를 위해서는 단지 세계 그 자체의 변화·발전의 객관적 특징을 살펴보는 것을 넘어서,[6] 세계와 대립되어 주동적 역할을 수행해나가는 인간의 역할 및 활동의 변화·발전 과정의 일반적 특징을 또한 고찰해야만 한다. 이 같은 사실을 고려할 때, 인간중심의 변증법이란 물질세계 자체의 변화·발전의 객관적 특징과 더불어 인간 역할의 변화·발전의 일반적 특징을 논구하는 변증법을 하위의 구성 요소로 포함하는 가운데, 인간과 세계 간 상호관계의 변화·발전의 보편적 특징을 규명해 보이는 변증법 체계임을 가리킨다.[7] 뒤에서 상세히 살펴보겠지만, 이 점은 세계 발전에 관한 해명은 '양질의 법칙'에, 인간 자신의 발전은 '부정의 부정의 법칙'에, 그리고 인간과 세계 간 상호관계의 발전에 대한 해명은 '대립물의 통일과 투쟁의 법칙'에 각각 조응하고 있는 사실에서 대략 확인해볼 수 있다.

이상의 논의에서 일정 정도 드러난 것처럼, 황장엽의 인간중심 철학은 운동 및 발전을 추동하는 주체로 인간을 상정하고,[8] 인간 주

---

[6] 마르크스(주의) 철학은 유물론적 관점에서 물질의 변화·발전의 일반적 특징을 변증법으로 이해했다면, 인간중심철학이 내세운 변증법은 인간과 세계를 대립물의 통일로 보고 '인간과 세계의 상호관계에서의 변화·발전의 일반적 특징(문제, 75)을 변증법으로 파악한다고 볼 수 있다.

[7] 인간중심철학은 인간과 세계 사이의 상호관계의 변화발전 과정에서 가장 일반적인 특징을 다음과 같이 해명하고 있다. "인간은 세계와의 관계에서 주동적이며 능동적인 지위, 즉 자주적인 지위를 차지하고 있으며, 자기의 창조적 역할을 통하여 세계에서 차지하는 인간의 자주적인 지위를 높여 나간다는, 즉 세계와 인간의 상호관계를 끊임없이 인간에게 유리하게 변화발전시켜나간다는 것이다."(문제, 76)

[8] 이는 다음과 같은 언명에서 명시적으로 드러난다. "인간 발전의 원인과 동력은 사회적 운

체에 초점을 맞추어 변증법을 인간과 세계와의 관계에서의 변화·발전의 논리체계로서 새롭게 정초 짓고자 시도하고 있다. 아울러 그러한 정립 시도의 의도와 이유에 대해서는 다음과 같이 답하고 있다.

> 변증법은 한마디로 말하여 사물발전의 논리이다. 모든 물질 가운데서 가장 발전된 존재는 인간이며, 자기를 발전시켜 나가는 가장 큰 발전능력을 가지고 있는 것도 인간이다. 그러므로 변증법은 인간이 자기자신을 발전시켜 나가는 창조적 활동을 중심으로 하여 발전의 특징을 밝혀야 하며, 또 그렇게 함으로써 변증법이 인간의 운명개척을 위한 사업에 복무할 수 있는 것이다.(문제, 83)

이러한 언명을 통해 황장엽은 마르크스(주의)의 유물 변증법은 인류의 운명을 개척해나가는 데 실천적 지침으로 기능하는 세계관적 진리를 결여하고 있음을 지적하고 있다. 비록 세계에 대한 단순 해석에서 벗어나 변혁을 추구하기 위해 마르크스(주의) 철학 역시 물질세계를 끊임없이 변화·발전하는 과정으로 인식하고 동시에 그것들을 변화·발전시킬 수 있는 방법론으로서 변증법을 구상·제안하고 있지만, 인간 주체가 변화·발전하는 물질세계에서 발전과 진보를 향한 핵심적인 역할을 담당하고 있다는 진리를 간과해버리고 있다는 것이다. 곧 인간이야말로 자기 운명을 개척하는 데서 결정적인 역할을 수행할 뿐 아니라 자신의 요구에 맞게 세계를 개조하고 변화·발전시켜나가는 과정에서 또한 결정적인 역할을 수행한다는 점, 요컨

동의 물질적 주체인 인간에게만 있다."(문제(초), 245)

대 '인간중심의 원리'를 정확히 간파하지 못하고 있으며, 그로 인해 유물 변증법은 실천적·방법론적 지침 체계라는 완결적 형태의 변증법을 제시하지 못하는 한계에 처하고 말았다는 것이다.

이와 같이 마르크스(주의) 유물 변증법의 제약성에서 벗어나 인간중심 변증법에로의 이론적 체계화를 이루어나가는 과정에서, 황장엽은 선행 변증법 체계들이 드러낸 결정적 결함이 실천적 운동을 주도해나갈 자주적 인간 주체의 부재에 있음을 간파하고 있었다. 그에 따라 (사회)발전을 일으키고 이끌어나갈 주동적 담당자이자 선도적 주체로서 인간을 상정하고 그러한 인간 주체가 사회적·역사적 발전을 전개해나가는 도정에서, '물질 일반의 변화 및 발전의 보편적 특징을 탐구하는 인식 틀'로서 기능할 뿐 아니라 동시에 그러한 탐구 성과를 발판으로 '사회를 발전시키기 위한 인간의 창조적 활동의 지침'으로서 그 역할 또한 수행할 수 있는 새로운 변증법 체계를 재정립하고자 시도했던 것이다.

말할 것도 없이 이 같은 실천철학적 시도의 기저에는, 인간의 운명 개척의 길을 밝혀주는 가장 일반적인 진리를 해명하는 것을 철학의 사명으로 간주하는 황장엽의 '인간중심주의적' 철학관에 부응하여 변증법 또한 인간 사회를 변혁해나갈 창조적 인간활동의 실천적 지침으로 기능해야 한다는 '인간중심적' 철학적 원리가 자리하고 있음을 확인하게 된다.

우리는 마땅히 세계에서 차지하는 인간의 지위와 역할이 변화·발전하여 나가는 변증법, 인간의 창조적 역할에 의하여 인간과 세계

가 변화·발전하는 변증법을 발전시켜나가야 할 것이다.(문제, 84)

마르크스(주의) 변증법의 비판적 재구성: 인간중심 변증법의 기본 법칙들[9]

이 장(章)에서는 마르크스(주의) 유물 변증법의 핵심 법칙이라 할 수 있는 양질의 법칙을 비롯한 세 가지 기본 법칙들을 중심으로, 인간중심의 변증법은 '어떻게' 그러한 법칙들의 합리적 핵심을 수용하고 그 한계를 넘어서, 요컨대 유물 변증법의 주요 법칙들을 비판적으로 재편·재구성하여 그 대안적(代案的) 형태의 법칙을 내놓고 있는가에 초점을 맞추어 고찰해보려고 한다.

1) '양질의 법칙'에 대한 비판적 재규정 및 재해석

마르크스(주의) 변증법은 발전을 '존재하는 것의 단순한 양적인 변화로서가 아니라 낡은 것의 소멸과 붕괴 그리고 새로운 것의 발생 과정'[10]으로 이해하고자 하며, 이 과정은 '양적 변화의 질적 변화로의 이행 및 그 역의 법칙'에서 고스란히 드러난다고 본다. 이렇듯 유물 변증법은 양질의 법칙을 '사물의 운동, 변화·발전의 형태를 특징 짓는 법칙'(세계, 141-2)으로 이해하려는 경향이 강하다. 가령 운동이 양적으로 서서히 변화하다가 특정 임계점에 이르면 급격한 질적 변화로 이행해나간다는 해명 방식이 그 대표적인 예이다.

---

9) 이 장은 필자의 저술물인 『자생적 철학체계로서 인간중심철학』(2009)의 4장 8절 '인간중심의 변증법'의 내용을 바탕으로 하고 이에 부분적으로 새로운 내용을 추가·보완한 후 전반적으로 재구성하여 정리한 것임을 밝혀둔다.

10) 편집부 편, 『철학의 기초이론』, 1986, 118쪽.

양적 변화는 연속적이고 점진적으로 일어난다. 그러나 질적 변화는 점진적인 변화의 급작스런 '단절'의 형태로 일어난다.[11]

하지만 인간중심의 변증법은 양과 질 간의 상호관계를 밝히는 작업은 발전 과정의 본질을 규명하는 것이라기보다는 발전이 이루어지기 위한 '전제들'을 드러내어 보여주는 작업이라는 입장을 견지한다. 이는 특정 존재가 발전해나가기 위해서는 먼저 그 존재가 양과 질을 지니고 있어야 하며 그런 후에야 비로소 그것이 변화·발전의 운동이 가능하다는 논리에 따른 것이다. 이런 이유로 인간중심의 변증법은 '물질의 변화·발전을 규정하는 기본 요인이 무엇인가를 밝혀주는 법칙'(세계, 141)으로서 양질의 법칙을 재해석하고자 시도한다.

익히 알려진 것처럼 마르크스(주의) 유물변증법에서 제시한 양질의 법칙, 즉 '양적 변화의 질적 변화로의 이행 및 그 역의 이행의 법칙'에 부합하는 현실의 사례로 빈번하게 드는 것은 다음과 같다.

사회는 양적으로 서서히 진화·발전해오다가 사회혁명 단계에 들어서게 되면 새것이 낡은 것을 때려 부수는 폭발적인 혁명의 방법으로 급격한 사회적 변혁이 일어난다.(문제, 85-86)

이러한 예를 통해, 기존의 유물 변증법은 '연속적인 양적 발전은 질을 변화시키는 않지만 그것을 위한 전제를 만들어가며, 급기야 특정 조건하에서 비약의 형태로 질적 변화를 가능하게 한다'는 점을 주

---

11) 편집부 편, 『철학의 기초이론』, 1986, 123쪽.

창한다. 이 대목에서는 무엇보다 낡고 노폐한 것이 변화되어 보다 새롭고 높은 발전 단계를 위해 길을 열어주는 가장 집약적인 발전의 시기를 가리키는 비약의 개념이 중시된다. 특히 연속적인 발전 형태보다 '훨씬 더 급속히 진행되는 발전 형태'[12]라는 점이 빈번히 강조되고 있다.

하지만 이 지점에서 인간중심의 변증법은 양적 변화와 질적 변화를 서서히 진행되는 것과 급격히 진행되는 것으로 구분하여 해명하는 것은 보편적 진리로 볼 수 없다는 점, 아울러 인간의 운명 개척에서 그다지 결정적인 의의를 지니지 못하고 있음을 들어 반박한다. (문제, 85-86)

무엇보다도 양적 변화는 서서히 이루어지고 질적 변화는 급격하게 비약적으로 진행된다는 설명 방식에서 드러나듯이, 양과 질의 변화를 '변화의 속도'와 직접 결부시키는 것은 무의미할 뿐만 아니라 보편적이라고 확증할 과학적 근거 또한 결여되어 있다(세계, 142)는 비판적 지적이 제기된다. 만약 물이 수증기로 전환하는 것이 '질적 변화'라면, 물이 섭씨 100도가 되기 이전에 자연발생적으로 '서서히' 증발하여 수증기로 바뀌는 것은 질적 변화가 아니고 물이 100도에서 끓을 때에 '급속도로' 수증기로 전환되는 것만을 질적 변화라고 보아야 하는가 반문한다.(세계, 142)

또한 양적 변화가 지속적으로 축적되어 더 이상 현 상태를 유지할 수 없을 만큼 포화상태에 이를 경우, 특정 경계점에서 질적 변화

---

12) 편집부 편, 『철학의 기초이론』, 1986, 125쪽.

에로 급속히 전환되는 것이 '보편적' 법칙이요, '필연적' 법칙이라는 기존 유물론적 변증법의 견해 또한 전적으로 오류임을 지적하고 있다.

구성요소의 양적인 변화가 축적되어 결합구조가 구성요소들을 결합시켜 물질적 존재의 통일을 보장하는 것이 어렵게 되면 결합구조가 바뀔 수밖에 없다. 그 결과 물질의 질에서도 급격한 변화가 일어날 수 있다. 대체로 이러한 경우가 많기 때문에 양적 변화가 축적되면 일정한 계선(界線)에 와서 질적 변화가 급속히 진행되는 것이 하나의 법칙으로 간주될 수 있는 것이다. 그러나 이것을 보편적인 법칙이라고 볼 수는 없다. (…) 이런 것은 상식적으로 이해할 수 있는 현상으로서 세계관적 의의를 가지는 것은 아니다. 이런 현상을 변증법에 포함시키려고 한다면 끝이 없을 것이다.(세계, 154)

그와 함께 인간중심의 변증법은 양적 규정성인 물질의 '구성요소'와 '결합구조'가 물질의 질적 규정성인 물질의 '속성'과 '운동'을 규정한다(세계, 147)는 방식으로 양질의 법칙을 이해할 것을 주문한다. 인간중심철학에 의하면, 물질의 양적 규정성은 물질의 존재를 특징짓는 개념이며, 질적 규정성은 물질의 성질과 그 발현인 운동을 특징짓는 개념이다.(세계, 142) 곧 물질의 '존재'는 그 구성요소와 결합구조에 의해 규정되고 물질의 '성질'은 물질의 존재에 의해 규정되며 끝으로 물질의 '운동'은 물질의 성질에 의해 규정된다.(세계, 146) 이러한 원리는 결국 물질의 존재를 변경하면 성질을 변경시킬 수 있으며, 물질의 성질을 변경하면 그 운동을 바꿀 수 있다는 것을 의미한다. 이로부터 양질의 법칙은 "양적 규정성의 변화에 따라 속성을 특징짓는 질적 규정성이 달라진다"(세계, 142)라는 내용으로 새롭게 재해석된다.

이러한 재해석에 의거할 경우, 물질의 양질 전환이 마치 양이 질로 직접 변하고 그 반대로 질이 곧바로 양으로 바뀌는 것 같은 천박한 이해방식에서 벗어나 물질의 양적 규정성에 의해 물질의 성질이 규정되고, 질의 작용에 의해 양적 규정성이 변화되는 것(문제(재판), 88)으로 이해될 수 있다는 것이다. 이와 함께 황장엽은 그 경우이어야 특정 사회의 질을 규정짓는 것이 사회적 관계, 특히 경제제도라고 인식하는 유물 변증법적 해석의 오류도 제대로 간파할 수 있다고 주장한다.

인간중심의 변증법에 의하면, 특정 사회의 특질(特質)은 그 사회가 지닌 사회적 운동능력, 즉 정신적 힘과 물질적 힘을 가리키는바, 이는 경제제도의 속성이 아니라 사회적 운동을 추동시켜나가는 사회적 존재의 속성이다. 사회적 존재는 '인간'과 인간이 창조한 '사회적 재부'와 그것들을 상호 결합시키는 '사회적 관계'로 이루어져 있다. 그런데 해당 사회적 존재의 발전 수준은 그것을 이루는 구성요소인 인간의 수준, 아울러 인간이 창조한 사회적 재부의 축적 정도 및 수준, 나아가 정치제도 및 경제제도와 같은 사회적 결합 구조가 구성요소들의 속성이 충분히 발현될 수 있도록 합리적으로 구성요소와 결합되어 있는가의 여부에 달려 있다.(세계, 149) 요컨대 "사회를 구성하고 있는 구성요소들과 결합구조가 보다 더 높은 수준으로 개조되고 발전하는 과정에서 인간의 생활력의 주동성과 능동성에서 새로운 비약적인 발전이 일어나게 될 것이며 종래의 인간의 힘으로는 해결할 수 없다고 생각되었던 문제를 얼마든지 해결할 수 있게 될 것"(문제, 90)이라는 주장이다. 이로부터 인간중심철학은 사회의 발전적·진보적 특성은 사회의 질적 규정성에 의해 표현되기는 하지만, 경제제도에 의해 전적으로 그 질이 규정된다고 본 것은 마르크스(주의) 철학의 결정적인 오류였다는 점을 지적한다. 곧 보다 발전된 사회를 건설하기 위해서는 기존 마르크스(주의) 변증법이 주창하듯이, 결합구조인 사회제도 그 자체만의 혁신과 개혁으로는 불가능하며 사회의 구성요소들의 질적 개선이 필수적 선행 조건이라는 점을 강조한다. 이 지점에서 우리는 '사회의 양적 규정성을 개선함으로써 그 질적 규정성이 혁신되어갈 수 있다'는, 인간중심의 변증법이 새로이 재편하여 해명한 양질의 법칙의 핵심적 메시지를 확인해볼 수 있다.

나아가 양질의 법칙에 대한 이 같은 새로운 비판적 재편 및 재해석은, 기존 마르크스(주의) 유물 변증법에 의해 개진된 양질의 법칙에 대한 변증법적 해명이 '인간의 운명개척의 길을 밝히는 데'(문제, 47) 실천적으로 기여할 수 없다는 점을 들어, 세계관적 의의를 지니지 못한다고 일갈한다. 비록 마르크스(주의) 변증법 역시 물질의 운동 과정에 대해 변증법적으로 인식하고 그것을 인간의 삶의 변혁에 이용하고자 시도했음에도 불구하고, 정작 물질의 '운동법칙' 그 자체는 변경시킬 수 없는 것으로 간주해버렸다는 것이다. 이를 황장엽은 '일종의 신비주의'(세계, 146)로 비판하는 가운데, 새롭게 재규정된 양질의 법칙은 '물질의 구성요소와 결합구조를 인식하고 그것을 개조합으로써 물질의 새로운 성질과 물질운동의 새로운 법칙을 창조하고 그것을 이용하는 방향으로 발전'(세계, 146)시키는 데 그 주안점이 놓여 있다는 것을 강조한다. 여기서 드러나듯이 인간중심철학은, 변증법은 단지 물질적 대상 세계를 인식하는 데 머물러서는 안 되며 "인간의 운명 개척의 길을 밝혀주는 실천적 가치가 있는 진리가 되어야 한다"(세계, 154)라는 점에 그 핵심이 자리하고 있다고 주장한다.

사정이 이렇다면, 대체 인간중심철학은 기존 양질의 법칙의 제한성을 뛰어 넘어 새롭게 재규정된, 인간중심 변증법 체계 내에서의 양질의 법칙은 '어떤 점에서' 세계관적 의의를 지니며 동시에 신비주의의 색채를 완벽히 털어낼 수 있었다고 주장하는가?

이에 대해 새로운 양질의 법칙은 '어떻게 해서 무생명물질만으로 이루진 물질세계에서 생명체가 창조될 수 있었으며, 나아가 인간과 같은 최고로 발전된 물질적 존재가 출현할 수 있게 되었는가?' 하는 매우 중요한 '세계관적 문제'(세계(재개정), 143)에 대해 그 해답을 제공해주고 있다는 점을 주된 이유로 든다. 즉, 단순 무생명 물질로부터 생명체가 나오고, 단순 생명체로부터 다시 고등동물을 거쳐 인간과 같은 이성적 존재가 발생하게 된 것은 물질의 구성요소와 결합구조의 차이에서 비롯된 것인바, 구성요소와 결합구조라는 물질의 '양적 규정성'을 변경함으로써 새로운 성질을 지닌 대상이 창조될 수 있게 되었다는 점을 '세계관적 의의를 갖는 진리'로 새롭게 개진하고 있다는 것이다. 요컨대 새롭게 구축된 양질의 법칙을 통해 물질의 양적 규정성을 변경할 경우 인간이 요구하는 성질을 가진 물질을 언제든지 만들어낼 수 있다(세계, 144)는 사실이 비로소 밝혀졌으며, 이로써 '물질의 운동이나 운동법칙은 결코 변경할 수 없다'는, 이른바 '신비화된' 유물 변증법적 세계관으로부터 벗어날 수 있게 되었다는 것이다.

다음으로, 새로운 양질의 법칙을 통해 "양과 질의 상호관계가 해명됨으로써 인간은 세계를 자기 요구에 맞게 개조하면서 세계의 주인으로서 끝없이 발전할 수 있다는 신심을 가질 수 있게 되었다"(세계, 145-6)라는 점에서 또한 세계관적 의의를 갖고 있다고 주장한다. 이는 양적 규정성과 질적 규정성에 관한 논의를 바탕으로 구축된 새로운 양질의 법칙을 통해 양과 질의 상호관계의 본질이 온전히 해명됨으로써, 인간은 물질세계를 진화 및 발전의 과정으로 인식할 수 있게 되었으며, 인간이 원하는 바대로 물질 존재를 개조할 수 있게 되었다는 사실을 공표하고 있는 것과 다르지 않다. 말할 것도 없이 이에 대한 논거는, 물질의 양적 규정성이 물질의 질을 규정한다는 진리에 입각할 경우에 물질적 대상의 양적 규정성만 제대로 인식하게 되면, 인간 자신이 원하는 그 어떤 물질도 창조해낼 수 있다는 잠정적 결론에 필연적으로 도달하게 된다는 과학적 진리로부터 이끌어내고 있다.(세계, 146)

이상의 논의를 통해 드러났듯이 인간중심의 변증법은 기존 유물변증법의 해석 방식과는 다르게, 양질의 법칙을 '인간의 운명 개척'과 연결 지어 실천철학적 관점에서 새롭게 정식화하여 조망하고 있다. 그에 따라 양질의 법칙을 "인간이 창조적 활동을 통해 물질의 양과 질을 변경시켜 나감으로써 인간 발전의 무한한 가능성을 가지게 된다는 것을 밝혀주는 법칙"(문제, 85)으로 재규정하고 있다. 이로부터 우리는 양질의 법칙도 인간중심의 원리에 의거하여 재주조된 변증법의 법칙임을 다시금 확인하게 된다. 인간중심철학 역시 이에 대한 '철학적 확인 사살'을 다음과 같이 수행하고 있다.

> 양질의 법칙은 물질의 양과 질의 상호관계를 밝혀주는 근본법칙이다. 양과 질의 상호관계에 관한 근본 법칙을 인식하는 것은 인간의 운명을 개척해나가는 데서 매우 중요한 의의를 가진다. 인간이 살며 발전하기 위해서는 객관세계를 자기의 자주적 요구에 맞는 질을 가진 세계로 개조하지 않으면 안 된다. 인간의 요구에 맞지 않는 질을 가진 대상을 인간의 요구에 맞는 질을 가진 대상으로 개조하는 것이 어떻게 가능한가 하는 문제와 인간이 자기가 요구하는 대로 세계의 질을 끝없이 개조해나갈 수 있겠는가 하는 문제는 인간의 운명 개척에서 근본적인 의의를 가진다.(문제, 86)

2) '대립물의 통일과 투쟁의 법칙'의 인간중심적 원리에 의거한 비판적 재구성

마르크스(주의) 변증법에 의하면, 변증법은 발전과 보편적 연관에 대한 가르침이며 발전에서 중요한 문제는 발전의 '원천' 또는 발전의 '추동력'에 관한 것인바, 이에 대한 해답을 제공하는 것이 바로 '대립물의 통일과 갈등(투쟁)의 법칙'이다. 해서 이 법칙은 레닌(V. Lenin) 등에 의해 유물 변증법의 본질 내지 핵심으로 간주되고 있다.[13] 그들에 의하면 대립물의 투쟁(갈등)이야말로 물질과 의식의

---

13) 빅토르 아파나세프, 『변증법적 유물론』, 1988, 89쪽; C. Dutt(ed.), *Fundamentals of Marxism Leninism*, 1963, p.78; V. I. Lenin, *Selected Works*, 1976, p.21 참조.

발전의 주된 원천이다.14) 이를 레닌은 '발전은 대립물의 투쟁'이라는 명제로 정식화하였다.15) 대립물들은 상호 모순적 성격, 즉 서로 배제하는 성격을 지니고 있기 때문에 둘 사이에는 반드시 투쟁이 일어나는바, 이것이 발전을 가능하게 하는 추동력으로 작용한다는 것이다.

그런데 이러한 대립물의 통일과 투쟁의 법칙에 관한 마르크스(주의) 철학의 해명 방식에 대해, 인간중심철학은 크게 두 차원에서 문제점을 지적한다. 그 하나는 운동(발전)의 원인 혹은 추동력을 '실체'가 아닌 '관계'라는 추상적 개념에서 확보하고자 시도함으로써 운동을 가능하게 하는 주체 내지 동력원이 배제되어버리는 난점에 처하고 있다는 사실이다. 다른 하나는 대립물의 통일과 투쟁에서 후자인 투쟁에 과도하게 기운 나머지 통일의 측면을 소홀이 다룸으로써, 인간들 사이의 투쟁이 아닌 '평화적 상호 협력'의 차원을 제대로 고려하지 못하고 있으며, 투쟁을 통한 발전 못지않은 통일을 통한 발전의 가능성, 나아가 투쟁이나 통일로 인한 퇴보의 가능성을 온전하게 파악하지 못하는 한계를 노정하고 있는 점이다.

(1) 이러한 비판적 지적들을 좀 더 상세히 살펴보면, 먼저 첫 번째 지적과 관련하여 인간중심철학은 운동 내지 발전은, 운동(발전)을 추동하고 이끌어나가는 주체인 '실체'의 '속성'에서 비롯된 것임을

---

14) 빅토르 아파나셰프, 『변증법적 유물론』, 1988, 91쪽.

15) C. Dutt(ed.), *Fundamentals of Marxism Leninism*, 1963, p.78; A. Rakititov, *The Principles of Philosophy*, 1989, pp.244~245 참조.

강조한다. 그러면서 대립물의 통일, 즉 모순과 같은 형식적인 '관계'의 개념에서 운동이나 변화·발전의 원인을 찾는 것은 범주적 오류를 범한 것이라고 비판한다.

> 일부 사람들은 대립물의 통일의 보편성을 강조하면서 대립물의 통일 자체가 물질적 존재인 것처럼 주장하지만, 대립물의 통일 자체는 물질적 존재가 아니다. 대립되어 있으면서도 통일되어 있다는 것은 물질적 실체가 아니라 물질의 존재 방식을 가리키는 것이다. (…) 대립물의 통일은 어디까지나 사물의 상호관계를 표현하는 개념이지 물질적 실체의 존재 자체를 표현하는 개념이 아니다.(문제, 100)

실상이 이런 만큼 인간중심철학은, 대립물의 통일과 투쟁은 '물질적 존재의 근본적 존재 방식이자 물질적 존재의 변화·발전의 필수 조건, 아울러 발전과 퇴보의 가능성 근거'(문제, 100-101)로 이해할 것을 주문한다. 이때 '모든 사물이 대립물의 통일을 이루고 있다는 것은 모든 물질이 대립을 보존하려는 속성과 통일을 보존하려는 속성을 다 같이 가지고 있으며, 이에 기초하여 대립을 보존하기 위한 운동과 통일을 보존하기 위한 운동을 다 같이 하게 된다는 것'(문제, 101)을 말해준다. 이런 한에서 대립물의 통일과 투쟁은 '물질존재의 기본 형식인 동시에 물질운동의 기본 형식'(세계, 160)으로 간주되어야 한다는 것이다.

이로부터 드러나듯이 대립물의 통일의 법칙에 관한 인간중심 변증법의 새로운 해명에 의하면, 운동이란 '존재의 속성의 표현'이란 점에 의거할 때 차이성과 동일성만으로는 결코 운동이 일어나지 않으며, 차이성을 보존하려는 속성과 동일성을 보존하려는 속성이 먼저 있고 나서야만 이 속성의 발현으로서 서로 상반되는 운동이 일어난다.

대립물의 통일 및 투쟁의 법칙에 관한 이 같은 새로운 해석의 정당성을 확보하기 위해 황장엽은 무엇보다 '발전은 운동의 한 형태'(문제, 102)이며, 그런 점에서 발전의 원인을 찾기 위해서는 먼저 운동의 원인을 살펴볼 것을 반복적으로 권고한다. 가령 A와 B 두 사물 간의 대립물의 통일을 '운동 상태'로 볼 경우에 그 운동의 원인을 명확히 규명해야 한다. 한데 대립물의 통일 그 자체를 운동의 원인으로 보게 되면, A와 B 간의 대립물의 통일이라는 운동 상태의 원인 역시 대립물의 통일 그 자체에서 찾게 되는바, 이는 '자기모순'이다. 이는 '운동 상태'의 원인을 '운동'에서 찾는 사태, 즉 '운동이 운동의 원인'이라는 무의미한 사태(문제, 103)를 초래하기 때문이다. 그런 연유에서, 예로 든 A와 B 간의 대립물의 통일이라는 운동 상태의 원인은 A와 B 각각의 자기 존재를 보존하려는 속성에서 찾아야 한다고 주장한다.

다른 한편으로, 대립물의 통일을 '존재 상태'로 보고자 하는 경우에도 모든 사물은 차이성과 더불어 공통성을 동시에 갖고 있는 상태에 놓여 있을 뿐, 이로부터 운동이 자동적으로 도출되어나오는 것은 아니다. 다시 말해 운동은 모든 사물 각자가 자신의 차별화된 고유한 특성을 살리면서 동시에 공통성을 보존하려는 '성질'을 갖고 있다는 사실을 전제로 할 경우에만 가능하다는 것이다. 이로부터 인간 중심 변증법은, 모든 물질 운동의 원인은 '자기 존재를 보존하려는 물질존재의 속성'(문제, 103)에 있다는 사실을 기본적 입장으로 내세운다.

이러한 논리에 의거하여 인간중심의 변증법이 다시금 재조명한 대립물의 통일 및 투쟁의 법칙은, 인간 사회를 발전시켜나가기 위한 운동에서 그 추동의 원인과 담지자는 인간(문제, 100)임을 분명히 한다.

인간의 자주적인 요구가 발전의 원인이며 인간의 창조적 능력이 발전의 동력이다.(문제, 110; 세계, 173)

인간은 무엇보다 살려는 요구(욕망)를 실현하기 위해 운동을 하는바(세계, 170), 살려는 요구란 자신의 생존을 보존하려는 요구이며, 발전하려는 요구는 자기를 보존하려는 요구의 보다 높은 형태라 할 수 있다. 또한 발전된 존재일수록 자기를 보존할 수 있는 능동적인 능력이 강하고 따라서 자기를 발전시킬 수 있는 능력도 강한데, 현 시점에서 가장 발전된 물질적 존재는 바로 인간이다. 그런 만큼 인간은 객관세계를 자기 요구에 맞게 개조하여 자기를 발전시켜 나가는 창조적 능력을 지닌 유일한 존재(세계, 171)라는 것이다.

물론 인간을 둘러싼 물질세계의 객관적 조건이 발전을 위한 인간의 운동을 제약하고 있지만, 인간의 자주성과 창조성이 강화될수록 객관적 조건의 영향력은 보다 더 감소된다. 아울러 사회적 운동의 주체는 '살아 있는 사람'과 '사회적 재부'가 결합구조인 '사회적 관계'를 통해 통일된 사회적 존재이기는 하지만, 그럼에도 '사회적 생명체'로서의 특징을 드러내는 사회적 존재에서 생명을 지닌 존재는 사람뿐인 한에서 사회적 존재가 체현하고 있는 사회적 속성인 '정신적 힘'과 '물질적 힘'은 사람에게 집중되어 있으며 동시에 사람의 요구에 따라 작용하게 된다. 이는 '사회적 운동은 사회적 속성의 발현'이며 그런 한에서 사회적 운동을 일으키고 떠밀고 나가는 담당자는 사회적 속성을 집중적으로 체현하고 있는 인간이라는 사실을 의미한다.(문제, 111) 동시에 이는 오직 인간을 주체로 하는 발전적 운동에서만 발전의 변증법이 뚜렷이 드러난다는 사실을 가리킨다.(세계, 173)

(2) 두 번째 지적과 관련해서, 인간중심의 변증법은 그동안 유물 변증법이 내세운 대립물의 통일과 투쟁의 법칙은 전적으로 '투쟁'과 그에 의거한 '발전'의 측면에만 주안점을 두어 발전은 무한히 필연적으로 전개되어가는 것으로 파악하고 있다는 점에 강한 태클을 걸고 있다. 그것은 대립물의 투쟁은 절대적인 것이 아니며 통일과 마찬가지로 상대적인 것이라는 점, 아울러 투쟁에 기초한 발전은 '필연적인' 것이 아니라 '가능적인' 것이라는 점으로 요약된다.

앞서도 살펴본 것처럼 유물 변증법은, 모든 사물들이 대립되어 있으면서 동시에 통일을 이루고 있는 상태, 곧 대립물의 통일 그 자체에 발전에 원인이 있다고 주장하면서, '모든 사물은 끊임없이 변화·발전한다'는 것을 변증법의 기본적 명제로 개진하고 있다.(문제, 102) 하지만 황장엽은 그 명제는 '모든 사물은 변화·발전할 수 있다'는 가능성 명제로 수정하여 이해할 것을 주문한다. 대립물의 통일에서 대립은 통일의 테두리 내에서의 대립이며 통일 역시 대립을 내포한 통일을 가리키는바, 결국 대립물의 통일은 '발전의 가능성과 퇴보의 가능성을 다 같이 지니고 있음'을 보여주는 것이라는 이유에서이다.

> 만일 대립이 절대적이라면 물질의 결합 자체가 불가능하기 때문에 물질의 발전이 불가능하며, 통일이 절대적이라면 물질이 서로 분리되어 다시 결합되는 것이 불가능하기 때문에 발전도 퇴보도 불가능한 것으로 된다.(문제, 102)

이렇듯 기존의 마르크스(주의) 변증법은 발전의 가능성과 필연성을 혼동함으로써(문제, 103) 인간 사회 및 역사는 발전적 방향으로만 나가게 될 것이라는 잘못된 진단을 내리고 있다. 이렇게 된 데는 대립물의 통일의 법칙이 통일보다는 대립(갈등)에 일방적인 방점을 찍어 그것을 발전의 주된 원천으로 삼고 있기 때문이다. 이는 대립물의 통일의 법칙을 사회 현실에 적용하여 사회 발전을 해명하는 대목에서 여실히 드러난다.

> 마르크스주의자들은 대립은 절대적이고 통일은 상대적이라고 하면서, 대립이 절대적이기 때문에 절대적 대립에 기초하고 있는 투쟁도 절대적이라고 주장하였다. 그들은 이러한 논리에 기초하여 계급투쟁의 절대적인 필요성과 계급투쟁이 사회발전의 동력이라는 주장을 정당화하려고 하였다.(세계, 164)

하지만 인간중심철학은 대립물의 통일이 절대적인 것이 아니라 '상대적'인 것이라는 점에서 대립물의 통일의 법칙의 본질적 특징을 찾고자 한다. 곧 "대립의 면을 내포하기 때문에 통일이 상대적이며 통일의 테두리 안에서의 대립이기 때문에 대립도 상대적이라는 것이다."(세계관, 164) 이는 실천적으로 매우 중요한 의의를 지니는바, 대립과 통일이 다 같이 상대적이라는 것은 발전할 가능성과 퇴보할 가능성이 공존한다는 것을 의미하는 것으로, 발전의 필연성을 담보하는 근거가 되지 못하기 때문이다. 이렇듯 인간 주체는 발전할 가능성과 동시에 퇴보할 가능성을 다 같이 지니고 있다. 그런 만큼 어느 길을 택할 것인가의 여부는 인간 자신의 요구와 의지, 능력과 노력에 달려 있는 것이다.(문제, 103) 요컨대 대립물의 통일과 투쟁 그 자체는 발전적인 운동의 필연적 근거가 아니며, 단지 발전적 운동의 원인인 인간 주체의 발전하려는 요구와 그것을 실현하려는 힘에 의해 그 가능성이 열려 있음을 보여주고 있을 뿐이라는 주장이다.

인간중심 변증법은 이 같은 입론에 의거하여, 마르크스(주의) 철학이 역사 발전의 원동력으로 내세운 계급투쟁과 그것에 기초한 역사 유물론적 해석에 비판의 화살을 날린다. 그에 따르면, 마르크스(주의) 철학이 '통일은 상대적이고 대립(투쟁)은 절대적'이라고 강변하면서 '대립과 투쟁'을 발전의 원천과 동력으로 강조하려는 것은 오로지 투쟁, 특히 '계급투쟁'만이 사회발전의 동력원이라는 자신들의 주장을 정당화하는 데 변증법을 이용하려는 전략적 의도에 따른 것이다.(문제, 110) 하지만 통일은 상대적이고 대립은 절대적이라는 사고방식 자체가 '비변증법적'일 뿐 아니라 오직 투쟁만이 발전의 동력이라고 보는 것도 중대한 잘못이라고 인간중심 변증법은 지적한다.

황장엽에 의하면, 유물 변증법은 모순으로부터의 분열과 투쟁은 불가피하며 '비타협적인 투쟁'을 통해서만, 곧 분열된 것의 한 편이 다른 편을 타도함으로써'만' 발전이 가능하다는 것을 강조하여 모순, 분열, 투쟁을 일방적으로 미화하고 있다.

대립은 절대적이고 통일은 상대적이며, 계급적 대립은 불상용적 모순이기 때문에 투쟁을 통해서만 해결할 수 있다.(문제, 125)

하지만 인간중심의 변증법은 대립물의 통일을 확대·강화하는 데 방해로 작용하는 요인을 배척하는 동시에 통일을 확대·강화하는 데 도움이 되는 요인을 끌어당겨 그것을 자체의 구성요소로 만드는 작용을 다 같이 진행해야 하며, 그럼으로써 투쟁이 통일을 확대·강화하는 데도 또한 이바지해야 한다는 점을 강조한다.(문제, 114)

이렇듯 인간중심의 변증법은 발전을 위해 수행하는 인간의 창조적 역할의 본질을 투쟁에 국한하여 보려하지 않는다. 예컨대 자본가 계급과 노동자 계급은 봉건적 신분제도로부터 벗어나는 데서 공통적 이해관계를 가졌으며, 외래 침략에 대항하는 과정에서도 상호 공통된 이해관계를 갖고 맞서 싸웠음을 지적한다. 게다가 민주주의가 더욱 발전함에 따라 계급적 투쟁이나 타도가 아닌 대화나 토론 등의 합리적이며, 민주적인 방식으로 그러한 대립이 해소되어가고 있다는 점도 경험적 사례로 제시한다.

나아가 설령 투쟁을 발전을 위한 창조적 행위로 간주하는 경우에도 한편이 다른 한편을 일방적으로 배척하고 타도하기 위한 투쟁이 아니라 대립물의 통일을 확대·강화하기 위한 투쟁이 되어야 한다는 세계관을 드러낸다. 이러한 세계관적 시각을 따를 경우, 사회를 변혁 발전시켜나가는 과정에서, 인간들 사이의 이해관계의 대립이 초래할 경우에 '사회 발전의 요구, 사회공동의 이익에 맞는 편이 주체이고, 사회발전의 요구와 사회공동의 이익에 배치되는 편이 개조 대상(문제, 115)'이 된다. 더불어 이때 주체가 개조 대상을 극복하기 위한 투쟁은 어디까지나 사회발전의 요구와 사회공동의 이익에 합치되어야 한다고 부언한다.

이러한 인간중심 변증법의 입론은, 계급 간의 갈등 및 대립 역시 합리적 대화와 설복의 방법을 통해, '사회공동의 이익'을 기준으로 하여 민주적으로 해결하는 것이 정상적이며 또한 가능하다는 점을 개진하고 있는 것이다. 이러한 맥락에서 황장엽은 '계급 이기주의'와 '계급 배타주의'의 관점에서 시도되는 계급투쟁은 사회발전을 저해하는 반사회적 작용을 초래한다고 강력 비판한다. 그와 함께 마르크스(주의) 철학이 사회발전의 동력으로 간주하는 계급투쟁 역시 사회발전의 요구, 사회공동의 요구에 맞게 이루어질 경우에만 비로소 인류의 사회발전에 기여할 수 있다고 주장한다.

사회적 관계를 개조하는 사업에서 투쟁은 사회의 통일과 사람들의 협조와 협력을 확대하는 데 이바지해야 한다.(문제, 116)

이상의 논의에서 드러난 것처럼, 인간중심의 변증법은 기존의 유물 변증법의 결정적 한계로, 발전을 선도해나갈 실천 주체인 인간이 빠져 있는 점을 지적하면서, 사회적 운동의 주체로서의 인간에 대한 해명에 의거하여 인간중심의 변증법 법칙으로 새롭게 대립물의 통일 및 투쟁의 법칙을 재편해내고자 한다. 그에 따라 '실천적 행위의 주체인 인간이 창조적 활동을 통해 어떻게 사회를 발전시켜나가고 있는가?'를 대립물의 통일 및 투쟁의 법칙을 통해 입증해 보여주고자 한다. 이러한 작업에서는 마르크스(주의) 변증법처럼 투쟁만을 발전의 원천으로 보는 것에서 벗어나, 발전의 동력원을 '투쟁'뿐 아니라 '협력'에서 또한 동시적으로 확보하고자 시도한다. 새로운 인간 중심의 변증법의 관점에서, '대립과 통일', '투쟁과 협력'은 사회의 혁신적 변화와 변혁을 위해 공히 필요하며 더불어 둘 다 상대적이기 때문에 결코 그 어느 한편을 절대화해서는 안 된다. 그런 한에서 인간 및 인류사회가 발전해나가기 위해서는 투쟁—개인이나 집단 간 경쟁—과 협력—동지적 사랑과 협조—이 다 같이 영원히 필요하다(세계, 177)는 점을 역설한다.

3) 부정의 부정의 법칙의 전면적 재규정: 연속성과 불연속성의 통일 및 자기 갱신의 법칙

전통적으로 부정의 부정의 법칙은 마르크스(주의) 유물 변증법 체계에서 '물질세계의 발전의 일반적인 방향, 경향'을 드러내어 보여주는 법칙[16]으로 자리매김해왔다. 그러한 해명에 따르면, 부정의 부정의 법칙의 본질과 의의는 무엇보다 '변증법적 부정'에 대한 이해를

---

16) 빅토르 아파나셰프, 『변증법적 유물론』, 1988, 119쪽.

통해 드러난다. 이때 유물 변증법에서 논하는 부정이란 '낡은 것을 바로 이 낡은 것으로부터 발생하는 새로운 것으로 극복하는 것'을 가리키는바, 모든 것은 "자신의 이전의 존재 양식을 부정하지 않으면 발전할 수 없다"라는 마르크스의 언명으로 요약된다.

그런데 유물론적 변증법의 3대 법칙 중 부정의 부정의 법칙은 상대적으로 그 중요성이 약화되어왔다. 무엇보다 발전의 원천 및 과정을 규명하는 데 주안점을 둔 '대립물의 통일 및 투쟁의 법칙'과 결정적으로 구분되는 차이점을 확보하기 쉽지 않다는 이유에서, 대립물의 통일 법칙에 포함되는 '하위 법칙' 내지 '아류 법칙'으로 간주되어 경시되는 분위기에 휩싸이게 되었던 것이다. 이를 인간중심철학은 다음과 같이 언급하고 있다.

> 부정의 부정의 법칙을 처음으로 정식화한 것은 엥겔스였으나, 그것이 연속성과 불연속성의 통일의 원리와 결부되어 있다는 점과 자기갱신의 변증법이라는 데서 인간 밖에 존재하는 자연을 개조하는 변증법과는 다르다는 점을 그는 밝히지 못했다. 그에 따라 스탈린 시기에 와서 소련 공산당의 이론가들은 엥겔스의 부정의 부정의 변증법은 발전의 상승성을 강조하고 있을 뿐, 대립물의 통일과 투쟁의 변증법과 구별할만한 특성이 없다고 인정하고 그것을 변증법의 기본법칙에서 삭제해버렸다.(세계(재개정), 177)

이러한 이론사적 배경에 관한 해명에서 드러나듯이, 황장엽은 부정의 부정의 법칙이 지닌 본래적 특성이 유물론적 변증법 체계 내에서 제대로 발현되지 못하게 된 원인을 규명하고 그로부터 그 법칙이 수행해야 할 본래의 고유한 역할과 기능을 되살리고자, 그것의 전면적 재규정을 시도한다.

원인은 크게 두 가지로 제시된다. 먼저 부정의 부정의 법칙은 연속성과 불연속성의 상호관계에 관한 원리와 결부되어 있다는 사실을 유물 변증법이 놓치고 있다는 점이 지적된다. 다음으로 변증법은 근본적으로 인간의 운명 개척에 실천적으로 기여할 수 있는 방법론적 지침이어야 하는바, 부정의 부정의 법칙은 '인간 자신을 인간의 발전적 요구에 맞게 갱신해나가는 사업'(세계(재개정), 177)에 이바지하는 변증법의 법칙이라는 점을 유물 변증법은 전혀 고려하지 못했다는 점이 또한 제기된다.

마르크스(주의) 변증법의 부정의 부정의 법칙의 한계에 대한 이 같은 지적은 곧바로 그 한계를 넘어서려는 의도에서 기획된, 부정의 부정의 법칙에 대한 비판적 재규정의 작업을 통해 정식화된다. 곧 인간중심 변증법은 부정의 부정의 법칙을, '발전의 연속성과 불연속성의 상호관계를 밝혀주는 변증법'(문제, 135)이자 동시에 인간 주체의 '자기갱신의 법칙'(세계(재개정), 187)으로 규정짓고자 한다.

부정의 부정의 법칙에 관한 이 같은 새로운 개념 규정에서, 발전의 연속성과 불연속성의 통일과 주체의 자기갱신은 내적으로 상호 긴밀하게 연결되어 있다. 인간중심철학에 의하면, 연속성과 불연속성의 통일은 모든 존재와 운동을 규제하는 보편적 특징인바, 이는 '가장 발전된 존재인 인간'의 존재와 발전에서 가장 뚜렷이 구현되고 있으며 또한 중요한 의의를 지닌다. 왜냐하면 발전능력이 강할수록 발전의 '계승성과 혁신성'이 강하기 때문이다.(세계(재개정), 176) 이런 연유로, 연속성과 불연속성의 통일이라는 특징을 규명해내는 부정의 부정의 법칙은, 그 일차적 적용 및 분석 대상을 인간으로 상정하게 된다.

나아가 이러한 논리적 귀결은 인간의 운명 개척의 길을 밝혀주는 데 기여할 실천적·방법론적 지침으로서의 역할을 수행해야 하는 변증법의 자격 조건과 맞물려, 황장엽으로 하여금 부정의 부정의 법칙을 '연속성과 불연속성의 통일'의 특성이 가장 두드러지게 나타나는, 실천 주체인 인간을 중심으로 다시금 재구성하는 데까지 다다른다. 이름 하여 인간의 '자기갱신의 법칙' 또는 '세대교체의 논리'로서의 부정의 부정의 법칙이 바로 그것이다.(세계, 190) 특히 부정의 부정의 법칙은 인간이 목적의식적으로 자기를 발전시켜 나가는 창조적 활동을 해명하는 데서 근본지침으로 기능해야 하는바, 그러한 인간의 발전은 한 세대에 그치는 것이 아니라 세대를 이어 영원히 계속되지 않으면 안 된다는 점에서, 세대교체의 논리라는 명칭이 부여되었다.

황장엽에 의하면, 인간의 자기 발전은 크게 두 차원의 과정으로 진행된다. 하나는 객관적 자연 세계를 인간의 요구에 맞게 개조하는 사업을 통해서이며, 다른 하나는 인간 자신을 인간의 발전적 요구에 맞게 갱신해나가는 사업을 통해서이다. 전자와 관련해서 인간중심철학은 "인간이 발전하기 위해서는 인간 밖에서 인간과 대립되어 존재하는 자연을 인간의 생존 요구에 맞게 개조하여 자연의 힘을 인간 자신의 힘으로 전환시키며 인간과 자연의 협조 범위를 확대해나가"(세계, 176)야 함을 주창한다. 이는 '자연개조사업'이라 불리는데, 대립물의 통일과 투쟁의 법칙은 이러한 사업의 전개 과정이 자연에 내재해 있는 힘을 인간 자신의 것으로 만들어 인간을 발전시켜나가는 과정임과 동시에 인간과 자연 간의 통일을 한층 더 확대해나가는 발전적 과정임을 규명해 보여준다. 이러한 의미에서 대립물의 통일 법칙은 인간이 자신을 발전시켜 나가기 위한 창조적 활동 과정을 '횡적인' 차원에서 드러내 보여주는 법칙이라 할 수 있다.(세계, 192)

이에 비해 부정의 부정의 법칙은 인간이 자기자신을 발전의 요구에 맞게 개조하여 보다 더 힘 있는 존재로 발전시켜나가는 '인간개조사업'을, 인간 자신의 자기 발전적 과정임을 '종적인' 차원에서 해명하는 변증법의 법칙이라 할 수 있다.(세계, 192) 그런데 이때 부정의 부정의 법칙이 말하는 발전이란 '발전 이전 상태의 사물에서 발전의 요구에 맞는 부분을 계승한 조건하에 발전의 특징을 더욱 첨가함으로써만 실현될 수 있는' 것이며(문제, 135), 그런 점에서 발전은 '계승된 측면'과 '계승되지 않고 새로 첨가된 측면'이라는 양면성을 동시에 지니고 있다. 이 대목에서 인간중심의 변증법은 '계승성이 연속성의 측면이라면 혁신성은 불연속성의 측면'(문제, 135)이라는 점을 분명히 한다. 이러한 맥락에서 인간의 '목적의식적 발전 과정'은 '연속성과 불연속성의 통일'의 과정이라고 볼 수 있으며, 이러한 발전 과정의 특징을 포착하여 해명하는 변증법이 다름 아닌 부정의 부정의 법칙이라는 것이다.

이상에서 살펴본 것처럼 두 차원에서 이루어지는 '인간의 자기 발전' 과정을 규명하고, 아울러 그러한 발전 과정이 지속적으로 전개되어 나가게끔 그에 관한 실천적 지침을 제공하는 변증법의 법칙이 자연개조사업에서는 대립물의 통일의 법칙이며, 인간개조사업에서는 부정의 부정의 법칙인 셈이다. 다만 대립물의 통일과 투쟁의 법칙은 인간과 맞서 있는 물질적 존재를 인간에게 복무하는 존재로 개조하여 인간을 중심으로 대립물의 통일을 계속 확대해나가는 '인간 발전'의 특징을 규명하는 법칙인 데 비해, 부정의 부정의 법칙은 인간 자체가 자신의 낡은 것과의 관계에서 어떻게 그것을 계승하고 변혁하여 자기를 새것으로 발전시켜나가는가에 초점을 맞추어 '인간 발전'의 특징을 밝혀주는 법칙이라는 점에서 양자는 구분된다. 이런 점에서, 인간중심의 변증법은 대립물의 통일 법칙은 '주체와 객체 간 상호관계의 변증법 법칙'으로, 부정의 부정의 법칙은 '주체 자체에서 낡은 것과 새것 간 상호관계의 변증법 법칙'(문제, 137)으로 바라보고자 한다.

인간중심의 변증법은 마르크스(주의) 유물 변증법의 한계를 넘어서고 있는가?: 실천 주체가 중심이 된 변증법으로의 비판적 재구성을 중심으로

지금까지의 논의 사항들을 고려할 때, 우선적으로 제기될 수 있는 물음은 아마도 '인간중심의 변증법은 과연 마르크스(주의) 유물 변증법의 한계 내지 난점을 넘어서고 있는가?'일 것이다. 말할 것도 없이, 인간중심의 변증법이 기존 유물 변증법의 제한성과 약점들을 '완결적' 수준으로 해결하거나 극복했는가의 여부를 판단하기는 그리 쉬워 보이지 않는다. 다만 그럼에도 인간중심철학은, 마르크스(주의) 철학의 변증법 체계를 무비판적으로 수용하여 해명하는 수준을 넘어, '우리의 현실'에 관한 깊은 내적 성찰과 문제의식에 의거하여 유물 변증법을 비판적으로 재주조하여 그 '잠정적' 결과물로 인간 중심의 변증법을 내놓고 있다는 점은 분명히 평가해주어야 할 대목이 아닐까싶다.

사실 황장엽의 인간중심철학은 마르크스(주의) 철학에 대한 맹목적 추수주의의 태도에서 벗어나 주체적인 철학적 문제의식과 사유 방식에 의거하여 '북한' 사회를 일차적 탐구 대상으로 삼아 분석하고 그로부터 드러난 문제들을 해결해보려는 현실적 요구에서 비롯된, 이론과 실천 간의 변증법적 통일을 지향하는 '독창적인 실천적 사상체계'로서 세상에 나왔다. 더욱이 인간중심철학은 비록 북한적 현실을 일차적 사유 대상으로 삼아 구축된 것이지만, 그럼에도 북한식 사회주의를 비롯한 사회주의 체제와 자본주의 체제, 나아가 양자를 변증법적으로 통합한 새로운 미래 사회 구성체에 이르기까지의 다양한 사회체제 이념들에 대한 심도 깊은 실천 철학적 탐구 작업을 또한 수행해왔다. 그런 만큼 인간중심철학은 북한사회 내에서만 통용될 수 있는 협소한 이론체계에 머물러 있지 않으며, 개인주의적 자유주의 체제인 남한사회의 현실까지 파악할 수 있는 철학적 분석틀로서 그 기능을 수행할 수 있다. 뿐만 아니라 인간중심철학이 개진하고 있는 세계관, 사회역사관, 인생관 등이 갖는 풍부한 철학적 내용과 함의는 북한 및 한반도에 국한된 특수한 문제들을 뛰어 넘어 전(全) 지구적 차원의 보편적인 문제들에 대해서도 설득력을 갖춘 해명과 문제 해결을 위한 지침 및 방안을 제시해주고 있다고 판단된다.

기존의 마르크스(주의) 변증법을 실천적 주체인 인간을 중심에 놓고 새로이 비판적으로 재구성한 인간중심의 변증법 또한 이러한 인간중심철학의 고유한 역할과 기능이 차질 없이 이루어지도록 작용하는, 인간중심철학 전 체계의 가장 핵심적인 이론 구성적 입론체계라 할 수 있다. 그런 만큼 '철학의 기본적 역할과 사명은 인간 운명 개척의 보편적 방도를 제시하는 것'(문제, 47-48)이라는, 인간중심철학의 철학관(哲學觀)에 합치하는 변증법 체계, 곧 인간의 운명 개척을 위한 실천활동에 긴요한 이론적·실천적 지침을 제공해주는 '철학이론'이자 '방법론'으로 새롭게 정립된 것이 바로 인간중심의 변증법이라 할 수 있다. 다시 말해 인간과 세계와의 관계에서 주동적 지위를 갖는 인간이 창조적 활동을 통해 세계에서 차지하는 인간의 지위를 높여가면서 동시에 세계 그 자체의 지속적인 발전을 이루어나가는 과정의 근본적인 특징을 드러내고 그 실천 방도를 제시해주는 변증법이 인간중심의 변증법인 것이다.

이러한 사실을 고려하면서, 인간 주체를 '이론 구성'의 중심축으로 삼아 선행 유물 변증법을 비판적으로 재정립하여 구축된 인간중심의 변증법은 '어떤 점'에서 마르크스(주의) 변증법의 제한성과 난점을 해소하거나 극복하고 있다고 볼 수 있는가? 여러 대목이나 사안에서 살펴볼 수 있으나, 제한된 지면관계로 '총체적' 차원에서의 상세한 비판적 고찰은 다음 기회로 미루고, 여기서는 마르크스(주의) 유물 변증법의 결정적 한계로 '주체가 없는' 변증법 체계라는 점을 적극 부각시키면서, 이를 해결·극복하기 위한 철학적 방안으로 기존 유물 변증법을 실천 주체가 주축이 된 '인간중심'의 변증법으로 재구성하여 제시하고 있는 점에 초점을 맞추어 검토해보고자 한다.

(1) 무엇보다, 기존 마르크스(주의) 변증법은 '물질 중심' 혹은 '(운동의) 논리 중심'의 변증법에 머물러 있는 탓에 사회발전을 해명하는 이론적 분석 틀에 그치는 경향을 보이고 있던 데 반해, 유물 변증법을 비판적으로 계승하여 재구성한 '주체중심'의 변증법은 사회 발전에 관한 인식 및 분석 틀에 머물지 않고, 보다 나은 인간 사회의 구현과 인류의 운명 개척을 선도하는 철학적 방법론 및 실천적 지침 체계로서 그 역할을 확대·재구축하고 있다. 이 점에서 인간중심의 변증법은 나름 성공적으로 유물 변증법의 취약점을 '창조적으로 지양'하고 있다고 평가할 수 있을 것이다.

물론 마르크스(주의)의 유물 변증법도 세계에 대한 해석에서 벗어나 변혁을 추구하고자 시도한다. 하지만 '인간이 자신의 요구에 맞게 세계를 개조하고 변화·발전시켜나가는 과정에서 가장 결정적인 역할을 수행한다'(문제, 81)는 사실을 적확하게 포착하지 못함으로써, 변증법을 '변혁의 논리체계'로 완결 짓지 못하는 불완전성을 노정했다고 볼 수 있다.

반면 현실 사회의 구조적 모순과 병폐를 포착할 뿐 아니라 그것을 뜯어내고 고침으로써 보다 나은 인간 사회를 발전적으로 구현해 나가는 데 기여할 구체적 실천 방도를 모색·제시할 소임을 부여받은 인간중심의 변증법이 지닌 '사회 변혁의 방법론적·실천적 지침 체계'로서의 본질적 특성은, 기존 유물 변증법의 체계를 재편 내지 재주조함으로써 내놓은 '변증법의 3대 법칙'에 고스란히 구현되어 있다.

먼저 '양질의 법칙'은 실천적 운동의 주체인 인간이 자신의 창조적 활동을 통해 물질적 객관세계의 양적·질적 규정성을 파악하고 그

양과 질을 변경해나감으로써 인간 운명개척의 무한한 발전 가능성을 확보할 수 있게끔 작용하는 변증법의 법칙으로서 새로이 규정되고 있다. 다음으로 '대립물의 통일과 투쟁의 법칙'은, 발전을 주도해나갈 실천 주체인 인간이 자신의 대립물인 객관세계를 변증법적으로 통일시켜 자신의 것으로 만들어나감으로써 인간 자신을 보다 힘 있는 존재로 발전시켜나가는 데 필수적인 실천철학적 지침과 방도를 밝혀주는 법칙으로 재해석되고 있다. 끝으로 '부정의 부정의 법칙'은 실천의 주체인 인간이 대를 이어 역사적으로 자신을 발전시켜나가기 위해 진행하는 창조적 활동의 본질적 특성, 즉 발전의 주체가 낡은 주체로부터 보다 나은 주체로 발전해나가는 과정과 방식, 특성을 해명해주는 변증법의 법칙으로서 새롭게 재탄생되었다.

이 같은 사실로부터 알 수 있듯이, 인간중심의 변증법은 물질적 풍요로움을 구가하면서도 인간 누구나 자유롭고 평등하며 마음껏 자아를 실현할 수 있는 '인간 해방 사회'의 구현을 위한 길잡이로서의 철학관에 상응하는 변증법의 유형으로서, 변혁의 주체인 '인간', 인간을 포함한 '물질세계' 그리고 '인간과 물질세계 간 상호관계'의 근본적 특성을 이론적 차원에서 규명할 뿐 아니라, 실천적 차원에서 인간의 운명 개척을 실제로 가능하게 하는 보편적 지침과 구체적 방안을 강구·제시해주는 변증법이다. 이 지점에서 이 같은 변증법의 수립을 가능하게 했으며 동시에 마르크스(주의) 유물 변증법과 인간중심의 변증법을 명확히 구분 짓게끔 이끌어주는 결정적인 요인은, 사회 변혁 및 발전의 '주체와 동력원'을 '인간과 인간의 실천적 활동'에서 확보하고자 한 인간중심철학의 이론 구성적 기획 의도에서 찾을 수 있을 것이다.

(2) 둘째로, 기존의 유물 변증법이 노정했던 이른바 '객관주의'의 한계를 넘어설 수 있는 이론적 발판을 마련했다는 점도 주목해봐야 할 대목이 아닌가 한다. 이미 변증법의 3대 법칙에 관한 고찰 과정에서 살펴본 것처럼, 유물 변증법 체계 내에는 운동과 발전의 논리만 있을 뿐 정작 운동을 가능하게 하는 실천 주체가 제외되어 있는 사태에 대해 이름 붙인 것이 '운동주의'였다. 그런데 이러한 난점으로부터 초래된 또 다른 문제점이 바로 객관주의의 한계이다. 이는 발전과 변혁을 주도하는 실천 주체로서의 인간이 배제된 탓에, 결국 사회발전의 원인과 추동력을 인간 외부에 자리한 사회구조나 제도 등과 같은 '외적·객관적 조건'에서 마련함으로써 촉발되는 취약점을 가리킨다.

이와 관련해, 마르크스(주의) 변증법은 인간의 삶을 에워싸고 있는 객관적 조건인 '생산력과 생산관계의 모순'을 사회적 변혁과 발전을 추동시키는 궁극적 원인으로 개진하고 있다.(세계, 74) 아울러 그로부터 자본주의 체제 내에서의 생산력과 생산관계 간의 '적대적 모순'은 계급투쟁과 공황으로 이어지고, 급기야 자본주의적 생산관계의 붕괴와 함께 자본주의적 생산력과 사회주의적 생산관계의 결합을 통해 사회주의에로의 이행이라는 사회적 진보를 가능하게 하고 있다고 해명한다.[17]

---

17) 한국철학사상연구회, 『철학소사전』, 206쪽 참조.

그러나 이에 대해 인간중심의 변증법은, 생산력이나 생산관계는 물질적 주체가 아닌 범주적 개념에 지나지 않는 것들로서, 실천적 운동을 일으키는 근본적 원인이 될 수 없다고 반박한다. 그러한 모순은 사회를 개조하고 변혁하기 위한 실천적 운동의 '배경적 조건'은 될 수 있지만, 사회변혁을 위한 창조적 활동의 원인은 될 수 없다는 설명이다.(세계관, 174) 요컨대 변혁이나 개조·발전이라는 실천적 운동을 일으키는 주된 '원인'은 실천 주체인 인간이며, 인간을 둘러싼 외적 조건이나 요인은 그러한 사회적 변혁 운동을 촉발시키는 '조건'에 지나지 않는다는 것이다.

　　인간중심의 변증법 체계 내에서 운동의 '원인과 조건' 간의 엄밀한 구분은 매우 중요하다. 왜냐하면 '인간의 운명 개척을 인간 자신이 스스로 주동적으로 선도해나갈 것인가?', 아니면 '외적 조건에 우리의 운명을 맡기고 비주체적으로 끌려갈 것인가?'를 판별하는 데 그러한 구분은 결정적인 요인이기 때문이다. 이렇듯 인간중심의 변증법은, 자주적이며 주체적으로 인간이 자신의 운명을 결정하고 개척해나감으로써 영속적인 인류 사회의 발전을 담보하게 만드는 실천철학적 요소와 지침, 방안 등의 제시를 '변증법의 본원적 역할'로 간주하고 있는 탓에, 실천 주체로서의 인간을 모든 운동의 '원인'으로 설정하고 있다. 그런 만큼 인류사회의 발전적 미래의 실현 여부를 인간 자신이 아닌 비인간적 외적 요인에서 확증하고자 시도하는 유물 변증법은 '변증법의 기본 원리'(문제, 128)를 왜곡하는 심각한 오류를 범하고 있는 것이다.

(3) 끝으로, 유물 변증법을 주체가 있는 변증법 체계로 다시금 비판적으로 재구성하는 과정을 통해, 마르크스(주의) 변증법의 3대 법칙이 드러내는 '해명상의 내적 부정합성'이나 '논리적·이론적 오류' 등을 해소·해결하여 '설명에서의 논리적 일관성 및 정합성'을 온전히 갖춘 변증법의 기본 법칙으로 재편한 것도, 유물 변증법의 한계를 넘어서게끔 만든 실천철학적 성과로서 주목해야 할 대목이다.

먼저, 양질의 법칙의 경우, 마르크스(주의) 변증법은 이를 물질적 존재가 발전해나가는 형태를 규명하는 법칙으로 정의하고 그에 의거해 물질적 대상의 양적 변화나 질적 변화를 '속도'와 관련지어 해명하고 있다. 하지만 속도와 연계지어 비약적인 변화는 질적 변화로, 점진적인 변화는 양적 변화로 구분하여 설명하는 방식은 논리적 일관성을 결여하고 있으며, 이론적 타당성과 보편성 또한 담보하지 못하고 있다. 나아가 물질적 대상이 벌여나가는 운동 법칙 또한 변경할 수 없는 법칙적 필연성을 지닌 모종의 신비로운 것으로 받아들이고 있다.

하지만 인간중심의 변증법은, 인식 및 실천의 주체인 인간을 주축으로 하여 양질의 법칙을 재구성함으로써, 인간 주체로 하여금 물질(물질적 존재)의 운동이나 변화·발전의 양상을 '양적 규정성의 변화로 인한 질적 규정성의 변화(혹은 그 반대)'로 파악하여 속도와의 연계 없이도 물질적 대상의 양적·질적 변화를 논리적으로 일관되게 규명하고 예측할 수 있게 되었다. 게다가 물질적 대상의 양적 규정성을 정확히 포착해낼 경우, 인식 및 운동 주체인 인간은 자신이 원하는 그 어떤 물질도 창조해낼 수 있으며 물질적 대상이 벌여나가는 운동 법칙 또한 얼마든지 변경할 수 있다는 사실을 새로운 양질의 법칙을 통해 하나의 '진리'로서 담보해낼 수 있게 되었다. 이로써 선행 마르크스(주의) 변증법 체계 내에서의 양질의 법칙, 즉 '양적 변화의 질적 변화로의 이행 및 그 역의 이행의 법칙'과 달리, 주체 중심적 변증법의 한 법칙으로 새롭게 구축된 양질의 법칙은, 인간 주체가 물질의 구성요소와 결합구조를 인식하고 그것을 변경·개조할 경우 인간의 요구에 부합하는 새로운 질을 가진 물질을 창조해낼 수 있다는 사실을 밝혀냄으로써, 인간의 운명 개척에 실질적으로 이바지할 수 있는 방법론이자 실천적 지침으로서의 변증법의 본래적 특성과 기능을 온전히 발휘할 수 있게 되었다.

둘째로, 이미 앞에서 논의되었던 것처럼, 인간 주체를 중심으로 새롭게 재편하여 내놓은 대립물의 통일의 법칙이, 주체가 결여된 기존 마르크스(주의)의 대립물의 통일과 투쟁의 법칙이 노정하는 주된 한계, 즉 '운동을 일으켜나가는 주체는 없고 단지 운동의 논리만 있다'는 운동주의의 난점을 넘어설 수 있게 된 점 또한 유념해볼 필요성이 있다. 이렇게 된 데는 유물 변증법이 '대립물의 통일' 또는 '모순'이라는 관계 개념 혹은 운동 방식을 운동의 원인으로 설정한 것이 주된 요인으로 작용하고 있다.

하지만 인간중심 변증법은 대립물의 통일(모순)은 그 자체 실제로 존재하는 물질적 대상이 아닌 추상적인 개념 내지 운동의 형태에 지나지 않는 것으로서, 결코 운동의 원인이 될 수 없다는 점을 엄밀하게 규명해냄으로써 선행 마르크스(주의) 변증법의 핵심적 법칙인 대립물의 통일 법칙의 결정적 난점을 넘어설 수 있게 되었다. 곧 인간중심의 변증법에 따르면, 대립물의 통일 상태는 대립 보존의 속성과 통일 견지의 속성을 지닌 물질적 존재가 대립 보존의 운동과 통일 유지의 운동을 수행함으로써 이루어지는 '운동이 전개되어가고 있는 과정적 상태'를 가리킨다. 따라서 그것을 운동의 원인으로 설정하는 것은, '운동'의 원인이 '운동(과정)'이라고 말해버리는 일종의 자기모순적 사태에 다름 아닌 셈이다. 인간중심의 변증법은 바로 이 같은 '문제적 사실'을 날카롭게 지적해냄으로써 유물 변증법이 내세운 대립물의 통일 및 투쟁의 법칙이 지닌 결정적인 한계를 넘어설 수 있는 이론적 교두보를 마련할 수 있게 되었던 것이다.

세 번째로, 유물 변증법의 체계 내에서 통상 '모순에 의한 발전의 법칙'[18]으로 이해되어온 부정의 부정의 법칙은 대립물의 통일의 법칙과 명확하게 구분될 만한 이론적 변별력을 지니지 못한 탓에 그 중요성이 제대로 평가받지 못한 채 변증법의 기본 법칙에서 제외되기에 이르렀다. 하지만 인간중심철학은 이를 인간중심의 원리에 의거하여 '인간 주체의 자기 갱신의 법칙'으로 재편해 내놓음으로써 마르크스(주의) 변증법 체계 내에서 그것이 노정했던 한계를 극복하여 다시금 변증법의 주요 법칙으로서의 본래적 기능을 수행하도록 만들었는바, 이 점 또한 충분히 평가받을 자격이 있다고 생각된다.

그런데 이러한 성과를 낼 수 있었던 것은, 인간 자신의 요구에 상응하여 인간을 갱신해나가는 '인간 발전 사업'에 이바지하는 것이 부정의 부정의 법칙에 주어진 고유한 특성이자 기능이라는 사실을

---

18) 스토이스로프 대표 집필, 『변증법적 유물론』, 1989, 204쪽.

마르크스(주의) 변증법이 제대로 간취하지 못한 데서 비롯된 것이라는 점을 적확히 규명해내었기 때문이다. 요컨대 부정의 부정의 법칙은 발전을 주도해나가는 인간 '주체'와 내적으로 밀접히 관련되어 있는 변증법이라는 사실을 마르크스(주의) 변증법은 포착하지 못했다는 것이다.

이와 관련해 사실 부정의 부정의 법칙은 '부정되는 것과 부정하는 것 사이의 연관과 연속성을 조건지우는 법칙'[19]으로 유물 변증법에 의해 이해되었는데, 이는 '연속성과 불연속성의 통일'을 해명하는 법칙으로 부정의 부정의 법칙을 재해석한 인간중심 변증법의 입장과 일맥상통한다. 그렇지만 그러한 특징은 가장 발전된 물질적 존재인 인간에게서 '계승성(연속성)과 혁신성(불연속성)'의 양태로 뚜렷이 드러난다. 그런 연유로 인간중심의 변증법은 그러한 법칙의 우선적 적용 및 분석 대상을 인간으로 설정했던 것이다. 그리고 그로부터 인간중심의 변증법은 부정의 부정의 법칙을 인간중심의 원리에 입각하여 실천 주체인 인간이 자신의 고유한 본질적 특성인 '계승성과 혁신성', '자기긍정과 자기비판'(세계관, 189)을 드러내 밝혀주는 법칙으로 재편함으로써, 본래 그 법칙에게 주어진 역할과 기능을 온전히 발휘할 수 있는 방법론적 토대를 마련하기에 이른다. 그 결과 인간중심의 변증법 체계 내에서 부정의 부정의 법칙은 선행 유물 변증법 체계에서 처했던 난관을 극복하고 마침내 실천 주체가 보다 자주적인 지위를 갖고 한층 더 창조적인 역할을 주동적으로 수행해나가는, 자기

---

19) 편집부 편, 『철학의 기초이론』, 1986, 142쪽.

발전적이며 자기 혁신적인 존재로 변화해나가는 근본방식과 특성을 규명해 밝혀내는 변증법의 법칙으로 '부활하여' 확고히 자리매김하게 된 것이다.

이상에서와 같이, 우리는 마르크스(주의) 변증법 체계가 노정하는 한계와 난점들에 대한 비판적 지적과 그것들을 해소하고 극복하고자 내놓은 이론적·실천적 방안 및 대안에 관해, 인간중심 변증법의 주요 입론들을 중심으로 검토해보았다. 말할 것도 없이 이러한 짧은 글을 통해, 인간중심의 변증법 체계가 선행 유물 변증법의 문제점과 제한성을 온전히 해결하고 넘어선 보다 완결된 수준의 대안적 변증법 체계인가의 여부를 판단해보는 것은 사실상 불가능하다. 더욱이 국내 실천철학계에 인간중심의 변증법에 대한 기본적 소개조차 제대로 이루어지지 않은 상황에서, 그것은 섣부른 독단적 평가가 될 수 있을 것이다. 다만 인간 주체를 이론 구성의 중심에 놓고 '주체가 없는' 유물 변증법을 '주체가 있는' 변증법 체계로 재구성하여 제시하고 있는 점에 주안점을 두어 '제한적으로나마' 평가해본다면, 마르크스(주의) 변증법에 비판적 지적과 그에 대한 이론적 대안은 나름 설득력 있고 수용할 만한 근거를 지닌, 충분히 경청할 만한 내용과 가치, 자격을 지니고 있다고 감히 말할 수 있을 것 같다. 무엇보다도 이제껏 한국의 사회철학계에서 이루어진 마르크스(주의) 변증법에 대한 철학적 논의는 사실상 무반성적인 추수주의적 태도에 의거해 이루어져왔다는 점을 상기할 때, '우리 현실'과 '우리의 문제의식'에 기초하여 마르크스(주의) 변증법을 비판적으로 논구하고 그 실천철학적 잠정 성과를 내놓고 있는 점은 응당 평가해주어야 할 대목이 아닌가 싶다.

　물론 이러한 개인적 입장과 바람과는 별도로, 인간 주체가 중심이 된 새로운 변증법 체계 내에는 보다 설득력 있는 해명과 추가적 답변이 요구되는 사안과 논란거리들이 적지 않게 존재한다. 그런 만큼 보다 공정한 평가를 위해서는 유물 변증법에 대해 제기된 비판적 지적과 대안적 입론에서 드러나는 여러 쟁점들에 관한 소개와 심도 깊은 비판적 검토 작업이 필수적으로 요청된다. 이 점은 이후의 연구 작업에서 보다 치밀하게 다루어질 것임을 약속드린다.

　끝으로 마르크스(주의) 변증법의 한계와 그 극복 방향 및 방안을 비판적으로 논의해보기 위해 끌어들인 인간중심의 변증법과 관련해서 이 짧은 글이 계기가 되어 이에 대한 학술적·철학적 관심이 모아지고, 이어 보다 심도 깊은 철학적 논의가 이루어질 수 있는 작은 시작점이라도 마련될 수 있다면, 이 글의 기획 의도는 성공적으로 관철된 것이라 자평해본다.[20]

---

20) 이 글은 『사회와철학』 제38호(2019년 10월)에 실린 논문을 부분적으로 수정·보완한 것이다.

참고문헌

뢰트, W.,『변증법의 현대적 전개』I, II, 중원문화, 1987.

선우현,『자생적 철학체계로서 인간중심철학』, 집문당, 2009.

손광주 외,『주체사상과 인간중심철학』, 예문서원, 2003.

슈틸러, G.,『모순의 변증법』, 중원문화, 1985.

아파나셰프, V.,『변증법적 유물론』, 백두, 1988,

이스라엘, J.,『변증법』, 까치, 1983.

편집부 편,『철학의 기초이론』, 두레, 1986.

한국철학사상연구회 편역,『철학소사전』, 동녘, 1990.

황장엽,『인간중심철학의 몇 가지 문제(초판)』[문제(초)], 시대정신, 2000.

_____,『인간중심철학의 몇 가지 문제』[문제], 시대정신, 2003.

_____,『인간중심철학 1: 세계관』[세계], 시대정신, 2003.

_____,『인간중심철학 2: 사회역사관』[사회역사], 시대정신, 2003.

_____,『인간중심철학 3: 인생관』[인생], 시대정신, 2003.

_____,『변증법적 전략 전술론』[전술], 시대정신, 2006.

_____,『인간중심철학원론』[원론], 시대정신, 2008.

_____,『세계관: 인간중심철학 02』[세계(재개정)], 시대정신, 2010.

스토이스로프 대표 집필,『변증법적 유물론』, 세계, 1989.

Dutt, C.(ed.), *Fundamentals of Marxism Leninism*, Foreign Languages Publishing House, 1963.

Engels, F., *Dialektik der Natur, MEW* 20, Dietz Verlag, 1983.

Lenin, V. I., *Selected Works*, International Publishers, 1976.

Lenin, V. I., *Materialismus und Empirikokritizimus*, Dietz Verlag, 1985.

Marx. K./Engels, F., *Manifest der kommunistischen Partei, MEW* 20, Dietz Verlag, 1980.

Rakitov, A., *The Principles of Philosophy*, Progress Publishers, 1989.

Segeth, W., *Materialistische Dialektik als Methode und Methodologie*, Akademi Verlag, 1984.

10.

마르크스와
알튀세르 사이의
푸코

진태원

10.

마르크스와 알튀세르 사이의 푸코

진태원

들어가는 말

알튀세르는 파리 고등사범학교 시절 푸코의 스승이었을 뿐만 아니라 인간적·제도적·사상적으로 긴밀한 관계(이것이 반드시 우호적이거나 화목한 관계를 의미하지는 않는다)를 맺고 있던 인물이었다. 푸코와 알튀세르는 라캉, 바르트 또는 레비스트로스와 함께 1960년대 프랑스 사상계를 풍미했던 '구조주의'의 주요 이론가로 분류되어왔다. 하지만 (뒤에서 더 자세히 논의하겠지만) 알튀세르, (후기) 푸코 사이에는 막연히 '구조주의'로 묶이는 것보다 더 특수하고 중요한 공통점이 존재하는데, 이는 주체의 문제와 관련되어 있다.[1] 사실 알

---

[1] 알튀세르나 푸코는 자신들을 구조주의자로 분류하는 데 반대했다. 알튀세르는 『자기비판의 요소들』에서 자신을 포함한 그의 동료 연구자들(에티엔 발리바르, 피에르 마슈레, 미셸 페쉬 등)은 구조주의자가 아니라 **스피노자주의자였다**고 밝힌 바 있으며(Louis Althusser, 'Éléments d'autocritique', in *Solitude de Machiavel et autres textes*, ed. Yves Sintomer, PUF, 1998, p.181, 강조는 원문), 푸코 역시 자신을 비롯하여 알튀세르, 라캉 모두 엄밀한

튀세르와 푸코는 한편에서는 이데올로기에 의한, 다른 한편에서는 규율 권력에 의한 종속적 주체 내지 개인의 생산을 이론화하면서 주목할 만하게도 동일한 개념, 곧 assujettissement이라는 개념, 우리말로는 예속적 주체화 내지 종속적 주체화 정도로 번역될 수 있는 개념을 체계적으로 사용하고 있다.[2]

또한 1968년 5월 운동 이후 대학 개혁 과정에서 뱅센실험대학의 교과 개혁 책임자로 일했던 푸코가 철학과와 정신분석학과를 구성할 때 주로 의지했던 이들이 알튀세르와 라캉의 제자들(알랭 바디우, 자크 랑시에르, 에티엔 발리바르, 자크 알랭 밀레 등)이었다. 하지만 이는 푸코가 마르크스주의 및 마르크스주의자들에 대해 심한 회의감을 갖게 만든 주요 요인 중 하나였다.[3] 1968년 이후 급진적인 변혁 운동을 추구하다가 공안 정국하에서 집중적인 탄압의 대상이 되었던 급진 좌파 집단, 특히 '프롤레타리아 좌파(la gauche prolétarienne)'의 활동가들 중 상당수는 고등사범학교의 알튀세르 제자들이었으며, 6·8 운동에 대한 알튀세르의 유보적인 태도에 실망하여 이후 사르트르와 푸코에게 경도되었다.[4] 이런 관점에서 보면, 알튀세르라는

의미의 구조주의자가 아니었다고 말한 바 있다. 미셸 푸코 지음, 이승철 옮김, 『푸코의 마르크스: 둣치오 뜨롬바도리와의 대담』, 갈무리, 2004, 60~61쪽. 이 문제에 관해서는 마지막 부분에서 다시 논의하겠다.

2) 이에 관한 논의로는 특히 Warren Montag, "Althusser and Foucault: Apparatuses of Subjection", in *Althusser and His Contemporaries: Philosophy's Perpetual War*, Duke University Press, 2013 및 Pascale Gillot, "Michel Foucault et le marxisme de Louis Althusser", in Jean-François Braunstein et al. eds., *Foucault(s)*, Éditions de la Sorbonne, 2017 참조.

3) 이 당시의 상황에 관해서는 디디에 에리봉, 『미셸 푸코』, 박정자 옮김, 그린비, 2011 및 Richard Wolin, *The Wind from the East: French Intellectuals, the Cultural Revolution, and the Legacy of the 1960s*, Princeton University Press, 2010 참조.

4) 1960년대 말~1970년대 초 프랑스의 급진 좌파의 운동 및 그 여파에 대해서는 Michael

매개를 고려하지 않고 푸코와 마르크스(주의)의 관계를 검토한다는 것은 불가능하며, 그렇지 않다고 해도 중요한 쟁점들을 제대로 검토하기 어렵다.

하지만 기묘한 것은 이러한 다면적인 연관성에도 불구하고 양자 사이에 상호 언급이 거의 존재하지 않는다는 점이다. 알튀세르는 『'자본'을 읽자』(1965)에서 당시까지 거의 주목을 받지 못한 채 묻혀 있던 푸코의 『광기의 역사』 및 『임상의학의 탄생』을 '탁월한 저작'이라고 평가하면서 그를 가스통 바슐라르, 장 카바예스, 조르주 캉길렘의 계보를 잇는 사상가의 반열에 위치시키고 있다.5) 반면 푸코는 『지식의 고고학』에서 불연속의 역사의 한 사례로 『마르크스를 위하여』에 나오는 과학과 이데올로기의 단절 내지 절단을 언급한 것 이외에는 생전에 출간된 저작에서 한 번도 알튀세르나 그의 저작을 거론한 적이 없다.6) 알튀세르나 그의 제자들(가령 에티엔 발리바르)을 염두에 둔 비판적인 논평과 언급은 주로 1970년대 초 이후(곧 6·8 운동 이후 푸코가 급진 좌파 운동가들과 교유하면서 권력의 계보학 작업

Scott Christofferson, *French Intellectuals Against the Left: The Antitotalitarian Moment of the 1970s*, Berghahn Books, 2004 참조.

5) Louis Althusser, "Du Capital à la philosophie de Marx", in *Lire le Capital*, PUF, 1996 (3e édition), pp.20, 44, 46.

6) Michel Foucault, *L'archéologie du savoir*, Gallimard, 1969, p.12; 『지식의 고고학』, 이정우 옮김, 민음사, 1992, 23쪽. 흥미로운 사실 중 하나는 『말과 사물』에서 푸코가 리카도의 정치경제학과 마르크스의 정치경제학 (비판) 사이에는 '어떠한 실질적인 절단(coupure)'도 존재하지 않는다고 지적한다는 점이다. 그가 보기에 마르크스주의는 '마치 물속에 존재하는 물고기처럼 19세기 사유 안에 존재하는' 것이다. Michel Foucault, *Les mots et les choses*, Gallimard, 1966, p. 274; 『말과 사물』, 이규현 옮김, 민음사, 2012, 364쪽. 번역은 약간 수정. 푸코가 알튀세르의 이름을 거론하고 있지 않지만, 이는 분명 『말과 사물』 이전 해에 출간된 알튀세르의 『마르크스를 위하여』, 『자본'을 읽자』의 핵심 주장에 대한 반박으로 이해될 수 있다. 푸코 논의에 대한 비판적 고찰로는 Pascale Gillot, "Michel Foucault et le marxisme de Louis Althusser", op. cit. 참조.

을 수행하기 시작한 이래) 외국 언론이나 학자들과의 인터뷰에서 제시되고 있다.

반면 알튀세르의 제자들은 여러 차례에 걸쳐 푸코에 대해 언급하고 있으며, 특히 1970년대에는 비판적 거리두기를 시도한 바 있다.[7] 역으로 프랑스나 영미권의 푸코주의자들은 알튀세르의 제자였다가 푸코로 전향했거나 아니면 알튀세르와의 거리두기를 위한 이론적 방편으로 푸코를 택한 바 있다. 따라서 어떻게, 어떤 계기들을 통해 알튀세르와 푸코가, 그리고 그의 지적 후계자들이 이론적·정치적 유대관계에서 갈등과 적대관계로 이행하게 되었는가 하는 질문이 제기된다.

하지만 다른 한편으로 푸코는 마르크스(주의)나 알튀세르에 대해 거의 언급한 바 없고 스스로 마르크스주의자로 자처하지 않았을 뿐만 아니라, 마르크스주의와 경쟁할 수 있고 더욱이 그것을 극복할 수 있는 독자적인 역사유물론을 구성하는 것을 1970년대 자신의 이론적 작업의 목표 중 하나로 삼았다.

---

7) 특히 Dominique Lecourt, *Pour une critique de l'épistémologie: Bachelard, Canguilhem, Foucault*, Paris: Maspero, 1972; 도미니크 르쿠르 지음, 박기순 옮김, 『프랑스 인식론의 계보: 바슐라르, 캉기옘, 푸코』, 새길, 1996; *Dissidence ou révolution*, Maspero, 1979; Michel Pêcheux, *Language, Semantics and Ideology*, St. Martins Press, 1982(프랑스어 원서는 1975); "Remontons de Foucault à Spinoza", in Denise Maldidier ed., *L'inquiétude du discours*, Éditions des Cendres, 1991을 참조. 또한 1980년대 이후 알튀세르엥들의 푸코에 대한 평가로는 Etienne Balibar, "Foucault et Marx: l'enjeu du nominalisme"(1988), in *La crainte des masses*, Éditions Galilée, 1997; 「푸코와 마르크스: 유명론이라는 쟁점」, 『대중들의 공포』, 서관모·최원 옮김, 도서출판 b, 2007; "L'anti-Marx de Michel Foucault", in Christian Laval et al. eds., *Marx et Foucault: Lectures, usages et confrontations*, La Découverte, 2015; Pierre Macherey, *Le sujet des normes*, Éditions Amsterdam, 2015 중 3장과 4장을 각각 참조.

비합리적이지 않고 우파에 기원을 두지 않으면서 마르크스주의적 교조주의로도 환원되지 않는, 분석과 사상의 형태들을 구성하는 것이 어느 정도까지 가능할 것인가의 문제 (⋯) 변증법적 유물론의 교리와 법칙을 넘어서는, 이론적이고 합리적이며 과학적인 연구를 어느 정도까지 수행할 수 있을 것인가의 문제.[8]

또한 1970년대 이후 프랑스에서, 그리고 1980년대 이후에는 영미권(및 기타 다른 지역)에서 푸코 및 그의 작업을 원용하는 연구는 마르크스주의에 대한 대안적인 좌파 이론이라는 맥락에서 수용되어 왔다(대표적인 것이 이른바 '통치성 학파'라고 할 수 있다).[9] 이 때문에 푸코의 '반-마르크스(anti-Marx)'에 대해 말할 수 있으며,[10] 또는 적어도 푸코의 '대항-마르크스주의(contre-Marxisme)'를 언급할 수 있다.[11]

그런데 푸코가 반-마르크스(주의) 내지 대항-마르크스주의 연구를 스스로 추구했고 또 그것을 고무하는 데 결정적으로 기여했다면, 이는 무엇보다 (유일한 원인은 아니겠지만) 알튀세르의 작업에

---

8) 미셸 푸코, 『푸코의 마르크스: 둣치오 뜨롬바도리와의 대담』, 94쪽. 또한 진태원, 「푸코와 민주주의: 바깥의 정치, 신자유주의, 대항품행」, 『애도의 애도를 위하여』, 312~315쪽의 논평도 참조.

9) 물론 푸코에 대한 우파적인 수용도 없지는 않다. 푸코와 '신철학자들'과의 관계가 대표적이거니와, 푸코의 조교였던 프랑수아 에발드(François Ewald)는 프랑스 경영자 연합회(MEDEF)의 부회장을 역임하기도 했다.

10) Etienne Balibar, "L'anti-Marx de Michel Foucault", op. cit. 참조.

11) François Ewald et Bernard E. Harcourt, "Situation du cours", in Michel Foucault, *Théories et institutions pénales: Cours au Collège de France, 1971~1972*, Paris: EHESS/Gallimard/Seuil, 2015 참조. 또한 같은 책에 수록된 에티엔 발리바르의 편집자에게 보내는 편지도 참조. Etienne Balibar, "Lettre d'Etienne Balibar à l'éditeur du cours", in Ibid.

대한 이론적 저항 때문이 아닌지 질문해볼 수 있다. 실제로 푸코의 콜레주 드 프랑스 강의록 중 제일 마지막에 출간된(하지만 시기상으로는 제일 앞선 것들에 속하는) 1971~1972년 강의록인 『형법이론과 제도』 및 1972~1973년 강의록인 『처벌사회』[12]는 1970년대 권력의 계보학 연구의 **비판적 출발점**에 알튀세르의 마르크스주의, 특히 「이데올로기와 이데올로기 국가장치들」(1970)에 담긴 이데올로기론이 있음을 잘 보여준다.[13] 그렇다면 푸코와 알튀세르는 ('구조주의'라기보다는) '철학적 구조주의'라는 공동의 문제 설정 아래 작업했으면서도,[14] 그 내부에서 이론적으로 갈등했다고, 또는 이단점(point d'hérésie)을 지니고 있었다고 말할 수 있으며,[15] 이는 마르크스의 전유를 쟁점으로 하고 있지만 더 넓게 본다면 예속화(assujetissement)와 주체화(subjectivation)의 관계를 둘러싼 철학적 이단점이라고 할 수 있다. 이런 관점에서 이 글에서는 푸코와 알튀세르 사이에서 제기될 수 있는 몇 가지 쟁점을 살펴보겠다.

---

12) Michel Foucault, *Théories et institutions pénales: Cours au Collège de France*, 1971~1972, op. cit.; *La société punitive: Cours au Collège de France*, 1971~1972, Paris: EHESS/Gallimard/Seuil, 2013 참조.

13) Louis Althusser, "Idéologie et les appareils idéologiques d'État", in *Sur la reproduction*, PUF, 2011(초판은 1995); 「이데올로기와 이데올로기 국가장치」, 『아미엥에서의 주장』, 김동수 옮김, 솔, 1991.

14) "라캉, 후기 푸코, 또는 알튀세르 등 어떤 위대한 철학적 '구조주의자들'도 (…) 주체를 실격시키는 데 그치지 않았다. 그들 모두는 그 반대로 고전 철학에 의해 기초의 위치에 장착된 이러한 맹목적인 노력을 해명하고자 했다. 즉, 구성하는 기능에서 구성되는 위치로 주체를 이행시키고자 했다." Etienne Balibar, "L'objet d'Althusser", in Sylvain Lazarus ed., *Politique et philosophie dans l'œuvre de Louis Althusser*, PUF, 1992, p.102; 에티엔 발리바르, 「철학의 대상: 절단과 토픽」, 윤소영 옮김, 『알튀세르와 마르크스주의의 전화』, 이론사, 1993, 213~14쪽. 강조는 발리바르의 것이고 번역은 약간 수정했다.

15) 푸코의 『말과 사물』에서 유래하는 '이단점'이라는 개념의 철학적 함의에 대해서는 Etienne Balibar, "Foucault's Point of Heresy: 'Quasi-Transcendentals' and the Transdisciplinary Function of the Episteme", *Theory, Culture and Society*, vol.32, nos. 5~6, 2015 참조.

알튀세르의 이데올로기론: 몇 가지 요소들[16]

우선 푸코 작업의 **비판적 출발점**이라고 할 수 있는 알튀세르의 이데올로기론의 논점을 간략히 살펴보는 것이 이 이론에 대한 푸코의 반작용 및 이를 극복하기 위한 그의 독자적인 계보학 연구의 쟁점을 이해하는 데 도움이 될 것이다.

1) 노동력의 재생산과 이데올로기 국가장치들

「이데올로기와 이데올로기 국가장치들」은 크게 두 부분으로 나뉘어져 있다. 첫 번째 부분은, 토대와 상부구조라는 전통적인 마르크스주의적 장소론(topik)의 한계를 넘어서기 위해 생산/재생산의 문제설정에 입각하여 생산양식과 이데올로기의 관계를 다시 사고하려고 애쓰고 있다. 두 번째 부분은 『마르크스를 위하여』에 수록된 「마르크스주의와 인간주의」에서 처음 소묘되었던 이데올로기 개념을 체계적으로 발전시키려는 노력을 기울이고 있다. 이 두 부분은 푸코와의 쟁점을 이해하는 데 모두 나름대로 중요성을 지니고 있다.

(1) 노동력의 재생산

알튀세르는 우선 생산력의 재생산이라는 문제와 관련하여 생산수단의 재생산에 대해서는 마르크스가 『자본』 2권에서 상세하게 논

---

16) 2절의 논의는 알튀세르 이데올로기론에 대한 필자의 그동안의 연구에 대한 개괄이라고 이해할 수 있다. 특히 진태원, 「라캉과 알뛰쎄르: '또는' 알뛰쎄르의 유령들」, 김상환·홍준기 엮음, 『라캉의 재탄생』, 창비, 2002; 「과잉결정, 이데올로기, 마주침: 알튀세르와 변증법의 문제」, 진태원 엮음, 『알튀세르 효과』, 그린비, 2011; 「스피노자와 알튀세르: 상상계와 이데올로기」, 서동욱·진태원 엮음, 『스피노자의 귀환』, 민음사, 2017을 참조.

의를 전개했기 때문에 자신은 노동력(force de travail)의 재생산에 초점을 맞추겠다고 말한다. 노동력의 재생산은 몇 가지 측면을 지니고 있다. 첫째, 자본주의 사회에서는 노동자들이 임금으로 노동자 자신의 노동력의 생물학적 재생산 및 가족의 삶의 재생산을 수행한다. 하지만 둘째, 노동력의 재생산은 이와 동시에 노동력의 자질(qualification)의 재생산을 요구한다. 그런데 노동력의 자질에는 직업적인 숙련도 이외에도 읽기·쓰기·셈하기와 같은 초보적인 지적 능력과 문학적·과학적 교양과 같은 지식들이 포함되며, 또한 자신이 맡은 과업을 성실히 수행하려는 태도와 회사의 질서 및 상사의 명령을 잘 수행하려는 질서의식, 일반적인 사회성 및 도덕성이 함축되어 있다. 따라서 노동력의 자질의 재생산은 공장 내부에서만 이루어질 수 있는 것이 아니며, 그 바깥에 존재하는 독자적인 체계, 특히 교육 체계를 요구한다. 또한 더 일반적으로는 **지배 이데올로기에 대한 복종**이 필요하다.

(2) 국가에 대한 재정의

그다음 알튀세르에 따르면 생산관계의 재생산이라는 문제는 '마르크스주의 생산양식 이론의 **결정적인 문제**'[17]인데, 이를 다루기 위해서는 우선 '사회란 무엇인가?'라는 질문, 따라서 국가 일반에 관한 질문을 전체적으로 검토해야 한다. 알튀세르는 국가를 국가권력과 국가장치의 결합으로 제시하고, 다시 국가장치는 억압적 국가장치

---

17) Louis Althusser, *Sur la reproduction*, p.268; 루이 알튀세르, 『아미엥에서의 주장』, 82쪽. 강조는 알튀세르.

(appareil répressif d'État, ARE)와 이데올로기적 국가장치 (appareils idéologiques d'État, AIE)로 구별한다. '주로 억압에 의해 기능하는' 억압적 국가장치에는 정부, 행정부, 군대, 경찰, 치안 유지군, 법원, 감옥 등이 속하고, '주로 이데올로기에 의해 기능하는' 이데올로기 국가장치들에는 '교육, 종교, 가족, 정치, 조합, 문화 장치'이 속한다. 중요한 것은 **억압적 국가장치는 단수**('하나(un)')로 되어 있는 반면, **이데올로기 국가장치들은 복수**로 표현된다는 점이며, 전자가 '공적' 영역에 속하는 제도들로 이루어진 반면 후자는 '사적' 영역에 속하는 제도들로 이루어져 있다는 점이다. 이처럼 사적 영역에 속하는 것들로 간주되는 여러 제도들을 알튀세르가 '국가장치'라고 부르는 이유는 **공적인 것과 사적인 것을 구분하는 부르주아(자유주의) 이데올로기를 넘어서기 위해서다.**

자유주의적인 관점에서 따르면 정치와 권력은 항상 공적인 영역에서만 작동하며, 사적인 영역은 개인들 사이의 관계가 문제되는 영역일 뿐 정치나 권력을 위한 자리는 존재하지 않으며, 또 그래야 마땅하다.

반면 알튀세르가 AIE라는 개념으로 보여주려고 하는 것은 부르주아의 계급 지배는 단지 공적인 영역에서 억압적 국가장치를 장악하고 활용함으로써 안정되게 재생산될 수 없으며, **사적인 영역이라고 불리는 개인들의 생활공간까지 장악하고 지배해야** 비로소 안정을 이룰 수 있다는 점이다. 따라서 문제는 권력과 무관하다고 생각하는 사적인 영역의 개인들의 삶 속에서 어떻게 계급 지배가 관철되고 있고, 더 나아가 **개인들의 정체성 자체가** AIE에 의해 형성되는지 설명하는 일이다.[18)]

따라서 이데올로기적 국가 '기구'가 아니라 국가 '장치들'이다.

(3) 자본주의 사회의 지배적 AIE

또 하나 주목할 점은 봉건제에서는 가족—교회쌍이 지배적인 AIE였으며 자본주의에서는 가족—학교쌍이 이러한 AIE를 대체한다는 점이다. 이는 AIE에 대한 알튀세르의 주장과 연속선상에 있으며, 이를 역사적·제도적 관점에서 구체적으로 분석하기 위한 지침을 제공해준다. 가족은 우리가 인간 사회의 **가장 '자연적인' 집단으로,** 또한 **가장 '사적인' 장소로** 간주하는 제도다. 따라서 가족이 국가와 연루되어 있으며 더 나아가 이데올로기의 근본적인 장소라는 생각은 좀처럼 하기 어렵다. 하지만 AIE가 사적인 영역에서 계급 지배를 관철하기 위한 장치이며, 따라서 AIE는 우리가 이데올로기의 작용과 가장 무관한 장소라고 간주하는 바로 그곳에서 가장 효과적이고 가장 완강하게 작용할 수 있다는 점을 감안하면, 가족 역시 하나의 이데올로기 장치로 간주될 수 있다. 또한 학교 역시 우리는 보통 **가장 이데올로기와 무관한 장소라고** 생각하는 경향이 있다. 특히 학교를 '공화국의 성소(聖所)'로 간주하고, 학교를 모든 특수한 이데올로기나 종교, 공동체주의의 오염으로부터 보호하려고 하는 프랑스식 공화주의의 관점을 염두에 둔다면 더욱더 그렇다.[19)]

---

18) 진태원, 「과잉결정, 이데올로기, 마주침」, 앞의 글, 89~90쪽.

「프로이트와 라캉」 이래로 알튀세르는 가족을 인간이 인간으로 형성되는 가장 원초적인 장소로 간주하며, 또한 학교는 가족에서 형성된 인간이 한 사람의 자율적인 개인, 한 사람의 국민으로 형성되는 곳으로 간주한다. 우리는 이데올로기는 보통 이미 인간으로 존재하고 이미 자율적인 개인으로 존재하는 사람들에 대해 행사된다고 생각하지만, 반대로 알튀세르는 이데올로기는 본질적으로 인간을 생물학적인 존재로부터 인간적인 존재로 형성하고 또한 자율적인 성인(우리가 근대 철학의 핵심 범주를 사용하여 '주체'라고 부르는)으로 형성하는 것이라고 간주하는 것이다. 따라서 가족과 학교가 자본주의의 핵심 AIE라는 테제는 알튀세르 이데올로기론의 특성과 함의가 가장 뚜렷하게 표현되는 주장 중 하나다.

2) 이데올로기 이론

'이데올로기' 이론의 핵심 요소는 세 가지로 구별해볼 수 있다.

(1) 이데올로기에 대한 재정의

우선 알튀세르는 이데올로기를 상상적 관계 및 그에 대한 représentation으로 정의한다(représentation은 '표상'이나 '재현'이라는 뜻과 더불어 또한 연극적인 의미의 '상연'이라는 뜻도 포함하고 있다).

---

19) 몇 년 전 프랑스 사회에서 뜨거운 논쟁의 대상이 됐던 히잡 사건은 이러한 공화주의적 이데올로기의 배경에서 볼 때에만 이해가 될 수 있다. 프랑스 공화주의와 이슬람의 관계에 대해서는 박단, 『프랑스의 문화전쟁: 공화국과 이슬람』, 책세상, 2005 및 양창렬·이기라 엮음, 『공존의 기술: 방리유, 프랑스 공화주의의 그늘』, 그린비, 2007을 각각 참조.

테제 1. 이데올로기는 개인들이 자신들의 현실적인 실존 조건들과 맺고 있는 상상적 관계를 표상/재현/상연한다(représent).[20]

알튀세르는 이를 조금 더 자세하게 다시 제시한다.

'인간들'이 이데올로기 안에서 '서로 표상/재현/상연하는(se représentent)' 것은 인간들의 현실적인 실존조건들, 그들의 현실 세계가 아니며, 이데올로기에서 그들에게 표상/재현/상연되는(représenté) 것은 그들이 이 실존조건들과 맺고 있는 **관계**다.[21]

이러한 정의의 논점은 자본주의 사회, 곧 계급 사회에서 개인들은 계급의 한 구성원으로서 실존하지만, 이데올로기 안에서 개인들은 자신들을 상상적 관계에 따라 '서로 표상하고 재현하고 상연'한다는 것이다. 이때 개인들은 일차적으로 자신들을 '인간'으로서, 곧 계급적 조건에 앞서 각각의 개인들이 체현하고 있는 또는 각각의 개인들 안에 전제되어 있는 추상적 인간으로서 '서로 표상하고 재현하고 상연'한다. 이러한 상상적 표상/재현/상연은 가상적이기는 하지만, (아무런 실재성이 없다거나 아니면 사회적 관계에 대해 구성적이지 않다는 의미에서) 환상적이거나 공상적인 것은 아니다. 왜냐하면 대부분의 자본주의 사회는 **법적 체계를 통해 모든 사람을 자유롭고 평등한 법적 주체로 규정**하고 있으며, 자본주의 사회의 구성 및 제도적·

---

20) L. Althusser, *Sur la reproduction*, p.296; 『아미엥에서의 주장』, 107쪽.
21) L. Althusser, *Sur la reproduction*, p.297; 『아미엥에서의 주장』, 109쪽.

개인적 실천은 이러한 규정을 전제한다. 더 나아가 개인들은 자신들을 또한 '프랑스인', '미국인', '한국인'으로서, 심지어 단군의 자손인 '한민족'으로서 '서로 표상하고 재현하고 상연'할 것이다.[22] 따라서 자본주의 사회에서 각 개인은 계급이라는 현실적인 존재조건에 따라 규정됨에도 불구하고 이데올로기의 차원에서는 이러한 계급적 조건에 선행하는 추상적인 개인×(및 '한국인', '프랑스인' 등으로)로 나타나며, 또한 물질적 조건 속에서 그렇게 규정되어 있다.

(2) 이데올로기의 물질성

이데올로기와 관련하여 알튀세르가 또한 강조하는 것은 이데올로기가 관념이나 의식, 표상이 아니라 물질성을 띠고 있다는 점이다. "이데올로기는 물질적 실존을 갖는다."[23] 이는 첫째, 이데올로기는 자생적인 관념이나 의식이 아니라 이데올로기 국가장치들을 통해 형성되고 재생산된다는 점이다. 둘째, 알튀세르가 파스칼의 유명한 단편 "무릎을 꿇어라. 기도의 말을 읊조려라. 그러면 믿게 될 것이다"를 인용하면서 강조하듯이, 가장 내밀한 생각이나 믿음, 신념 같은 것들이 사람들의 자발적인 선택이나 의지의 결과가 아니라 구체적인 제도 및 그 제도 속에서 실행되는 의례나 관행들의 결과라는 점이다. 기독교적인 신에 대한 믿음은 미사(또는 예배)라는 의례와 그것에

---

22) 알튀세르 자신은 이데올로기론에서 이 문제를 거의 다루지 않았으며, 대신 1980년대 이후 에티엔 발리바르가 체계적인 논의의 대상으로 삼게 된다. 이 점에 관해서는 에티엔 발리바르 지음, 진태원 옮김, 『우리, 유럽의 시민들? 세계화와 정치의 재발명』, 후마니타스, 2010에 수록된 '용어해설' 중에서 '국민, 국민 형태, 민족주의, 민족체' 참조.

23) L. Althusser, *Sur la reproduction*, p.298; 『아미엥에서의 주장』, 110쪽.

수반되는 설교, 합창, 기도 등과 같은 관행들(practices)과 분리될 수 없으며, 그것들로부터 생겨난 결과인 것이다. 셋째, 따라서 이데올로기를 기만적인 표상이나 가상, 또는 허위의식으로 간주하는 것, 따라서 의식이나 관념 또는 표상의 차원에서 다루어야 하는 문제라고 이해하는 것이야말로 '**이데올로기에 대한 이데올로기적 표상**'24)이다.

(3) 호명

마지막으로 잘 알려져 있듯이 알튀세르는 이데올로기의 본질적인 기능을 예속적 주체를 형성하는 것으로 규정하며, 이를 '호명(interpellation)'이라는 개념으로 설명한다. 이데올로기는 개인들을 주체/신민들로 호명한다. 알튀세르의 논문에서 'assujettissement'이라는 단어는 항상 경제적 종속이나 정치적 복종과 구별되는 이데올로기적 예속을 가리키는 의미로 사용되고 있으며, 특히 대주체로서의 신과 모세를 비롯한 인간 주체들 사이의 호명의 거울 작용을 논의할 때 체계적으로 사용된다.

알튀세르가 『마르크스를 위하여』, 『'자본'을 읽자』에서 해명하려고 했던 것은 **사회주의 혁명이 어떻게 가능한가**라는 문제였다. 그

---

24) 루이 알튀세르, 『아미엥에서의 주장』, 112쪽. 강조는 인용자. 사실 알튀세르는 이미 1964년에 저술한 「마르크스주의와 인간주의」(『마르크스를 위하여』에 수록)에서 이데올로기에 대한 이러한 관점에서 벗어나 있으며, 1966년 익명으로 발표된 「문화혁명에 대하여」에서는 한 걸음 더 나아가 이데올로기를 '관념들의 체계(좁은 의미의 **이데올로기들**)와 태도-행위(**습속**)'을 모두 포함하는 것으로 정의한 바 있다. Louis Althusser, "Sur la révolution culturelle"(1966), *Décalages*, vol.1, no.1, 2014, p.15. https://scholar.oxy.edu/bitstream/handle/20.500.12711/12869/Y_A1_Sur_la_revolution_culturelle.pdf?sequence=1&isAllowed=y (2021.8.30. 접속) 강조는 원문.

는 이를 '과잉결정(surdétermination)'이라는 개념에 입각해 설명하려고 했다. 반면 그가 이데올로기론으로 설명하려고 한 것은 (6·8 운동과 같은 거대한 변혁 운동이 일어났음에도) **왜 사회주의 혁명이 일어나지 않는지**, 자본주의가 어떻게 계급적인 모순과 대중들의 투쟁에도 불구하고 자신을 재생산할 수 있는가 하는 점이었다. 이는 말하자면 혁명이 일어나기 위한 조건들의 과잉결정을 묻는 것이 아니라, 역으로 혁명이 일어나지 못하게 만드는 조건들의 '과소결정(sousdétermination)'에 대해 묻는 것이었다.[25]

따라서 이데올로기에 대한 이론적 작업이 '재생산'의 문제를 중심으로 전개되는 것은 당연한 것이다. 특히 생산력 중에서 노동력의 재생산에서 이데올로기가 수행하는 작용을 해명하는 것이 중요한 과제가 되는데, 알튀세르의 독창성은 이데올로기의 문제를 **노동력의 재생산의 차원에 국한시키지 않고**, 마르크스주의 역사유물론의 기초를 이루는 주요 개념들, 곧 '토대와 상부구조'라는 장소론 및 '국가' 개념 자체를 재개념화하는 데까지 나아갔다는 점이다. 더욱이 그는 상상적 관계, 물질성, 호명 개념을 바탕으로 이데올로기 자체를 새롭게 정의하면서 주체라는 근대 철학의 핵심 개념을 탈구축하는 작업을 진행했다. 이에 따라 알튀세르 자신의 의도와는 무관하게, 처

---

25) 이러한 테제 또는 오히려 가설에 대해서는 다음과 같은 유보사항이 덧붙여져야 한다. 알튀세르가 6·8 운동 이후 본격적으로 이데올로기론에 대한 연구에 몰두한 것은 직접적인 상황 속에서 본다면, 오히려 어떻게 대중들을 이데올로기적으로 반역하게 할 수 있는가, 어떻게 **대중의 이데올로기적 혁명**("Sur la révolution culturelle", *Décalages*, p.6. 강조는 원문)이 가능한가라는 질문이었다고 볼 수 있다. 그런데 이 질문은 역으로 왜 대중들은 반역하지 않는가, 왜 대중들의 반역은 혁명으로 이행되지 못하는가, 이데올로기의 어떤 특성, 어떤 기능이 대중들을 예속적 주체로 구성하는가 하는 보충적인 질문에 의해 과잉결정될 수밖에 없다. 이 두 질문 사이의 갈등이 알튀세르 이데올로기론의 동력이었다고 할 수 있다.

음에는 생산양식 또는 토대의 재생산을 가능하게 하는 **기능적 역할**을 부여받은, 따라서 생산양식이라는 경제적 토대에 **존재론적으로 의존하는 위치**에 놓여 있던 상부구조 또는 이데올로기가 마지막에 가서는 경제적 토대 자체를 가능하게 하는 (하지만 그 자체 역시 경제적 토대를 전제하는) **구성적 조건**으로서 나타나게 된다.

마르크스(와 알튀세르)를 심화하기, 마르크스(와 알튀세르)를 넘어서기

1) 마르크스를 인용하기, 마르크스를 인용하지 않기

우선 한 가지 지적해두어야 하는 것은 마르크스 및 마르크스주의 고전가들을 인용하는 두 사람 간의 두드러진 차이점이다. 알튀세르는 『마르크스를 위하여』에서부터 「이데올로기와 이데올로기 국가장치들」에 이르기까지 **자신의 이론적 독창성을 거의 주장하지 않는다.** 그는 자신이 주장하는 모든 것은 이미 마르크스와 엥겔스, 레닌 또는 마오 같은 마르크스주의 고전가들의 텍스트에 모두 담겨 있으며, 자신은 다만 '실천적 상태'로 또는 '묘사적 상태'로 존재하는 그 요소들을 좀 더 명료하게 가다듬고 체계화할 뿐이라고 말한다. 그리고 이 과정에서 외부에서 약간의 보충적인 요소(프로이트에게 '과잉결정'이라는 개념을, 스피노자에게 '상상'이라는 개념을, 바슐라르에게는 '단절' 내지 '절단'이라는 개념)를 빌려올 뿐이다. 그는 이를 보여주기 위해 마르크스와 엥겔스, 레닌의 매우 사소한 텍스트(대개 편지, 연설문, 서문 같은 매우 주변적인 텍스트)에서 기필코 관련된 인용문을 찾아내서, **자신의 독창성의 흔적을 지우기 위해** 이것들을 빠짐없이 인용한다. 그는 자신의 이론적 작업의 목표를 '마르크스에게 돌아가기'로 제시하며, '프로이트에게 돌아가기'를 자신의 과업으로 내세운 라캉을 찬양한다.[26]

반대로 푸코는 이런저런 인터뷰에서 알튀세르를 거명하지 않은 채, 마르크스주의자들의 고약한 인용 관습을 맹렬하게 비난한다. 푸코가 보기에 마르크스주의자들은 마르크스와 엥겔스, 레닌 또는 스탈린의 저작에 대해 주석을 달고, 또한 그들의 저작을 인용함으로써 자신들의 충성을 표시하는 것밖에 할 줄 모르는 사람들이다.

> 제가 광기에 대해, 감금에 대해, 그리고 나중에는 의학 및 이 제도들을 지탱하고 있는 정치·경제적 구조에 관심을 갖기 시작했을 때 제가 놀랍게 여긴 것은 전통적인 좌파가 이 문제들에 대해 아무런 중요성도 부여하지 않았다는 점입니다. (…) 그 이유들 중 하나는 분명 제가 좌파 사상의 전통적인 표시 중 하나를 제시하지 않았다는 사실에서 기인합니다. 저는 각주에 '마르크스가 말했듯이', '엥겔스가 말한 것처럼', '스탈린이 천재적으로 말했듯이'라는 표시를 달지 않았던 겁니다.[27]

이는 교조주의적인 마르크스주의자들에게만 해당되는 비난이 아니다. 그는 1868년 이후 프랑스의 젊은 급진 좌파 지식인들에게도

---

26) 그리고 나중에는 라캉이 이 목표의 거대한 중요성을 망각하고 자신의 독자적인 '정신분석의 철학'을 만들어내려 하고 있다고 그를 비난한다. 루이 알튀세르 지음, 윤소영 옮김, 「프로이트 박사의 발견」, 『알튀세르와 라캉』, 공감, 1995 참조.

27) 브라질 신문인 Jornal da Tarde와의 인터뷰, "Michel Foucault, Les réponses du philosophe", in Dits et écrits, vol.I, "Quarto", Gallimard, 2001, p.1675.

신랄한 비판을 퍼붓는다. 이탈리아 언론인과의 대담에서 그는 이들, 곧 '1968년 이후에 마르크스-레닌주의자나 또는 마오주의자가 된 사람들 (…) '반-프랑스 공산당' '마르크스주의 세대'에 속하는 이들을 '초 마르크스주의자들(hyper-Marxistes)'[28]이라고 지칭하면서, 이들은 푸코가 튀니지에서 매료되었던 튀니지 학생들의 '도덕적 힘이자 놀라운 실존적 행위'[29]와 달리 '서로에 대한 저주와 각종 이론들을 쏟아내면서' 분파적인 이론 투쟁만을 일삼는 '대책 없는 담론성'에 매몰되어 있다고 비난한다.

> 프랑스에서 5월의 경험은, 서로에게 비난을 퍼부으면서 마르크스주의를 작은 교리들로 분해했던 분파적 실천들에 의해 빛을 잃었다는 데 있겠지요.[30]

이 때문에 그는 자신이 "마르크스주의자들이 알아볼 수 없도록 마르크스에 대한 **은밀한 인용**을 하는 것을 선호한다"[31]라고 말한다. 그렇다면 푸코는 마르크스를, 그리고 또한 알튀세르를 어떻게 은밀하게 인용한 것일까? 그리고 이를 통해 어떻게 그들을 심화하거나 정정하면서 동시에 어떻게 그들을 넘어서려고 한 것일까?

---

28) 미셸 푸코, 『푸코의 마르크스』, 104~05쪽.

29) 미셸 푸코, 『푸코의 마르크스』, 131쪽.

30) 같은 책, 134, 36쪽.

31) Michel Foucault, Colin Gordon & Paul Patton, "Considerations on Marxism, Phenomenology and Power. Interview with Michel Foucault", *Foucault Studies*, no.14, 2012, p.101.

2) 알튀세르보다 더 마르크스(주의)적인 푸코?

논의를 절약하기 위해 마르크스와 알튀세르와 관련한 푸코 작업의 쟁점을 도식적인 몇 가지 논점으로 제시해보자.

(1) '억압적 국가장치/이데올로기적 국가장치' 쌍에서 '국가장치'로, 다시 규율장치로

『형법이론과 제도』 및 『처벌 사회』 그리고 『정신의학적 권력』 같은 1970년대 초반 강의록들 및 『감시와 처벌』 같은 저작에서 가장 눈에 띄는 점은 푸코가 알튀세르와 달리 '억압적 국가장치/이데올로기적 국가장치'라는 용어를 전혀 사용하지 않고 그냥 단순히 '국가장치(appareil d'État 또는 appareil étatique)'라는 용어를 사용한다는 점이다. 이러한 사용법은 몇 가지 함의를 지니고 있다. 첫째, 푸코가 보기에 '폭력'과 '이데올로기' 또는 '강제'와 '동의'의 구별에 따라 국가장치를 구별하는 것은 적절치 않다. 이는 한편으로 권력의 장치가 '억압'을 특성으로 한다는 생각을 전제하는데, 권력의 실제 특성은 억압하는 것이 아니라 생산하고 구성하는 것이기 때문이다. 더욱이 푸코에 따르면 '이데올로기'라는 것은 권력의 특성을 해명하는 데 전혀 어울리지 않는 것이다. 이는 푸코가 이데올로기라는 개념을 알튀세르가 비판하는 바로 그것, 곧 그가 '이데올로기에 대한 이데올로기적 관점'이라고 부른 것으로 이해하고 있음을 함축한다. 사실 이데올로기에 대한 푸코의 언급에서 가장 놀라운 점은 그가 완강하게 이데올로기를 비-알튀세르적인 또는 전(前)-알튀세르적인 방식으로 **이해한다는 점이다.**[32] 그에게 권력은 이데올로기를 동원해서 기만하고 은폐하고 가상을 심어주는 것이 아니라, 지식을 생산하는 것이며 또한 그것을 전제하는 것이다. 곧 이데올로기적 국가장치가 아니라 '권력−지식' 또는 '지식−권력' 장치가 권력을 해명하는 데 더 적절한 개념쌍이다.[33]

따라서 푸코는 1972~1973년 강의에서는 '국가장치'라는 개념을 사용하고 있지만, 그 다음 해 강의인 『정신의학의 권력』에서는 '국가장치'라는 개념이 단 2차례만 등장하며, 그것도 이 개념의 무용성을 주장하기 위해 거론될 뿐이다.[34] 그 대신 푸코는 자신의 고유한 개념인 '권력 장치(dispositif de pouvoir)'를 사용하기 시작한다.[35] 『감시와 처벌』에서는 '장치'의 두 가지 표현인 appareil와 dispositif가

---

32) 가령 다음과 같은 진술이 전형적이다. "저는 이데올로기의 수준에서 권력의 효과들을 식별하려고 시도하는 사람 중 하나가 아닙니다. 실로 저는 이데올로기의 문제를 제기하기 이전에, 신체 및 신체에 대한 권력의 효과라는 문제를 탐구하는 것이 더 유물론적인 것이 아닌가 하고 질문하게 됩니다. 왜냐하면 이데올로기를 선호하는 분석에서 제가 거북하게 느끼는 것은, 이러한 분석에서는 고전적인 철학이 그 모델을 제시한 바 있고 권력이 점령한 의식을 부여받고 있는 인간 주체를 가정하고 있기 때문입니다." Michel Foucault, "Pouvoir et corps"(1975), in *Dits et écrits*, vol.II, "Quarto", p.1624.

33) 아마도 푸코가 보기에는 이데올로기라는 낡고 부적절한 관념에 새로운 의미를 부여하려는 알튀세르의 시도가 기묘한 것으로 비쳤을 것이다. 왜냐하면 이데올로기라는 단어는 늘 기만, 조작, 왜곡, 신비화 등의 대명사로 사용되어왔고 여전히 그렇게 이해되기 때문이다. 푸코에게는 이 단어를 고수해야 할 하등의 이유가 없었을 것이다. 이는 마르크스주의자이자 공산주의자였던 알튀세르와 그렇지 않았던 푸코의 또 다른 차이점의 표현이라고 할 수 있다. 하지만 과연 푸코가 이데올로기의 문제에서 벗어날 수 있었는지는 불확실하다. 이 점에 관한 상세한 토론은 Pierre Macherey, *Le sujet des normes*, op. cit., p.214 이하 참조.

34) "국가장치라는 개념은 사용할 수 없다. 왜냐하면 그것은 이런 직접적이고 미세하며 모세혈관적인 권력들, 신체와 행실, 몸짓, 개인의 시간에 작용하는 권력들을 지시하기에는 너무 광범위하며 추상적이기 때문이다. 국가장치는 이러한 권력의 미시물리학을 해명하지 못한다." Michel Foucault, *Le Pouvoir psychiatrique, Cours au Collège de France, 1973~1974*, Gallimard/Seuil, 2003, p.17 주); 『정신의학의 권력』, 오트르망 옮김, 난장, 2014, 38쪽 각주 21). 번역은 수정했다.

35) 같은 책, 14, 34쪽.

같이 혼용되고 있는데, dispositif가 주로 '규율장치' 내지 '파놉티콘 장치'와 관련하여 쓰이는 반면, appareil는 주로 '국가장치', '행정장치', '사법장치', '치안 장치' 등과 같이 국가 및 국가 제도와 관련하여 사용된다. 푸코가 점점 더 알튀세르적인 의미의 '국가장치'라는 용어의 무용성을 주장하게 된 이유는 이 개념이 한편으로 권력이 국가라는 어떤 중심에 근거를 두고 있고 거기에서 파생되어 나온다고 생각하도록 만들기 때문이며, 다른 한편으로는 제도들을 권력의 중심으로 간주하도록 만들기 때문이다. 반면 푸코가 보기에 권력은 국가나 제도보다 더 하위의 수준에서, 곧 '미시물리학'의 수준에서 작동하는 것이기 때문에, 우리가 제도로서의 국가장치의 기능적 효용과 실재성을 인정한다고 하더라도 그것은 매우 제한적인 것에 불과한 것이다.

권력을 국가장치 안에 위치해 있는 것으로 적절하게 기술할 수 있다고 생각하지 않습니다. 아마도 심지어 국가장치들이 내적이거나 외적인 투쟁의 쟁점이라고 말하는 것조차 충분히 않을 것입니다. 제가 보기에는 오히려 국가장치는 훨씬 더 심층적인 권력 체계의 집중화된 형식, 또는 심지어 그것을 지탱하는 구조입니다. 이것이 실천적으로 의미하는 바는, 국가장치의 통제도 그것의 파괴도 특정한 유형의 권력, 국가장치가 그 속에서 기능했던 그 권력을 전화하거나 제거하는 데 충분치 않을 수 있다는 점입니다.[36]

---

36) Michel Foucault, *La société punitive*, op. cit., p.233.

알튀세르의 국가장치에 대한 푸코의 이러한 비판이 정당한 것인가? 여기에 대해서는 이론의 여지가 있을 수 있는데, 이는 4장에서 좀 더 상세히 논의해보겠다.

(2) 마르크스의 진정한 계승자 푸코? 『자본』과 규율권력

1972~1973년 강의록인 『처벌 사회』가 우리의 주제와 관련하여 흥미로운 점 중 하나는 왜 푸코가 『감시와 처벌』에서 마르크스의 『자본』 1권에 주목하고 있으며, 또한 왜 규율권력에 대한 자신의 연구가 『자본』 1권의 노선 위에 서 있다고 주장하는지 이해할 수 있는 실마리를 제공한다는 점이다. 미국 학자들과의 1978년 인터뷰에서 푸코는 자신의 작업을 마르크스의 『자본』과 연속적인 것으로 위치시킨다. 단 그는 대부분의 마르크스주의자들이 경전처럼 떠받드는 『자본』 1권이 아니라 『자본』 2권이 자신의 작업의 출발점이며, 자신은 그것을 심화시키는 것에 관심을 두고 있다고 지적한다.

저 자신의 경우, 마르크스에서 제가 관심을 갖는 부분, 적어도 제게 영감을 주었다고 제가 말할 수 있는 부분은 『자본』 2권입니다. 곧 첫 번째로는 자본의 발생이 아니라 역사적으로 구체적인 자본주의의 발생에 대한 분석, 두 번째로는 자본주의 발전의 역사적 조건에 대한 분석, 특히 권력구조 및 권력제도의 확립과 발전에 관한 분석과 관련된 모든 것입니다. 따라서 다시 한번 아주 도식적으로 떠올려보면, 자본의 발생에 관한 첫 번째 책과 자본주의 역사, 계보에 관한 두 번째 책 가운데 2권을 통해, 그리고 가령 제가 규율에 관해 쓴 것에 의해 저의 작업은 모두 동일하게 마르크스가 쓴 것과 내재적으로 연결되어 있다고 말하겠습니다.[37]

여기서 푸코가 말하는 『자본』 2권은 마르크스 생전에 마르크스 자신이 직접 감수한 프랑스어판 『자본』 2권, 따라서 독일어판으로 하면 『자본』 1권의 4편이라는 점을 염두에 둔다면, 푸코의 논점을 더 정확히 이해할 수 있다. 실제로 『감시와 처벌』에 나오는 『자본』에 관한 몇 개의 인용문은 모두 1권 4편에 대한 것이다. 푸코가 인용문에서 자본의 **논리적 발생**을 다루는 1권 앞부분이 아니라 자본주의 생산양식의 **역사적 발생**에 관한 분석의 중요성을 강조하고 자신의 작업이 마르크스의 이 분석 위에 기초를 두고 있다고 말하는 것은 몇 가지 중요한 함의를 지닌다.

우선 푸코가 마르크스의 분석에서 주목하고 또 스스로 더 발전시키는 점은 자본주의 생산양식 또는 경제적 구조가 성립하고 발전하기 위한 **조건**이 규율 기술이었다는 점이다. 이러한 규율 기술은 자본주의적 생산을 조직하고 그것이 효율적으로 작동하게 만들기 위해서는 공장을 군대 조직처럼 만들어야 한다는 사실에서 생겨난다. 푸코는 1976년 브라질에서 했던 「권력의 그물망」이라는 강연에서 이렇게 말한다.

[규율권력이라는] 이 특수한 국지적 권력들은 결코 금지하고 방

---

37) Michel Foucault, Colin Gordon & Paul Patton, "Considerations on Marxism, Phenomenology and Power. Interview with Michel Foucault", op. cit., pp.100~101.

해하고 '너는 해서는 안 돼'라고 말하는 의고적인 기능을 갖지 않
습니다. 이 국지적이고 지역적인 권력들의 원초적이고 본질적이
고 영속적인 기능은 사실은 **어떤 생산물의 생산자들의 유능함과
자질의 생산자들이 되는 것**입니다. 가령 마르크스는 군대와 작업
장에서 규율의 문제에 대한 탁월한 분석을 수행합니다.[38]

그리고 실제로 푸코는 『감시와 처벌』의 각주에서 마르크스의 『자
본』 1권 4편 11장의 한 대목을 인용하면서 이를 언급한다.

기병 1개 중대의 공격력이나 보병 1개 연대의 방어력이 기병 1기
와 보병 1명이 각기 발휘하는 공격력과 방어력의 합계와는 본질
적으로 다른 것과 마찬가지로, 개별 노동자들의 힘의 기계적 합
계는 다수 노동자들이 통합된 동일한 공정에서 동시에 함께 작업
하는 경우에 발휘되는 사회적인 잠재력과는 본질적으로 다르다.[39]

푸코가 『감시와 처벌』에서 마르크스의 『자본』을 (앞서 본 것처
럼 고의적으로) 어떻게 매우 암묵적으로, 그리고 피상적으로 인용하
는가는 다른 연구자들의 작업 덕분에 이제 잘 알려져 있다.[40] 마르
크스가 『자본』 1권 4편에서 보여주려고 한 것은 전자본주의적 수공

---

38) Michel Foucault, "Les mailles du pouvoir", in *Dits et écrits*, vol.II, p.1006. 강조는 인용자.
39) Karl Marx, *Das Kapital*, I, in *Karl Marx·Friedrich Engels Werke* Bd. 23, Dietz Verlag, 1987, p.345; 칼 마르크스, 『자본』 1-1, 강신준 옮김, 도서출판 길, 2013, 454쪽. 미셸 푸코, 『감시와 처벌』, 258쪽 주 65).
40) 특히 Rudy M. Leonelli, "Marx lecteur du Capital", in Chrisitian Laval et al. eds., *Marx et Foucault: Lectures, usages et confrontations*, op. cit. 참조.

업과 구별되는 자본주의적인 생산 방식이 지닌 특성이다. 그것은 '결합 노동(kombinierte arbeit)'이라고 부를 수 있는 것이 특성인데, 이러한 결합 노동은 자본주의적인 '협업(kooperation)'과 고대적이거나 중세적인 또는 아시아적인 협업 사이의 차이를 만들어내는 핵심 요소다. 이전의 협업이 여러 사람들의 힘을 '기계적으로 결합'하는 것인 데 반해, '처음부터 자신의 노동력을 자본가에게 판매하는 자유로운 임노동자를 전제'[41]하는 자본주의적 협업은 '아주 많은 수의 노동자가 같은 시간에 같은 공간에서(또는 같은 작업장이라고 해도 좋다) 같은 종류의 상품을 생산하기 위하여 같은 자본가의 지휘 아래에서 일한다'[42]는 특성을 갖는다. 또한 이러한 협업은 노동 과정을 세부적으로 분할하며, 각각의 노동자들에게 세부적으로 분할된 특정한 작업을 부과한다. 이렇게 분해된 작업 과정에서 수많은 노동자들이 자신에게 부과된 특정한 작업을 특정한 도구·기계와 함께 수행하면서도 이러한 세분화된 개별 작업들이 동일한 생산품을 만들어내는 단일한 전체 과정으로 통합될 때 자본주의적 협업이 전개된다. 이러한 협업 방식 및 결합 노동 방식은 각각의 개별적인 생산자들이 따로따로 생산하는 것보다 생산성을 훨씬 더 높여주지만, 이러한 생산성의 증대가 전제하는 것은 노동자들이 이러한 작업 방식에 **순종하는 것**이다. 하지만 노동자들이 작업 방식에 순종하는 것은 자연적으로 이루어지지 않는데, 왜냐하면 세분화된 개별 작업을 노동자들에게 부과하여 그것을 지속적으로 수행하게 만드는 것은 일정한

---

41) Karl Marx, *Das Kapital*, I, p.354; 칼 마르크스, 『자본』 1-1, 464쪽.
42) 같은 책, p.341; 449쪽.

강제 내지 폭력이며, 인간 및 그 신체의 자율성을 해체하는 일이기 때문이다. 이는 **노동자의 노동력을 노동자 자신, 그의 온전한 신체로부터 강제로 분리하는 일이기도** 하다.

마르크스의 논점을 이해하기 위해서는 푸코 자신이 명시적으로 인용하는 『자본』 1권 4편의 11장 「협업」 이외에 4편 전체의 내용을 참조해야 한다.

> 매뉴팩처 분업의 특징을 이루는 것은 (…) 부분 노동자가 생산하는 것은 상품이 아니라는 점 바로 그것이다. 부분 노동자의 공동 생산물이 되어야만 비로소 그 생산물은 상품으로 전화한다.[43]

마르크스는 시계 공장의 사례를 든다.

> 1차 가공 작업공, 시계태엽 제조공, 문자판 제조공, 용수철 제조공, 돌구멍과 루비축 제조공, 시계침 제조공, 케이스 제조공, 시계테 제조공, 도금공 (…) 톱니바퀴축 제조공, 시계침장치 제조공, 톱니바퀴를 축에 고정시키고 모서리를 연마하는 사람, 추축 제조공 (…).[44]

이처럼 수십 가지 부품들을 분산해서 제조하는 과정을 거쳐 이것들을 조립하는 최종 과정에 이르러서야 시계 생산이 완료된다. 이

---

43) 같은 책, pp.376; 488~89쪽.
44) 같은 책, pp.362~363; 474쪽.

러한 작업 과정의 성격으로 인해 "똑같은 부분 기능을 수행하는 각각의 노동자 무리는 동질적인 요소들로 구성되어 전체 생산 메커니즘의 한 부속 기관이 된다. (…) 매뉴팩처는, 일단 도입되고 나면, 자연히 일면적이고 특수한 기능에만 적합한 노동력을 발달시키게 된다."[45] 따라서 "매뉴팩처 분업은 자본가가 장악하고 있는 전체 메커니즘의 단지 구성원에 불과한 사람들에 대한 자본가의 무조건적인 권위를 전제로 한다."[46] 이런 측면에서 볼 때 노동 과정에 대한 자본의 지휘 또는 '감시'는 '형태상으로 보면 전제주의적(despotisch)이다'.[47]

여기에서 더 나아가 대규모 생산기계의 도입과 더불어 본격적인 자본주의적 대공업이 시작되면 각각의 노동자들은 기계장치와 연결되며, 이러한 기계장치의 생산활동에 자신의 작업활동을 일치시켜야 한다. 더욱이 이제 기계의 도입으로 인해 강한 근력이 요구되지 않기 때문에 성인 남성 노동자들과 다른 미성년 노동자, 여성 노동자들이 대량으로 노동 과정 속에 들어오게 된다. 마르크스는 이를 다음과 같이 표현한다.

매뉴팩처나 수공업에서는 노동자가 도구를 자신의 수단으로 사용하지만 공장에서는 노동자가 기계의 수단으로 사용된다. (…) 매뉴팩처에서 노동자들은 하나의 살아 있는 역학적 장치의 손발이 된다. 공장에서는 하나의 죽은 역학적 장치가 노동자들에게서

---

45) 같은 책, 479, 482쪽.
46) 같은 책, 490쪽.
47) 같은 책, 461쪽.

독립하여 존재하고, 그들은 살아 있는 부속물로 이 역학적 장치에 결합된다.[48]

이러한 과정은 마르크스가 엥겔스의 『영국 노동자계급의 상태』(1844)를 인용하면서 말하고 있듯이, "신경계통을 극도로 피곤하게 만들며 동시에 근육의 다양한 움직임을 억압하고 모든 자유로운 육체적·정신적 활동을 몰수해버린다."[49] 따라서 노동자들이 이러한 작업 과정에 적응하고 이 힘겨운 조건들을 견디도록 만들기 위해서는 강력한 규율이 필수적이다.

노동수단의 획일적인 운동에 노동자가 기술적으로 종속되어 있고 남녀를 불문하고 매우 다양한 연령층의 개인들로 이루어져 있는 노동 단위의 독특한 구성은 군대와 같은 규율을 만들어내고, 이 규율은 공장 체제를 완전한 형태로 발전시켜 앞에서도 이야기한 감독 노동을 발전시키며, 그리하여 노동자들을 육체노동자와 노동감독자로[즉, 보통의 산업병사와 산업하사관으로] 완전히 분할한다. (…) 공장법전은 다만 대규모 협업이나 공동의 노동수단의 사용과 함께 필요해지는 노동 과정에 대한 사회적 규제의 자본주의적 자화상에 지나지 않는다. 노예 사역자의 채찍 대신 감독자의 징벌 장부가 등장한다. 물론 모든 징벌은 벌금과 임금삭감으로 귀착된다.[50]

---

48) 같은 책, 570쪽.
49) 같은 곳.
50) 같은 책, 572~73쪽.

이점을 염두에 두면 푸코가 『감시와 처벌』에서 규율에 대해 다음과 같은 정의를 제시하는 이유가 더 분명히 드러난다.

신체의 활동에 대한 면밀한 통제를 가능하게 하고 체력의 지속적인 복종을 확보하며 체력에 순종-효용의 관계를 강제하는 이러한 방법을 '규율'(discipline)이라고 부를 수 있다.[51]

조금 뒤에서 더 정확한 규정을 발견할 수 있다.

규율의 역사적 시기는 신체의 능력 확장이나 신체에 대한 구속의 강화를 지향할 뿐만 아니라 **하나의 메커니즘 속에서 신체가 유용하면 할수록 더욱 신체를 복종적인 것으로 만드는, 또는 그 반대로 복종하면 할수록 더욱 유용하게 만드는 관계의 성립을 지향하는,** 신체에 대한 새로운 기술이 생겨나는 시기다.[52]

또한 다음과 같은 규정도 마찬가지다.

말하자면 규율은, 신체의 힘을 가장 값싼 비용의 '정치적인 힘'으로 환원시키고, 또한 유용한 힘으로써 극대화시키는 단일화된 기술 과정이다.[53]

---

51) 미셸 푸코, 『감시와 처벌』, 216쪽.
52) 같은 책, 217쪽.
53) 같은 책, 339쪽.

따라서 푸코의 규율권력을 단순히 강제나 통제로 이해하는 통속적인 생각과 달리, 규율의 목적은 단순한 통제나 강제가 아니라 신체를 더욱 유용하게 만드는 것이며, 이러한 목적을 위해 신체를 잘 통제하고 복종할 수 있게 하는 기술을 사용하는 것이다.

(3) 마르크스와 알튀세르를 넘어서: 생산력 개념과 규율의 기술들

푸코는 여기서 한 걸음 더 나아가 마르크스만이 아니라 알튀세르 자신도 제대로 제기하지 못한 중요한 논점을 제기한다. 그것은 바로 생산력(force productive) 또는 노동력(force de travail)이라는 마르크스주의의 핵심 개념과 관련된 것이다.[54] 역사유물론의 토대를 구성하는 것은 생산양식이며, 생산양식은 생산력과 생산관계의 결합으로 이루어진다. 따라서 자본주의 생산양식은 자본주의적 생산력과 생산관계의 결합으로 이루어진다. 앞에서 본 것처럼 알튀세르는 생산수단과 노동력이 결합된 생산력에서 노동력의 **재생산 조건**에 관해 질문하면서 이데올로기에 대한 자신의 논의를 시작한 바 있다. 그리고 임금이라는 물리적 재생산의 조건 이외에 직업적 자질이나 숙련도, 더 나아가 지식과 도덕의식의 형성을 위해 학교라는 이데올로기적 국가장치가 필수적이라는 것이 그의 주장이었다.

반면 푸코는 자본주의 생산양식의 재생산이나 생산력 또는 노동력의 재생산을 묻기 이전에 마르크스주의적인 '노동' 개념의 한계를

---

54) 이점에 관한 좋은 논의는 Ferhat Taylan, "Une histoire 'plus profonde' du capitalisme", in Chrisitian Laval et al, eds., *Marx et Foucault: Lectures, usages et confrontations*, op. cit. 참조.

지적한다. 푸코는 1973년 브라질 강연인 「진리와 법적 형식」에서 자본주의적 생산과 관련하여 다음과 같이 말한다.

저는 우리가 순수하고 단순하게 전통적인 마르크스주의적 분석을 인정할 수 있다고 생각하지 않습니다. 이러한 분석은 노동이 인간의 구체적 본질이며, 이러한 노동을 이윤이나 초과이윤 또는 잉여가치로 전환하는 것은 자본주의 체계라고 가정합니다. 사실은 자본주의 체계는 훨씬 더 깊숙이 우리의 실존에 침투해 있습니다. (…) 초과이윤(sur-profit)이 존재하기 위해서는 기저 권력(sous-pouvoir)이 존재해야 합니다. 인간들을 생산 장치에 고정시키고 그들을 생산의 행위자, 노동자들로 만드는 미시적이고 모세혈관 같은 정치권력의 그물망 조직이 인간 실존 그 자체의 수준에서 확립되어야 합니다.[55]

흥미로운 점은 푸코가 초과이윤을 실현하기 위한 조건으로서의 기저 권력, 미시적인 규율권력의 사례로 '가두기(séquenstration)' 장치라는 개념을 도입하고 있다는 점이다. 푸코가 같은 해 강의인 『처벌사회』에서도 언급하고 있는 이 개념은 푸코에 따를 경우 봉건사회와 근대사회의 차이를 낳는 특징 중 하나다. 곧 봉건사회가 주로 일정한 장소에 소속된 사람들을 대상으로 하여 권력을 행사하고 따라서 장소에 대한 통제가 봉건사회에서 권력이 행사되기 위한 조건이었다면, 근대사회는 장소보다는 시간을 통제하는 것이 핵심적인 중

---

55) Michel Foucault, "La vérité et les formes juridiques", in *Dits et écrits*, vol.I, p.1490.

요성을 지니게 된다. 이는 자본주의의 형성 및 발전과 깊이 관련되어 있다. 마르크스가 『자본』 1권의 「이른바 본원적 축적에 관하여」에서 말한 바 있듯이, 역사적으로 자본주의 생산양식이 형성되기 위해서는 생산수단들로부터 분리된 자유로운 노동력(곧 과거에 농민이었다가 인클로저 운동으로 인해 농토를 잃고 도시로 흘러들어와 빈민 노동자들이 된 사람들)의 형성이 필수적이었다. 상업 자본이 이들을 임금 노동자들로 고용함으로써 자본주의적인 생산이 시작될 수 있는데, 이들을 고용한다는 것은 다른 말로 하면 자본가가 이들 노동자들로부터 이들의 노동력을 일정한 시간 동안 활용할 수 있도록 구매한다는 것이다.

그런데 푸코는 단순히 자본가가 노동력을 구매한다고 해서 자동적으로 자본주의적 생산이 이루어진다고 보지 않는다. 이를 위해서는 노동자들의 노동을 분할하면서 결합하여 자본주의적인 생산을 조직하는 규율 권력의 작용이 필수적인 조건으로 요구된다. 더 나아가 '가두기' 장치는 사람들의 일상적인 삶의 시간 자체를 규율할 필요성이라는 문제를 제기한다.

> 사람들의 시간이 생산 장치에 공급되어야 하고, 생산 장치는 삶의 시간, 인간들의 실존의 시간을 활용할 수 있어야 합니다. 이를 위해 그리고 이러한 형식 아래 통제가 행사됩니다. 산업사회가 형성되기 위해서는 두 가지가 필수적이었습니다. 첫째, 개인들의 시간이 시장에 나와 그것을 사고 싶어 하는 사람들에게 공급되고 임금과 교환되어야 합니다. 둘째, 개인들의 시간은 노동 시간으

로 전환되어야 합니다. 이 때문에 우리는 일련의 제도들에서 최대한의 시간의 추출이라는 문제 및 이를 위한 기술을 발견하게 됩니다. (…) 아침부터 저녁까지, 저녁부터 아침까지 노동자들의 삶의 소진된 시간은 한 제도에 의해 보상 가격을 통해 단번에 구입됩니다.[56)]

이러한 시간의 통제는 자본주의적 생산을 위한 고용관계에서만 나타나는 것이 아니다. 그것은 교육시설에서, 교정시설에서, 감옥에서와 같이 사회 도처에서 나타나고 확산된다. 따라서 두 가지 결론이 나오게 된다. 첫째, 마르크스나 알튀세르가 당연한 것으로 전제하는 **생산력 내지 노동력이라는 범주는 당연히 주어지는 것이 아니다.** 그것은 자본가가 노동자로부터 구매해서 활용할 수 있도록 처음부터 주어진 것이 아니라 만들어져야 하는 어떤 것이다. 그리고 이렇게 생산력과 노동력을 형성하기 위해서는 공장 안에서나 공장 밖에서 다양한 형태의 규율 기술들이 실행되어야 한다. 따라서 규율의 기술이 없이는 자본주의적 생산양식 자체가 성립할 수 없으며, 자본주의적인 생산 자체가 이루어질 수 없는 것이다. 이런 의미에서 규율 권력은 **자본주의 생산양식이 가능하기 위한 역사적·논리적 조건**이라고 할 수 있다.

둘째, 규율 권력은 자본주의 생산양식의 형성과 재생산의 조건이라는 **기능적 목적으로 환원되지 않는다.** 18세기 이후 자본주의가

---

56) Michel Foucault, Ibid., p.1484. 이런 측면에서 보면, 푸코가 E. P. 톰슨을 얼마나 읽었으며 또한 그의 분석을 얼마나 변형하거나 확장하고 있는가 하는 흥미로운 질문이 떠오른다.

형성되고 발전되기 위해서는 16세기부터 수도원과 교정 시설, 군대, 학교 등에서 개별적으로 전개되고 사회적으로 확산되어 있던 다양한 형태의 규율 기술이 일반화되어 자본주의적 생산 자체에 적용되어야 했다. 하지만 규율 권력 그 자체는 정의상 자본주의 생산 장치나 그것의 재생산을 계급적으로 관리하는 자본주의 국가장치에 종속되는 것도 아니고 그것과 동일한 수준에 놓여 있는 것도 아니다. 일반화된 규율의 기술은 국가 기구나 제도의 아래쪽에서 작동하면서 개인들 자체를 제작하는 일을 수행한다.

> **규율은 개인을 '제조한다.'**(fabrique) **곧 그것은 개인을 권력 행사의 객체와 도구로 간주하는 권력의 특정한 기술이다.**[57]

이것이 뜻하는 바는 규율 권력이 수행하는 예속적 주체화의 쟁점은 **자본주의 생산양식의 철폐나 국가권력의 장악 및 국가장치의 해체만으로는 해소되지 않는다는 것**이다.

푸코에게서 규율 권력을 비롯한 권력의 문제란 '광기, 의학, 감옥 등등의 문제 속에서 작동하는 권력관계들과 권력의 메커니즘을 설명하는 문제'이며, 이는 '어떠한 이론 체계도―역사철학도, 일반적인 사회이론 혹은 정치이론에서도―다루지 못했던 문제'였다. 달리 말하면, 마르크스주의를 비롯하여 보편적인 해방의 정치를 내세우는 정치 및 이론이 외면하고 주변화했던 문제였으며, 푸코가 마르크스주의에 대해 크게 실망했던 이유 중 하나는 이런 문제들의 중요성

---

57) 미셸 푸코, 『감시와 처벌』, 269쪽. 번역은 약간 수정했으며, 강조는 인용자가 덧붙인 것이다.

을 전혀 이해하지 못했기 때문이었다.

비판적 고찰

1) 국가장치의 문제

이제 결론 삼아 푸코의 분석 및 문제제기에 대해 몇 가지 비판적인 논평을 제시해보고 싶다. 알튀세르의 국가장치 개념에 대해 푸코가 충분히 고려하지 못하는 점은, 왜 알튀세르가 국가장치라는 단일한 개념을 사용하지 않고 ARE와 AIE로 구분했는가 하는 점이다. 푸코는 이런 질문을 제기하지 않고 '국가장치'라는 단일한 용어를 사용하면서 이 개념이 권력의 복수성을 제대로 사유하게 해주지 못할 뿐만 아니라 제도나 국가장치의 수준보다 훨씬 더 심층적인 곳에서 작동하는 미시물리학적인 권력의 작동 방식을 이해하고 그것을 전화하거나 제거하는 데도 쓸모가 없다고 비판한다. 하지만 알튀세르가 ARE와 AIE를 구별한 핵심 이유는 푸코가 국가장치라는 개념을 비판하면서 제기하는 이유들과 상당 부분 일치한다.

앞에서 말했듯이 알튀세르는 자유주의적–부르주아적 관점에서 볼 때 '공적 영역'에 속하는 제도들로 구성된 ARE의 작동만으로는 자본주의 생산양식이 왜 자신을 재생산할 수 있는지, 부르주아 계급의 지배가 왜 굳건하게 관철되는지 설명하는 데 불충분하다고 보았다. 그것을 넘어서 정치권력의 작용이나 계급적인 지배와 무관하다고 여겨지는, 이른바 '사적 영역'에서도 **국가장치로 여겨지지 않는** (또한 법적·제도적으로 속하지도 않는) **국가장치들**을 통해 예속적 주체화의 권력이 관철되어야 계급적 지배는 (상대적으로) 공고히 유지가 될 수 있는 것이다. 이것을 설명하는 것이 바로 AIE 개념의 역할이다. 따라서 ARE와 AIE 구별의 첫 번째 논점은 푸코와 마찬가지로 권력의 본질은 법적인 금지나 허가 또는 부정이나 인정에 있지 않으며, 권력은 공적 영역과 사적 영역의 법적 구별을 가로질러 작동한다는 점이다.

두 번째 논점은, 따라서 권력은 사람들이 흔히 권력의 영역이라고 생각하는 국가 제도 내지 공적 영역을 넘어서 그것보다 심층적인 영역에서 미시적으로 작동한다는 점이다. 푸코는 이를 규율권력이라고 불렀지만, 알튀세르는 그것을 AIE를 통해 작동하는 이데올로기라고 불렀다. 따라서 알튀세르는 권력의 문제 및 지배의 문제가 결코 국가의 차원, 곧 ARE의 차원에서 설명될 수 있다고 생각하지 않았다. 이는 실천적으로도 매우 중대한 문제인데, 왜냐하면 알튀세르가 보기에 AIE 및 그것을 기반으로 하는 이데올로기적 지배의 문제는 사회주의 혁명의 성패를 좌우하는 것이었기 때문이다. 알튀세르는 「이데올로기와 이데올로기 국가장치들」 논문 속에 포함되지는 않았지만, 『재생산에 대하여』에 포함된 한 대목에서 레닌의 문제를 다음과 같이 요약한다.

그[레닌]의 끈질긴 본질적 고심은 무엇보다도 프롤레타리아 국가의 이데올로기적 국가장치에 관련되었다. (…) 억압 장치를 파괴하는 것만으로는 충분치 않다. 이데올로기적 국가장치들 또한 파괴하고 대체해야 한다. 새로운 이데올로기적 국가장치들을 긴급히 정착시켜야 한다. 그렇지 않으면 레닌이 옳았듯이, 혁명의 미래 자체가 문제된다. 왜냐하면 옛 이데올로기 국가장치들(…)은 교체하는 데 지극히 오래 걸리고 힘들기 때문이다. (…) 각각의 새로운 이데올로기 국가장치들 속에 새로운 혁명적 정책을 적용하기 위해, 요컨대 모든 소비에트 시민들의 활동과 의식 속에 새로운 국가 이데올로기인 프롤레타리아 이데올로기를 주입하기 위해 능력 있고 혁명적으로 충성스러운 조직원들을 양성해야 한다.[58]

알튀세르는 중국의 문화혁명에서 더 거대한 규모로 제기되는 정치적·이론적 쟁점도 바로 레닌의 이 문제의식과 연결되어 있다고 보았다.

중국공산당은 중국에서 사회주의를 강화하고 발전시키기 위해, 그 장래를 공고히 하고 모든 퇴보의 위험에 맞서 사회주의를 지속 가능하게 보존하기 위해서는 **정치적** 혁명과 **경제적** 혁명에 대해 제3의 혁명, 곧 **대중의 이데올로기적 혁명**을 추가하는 것이 필요하다고 선언한다. 이러한 대중의 이데올로기적 혁명을 중국공산당은 프롤레타리아 문화혁명이라고 부른다.[59]

이러한 문제설정은 푸코가 규율기술이 수행하는 예속적 주체화는 자본주의적 생산양식의 조건을 이루기 때문에, 프롤레타리아 계급이 국가권력을 장악한다고 해서 또는 사회주의 생산관계 및 소유

---

58) 루이 알튀세르, 『재생산에 대하여』, 김웅권 옮김, 동문선, 2007, 152~153쪽.
59) Louis Althusser, "Sur la révolution culturelle", op. cit., p.6. 강조는 원문.

관계를 확립한다고 해서 해결될 수 있는 문제가 아니라고 보았던 것과 일맥상통하는 것이라고 볼 수 있다. 다만 알튀세르는 푸코와 달리 국가 권력의 민주주의적 통제, 생산관계 및 소유관계의 사회주의적 재편이 이데올로기적 예속화의 문제(푸코에게는 규율권력의 문제)를 해결하는 데 **충분하지는 않지만**, 그것을 민주주의적으로 또한 변혁적으로 해결하기 위한 **필요조건**이라고 보는 셈이다.[60] 하지만 알튀세르의 고심은 이 문제를 '새로운 국가 이데올로기인 프롤레타리아 이데올로기'의 문제로 제기할 수밖에 없다는 점, 곧 본질적으로 예속적 주체화를 수행하는 이데올로기의 작용을 이번에는 **모순적이게도** 해방적 주체화를 위해 작동시켜야 한다는 점이었으며, 이러한 차이를 어떻게 개념화하고 실천할 수 있는가라는 점이었다.[61]

2) 예속적 주체화의 문제

따라서 첫 번째 쟁점은 '예속적 주체화'의 문제와 직결되어 있다. 푸코는 한 대담에서 알튀세르와 라캉 그리고 푸코 자신은 '구조주의자'가 아니며, 만약 자신들을 '구조주의자'로 분류할 수 있다면, 그것의 핵심 논점은 데카르트 이래로 (또는 더 정확히 말하면 칸트 이래로) 근대철학의 핵심 원리로 작용해온 주체 개념, 곧 주권적 주체 내지 구성적 주체 개념을 문제 삼고 비판했다는 점이라고 지적한 바 있다.

---

60) 다른 식으로 말해 거시 권력과 미시 권력 사이에 기능적 환원관계가 성립하지 않는다면, 미시적 규율권력의 작용이 거시적 권력관계의 변화나 생산관계의 변화로 인해 소멸되지 않듯이 규율권력에서의 변화나 개혁이 후자의 변화나 개조를 산출하는 것은 아니다.

61) 더 자세한 논의는, 진태원, 「과잉결정, 이데올로기, 마주침」, 앞의 글 참조.

알튀세르와 라캉, 그리고 나 자신은 구조주의자가 아닙니다. 그렇지만, 지난 15년간 '구조주의자'라고 불린 우리들 사이에는 공통적인 것이 하나 있기는 합니다. 이 핵심적인 수렴 지점이 무엇이었을까요? 그것은 데카르트로부터 우리 시대까지 프랑스 철학에서 결코 단념하지 않았던 위대하고 근본적인 기본 원리인, 주체의 문제에 이의를 제기했다는 점입니다. (…) 이러한 분석들 모두가 1960년대에는 어느 정도 '구조주의'라는 용어로 요약되었습니다. 그러나 엄격한 의미에서 구조주의 혹은 구조주의적 방법은, 훨씬 더 근본적인 것, 즉 주체의 문제를 재평가하는 것에 대한 확인이자 그러한 문제제기의 기반으로서 작동했을 뿐입니다.[62]

이는 데리다도 한 대담에서 지적했던 점이고,[63] 앞에서 본 것처럼 발리바르 역시 '철학적 구조주의'라는 이름으로 알튀세르와 라캉, 푸코를 묶으면서 동의했던 점이다.[64] 그런데 알튀세르가 이를 쇄신된 이데올로기 개념, 특히 호명 개념을 통해 해명하려고 했다면, 푸코는 이러한 예속적 주체화의 문제를 규율권력의 문제로 사고하고자 했다. 푸코가 여러 차례 강조하다시피 규율권력은 정신이나 관념, 표상에 작용하거나 그것을 동원하는 권력이 아니라 **오로지 신체들에**

---

62) 미셸 푸코, 『푸코의 마르크스』, 60~61쪽.

63) "이 세 담론(라캉, 알튀세르, 푸코)과 그들이 특권화하는 사상가들(프로이트, 마르크스, 니체)에서 주체는 재해석되고 복원되고 재기입될 수 있으며, 분명 '일소되지'는 않습니다." Jacques Derrida, "Manger bien ou le calclu du sujet", in *Après le sujet qui vient: Cahiers confrontation*, no.20, 1989, p.45.

64) 이런 점에서 보면, 미국 학계의 현대 프랑스 철학 수용의 맥락에서 탄생한 '구조주의-후기 구조주의' 분류법이 우리나라에서 자명한 진리처럼 통용되는 것은 문제적이다. 이러한 분류법의 발생과 용법, 그 난점에 대한 검토는 독자적으로 다뤄볼 만한 주제다. 포스트 담론의 국내 수용에 관해서는 진태원, 「'포스트' 담론의 유령들: '애도의 애도'를 위하여」, 『애도의 애도를 위하여』, 앞의 책.

대해 작용하는 권력이다. 더욱이 푸코가 규율권력의 복수성과 국지성, 미시성을 강조하면서 염두에 둔 점은 규율권력에 따라 이루어지는 예속적 주체화의 작용이 국가(장치)를 통해서 작동하지도 않을 뿐만 아니라 국가(장치)나 계급 권력 또는 계급 지배 같은 마르크스주의적인 관점이 해명하려고 하는 예속적 주체화보다 훨씬 다양하면서 훨씬 더 심층적인 곳에 뿌리를 둔 예속화의 문제를 설명할 수 있다는 점이었다.

아마도 푸코가 보기에 알튀세르가 이데올로기적 국가장치 그리고 이데올로기적 호명 같은 개념을 통해 해명하려고 했던 예속화의 문제는 **단면적일** 뿐만 아니라 어떤 의미에서는 **도착적인** 것이었을 수 있다. 이것이 단면적인 이유는, 자본주의적인 계급 지배를 정당화하고 그것을 재생산하는 예속적 주체화에만 초점을 맞추고 있기 때문이다. 더욱이 이것이 도착적일 수도 있는 이유는, 알튀세르가 이데올로기적 호명 개념을 통해 해명하려고 했던 예속적 주체화는 사실은, 계급 지배에 대한 종속이라는 점을 제외한다면 **지극히 정상적인 주체들을** 만들어내는 작용으로 비칠 수도 있기 때문이다. 따라서 호명에 의한 예속적 주체화를 예속화의 핵심으로 이해한다면, 이것은 오히려 그것보다 심층적인 차원에서 또는 그 바깥에서 비가시적으로 진행되는 더 심각하고 근본적인 예속화를 **배제하거나 몰인식하게 만드는 결과**를 낳을 수도 있다. 반면 푸코는 규율 권력 개념을 통해 성적 예속화, 광인들의 정신의학적 예속화, 학생들의 규범적 예속화와 같이 계급 지배로 환원되지 않는 다양한 형태의 예속화 작용을 설명하려고 시도한다. 이러한 예속화는 경제적으로 기능적인 예속화를 넘어서 그러한 예속화에서 배제된 더 근원적인 예속화 작용들을 포함하고 있다.[65] 사실 푸코는 규율권력의 특징 중 하나를 '여백(marges)'이나 '잔여(résidus)'를 만들어내는 데서 찾는다. 곧 규율화된 군대의 출현 이후 비로소 탈영병이라는 존재가 생겼으며, 학교규율이 '정신박약'을 출현시켰고, '비행자(非行者, délinquants)'를 만들어내는 것은 경찰의 규율이다. 그리고 '정신병자(malade mental)'는 '잔여 중의 잔여, 모든 규율의 잔여이며, 한 사회에서 발견될 수 있는 학교, 군대, 경찰 등의 모든 규율에 동화 불가능한 자'[66]라고 할 수 있다.

하지만 알튀세르는 푸코의 규율권력이 흥미롭고 독창적이기도 하지만, **인간에게 고유한 상상적인 차원**을 배제하는 경향이 있다고 느꼈을 것이다. 이는 푸코의 인간은 기본적으로 신체적인 인간이라는 것을 뜻한다. 푸코적인 개인들은 정신이나 의식만이 아니라 욕망이나 상상, 사랑과 미움 같은 것을 지니고 있지 않은 존재자들이다. 『감시와 처벌』의 유명한 한 문장에서 말하듯 정신은 '신체의 감옥'인 것이다. 따라서 권력은 신체가 더 효율적이고 유능해지도록 규범에 따라 조련하고 길들이는 기술이지, 설득하거나 위협하고 가상을 부여하거나 욕망을 자극하는 작용을 하지 않는다. 하지만 스피노자주의자이자 프로이트주의자로서 알튀세르는 인간의 상상적인 차원을 배제하고서는 인간의 실존 및 행동 방식만이 아니라 정치적 지배의

---

65) 이 점에서 보면 푸코의 대표적인 콜레주 드 프랑스 강의록은 『비정상인들』이다.

66) Michel Foucault, *Pouvoir psychiatrique*, p.56; 『정신의학의 권력』, 92쪽. 번역은 약간 수정.

작동 방식을 설명할 수 없다고 느꼈으며, 더 나아가 정치적 행위 자체가 불가능하다고 생각했다. 스피노자적인 의미에서 상상계로서의 이데올로기[67]는 개인들만이 아니라 계급을 비롯한 집단이 집단으로 형성되고 행위하기 위한 근본 조건인 것이다.

더 나아가 마르크스주의자로서 알튀세르에게 푸코의 권력론의 맹점은 (계급) **권력의 비대칭성**이라는 문제를 심각하게 사고하지 않는 것으로 비쳤을 것이다. 푸코는 권력을 소유 대상으로 간주하는 관점에 비판하면서 "권력은 결코 일정한 수의 사람들에 의해 일정한 관점에서 완전히 통제되지 않는다"라고, "권력의 중심에는 전쟁 같은 관계가 존재"하며, 따라서 "권력은 전적으로 한쪽 편에 놓여 있지 않다"라고 말한다. 나중에 푸코가 '경합(agon)'이라고 부른 관계, 곧 대등한 위치에 있는 행위자들 사이의 전략적 갈등관계가 푸코가 권력관계를 이해하는 기본적인 관점이었다. 하지만 이는 부르주아와 프롤레타리아가 **존재론적으로 상이한 계급**이라는 것을 망각하는 것이다. 이는 두 계급의 역사적 형성 과정 자체가 상이하며, 권력관계에서도 불평등할 뿐만 아니라 각자가 수행하는 계급투쟁의 목표와 방식도 상이하기 때문이다. 곧 프롤레타리아 계급은 새로운 지배계급이 되는 것을 추구하지 않을 뿐만 아니라, 계급관계 자체의 철폐를 존재의 근거로 삼는 계급인 셈이다. 그리고 이러한 비대칭성을 상정하지 않고서는, 나중에 푸코 자신이 구별했다시피, 권력과 지배를 구별할 방법도 없으며, 피지배자들, 예속적인 사람들 사이의 연대나

---

67) 진태원, 「스피노자와 알튀세르: 상상계와 이데올로기」, 앞의 책 참조.

접합도 사고하기 어려울 것이다.

3) 잔여

그런데 아마 이러한 비판적 토론에는 몇 가지 잔여들이 남게 될 것이다. 알튀세르가 자신의 이데올로기론에서 명시적으로 비정상적인 존재자들에 관해 그들의 예속 및 배제양식에 대해 분석한 적이 없다고 해도, 알튀세르는 『미래는 오래 지속된다』에서 바로 광인의 이름으로 이를테면 **호명될 권리**에 대해 주장하지 않았는가? 그것도 푸코의 이름으로.

범죄를 저질렀다고 기소되어 면소 판결의 혜택을 입지 않은 자는, 물론 중죄재판소에 공개 출두해야 하는 힘든 시련을 겪어야 했다. 그러나 (…) [그는] 무엇보다도 자기 인생에 대해, 자기가 저지른 살인과 자신의 앞날에 대해, **자기 이름으로 그리고 직접 자기자신이 공개적**으로 자신을 스스로 설명하고 해명할 수 있는 더할 나위 없이 소중한 권리와 특권을 갖게 되는 것이다. (…) 그런데 유감스럽게도 면소 판결의 혜택을 입은 살인자의 경우는 그렇지가 않다. (…) 바로 이런 이유 때문에, 그리고 지금까지 각자가 나를 대신해 말할 수 있었고 또 사법적 소송 절차가 내게 모든 공개적인 해명을 금지했기 때문에, 여기서 내가 공개적으로 나 자신을 해명하기로 작정한 것이다.[68]

---

68) 루이 알튀세르 지음, 권은미 옮김, 『미래는 오래 지속된다』, 이매진, 2008, 52쪽. 강조는 알튀세르.

나는 푸코가 '저자'라는 아주 근대적인 개념에 대해 비판을 하고
나서, 마치 내가 어두운 감방의 자리로 돌아간 것처럼 푸코 역시
감옥에 갇힌 자들을 위한 투쟁활동 속으로 사라져버린 것이 마음
에 들었다. 나는 푸코의 깊은 겸허함을 좋아했다. (…) 지극히 개
인적인 이 책을 독자들 손에 맡기는 지금 역시, 역설적인 방법을
통하는 것이기는 하지만 익명성 속으로 결정적으로 들어가기 위
한 것이다. 즉, 이제는 면소 판결의 묘석 아래 머무는 것이 아니
라 나에 대해 알 수 있는 모든 사실들을 출판함으로써 말이다.[69]

다른 한편으로 푸코의 권력론에 상상적인 것이 존재하지 않는다
고 해도, 푸코는 상상적인 것에 준거하지 않고서도 가능성 내지 잠재
성의 차원을 권력 개념에 도입한 것은 아닌가? 푸코는 「주체와 권력」
(1982)에서 권력을 '**행위에 대한 행위**(action sur action)'로, '**가능
한 행위들에 대한 행위들의 집합**'[70]으로 재정의함으로써, 권력관계
를 어떤 피동적인 사물을 대상으로 하는 도구적 기술관계와 구별되
는 **일정한 능동성** 또는 행위 능력을 지니고 있는 행위자들 사이의 관
계로 규정할 수 있게 되었다. 이로부터 권력과 지배를 개념적으로 구
별할 수 있는 여지가 존재하게 되는데, 이에 따르면 권력은 '자유들
사이의 전략적 게임'[71]을 의미하게 되며, 지배는 관계의 두 항 사이

---

70) Michel Foucault, "Pouvoir et le sujet", in *Dits et écrits*, vol.Ⅱ, "Quarto", pp.1055~1056.
강조는 푸코.

71) Michel Foucault, "L'éthique du souci de soi comme pratique de la liberté", in *Dits et
crits*, vol.Ⅱ, "Quarto", p.1547.

에 존재하는 비가역적이고 불평등한 상태를 가리키게 된다. 아울러 푸코가 '완전히 다른 목표와 쟁점을 지닌 봉기와 혁명의 절차에서도 품행상의 봉기, 품행상의 반란이라는 차원이 늘 존재했다는 것',[72] 곧 대항품행(contre-conduite)이 **모든 봉기와 혁명의 조건**이라는 것을 제시한 것도 바로 이러한 토대 위에서였다.[73]

따라서 이러한 대차대조, 비판적 상호 토론은 여전히 계속 진행되어야 한다.[74]

---

72) 미셸 푸코, 『안전, 영토, 인구』, 오트르망 옮김, 난장, 2011, 314쪽.

73) 푸코 권력론의 이러한 쟁점들에 대해서는 진태원, 「규율권력, 통치, 주체화: 미셸 푸코와 에로스의 문제」, 『가톨릭철학』 제29호, 2017 참조.

74) 이글은 진태원, 『애도의 애도를 위하여: 비판 없는 시대의 철학』(2019)에 실린 것을 부분적으로 수정·보완한 것이다.

참고문헌

국내 문헌

도미니크 르쿠르,『프랑스 인식론의 계보: 바슐라르, 캉기엠, 푸코』, 박기순 옮김, 새길, 1996.

디디에 에리봉,『미셸 푸코』, 박정자 옮김, 그린비, 2011.

루이 알튀세르,「이것은 하나의 자서전인가?『미래는 오래 지속된다』 한국어판 서문」, 루이 알튀세르,『미래는 오래 지속된다』, 권은미 옮김, 이매진, 2008.

_____,「이데올로기와 이데올로기 국가장치」,『아미엥에서 의 주장』, 김동수 옮김, 솔, 1991.

_____,「프로이트 박사의 발견」, 윤소영 옮김,『알튀세르와 라캉』, 공감, 1995.

_____,『마르크스를 위하여』, 서관모 옮김, 후마니타스, 2017.

_____,『미래는 오래 지속된다』, 권은미 옮김, 이매진, 2008.

_____,『재생산에 대하여』, 김웅권 옮김, 동문선, 2007.

미셸 푸코,『감시와 처벌』, 오생근 옮김, 나남, 2004.

_____,『말과 사물』, 이규현 옮김, 민음사, 2012.

_____,『안전, 영토, 인구: 콜레주 드 프랑스 강의록』, 오트르망 옮김, 난장, 2011.

_____,『정신의학의 권력』, 오트르망 옮김, 난장, 2014.

_____,『지식의 고고학』, 이정우 옮김, 민음사, 1992.

_____,『푸코의 마르크스』, 이승철 옮김, 갈무리, 2003.

박단,『프랑스의 문화전쟁: 공화국과 이슬람』, 책세상, 2015.

서동욱·진태원 엮음,「스피노자와 알튀세르: 상상계와 이데올로기」, 『스피노자의 귀환』, 민음사, 2017.

양창렬·이기라 엮음,『공존의 기술: 방리유, 프랑스 공화주의의 그늘』, 그린비, 2007.

에티엔 발리바르, 「용어해설: 국민, 국민 형태, 민족주의, 민족체」, 『우리, 유럽의 시민들? 세계화와 정치의 재발명』, 진태원 옮김, 후마니타스, 2010.

＿＿＿＿＿＿＿, 「철학의 대상: 절단과 토픽」, 윤소영 옮김, 『알튀세르와 마르크스주의의 전화』, 이론사, 1993.

＿＿＿＿＿＿＿, 「푸코와 마르크스: 유명론이라는 쟁점」, 『대중들의 공포』, 서관모 · 최원 옮김, 도서출판 b, 2007.

＿＿＿＿＿＿＿, 『역사유물론 연구』, 배세진 옮김, 오월의책, 2019.

＿＿＿＿＿＿＿, 『우리, 유럽의 시민들? 세계화와 정치의 재발명』, 진태원 옮김, 후마니타스, 2010.

진태원, 「라깡과 알뛰쎄르: '또는' 알뛰쎄르의 유령들 I」, 김상환 · 홍준기 엮음, 『라깡의 재탄생』, 창비, 2002.

＿＿＿, 「과잉결정, 이데올로기, 마주침: 알튀세르와 변증법의 문제」, 『알튀세르 효과』, 그린비, 2011.

＿＿＿, 「규율권력, 통치, 주체화: 미셸 푸코와 에로스의 문제」, 『가톨릭철학』 제29호, 2017.

＿＿＿, 『애도의 애도를 위하여: 비판 없는 시대의 철학』, 그린비, 2019a.

＿＿＿, 「푸코와 민주주의: 바깥의 정치, 신자유주의, 대항품행」, 『애도의 애도를 위하여』, 2019b.

＿＿＿, 「'포스트' 담론의 유령들: '애도의 애도'를 위하여」, 『애도의 애도를 위하여』, 2019c.

칼 마르크스, 『자본』 1-1, 강신준 옮김, 도서출판 길, 2013.

외국 문헌

Althusser, Louis., *Pour Marx*, PUF, 1996(3e édition), 1965a.

＿＿＿＿＿＿, "Du *Capital* à la philosophie de Marx", in *Lire le Capital*, PUF, 1996(3e édition), 1965b

Althusser, Louis., "Sur la révolution culturelle"(1966), *Décalages*, vol.1, no.1, 2014.

https://scholar.oxy.edu/bitstream/handle/20.500.12711/12869/Y_A1_Sur_ la_revolution_culturelle.pdf? sequence=1&isAllowed=y (2021.8.30. 접속)

_____, "Idéologie et les appareils idéologiques d'État", in *Sur la reproduction*, PUF, 2011(초판은 1995).

_____, "Éléments d'autocritique", in *Solitude de Machiavel et autres textes*, ed. Yves Sintomer, PUF, 1998.

_____, *Sur la reproduction*, PUF, 2011.

Balibar, Etienne, *Cinq études du matérialisme historique*, Maspero, 1974.

_____, "Foucault et Marx: l'enjeu du nominalisme", in *La crainte des masses*, Éditions Galilée, 1997.

_____, "L'objet d'Althusser", in Sylvain Lazarus ed., *Politique et philosophie dans l'oeuvre de Louis Althusser*, PUF, 1992.

_____, "Lettre d'Etienne Balibar à l'éditeur du cours", in Michel Foucault, *Théories et institutions pénales: Cours au Collège de France*, 1971~1972, EHESS/Gallimard/Seuil, 2015a.

_____, "L'anti-Marx de Michel Foucault", in Chrisitian Laval et al. eds., *Marx et Foucault: Lectures, usages et confrontations*, La Découverte, 2015b.

_____, "Foucault's Point of Heresy: 'Quasi-Transcendentals' and the Transdisciplinary Function of the Episteme", *Theory, Culture and Society*, vol.32, nos.5~6, 2015c

Christofferson, Michael Scott, *French Intellectuals Against the Left: The Antitotalitarian Moment of the 1970s*, Berghahn Books, 2004.

Derrida, Jacques,. "Manger bien ou le calclu du sujet", in *Après le sujet qui vient: Cahiers confrontation*, no.20, 1989.

Ewald, François & Harcourt, Bernard E., "Situation du cours", in Michel Foucault, *Théories et institutions pénales: Cours au Collège de France*,

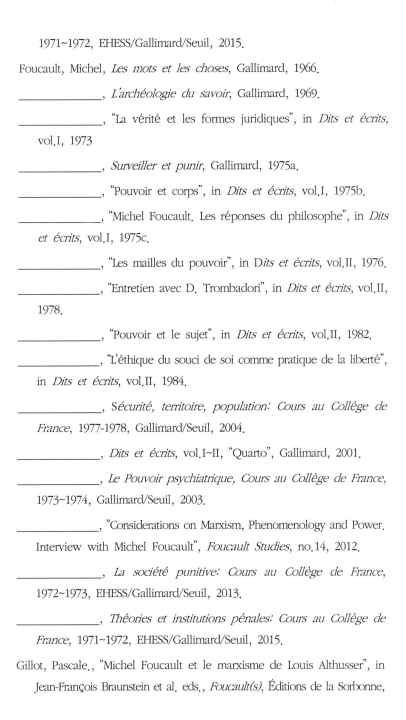

1971~1972, EHESS/Gallimard/Seuil, 2015.

Foucault, Michel, *Les mots et les choses*, Gallimard, 1966.

_____, *L'archéologie du savoir*, Gallimard, 1969.

_____, "La vérité et les formes juridiques", in *Dits et écrits*, vol.I, 1973

_____, *Surveiller et punir*, Gallimard, 1975a.

_____, "Pouvoir et corps", in *Dits et écrits*, vol.I, 1975b.

_____, "Michel Foucault. Les réponses du philosophe", in *Dits et écrits*, vol.I, 1975c.

_____, "Les mailles du pouvoir", in D*its et écrits*, vol.II, 1976.

_____, "Entretien avec D. Trombadori", in *Dits et écrits*, vol.II, 1978.

_____, "Pouvoir et le sujet", in *Dits et écrits*, vol.II, 1982.

_____, "L'éthique du souci de soi comme pratique de la liberté", in *Dits et écrits*, vol.II, 1984.

_____, *Sécurité, territoire, population: Cours au Collège de France*, 1977-1978, Gallimard/Seuil, 2004.

_____, *Dits et écrits*, vol.I~II, "Quarto", Gallimard, 2001.

_____, *Le Pouvoir psychiatrique, Cours au Collège de France*, 1973~1974, Gallimard/Seuil, 2003.

_____, "Considerations on Marxism, Phenomenology and Power. Interview with Michel Foucault", *Foucault Studies*, no.14, 2012.

_____, *La société punitive: Cours au Collège de France*, 1972~1973, EHESS/Gallimard/Seuil, 2013.

_____, *Théories et institutions pénales: Cours au Collège de France*, 1971~1972, EHESS/Gallimard/Seuil, 2015.

Gillot, Pascale., "Michel Foucault et le marxisme de Louis Althusser", in Jean-François Braunstein et al. eds., *Foucault(s)*, Éditions de la Sorbonne,

2017.

Laval, Chrisitian et al. eds, *Marx et Foucault: Lectures, usages et confrontations*, La Découverte, 2015.

Lecourt, Dominique., *Pour une critique de l'épistémologie: Bachelard, Canguilhem, Foucault*, Maspero, 1972.

_____, *Dissidence ou révolution*, Maspero, 1979.

Leonelli, Rudy M., "Marx lecteur du Capital", in Chrisitian Laval et al. eds., *Marx et Foucault: Lectures, usages et confrontations*, 2015.

Macherey, Pierre., *Le sujet des normes*, Éditions Amsterdam, 2015.

Marx, Karl.,Das Kapital, I, in *Karl Marx · Friedrich Engels Werke* Bd. 23, Dietz Verlag, 1987.

Montag, Montag., *Althusser and His Contemporaries: Philosophy's Perpetual War*, Duke University Press, 2013.

Pêcheux, Michel., *Language, Semantics and Ideology*, St. Martins Press, 1982.

_____, "Remontons de Foucault à Spinoza", in Denise Maldidier ed., *L'inquiétude du discours*, Éditions des Cendres, 1991.

Taylan, Ferhat., "Une histoire ''plus profonde'' du capitalisme", in Chrisitian Laval et al. eds., *Marx et Foucault: Lectures, usages et confrontations*, 2015.

Wolin, Richard., *The Wind from the East: French Intellectuals, the Cultural Revolution, and the Legacy of the 1960s*, Princeton: Princeton University Press, 2010.

필자 소개(가나다 순)

권정임

경상국립대학교 여성연구소 연구원. 독일 베를린 자유대학교에서 철학박사학위를 받았다. 주요 저서로는 『분배정의와 기본소득』(공저), 『기본소득운동의 세계적 현황과 전망』(공저) 등이 있으며, 주요 논문으로는 「기본소득과 젠더 정의」, 「정의로운 민주주의」, 「판 빠레이스의 공유주의와 기본소득」 등이 있다.

김원식

국가안보전략연구원 책임연구위원. 연세대학교에서 철학박사학위를 받았다. 주요 저서로는 『배제, 무시, 물화』, 『하버마스 읽기』 등이 있으며, 주요 논문으로는 「한반도 평화, 칸트에게 길을 묻다」, 「비판적 북한학 시론: 사회비판이론의 관점에서」, 「자주성의 역설에 대한 성찰: 주체철학의 자주성 개념과 근대적 자유」 등이 있고, 역서로는 『지구화 시대의 정의』, 『분배냐, 인정이냐?』(공역) 등이 있다.

선우현

청주교육대학교 윤리교육과 교수. 서울대학교에서 철학박사학위를 받았다. 주요 저서로는 『사회비판과 정치적 실천』, 『위기시대의 사회철학』, 『한국사회의 현실과 사회철학』, 『자생적 철학체계로서 인간중심철학』, 『도덕판단의 보편적 잣대는 존재하는가』, 『평등』, 『우리시대의 북한철학』 등이 있으며, 주요 논문으로는 「체계/생활세계의 2단계 사회이론의 비판적 재구성」, 「일민주의 철학의 정립자, 이승만인가 안호상인가」, 「공동체주의의 그림자: 신보수주의의 정당화 논리」, 「촛불, 이념인가 이해관계인가?」, 「한국사회에서의 낙인효과와 적대적 배제 정치」 등이 있다.

이국배

숭실대학교 베어드교양대학 초빙교수. 성균관대학교 BK 21 소셜이노베이션융합전공 교육연구단 연구원. 미국 뉴욕대(NYU)와 성균관대 정치외교학과 박사과정에서 수학하고, 소셜이노베이션융합전공으로 정치학 박사과정을 수료했다. KBS World 산하 KBS America에서 보도국장과 편성제작국장을 역임했다. 주요 논문으로는 『헤겔과 외화의 문제』, 『하버마스에게 마르크스주의는 무엇인가』, 『우주에서 인간의 지위와 민주주의』 등이 있다. 연구의 관심 주제는 과학기술과 민주주의, 미디어와 정보 철학 그리고 독일 니힐리즘의 정치사상 등이다.

임경석

경기대학교 교양학부 초빙교수. 독일 튀빙엔대학에서 철학박사학위를 받았다. 주요 저서(공저)로는 『촛불, 어떻게 볼 것인가』, 『한나 아렌트와 세계사랑』, 『기본소득의 쟁점과 대안사회』, 『한국 교육 현실의 철학적 성찰』, 『다시민주주의다』, 『한반도의 분단, 평화, 통일 그리고 민족』과 역서인 『이해의 에세이』 및 논문으로 「인권의 실현을 위한 기본소득」, 「대한민국의 법치민주주의는 살아 있는가?」, 「예멘 난민사태로 바라본 한반도 분단체제 극복의 허(虛)와 실(失)」, 「5·18 민주화운동의 계승과 시민교육의 방향: 정치철학적 고찰」 등이 있다.

진태원

성공회대 민주자료관 연구교수. 서울대학교에서 철학박사학위를 받았다. 주요 저서로는 『을의 민주주의: 새로운 혁명을 위하여』, 『애도의 애도를 위하여: 비판 없는 시대의 철학』 등이 있고, 주요 논문으로는 「규율권력, 통치, 주체화: 미셸 푸코와 에로스의 문제」, 「루이 알튀세르와 68: 혁명의 과소결정?」, 「칼 슈미트와 자크 데리다: 주권의 탈구축」 등이 있으며, 역서로는 『법의 힘』, 『불화: 정치와 철학』 등이 있다.

최치원

고려대학교 평화와민주주의연구소 교수. 독일 브레멘대학교에서 정치학박사학위를 받았다. 주요 논문으로는 「막스 베버, 마키아벨리 그리고 한비자의 정치개념 해석」, 「가다머(Hans-Georg Gadamer)의 해석학적 인문주의의 맥락에 비추어본 실천지향적 정치학의 가능성 탐구」, 「칸트, 피히테, 헤겔의 철학이론에서 여성의 의미 비교 연구」, 「'정신의 삶'에 나타난 아렌트(Hannah Arendt)의 미스터리한 '사유' 개념 비판」 등이 있다.

한상원

충북대학교 철학과 교수. 서울시립대학교 철학과에서 마르크스의 물신주의와 이데올로기 개념 연구로 석사학위를 받았고, 독일 베를린 훔볼트 대학교에서 아도르노의 정치철학 연구로 박사학위를 받았다. 주요 저서로는 『앙겔루스 노부스의 시선: 아우구스티누스, 마르크스스, 벤야민. 역사철학과 세속화에 관한 성찰』이 있으며, 역서로는 『공동체의 이론들』, 『아도르노, 사유의 모티브들』, 『역사와 자유의식: 헤겔과 마르크스스의 자유의 변증법』이 있다. 공저로는 『현대 정치철학의 네 가지 흐름』, 『비판적 사고: 어떻게 다르게 생각할 것인가』, 『근대 사회정치철학의 테제들: 홉스에서 마르크스까지』가 있다.

홍승용

현대사상연구소 소장. 전 대구대학교 독문과 교수. 서울대학교에서 문학박사학위를 받았다. 주요 저서로는 『비판과 해방의 철학』(공저), 『아도르노와의 만남』(공저) 등이 있으며, 주요 논문으로는 「루카치 리얼리즘론 연구」, 「민족해방과 계급해방」, 「자본에서 코뮌으로」 등이 있다. 역서로는 『미학이론』, 『부정변증법』, 『변증법 입문』, 『저항의 미학』 등이 있다.

홍윤기

　　동국대학교 철학과 교수. 독일 베를린 자유대학교(FU Berlin)에서 철학박사학위를 받았다. 주요 저서로는 Dialektik-Kritik und Dialektik-Entwurf, 『지식정보화 시대의 창의적 능력 및 인력 양성 정책 개발』, 『민주청서21. 대한민국의 민주주의와 민주시민교육』, 『평등과 21세기 문제군』이 있다. 주요 논문으로는 「루소에 있어 일반의지 기반의 입헌민주국가로서 공화국 건국과 통치 프로젝트」, 「대한민국 정치·사회 갈등의 특징과 '없는 국가'의 입헌성 복원」, 「한국 중등교육의 문제와 철학교육: 공부가 죽음을 부르는 나라를 넘어」, "Dichotomously Stiffened Dialectics in the Entangled Modernity of the Colonized and the Colonizers" 등 150여 편이 있으며, 역서로는 『이론과 실천』, 『의사소통의 철학』, 『아름답고 새로운 노동세계』 등이 있다.

사회와 철학 연구총서 ❺

왜 지금 다시 마르크스인가

마르크스 사상의 비판적 재해석 및 재구성에 관한 실천철학적 성찰

초 판 발 행 2021년 10월 8일
초 판 2 쇄 2022년 10월 17일

저　　　자 사회와 철학 연구회
펴 낸 이 김성배
펴 낸 곳 도서출판 씨아이알

편 집 장 박영지
책 임 편 집 박영지
디 자 인 안예슬, 윤미경
제 작 책 임 김문갑

등 록 번 호 제2-3285호
등 록 일 2001년 3월 19일
주　　　소 (04626) 서울특별시 중구 필동로8길 43(예장동 1-151)
전 화 번 호 02-2275-8603(대표)
팩 스 번 호 02-2265-9394
홈 페 이 지 www.circom.co.kr

I S B N 979-11-5610-975-4 (93340)
정　　　가 26,000원